蓝皮书

中国互联网教育行业

2016—2017 中国互联网教育行业蓝皮书

吕森林　邵银娟　孙洪湛　冯　超　庄淑雅　编著

北京大学出版社
PEKING UNIVERSITY PRESS

内 容 简 介

本书是作者从事互联网教育行业十余年的经验总结和归纳，力图向互联网、教育培训、在线教育行业的从业人士和对互联网教育有兴趣的投资者展示当前互联网教育产业的全景。互联网教育是互联网和教育培训的高度结合，需要对两者都有深入的理解。本书针对当前热门的“互联网思维”，结合“教育思维”进行了对比分析。全书分为四个部分共二十一章，首先对互联网教育进行基本概述，并罗列互联网“大鳄”的在线教育策略，使读者对互联网教育的概念和行业现状有基本的认识；其次分析了中国互联网教育行业的主要板块和用户需求，并提供了各细分市场现有容量的数据；最后详述了各个细分市场的主要特点，分析了互联网教育当前投资的现状，并指出了当前互联网教育投资过度集中的误区和有前景的互联网教育细分领域。

本书既可以作为互联网教育专业的参考书，也可供从事互联网教育的管理人员、教师、研究人员，以及对互联网教育感兴趣的人阅读。

图书在版编目(CIP)数据

2016—2017中国互联网教育行业蓝皮书/吕森林等编著. —北京：北京大学出版社，2017.5
ISBN 978-7-301-27632-7

Ⅰ. ①2… Ⅱ. ①吕… Ⅲ. ①网络教育—教育产业—研究报告—中国—2016—2017 Ⅳ. ①G434 ②G52

中国版本图书馆CIP数据核字(2016)第241852号

书　　名　2016—2017中国互联网教育行业蓝皮书
2016—2017 ZHONGGUO HULIANWANG JIAOYU HANGYE LANPISHU
著作责任者　吕森林　邵银娟　孙洪湛　冯　超　庄淑雅　编著
责 任 编 辑　刘晓东
标 准 书 号　ISBN 978-7-301-27632-7
出 版 发 行　北京大学出版社
地　　址　北京市海淀区成府路205号　100871
网　　址　http://www. pup. cn　　新浪微博：@北京大学出版社
电 子 信 箱　pup_6@163. com
电　　话　邮购部 62752015　发行部 62750672　编辑部 62750667
印 刷 者　北京大学印刷厂
经 销 者　新华书店
787毫米×1092毫米　16开本　26.25印张　499千字
2017年5月第1版　2017年5月第1次印刷
定　　价　86.00元

前言 Foreword

信息科技一日千里，互联网拉近了人与信息、人与人、人与物之间的距离。在教育信息的传递上，互联网突破了时空的限制，让教与学都变得随时随地。之于教师，借助互联网可以让一堂课覆盖成千上万人；之于学生，借助互联网可以随时随地获取海量的教育资源。自20世纪下半叶互联网与教育开始结合以来，互联网科技的不断发展一直推动着教育行业变革。

2012年，新一波的互联网教育浪潮再次冲击到中国，大批的创业者、投资者及互联网巨头都纷纷加入了互联网教育行列，很多传统事业型上市公司在遭遇经济下滑压力后也积极转型互联网教育。新技术、新产品、新的创业热潮不断涌现，极大地激发了这个行业的活力。从在线课件试题到在线视频课程，从直播课堂到自适应学习，互联网在教育上发挥着越来越重要的作用。然而，过度的投资热已使这个行业产生了很多的泡沫，资本的热度也带来行业严重的产品跟风现象。产业热点不断变化，而真正能奠定互联网教育基础的产品至今仍未出现。盈利模式难寻，直接导致的就是每一轮“洗牌”后都有大批创业企业倒下。究竟什么样的商业模式才是适合于未来的互联网教育市场的，我想整个行业的从业者都在探索。

2015年下半年，行业内盛传资本寒冬到来，然而事实真是如此吗？我们观察到的却是2015年里大手笔的风险投资频现，平均单笔投资规模远超2014年。2016年已经发展壮大的互联网教育企业开始收购产业链相关的优质互联网教育项目，而布局互联网教育的上市企业并未停止它投资并购互联网教育产业的步伐。未来，究竟哪些企业能够成为被收购的幸运儿？哪些企业能够独立运作上市？通过对行业的深入了解，才能初见端倪。

为了让更多的教育从业者理解互联网教育的理念，看清互联网教育的发展现状和趋势，互联网教育研究院推出最新版的《2016—2017 中国互联网教育行业蓝皮书》。本书首先对互联网教育进行基本论述，并罗列互联网“大鳄”的互联网教育策略，使读者对互联网教育的概念和产业现状有基本的认识；然后分析了中国互联网教育行业的主要板块和用户需求，并提供了各细分市场的现有容量数据；随后按细分市场，详细论述了各个细分市场的主要特点和发展现状。同时，本书也把移动学习作为重要的内容进行阐述和说明，并对互联网教育的投资理念和投资趋势进行了分析。

值得注意的是，本书也是行业蓝皮书的第四次修订。在原有的基础上，我们新增了互联网教育政策内容，并重新划分了互联网教育产业板块和各板块的细分领域；对行业的产品与服务模式进行了重新分类说明，并对过去五年的产业热点和未来趋势进行了回顾和预测；我们对行业的发展现状进行了新的数据统筹分析，并更新了各细分领域的企业数量和市场规模，重新进行了数据统计说明。此外，我们还更新了大型互联网上市公司的最新投资布局，并将最近热门的企业收录进来。在各细分领域分析中，我们根据最新的行业发展情况，修正了很多数据并调整了说明内容。我们还优化了本书的章节结构，并新增了附录内容。

由于作者水平有限且出于个人视角，书中难免有引起争议的观点，欢迎同行不吝指正。

作　者

2017 年 4 月

目录 Contents

第一部分　互联网教育概论

第二部分　互联网教育产业分析

第三部分　互联网教育主要板块分析

第四部分　互联网教育投资与热点分析

第一部分
互联网教育概论

第一章 互联网教育概况

第一节　什么是互联网教育

一、远程教育的定义

在了解互联网教育之前，需要理解什么是远程教育 (Distance Education)，也就是理解远程教育的基本概念。

我国远程教育专家丁兴富教授认为，远程教育有广义和狭义之分。广义的远程教育是指通过远程教学或远程学习实现的教育的总称，这里的“教育”包括各类学校和其他社会机构组织的教育，以及社会生活情境中的教育。狭义的远程教育是指通过远程教学或远程学习实现的各类学校和其他社会机构组织的教育，也可以称为机构远程教育或学校远程教育。

世界著名远程教育专家德斯蒙德 • 基更在 20 世纪 80 年代给远程教育总结出 5 个特征。

(1) 教师与学生的地理位置相互分离。

(2) 受到某个教育机构的指导和影响。

(3) 应用各种通信媒体来传播教育内容。

(4) 提供教师与学生的双向通信交流。

(5) 对学生的教学很少集体进行，没有或基本没有学习团体。

远程教育作为一种师生分离的教育形态，其优点和缺点都是因“师生分离”这一根本特性而产生，远程教育的革新，也都是在保持“师生分离”的特性上，采取各种措施来避免远程教育这一特性带来的弊端。

二、互联网教育的定义及基本构成

“互联网教育”(有时也称为“在线教育”，Online Education) 是一种运用网络、多媒体和多种交互手段进行系统教学和互动的新型教育方式。

在这里需要特别说明的是，“互联网教育”“在线学习”“在线教学”这几个概念实际上有较大区别，但这里作为行业研究角度，并不做特别区分，如图 1.1 所示。

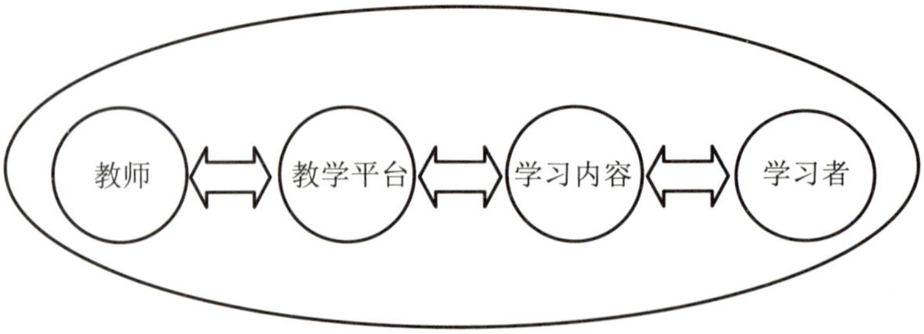

▲ 图 1.1　互联网的基本要素

在这里需要特别说明的是“教育”“学习”“教学”这几个实际上是区别很大的不同概念。“教师”这一角色在学习环节中，并不是必要的角色。比如一款经过精心设计的在移动设备上运行的学习软件，里面有各种各样的学习内容，如动画、音频、文字等多媒体资源，“在线学习”的突出特点是学习者可以选用更丰富的教学资源，教学形式由原来的以教为主变为以学为主，“教师”的作用已被弱化。

只要经由互联网构成了完整的学习行为，都可以统称为“互联网教育”或“互联网学习”，为了表述方便，本书统一称为“互联网教育”。

三、互联网教育、在线教育、e-Learning 的区别与联系

互联网教育与在线教育基本上是同义语，但是“互联网教育”并不一定是指在互联网上实时在线的教学和自主学习，在离线环境下，基于互联网技术和思维所搭建的教育平台环境下的教育教学、教育管理、教育科研等过程，都属于互联网教育。

e-Learning(电子化学习)自1999年左右来自美国，是一个地地道道的“舶来品”概念。e-Learning在互联网大规模发展时流行，因此e-Learning基本上是指“在线学习”，如图1.2所示。

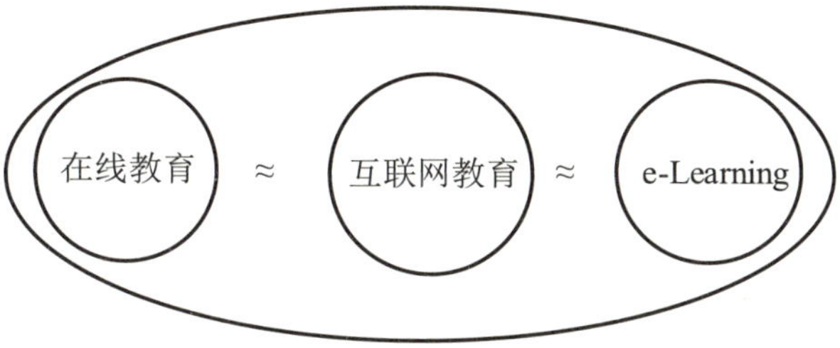

▲ 图 1.2　在线教育、互联网教育、e-Learning 的关系

第二节　在线教育的本质及基本推论

经常会有人问及“在线教育本质”这个问题，尤其是从不同行业进入在线教育行业，对在线教育的本质有不同的认识，因此有必要专门来“拷问在线教育的本质问题”，对于理解在线教育具有基本的指导意义。

一、在线教育几种本质说

1. 电子商务本质说

有人认为，在线教育其实就是“电子商务的一种”：如果看本质的话，在线教育服务

其实也是一种“电子商务”，这和我们日常看到的如京东商城、淘宝天猫这样的购买实物的电商平台服务没有什么不同，只是教育的产品还难以实物化。

这种观点是站不住脚的，以电子商务一言蔽之，抹杀了教育是一项服务成本很高的行业特点。有一部分成品的在线教育，与电子商务是类似的，比如各类学习软件，内容一旦开发完毕后，便可以大量产品的形式销售，边际成本几乎为零。但这类产品的价格，与图书的价格相当，在几十元左右。

而销售价格在数百元至数千元的在线教育产品，其价格体系接近于面授，此时就不能当作普通的电子软件产品销售，而需要附带很多人工服务，如在线授课、答疑等，因此其边际成本就不能是零，而是与服务的人数呈正比。构成在线教育市场的主体是后者，因此电子商务不能代表在线教育的本质。

2. 教育本质说

教育本质说的典型观点是“让学习变得更简单而有趣，让因材施教、教育资源均衡不再是一句空话”,“与传统教育培训行业相比，在线教育没有高昂的房租和管理成本，我们的费用极低，大部分资源都可以在网站上免费获得。在线教育的优势是天生的：方便快捷且不受地域限制，而传统的教育行业有一个很大的问题，就是教育资源师资的分布不均衡，要受到地域、经济等方面的制约。对于这些问题，用互联网的方式就比较容易解决。”

而这种观点的问题，虽然承认了在线教育的教育本质属性，但是夸大了在线教育所能承载的使命。诸如解决“教育资源不均衡”的问题，不是通过技术手段能够解决的。比如一个落后的乡村，即使把电脑和网络输送过去，也无济于事。早在 2001 年左右开始实施的卫星教学资源、校校通工程，十几年过去了，数字鸿沟不仅没有被填平，而且差距越来越大。数字鸿沟的问题，不能通过简的技术手段来解决，而是一个系统工程，远非在线教育所能承载。

3.“在线是手段、教育是本质”说

此观点多见于在线教育行业人士，笔者比较认同。互联网、IT 技术的运用，是作为手段而存在，目的是促进教育过程的实现。但是这种观点有二元论之嫌：在线教育是何种手段？能实现教育的什么本质？似乎仍然没有说清二者之间的关系。

二、在线教育的特质

“在线教育”的本质就是“在师生分离的情况下，如何借助互联网和信息技术，有效实施教学和学习活动的新型教育形式”。它具有以下几个特质：

1. 师生分离是在线教育本质特征

远程教育的本质特征，就是师生在时间和空间上的分离，是在线教育与其它形态教育的本质区别。如果在同一区域内面对面的教育，即使是运用了网络技术教学，也不算是“网络教育”，因为师生之间的互动是面对面的，而技术是辅助教学的作用，此时的教育应该称为“数字化教学”。

2. 在线教育的瓶颈在于“最后 40 厘米”

远程教育可以将世界优质的课程资源呈现在学习者面前，但是从媒体与人脑之间的“最后 40 厘米”，仍然是“信息急剧衰减”最厉害的瓶颈。远距离教学特有的师生之间的分离，引起的学习氛围的缺失、学习效果的下降，是在线教育必须要关注的核心问题。

可喜的是，已经有企业认识到这一问题，并采取了积极的解决方式，如趣味、游戏、社交、竞赛等元素，纷纷加入到在线教育 (包括移动学习) 之中。谁能解决“最后 40 厘米瓶颈”，谁就能在在线教育上立足。

3. 在线教育天生是“轻量级教育”，不能全面承载教育职能

远程教育下的教育类型，天生是一种轻量级教育，严格地说当前所有的远程教育，本质上没有脱离“远程教学”。因为它传递的是知识和技能，甚至很多技能还无法通过远程来实现 (比如实际驾驶训练)，仅限于知识传授的层面上。而教育中对人格、意志、气质等非知识技能型的塑造，远非远程教育所能胜任。

比如，一个通过远程上北大或清华的学生，即使学了四年，也无法培养北大和清华学生的特质，这是大学校园文化润物细无声的特点所决定的，离开了大学的“气场”，远程教育便失去了原汁原味的效应。因此不能期待在线教育对整个教育产生根本性的影响。

当然互联网技术对当前教育产生了根本性影响，当前大学教育和基础教育重知识而轻能力、知识结构严重陈旧，培养出的学生没有创新精神和独立解决问题的能力，已经完全暴露出来。

4. 低边际成本是在线教育的经济学特征

远程教育具有很低矮的成本上升曲线 (图 1.3)，即随着用户的增多而成本上升并不明显。

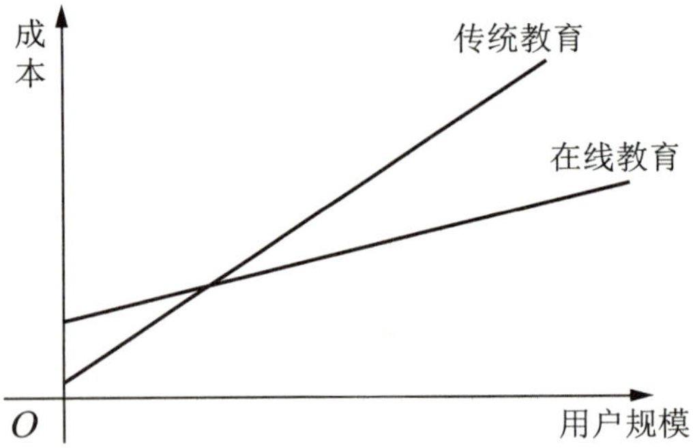

▲ 图 1.3　在线教育与传统教育成本对比

这说明传统的远程教育具有低边际成本特性，但这只是传统远程教育模式下的历史数据。在互联网营销成本越来越高、在线教育服务成本越来越高的趋势下，规模成本曲线也会随之变化，因此不能静态分析此结论。

三、由在线教育特质派生的几个推论

由上述的几个特性可以推断以下几个结论，供相关人士参考。

1. 在线教育要发展，必须要克服在线教育与生俱来的短板

由于师生分离造成的弊端，在线教育若要在某种程度上颠覆教育，必须首先要“革自己的命”，就是努力解决远程教育与生俱来的短板，如学习的孤独感、学习中的迷航、学习内容的枯燥等问题，所有的内容、功能和互动设计，都应围绕此问题展开。

2. 在线教育的发展必须首先培育用户使用习惯

互联网环境下的教与学，无论对教师，还是对学生，都是极大的挑战。笔者这么多年实践经验，在自己做网络授课的时候，仍然感觉缺乏氛围，一下子找不到讲课的感觉。对于学生，很难坚持在网络上长期持续学习，导致辍学率非常高也是中外远程教育实践的普遍问题。因此需要花很长时间提升用户体验，培育用户在互联网环境下的教与学的习惯。

3.O2O 模式是必然之选

远程教育与生俱来的问题，使得线上与线下结合，成为相互弥补的必然之选，因此建议在线教育企业与教育培训、出版机构、学校联姻。根据互联网教育研究院的调查，在线教育业内人士最看好的商业运作模式，就是 O2O(线上与线下结合模式)，如图 1.4 所示。

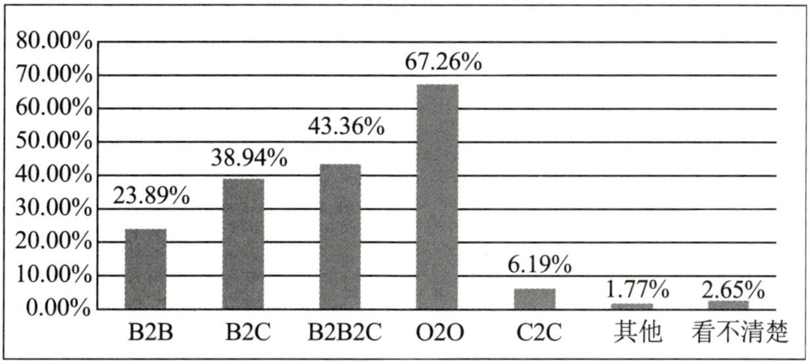

▲ 图 1.4　最被看好的互联网教育商业模式

O2O 模式特别适合学前及中小学阶段，家长对孩子的教育非常重视，但是很难让家长选择在线教育这种形式，他们会让学生通过平板电脑或手机进行学习，但这种学习只是一种补充，不可能超越线下教育。

在成人学习领域，因为成人具有较强的学习自律性，因为在线教育、移动学习能够省去他们去现场的麻烦，因此 O2O 模式的需求并不强。但是为了保证学习和培训的效果，O2O 模式还是相当必要的。

4. 完全实时授课、答疑模式市场空间有限

因为实时授课对同时在线的学生人数会有一定限制 (一般在数十人、数百人至数千人之间)，师资成本与学生人数成正比，因此完全实时授课的模式，不太符合远程教育经济学规律，尤其是一对一的实时在线授课，只适合 VIP 客户使用。还有实时在线一对一答疑市场的利润空间非常有限，因此投入很大，如果只靠一对一答疑很难盈利，须多管齐下。

5. 获取用户流量是在线教育企业的核心竞争力之一

在线教育的边际成本很低，但是这个论断已经过时。一是网络营销的成本越来越高，获取单个用户的成本在数十元至数百元之间；二是在线教育对服务的要求也越来越高，原

有的课程开发一旦完成，就没有服务成本的做法已经不可能满足当前在线教育的需求。

因此获取用户流量是在线教育企业不可缺少的支出成本。在线教育企业应联姻互联网巨头，依靠他们来降低单个用户获取成本。

6. 以技术手段降低人工服务成本的技术大有可为

上面已经阐述在线教育的边际成本低的特征已经改变。以纯人力服务规模来运营在线教育的思路会带来极高的运营成本，因此如果有技术能取代或降低人工服务成本，那么这种技术将大受欢迎。如英语作文批改技术、试题识别技术、智能学习指导技术、高效课程开发工具等，在未来非常有前途。

第三节　互联网教育的优势

一、互联网打破了传统教育的时空限制

众所周知，中国的优质教育资源大部分投放在一、二线城市的高质量的名校里，而这对于三、四线城市的学生而言，本身就是不公平的。互联网教育可最大化实现了全球性优质教育资源的共享，比如在线课堂通过组织名师授课，吸引全国各地的学生在线听课。

一个好的启蒙老师对学生的影响有着举足轻重的地位。长期的教育资源不平均使得我们失去了很多本可以成为国家栋梁的人才。互联网打破了传统教育的时空、资源限制，给今天正处在受教育阶段的学生，尤其是偏远地区的学生，带来了优质教育资源。

二、互联网使学习变得轻松、高效

现在很多课堂教学已经涉及知识可视化。知识可视化，即用一个非常形象的方式理解一个抽象的概念。运用视听结合的方式，不是单纯地将文字敲打在屏幕上，而是制作生动、形象的图片。

美国缅因州国家训练实验室的研究结果表明，学生如果只是听课，其课堂留存率只有

5%，而视听结合则是 20%，演示可以达到 30%，这都属于被动式学习。当学生的学习方式转变为主动时，通过讨论学习，留存率有 50%；动手实践，留存率有 75%；而教授于他人时，留存率则飙升到 90%。所以，如果要提高教学的质量，就需要依靠先进的技术手段，使学生充分融入课堂中，调动其学习积极性，使学习从被动转向主动 (图 1.5)。

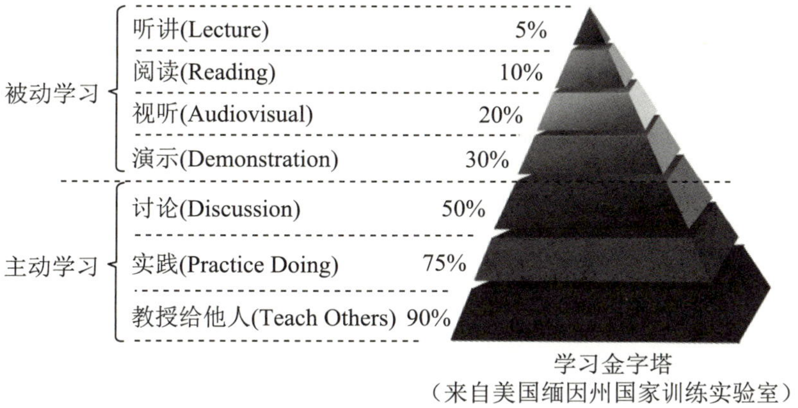

▲ 图 1.5 学习金字塔模型

据相关实验显示，在课堂上播放高质量的微课程，学生的集中度会有明显的提高。而这些微课程里包含高成本的技术开发，它是一个普通教师无法做到的，需要一个团队的力量。比如运用可视化的教学方法，可以把抽象的逻辑跳跃转变为具体的形象思维。学生容易理解，同时课堂教学质量也会得到很大的提升。

三、互联网真正能实现有问必答

互联网时代，可以真正实现一对一的在线辅导。它改变了以往一位老师面对几十甚至几百个学生的授课模式。全面利用互联网能够打破时空限制的优势，帮助教师和学生自由分配。无论是在线一对一教育还是直播课堂，教师和学生都可以实现异地授课和实时授课。

此外，题库、在线答疑 APP 等软件，让难题不再是难题。当学生遇到学习上的困难时，就可以运用软件寻求解答。对于学生而言，这无疑身边多了一位家庭辅导老师，学生可以随时随地利用全球的学习资源。

运用互联网，可以让最先进的技术和师资帮助我们提升教学质量和水准，让我们的教育变得不再困难，让学生在快乐的环境里学到更为先进的知识，从而对国家的教育均衡做出更大的贡献。

当然，“互联网 +”教育不仅可大大提升教育公平和提升教学质量，还会对教育管理等各方面产生影响，因篇幅所限不一一列举。在中国极不均衡的教育环境里，能推进教育资源的公平是“互联网 +”教育的首要职能。

第二章 互联网教育的构成要素

第一节 互联网教育的受众主体——学习者

学习者个体是一个具有复杂内在心理和外显行为的活生生的人，而在线教育中最容易被忽视的，也是在线教育的最终受众——学习者，因此建议读者特别关注在线学习中的“人的因素”，即学习者因素。

与在线教育相关度较高的学习者因素，主要包括：年龄差异、性别差异、原有知识与技能、自主学习能力、学习动因等。

一、年龄差异

年龄无疑对在线教育行为有巨大的影响，这是因为当前在线学习主要是基于单独个体的学习行为，年龄差异意味着不同的心理成熟度和对抗外在干扰刺激的能力。一般而言，学前儿童、小学生的网络学习自制力是非常差的，而中学生的自制力则高出不少，但是大学生与在职人员的在线学习坚持性要好得多。

因此，教育产品必须符合受众群体的年龄引起的心理差异。比如针对学前儿童的产品，其在界面颜色、操作方式、语言提示上，均应符合低龄人群的特点，如采用鲜艳的色彩、卡通人物、较大的操作按钮、提示音、动画等能够吸引儿童注意力和兴趣的设计(图 2.1)。

▲ 图 2.1 儿童与大学生群体在线教育 APP 界面风格差异

年龄较大的青少年群体则逐步呈现与其对应的喜欢叛逆、追求个性的偏好特点。而成人则更关注内容呈现的合理性和高效率，界面的设计应符合成人朴素大方的审美，不要轻易采用华而不实的设计。

二、性别差异

中国人民大学附属中学刘闰玖采用对即将文理分科的高一年级学生进行问卷调查的方式，对高中生文理科学习现状、分科意向等方面进行了研究分析。结果表明，男女生用于文科学习的时间均明显少于理科，所获得的成绩和学习所花费的时间均有相关性，而且成绩与分科选择具有密切联系，无明显性别差异。分科选择受家长影响不大，学习兴趣是影响男女生选择的主导因素，其次为受大学专业选择的影响和就业范围与收入的影响。研究结论是：高中生文理分科的选择与性别关系不大，而与文理科成绩密切相关。

因此性别差异对在线学习的影响，主要是兴趣偏好和专业选择使然。不过在实践中也的确发现在认知方式上，男女存在非常大的差异。已有的关于性别差异的研究发现：女孩的言语能力优于男孩，即女孩在阅读、词汇、拼写、语法和口语表达方面测验的平均得分比男孩的平均得分略高；男孩在空间视觉能力、数学能力测验上的平均得分略优于女孩。

但是在网络学习方面，并没有显现出巨大的性别差异，而且在线学习的平台、课程设计上，也很难体现出性别差异，因此性别差异可列为影响在线教育学习行为的次要原因。

三、原有知识与技能

学习者原有知识与技能的情况，是影响学习者是否能够继续坚持学习，尤其是在网络环境下能否坚持学习的一项重要指标。如果原有知识与技能过低，会导致严重的挫折感，学习者可能会选择放弃网络学习，因此学习者原有知识和技能不宜过低，否则会导致学习无法进行 (图 2.2)。

▲ 图 2.2 基础知识薄弱导致学习障碍

此论断对在线教育的重要参考价值在于，纯粹的在线教育不能面向基础知识和技能存在严重缺陷、个体学习坚持性不强的学习者。对有严重的学习障碍的学习者，应该采取线上和线下结合的模式，或者采用有效的网络在线一对一辅导教学模式。

四、自主学习能力

即使是同一年龄段的群体，自主学习能力的个体差异也是非常大的。中小学生的自主学习能力较成人差，但显然也有酷爱学习的“学霸”。根据邓爱华 2008 年对小学生的调查结果，显示随着年级的上升，小学生做作业的自主性不断上升。在自学能力较强的成人群体中，也存在相当多自学能力较差的群体，见表 2-1。

表 2-1　小学生写作业是否需要督促的调查结果

年级	不需要督促	有时需要	经常需要	要父母陪
一年级	58%	35%	4%	3%
二年级	62%	31%	5%	2%
三年级	48%	44%	5%	3%
四年级	60%	34%	5%	1%
五年级	52%	39%	8%	1%
六年级	73%	26%	1%	0%

五、学习动因

学习动因指的是“为什么而学习”的问题。学习动因分为两大类：内在动因和外在动因。内在动因是指学习者因为自身的爱好和兴趣而激发的学习动力。“兴趣是最好的老师”，有内在动因，学习的坚持性和持久性都会非常好。

外在动因是指因为外在的压力 (如升学、考试、就业、父母期望、老师强制等) 而导致学习者不得不学习的动力。很显然，中国人千年以来的主导学习动因是外在动因。在科举时代，“学而优则仕”是莘莘学子“头悬梁、锥刺骨”的外在动力；在当代，小升初、中考、高考、考研、公务员考试、执业资格考试、晋级考试、职业发展构成了迫使学习者学习的外部动因。

根据邓爱华 2008 年对小学生的调查结果，显示随着年级的上升，小学生主动提问的比例急剧下降。这归结于中国长期以来形成的呆板的“填鸭式教学”“应试教育”。在长期的反复扼杀式的应试教学中，把学生的学习主动性研磨得荡然无存。

很显然，无论是外在动因还是内在动因，一个有很强学习动因的学习者，其学习的效果和坚持性都会显著高于没有学习动因的学习者。但是就在线教育而言，很难通过高质量的课程开发提高学习者的学习积极性，因此当前构成中国在线教育产业的主体动因，还是外在动因，见表 2-2。

表 2-2 小学生主动提问的比例逐年降低

年级	会主动提问	有时会，有时不会	从不提问
一年级	50%	40%	10%
二年级	25%	60%	15%
三年级	20%	70%	10%
四年级	16%	61%	23%
五年级	14%	60%	26%
六年级	11%	56%	33%

用市场营销的术语来说，外在动因是中国在线教育乃至实体教育存在和发展的基石和主体，因此满足“刚性需求”是在线教育产业发展不得不考虑的重要前提。

但是，并不意味着基于内在动因的兴趣教学没有市场。互联网的魅力在于可以将分散于世界各地的小众群体聚集起来，从而成就某个细分市场。比如国内已经有一些从事在线音乐教学、围棋之类兴趣爱好的网站，这些网站就是完全基于兴趣学习产生的，也可以有所作为。因此不要将在线教育的“刚性需求”仅仅定义在外在动因上，内在动因的教育市场也很有潜力。

第二节 互联网教育的实施主体——教师

一、教师在网络环境教学中表现的障碍

1. 对网络教学的观念认同障碍

大部分教师一直以来都是基于教室环境实施教学，虽然在积累了丰富的教学经验，但由于他们已经习惯了传统的课堂教学，从教学思想和观念上还难以适应网络教学环境。有

些教师难以接受新型教学方法，甚至会从心理上排斥在线教育这种教学方式。

教师会对数字技术对他们教学过程的固化表示担忧：“如果把我的讲课过程录下来，谁还需要我们上课？”这个观念在互联网时代需要转变。互联网不仅不会取代教师，而且会打造名师，比如可汗学院的可汗和中国邢帅学院的邢帅，都是通过互联网打造出的名师。

2. 对网络教学的适应性障碍

▲ 图 2.3　适应在摄像机前讲课对网络教师非常重要

一位老师在教室里，在学生面前授课可以侃侃而谈、从容不迫，而且可以与学生产生良好的互动。但是在网络环境下，当老师面对摄像机、电脑时，学生没有出现在面前，可能一下子找不到讲课的感觉，讲起来也是兴趣寡然。

现场感的缺失可以通过人为手段来消除，有些院校和企业在录制网络课程时，采用了有学生在现场听课的方式录制，以缓解老师授课时教室氛围的缺失。经过一段时间的适应和训练，绝大多数老师是可以在网络上自如授课的(图 2.3)。

3. 数字化教学技能障碍

在信息技术手段的运用上，绝大多数教师已经能够熟悉运用 PPT 等制作和演示讲义。但是在数字化素材处理(如声音、图片、视频等)上，仍然欠缺足够的技能。此外在题库资源建设上，也缺乏相关经验，绝大多数老师仍然采用 Word 来编写试卷，并没有把试题导入数据库中。

二、教师应具备的网络教学技能

1. 以学生为中心的职能转变

在传统教育模式下，教师授课时往往采用“填鸭”式教学，而在线教育与传统教育在教学时空、知识传播手段、教学实施对象等诸多方面具有巨大差异，需要教师转变观念，由“以教师为中心”向“以学生为中心”转变。

教师不再单纯是知识的传授者，而是网络学习行为的组织者、督导者、答疑者，更像是学习伙伴，而不是传统意义上的高高在上的“师道尊严”。

2. 优秀的授课技能

在线教育擅长于优质师资的固化，通过计算机技术能够把优秀教师的授课过程录制下来，形成优质的课程资源，从而低成本大量传播。因此教师应该具有优秀的授课技能。

教师不仅仅要传道、授业、解惑，更重要的是要能够激发学生学习的兴趣。一名好老师对于学生来说是很重要的。比如一位电大的学员曾提到有一位讲政治经济学的老师很机智风趣，他总会谈一些大家感兴趣的话题来吸引学生的注意，并能在课堂上把书本上内容与当今的政治、文化联系起来，还邀请同学们积极参与话题讨论，提高学生的学习能动性，可以说他是一个非常有个人魅力的老师。这类教师本身具备学科的专业知识，还能带给学生拓展课堂以外的知识和观点，并帮助学生把所学的知识运用到生活中，让学生对这门课产生浓厚的兴趣。

3. 良好的信息技术技能

具备良好的信息技术技能，是教师实施网络教学必须具备的条件。教师首先必须了解并掌握这些教育教学资源，才能使它们有效地为教学服务，另外，不同的教学资源需要使用不同的软件，要求教师必须熟悉各种常用软件的使用方法，如音频、视频、图片、电子表格等资源的处理。

第三节　互联网教育的技术承载——在线教学平台

一、在线教学平台的定义

在线教学平台指在线教育服务提供方为保障在线教育进行而提供的技术平台，主要包括：用户注册与登录、课程制作、课程浏览与查询、学习、练习与考试、师生交流、积分等功能。

在线教学平台是一个比较复杂的系统，其开发成本在数十万至数百万元之间，因为学习管理的数据和技术要求都比较复杂。

二、在线教学平台的分类

在线教学平台的分类如图 2.4 所示。

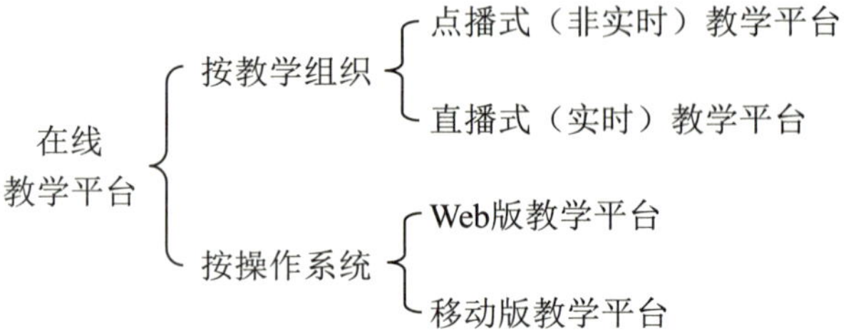

▲ 图 2.4　在线教学 / 学习平台的分类

三、在线教学平台的功能结构

在线教学平台在功能上，可以分为 7 个子系统，每个子系统都是相对独立的产品，如图 2.5 所示。

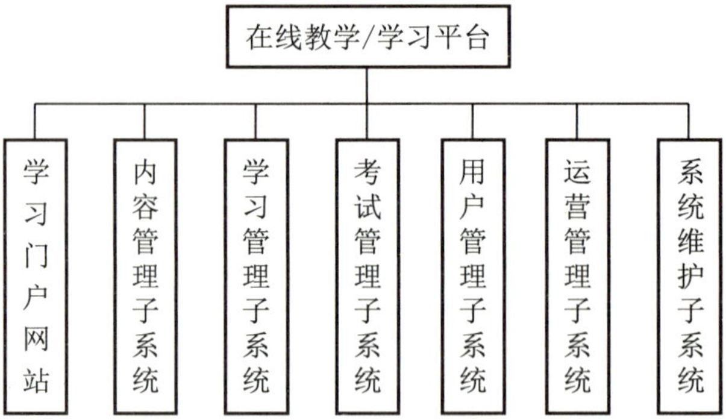

▲ 图 2.5　通用在线教学 / 学习平台功能结构

(1) 学习门户网站 (Portal)：用户输入网址后出现的学习内容导航网站 (图 2.6)。

(2) 内容管理子系统 (LCMS)：具备课程资源的产生与管理功能，是一个比较复杂的子系统。

▲ 图 2.6 学习门户网站

(3) 学习管理子系统 (LMS)：为用户呈现学习资源，并追踪记录学习进度。学生的提问、回答等交流功能也在其中，不过也可独立成为单独的功能模块。

(4) 考试管理子系统 (Exam)：提供试题录入、试卷管理、考试管理、成绩管理等功能。

(5) 用户管理子系统 (User)：用于增加、删除、修改、禁用、启用用户及用户组织结构、用户角色等信息。

(6) 运营管理子系统 (Operation)：提供查看用户数及分布、账户充值、计费、余额查询等功能。

(7) 系统维护子系统 (Mantance)：设置各种用于管理的系统参数。

四、在线教学 / 学习平台应具备的特性

在线教学 / 学习平台应具备如下特性。

1. 功能满足教学要求

在线教学平台功能应覆盖在线教育的主要需求，比如学习、考试等功能。

2. 前端功能简捷、易用而高效

现今网站用户对操作的简洁性要求很高，往往没有耐心学习平台的使用的方法，因此

在设计在线学习产品时，应符合人机操作规范，操作简单、高效。

3. 数据互通规范

数据互通指的是教学系统与其他信息系统之间的交换，比如统一用户登录验证、学习记录及信息接口等。目前在线教育平台之间的数据互通没有实际上的统一规范，企业 e-Learning 用得比较多的是 SCORM 标准。

4. 支持跨平台学习特性

在线教学平台不仅要支持基于 PCWeb 浏览器的学习，而且在当前移动学习势头正猛的形势下，在线教学平台也应该支持移动学习特性，使得在线学习平台与移动学习平台共享相同的用户信息、课程信息、学习记录等数据，给用户创设无缝学习体验。

第四节　互联网教育的核心——课程资源

一、课程资源的定义

课程资源 (contents) 是在线教育的客体，主要指各种数字化的内容资源，如视频课件、Flash 课件、音频、文本、网页、PPT、试题库等。

课程资源在互联网教育成本的构成中，占据非常重要的比例，一般约占整个项目支出的 40%~50%。

二、课程资源的分类

按使用方式和资源用途进行分类的方式比较容易理解，而按数据格式的分类方式展现了课程资源在过去十几年的时间里取得的技术进展（图 2.7），下面做简单介绍。

按数据格式类型，课程资源主要分为以下几类课程。

1. 动画类课程

动画类课程以其生动形象的内容呈现形式，无论是在中小学领域还是在成人领域，都广受欢迎。目前动画类课程以 Flash 动画为主，HTML5 动画为辅，如图 2.8 所示。

- 课程
  - 按使用方式
    - 直播课程
    - 点播课程
  - 按资源用途
    - 学习类资源
      - 视频/Flash/三分屏
      - HTML/自定义格式
    - 考试/练习类资源
      - 形成性测验/练习
      - 终结性测验/考试
    - 其他资源
      - 参考资料
      - 问答记录

▲ 图 2.7 课程资源的分类

▲ 图 2.8 动画课程样例

2. 三分屏课程

三分屏课件是把教师授课视频与讲义摄制下来，生成专用格式的文件，通过网络浏览器进行播放。因为生成的课件包括三个部分：教师的授课视频、讲义和课程纲要，所以称为“三分屏课程”(图 2.9)。现在三分屏课程在互联网教育中已趋于淘汰。

三分屏课程的特点如下。

1) 开发周期短

网络课程制作通常需要较长的开发周期(通常以月为单位计算)，对于具有时效性的课程，若是耗费很长时间开发出来，到发布的时候，有些内容已经需要更新了。而三分屏课程是教师开讲即开录，录完后课件即刻生成，再加上简单编辑就可完成，因此开发周期非常短。

▲ 图 2.9　三分屏课程样例

2) 费用低廉

在现场就把讲课过程录制成三分屏课件，用户可以随时、反复地学习，不受时间、地域限制，每课时成本只有几百元左右。比起其他类型的网络课程的高昂开发费用，三分屏课程算是物美价廉。

3) 形式单一

三分屏课程成本低廉、易于录制，占用带宽小，但是形式较为单一。

3. 视频课程

视频课程是当前使用最多的网络课程形式，高清视频的显示效果较好，当前宽带普及程度也很高，所以得以普及。但是视频课程最大的缺陷是需要专用的摄录室，而且占用带宽也很多。受限于移动设备的带宽限制，高清视频课程在移动端还没有普及 (图 2.10)。

▲ 图 2.10 视频课程样例

4.HTML5 课程

HTML5 课程的特点是以网页形式显示，占用带宽小，适合移动平台显示，其缺点是以文本和图片显示为主，交互性差且加密困难 (图 2.11)。

▲ 图 2.11 HTML5 格式课程样例

5. 试题库

试题库也是常见的课程资源类型。但是需要注意的是，如果试题集中在一个 Word 或其他格式的文档中，就只能算是文档，而不能算是试题库。因为真正试题库的试题各项是分拆到数据库中保存的，如题干、选项、答案、难度、所属学科、知识点、来源等，这样才利于试题的使用。

6. 自定义格式课程

自定义格式课程是当通用课程格式无法满足学习需求时，由开发方自定义的课程格式，如单词、会话、听力等。这类课程的格式千差万别，因开发方的设计方案不同而有所区别 (图 2.12)。

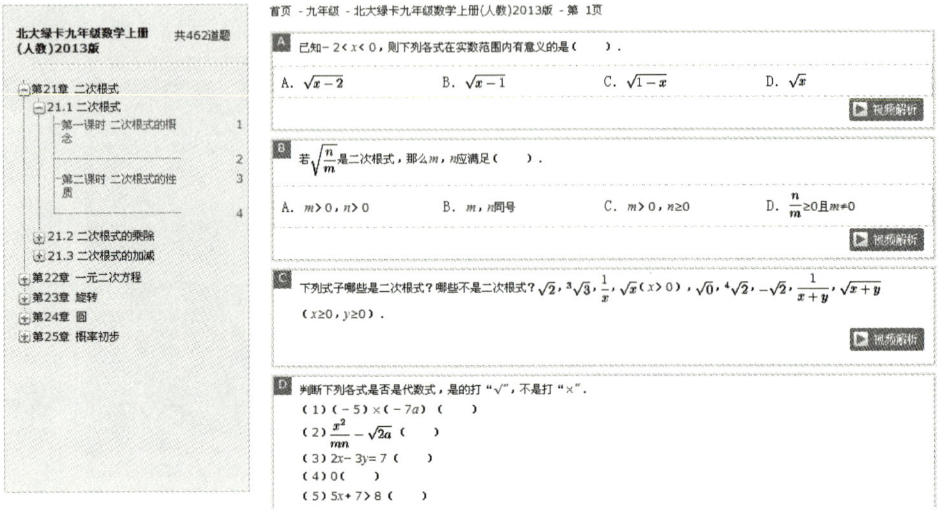

▲ 图 2.12 试题库样例

7. 其他课程格式

有一些特殊课程，如模拟操作、虚拟现实等，采用的是特殊的格式，如 VRML 语言等。

三、课程资源应具备的特性

1. 内容准确

内容准确是对课程内容资源最基本的要求。显然一个错误百出的课程，无论设计得有多美观，也不能称为是一个合格的在线课程。

2. 生动有趣

知识的讲解形式应当新颖，富有创意。如果讲解非常枯燥、冗长，不能解决学习者的学习问题，则没有什么价值。

3. 短小精悍

单个知识块的知识含量少而精，时间长度在 10 分钟左右，甚至精简至 3~5 分钟。以知识点为单位，以集中解决某个问题为目的。

文件容量小，易于用户下载。这对于带宽和流量仍然是个问题的网络环境来说，显得非常有必要。

4. 交互性强

交互性强是指采用交互手段抑制学习中出现的干扰和迷航。

5. 可跨平台运行

课程资源可以运行在PC平台上，也可以运行在Android、iOS等移动平台上，具有跨平台特性。

随着互联网渗透率的不断提高，教育管理部门也意识到以前的“重硬轻软”无法实现教育资源的最优化，《国家教育事业发展第十二个五年规划》《教育信息化十年发展规划(2011—2020)》等规划相继出台，为教育行业发展设立了科学的建设目标，同时也为教育行业信息化投资经费提供了稳定、可持续的保障。

第三章 中国互联网教育政策

第一节　三通两平台政策

2012 年 9 月 5 日，刘延东副总理提出：“十二五”期间，要以建设好“三通两平台”为抓手，即宽带网络校校通、优质资源班班通、网络学习空间人人通，建设教育资源公共服务平台和教育管理公共服务平台。

一、宽带网络校校通

“宽带网络校校通”的实质内容有两个：一是基本解决各级各类学校的宽带接入条件，二是基本完成各级各类学校网络条件下的基本教学环境建设。宽带网络接入条件的建设方式是“政府投资建设，企业运营维护，学校持续使用”。

二、优质资源班班通

“优质资源班班通”就是要使基本实现“宽带网络校校通”的学校的大部分班级的课堂教学能够使用优质数字教育资源，能够通过优质数字教育资源和信息技术手段提高教学质量和促进教育均衡发展。

三、网络学习空间人人通

“网络学习空间人人通”指的是网络学习空间应成为下述这样的平台。

1. 社交平台

“网络学习空间”首先应该是以提高教师素质、提高教学质量为目的，以教师、学生、家长为服务对象的一个网络化的社交平台，为教师在网络上开展教学和教研活动以及为教师和学生、学生家长的网络互动提供支撑。

2. 资源平台

网络学习空间是一个具有汇聚优质资源能力“资源超市”，为各类资源提供者提供高效的资源交易服务，使教师和学生有更丰富的优质资源可用。

3. 服务平台

网络学习空间能使教师尽快提高信息技术应用能力，平台主动推送资源的功能可帮助教师依托空间快捷地获取合适的资源，平台容易使用的开发工具可帮助教师提高自主开发教学资源的能力。

4. 管理平台

平台的机构空间能够帮助学校和教育主管部门管理所有的教师空间和学生空间，统计教师利用网络从事教学活动的频率、效果和教师内生的、自己创造的课件资源的数量，对教师的教学活动及信息技术应用水平进行评价，对学生的学习进展进行统计分析，为学校或区域教育行政主管部门组织网上教学活动提供技术条件支撑。

四、教育资源公共服务平台

“教育资源公共服务平台”作为最重要的载体，直接影响教育资源的汇聚共享、建设与应用的衔接。现在看来，“教育资源公共服务平台”的建设实际上是一个云服务体系的建设。利用云计算模式可以最大程度实现软、硬件资源的集约共享，降低学校信息化成本和建设难度，推动资源建设与使用良性互动，提高应用水平。

“教育资源公共服务平台”的建设要坚持“政府投资建设，企业运营维护，学校购买服务”的机制创新。

五、教育管理公共服务平台

教育管理公共服务平台建设的首期目标，是为教育管理公共服务提供准确的数据。

平台建设的基本构思是“两级建设，五级应用”，通过应用系统收集和汇总数据。“两级建设”，就是建设中央和省（自治区、直辖市）两级教育管理数据中心。“五级应用”就是由教育部统一组织开发中央、省（自治区、直辖市）、地（市）、县、学校五级应用系统，部署在中央和省两级数据中心，各省通过省级数据中心为所属地（市）、县、学校提供应用服务。通过统一开发的应用系统形成动态、准确的数据，为国家教育决策提供支持服务，为地方应用提供服务。

第二节　职业教育与网校审批

一、职业教育：600 所院校转型

2014 年 3 月，教育部副部长鲁昕表示，中国高等教育将发生革命性调整，600 多所地方本科院校将逐步转型应用技术型高校。

2014 年 6 月 26 日，教育部介绍我国的职业教育改革发展情况时表示，我国将支持部分有意愿、有条件的本科高校转型为应用技术型的高等学校。对于此前“我国 600 所高校将转型职业教育”的报道，教育部职业教育与成人教育司司长葛道凯表示这一表述“不准确”，并表示已有 130 余所高校提出了试点转型的申请。

截至 2015 年 9 月，已有 287 所独立学院和 308 所 1999 年由高职升格本科的院校转型为应用技术型高校。

由于长期的人口就业状况和经济因素、社会因素等的影响，中国正在举办世界上规模最大的职业教育。而职业教育凭借其适应性(适应市场经济、多元办学模式)、中介性(职业教育在人的发展和社会发展之间、教育和职业之间的中介位置)、实用性(注重经济效益、社会效益及人的“潜能”充分发挥)的独特优势成为社会经济、文化发展的生力军，促进高等教育走向大众化。

二、网校取消审批

2016 年 3 月 16 日，教育部宣布正式取消教育网站、网校和新专业等 7 项行政审批，改由学校、公民个人、社会组织及其他组织自主决定。

2015 年、2016 年先后出台的《国务院关于第一批取消 62 项中央指定地方实施行政审批事项的决定》和《国务院关于第二批取消 152 项中央指定地方实施行政审批事项的决定》中，取消了 7 项中央指定地方实施的教育行政审批，包括高等学校境外办学实施专科教育或者非学历高等教育审批、校外学习中心(点)审批、高等教育自学考试专科专业审批、省域范围内跨地区举办中小学校际体育竞赛审批、教育网站和网校审批、港澳台本科在读学生转读内地(祖国大陆)普通高等学校本科生的审批、对教育部实施的高等学校设置尚未列入《普通高等学校本科专业目录》的新专业审批的初审等。

2016 年 3 月 16 日，教育部正式宣布，从国务院决定发布之日起，地方各级教育行政部门对上述事项一律不得继续开展行政审批，并对照国务院决定梳理和调整本级行政审批清单或者权力清单、责任清单。发现对已经取消的审批事项仍在实施审批的，要依法依规追究相关人员的责任。

网校创立手续的进一步简化，国家政策的支持为教育网站、网校的兴起提供了极大的便利。

第三节 刘延东参加国际教育信息化大会致辞

（二〇一五年五月二十三日）

尊敬的博科娃女士，各位来宾，女士们、先生们：

大家好！

很高兴与各位相聚在美丽的海滨城市青岛，参加由联合国教科文组织与中国政府共同举办的首届国际教育信息化大会。半年前，首届世界互联网大会在中国著名水乡古镇——乌镇举办，发布了《乌镇宣言》，倡导互联互通、共享共治，使互联网更好造福人类。本次大会以“信息技术与未来教育变革”为主题，把握了时代脉搏，顺应了发展潮流，很有意义。

纵观历史，人类文明的每一次进步，都离不开科技的重大突破。互联网作为最伟大的发明之一，成为催生新一轮科技革命的重要动力。从 1969 年诞生至今，已渗透到人类生活的方方面面，深刻改变了人们的思维和生产生活方式，让不同国家、民族、地域的朋友“零距离”沟通。特别是信息技术在教育领域的广泛应用，对教育理念、模式和走向都产生了革命性影响。

——教育信息化突破了“时空限制”，是缩小教育差距、促进教育公平的有效途径。信息技术的应用，能以较低成本，把优质教育资源输送到农村和边远地区，大大缩小了教育差距和数字鸿沟，可以使全球 1.2 亿失学辍学儿童的“读书梦”不再遥不可及。

——教育信息化推动了教与学的“双重革命”，是共享优质资源、提高教育质量的重要手段。信息化条件下，师生可以平等获取信息，学生学习主体地位进一步彰显。个性化学习、自主学习等新型学习模式，微课程、翻转课堂等新型教学模式，推动了教育的理念创新、管理创新和质量提升。

——教育信息化打造了“没有围墙的学校”，是实现全民学习、终身学习的必然选择。借助信息技术的力量，教育供给能力大大增强，使学习主体从在校学生向社会公众扩展，教育阶段从学校教育向终身教育延伸，真正实现“人人皆学、处处能学、时时可学”。

——教育信息化汇聚了“海量知识资源”，是人类文明传承创新的重要平台。今天的孩子，只要轻点鼠标，就有机会接触人类文明的最新成果，还能在多样文明交流互鉴中，培养开放包容的精神，汲取创新的智慧和力量。

女士们、先生们，朋友们：

20 年前，中国人开始接触互联网。20 年来，中国积极融入世界互联网发展大潮，制定国家信息化发展战略，推动信息化与工业化、城镇化、农业现代化深度融合、同步发展。如今，中国拥有网民 6.49 亿，基本覆盖 4.84 亿 10 至 39 岁的青年人，移动宽带用户 5.3 亿，手机用户近 13 亿。

中国政府高度重视教育信息化，以信息化带动教育现代化。中国现有各级各类学校 51 万所、在校生 2.6 亿、教师 1500 多万。中国地域广、差异大，既有上万学生的“超级中学”，也有仅几个学生的“乡村教学点”，推动教育信息化既是紧迫需求，也是宏大工程。2010 年中国颁布教育规划纲要，“把教育信息化纳入国家信息化发展整体战略，超前部署教育信息网络”。2013 年中国明确把教育信息化作为推动中国教育改革的重要内容。

为此，我们结合中国的实际，提出了“三通两平台”的核心目标，即推动宽带网络校校通、优质资源班班通、网络学习空间人人通，搭建教育资源公共服务平台和教育管理公共服务平台。目前“校校通”进展迅速，全国中小学校互联网接入率 2011 年不足 25%，2014 年达 74%，有 73% 的学校拥有多媒体教室。“班班通”成效显著，全国 6.4 万个偏远地区教学点实现数字教育资源全覆盖，400 万农村孩子就近接受良好教育。国家开放大学集聚了国内外优质网络课程 3.3 万门。“人人通”实现新突破，师生空间开通数量已达 3600 万个，350 万名教师开展网络教研。“资源平台”顺利运行，2014 年访问数近 10 亿次，成为最具规模与影响力的“数字教育资源超市”。“管理平台”全面应用，基本建成覆盖全国学生、教职工、中小学校舍等基础数据库，1.77 亿中小学生学籍信息入库，实现全国学生“一人一号”。建成了覆盖所有高校的考试招生、学籍学历、就业服务等信息平台。

不断的努力，使我们收获了丰硕成果，我愿与大家交流分享我的体会。一是加强顶层设计。中国政府将教育信息化纳入国家信息化发展整体战略，制定了十年发展规划，并向中西部地区和农村学校倾斜。二是注重协同推进。国家层面建立了多部门参加的协调小组，各省市也成立了相应机构，确保教育信息化有力有序推进。三是拓宽渠道方式。按照政府引导、社会参与的原则，采取企业垫资建设、学校付费使用等多种方式，加强与网络信息运营商的合作，促进企业参与教育资源开发。四是坚持应用驱动。促进信息技术与教育教学的融合创新，鼓励教师利用信息技术开展教学创新，支持学生个性化学习探索，推动形成“课堂用、经常用、普遍用”的信息化教学新常态。

当前，中国人民正在按照全面建成小康社会、全面深化改革、全面依法治国、全面从严治党的战略布局，齐心协力实现“两个一百年”奋斗目标，实现中华民族伟大复兴的中国梦。今年初，李克强总理在《政府工作报告》中首次提出“互联网 +”战略，必将推动中国教育信息化的加速发展。我们的目标是，力争到 2020 年，基本建成人人可享有优质教育资源的信息化学习环境，基本形成学习型社会的信息化服务体系，基本实现所有地区和各级各类学校宽带网络的全面覆盖。

女士们、先生们，朋友们：

面对全球互联网大变革、大发展、大融合的历史潮流，搭乘信息化的“快车”、实现教育发展的新跨越，是我们不容错失的共同机遇。在此，我愿提出四点倡议与各位分享：

第一，顺应大势，更加重视教育信息化的作用和地位。当今时代，信息化和“互联网 +”给世界带来的变化是难以想象的，通过教育信息化传播知识与技能，不仅可以改变个人的命运，也可以使人类更有能力应对全球性挑战。各国应将教育信息化作为战略举措，统筹部署，加大投入，尤其应把贫困、边远地区的教育信息化建设摆在优先位置，扩大优质数字教育资源覆盖面，让每个孩子都能享受教育信息化的阳光雨露。

第二，以人为本，推动信息技术与教育教学的深度融合。推进教育信息化，信息技术是手段，发展教育是目的，关键是融合创新，促进传统教育与信息化教育的优势互补。再先进的技术、再高级的软件，也无法替代教师的言传身教；再多彩的视频、再精美的画面，也无法替代面对面、手牵手的温暖鼓励。我们应创新教育理念和模式，加强信息教学研究开发，提供多样学习选择，满足学生个性化需求，促进师生互动、教学相长。

第三，共建共享，不断扩大优质教育资源的覆盖面。我们应当努力打破信息壁垒，消除信息鸿沟，拓展教育信息化的功能，扩大共享覆盖面，不断完善法律法规和公共政策，加强信息化建设和网络空间监管和治理，帮助受教育者平等、有效、健康地运用信息技术，让优质教育资源更好地惠及普通民众。

第四，互学互鉴，开创人类文明传承发展的新境界。互联网开启了人类文明交流交融的新时代，我们应以教育信息化为契机，相互学习借鉴各自的成功经验，为各国民众特别是青年搭建更多的交流平台，增强其跨文化交流沟通能力，使之以更加开放包容的心态参与不同文明的传承创新，推动不同文明的深度互动。

今年是世界反法西斯战争暨中国人民抗日战争胜利70周年，联合国成立70周年。70年来，世界发生了前所未有的深刻变化，各国越来越成为你中有我、我中有你的命运共同体，建立以合作共赢为核心的新型国际关系，已是大势所趋、人心所向。长期以来，联合国教科文组织在增进世界人民相互了解和信任、推动不同文明交流互鉴方面进行了不懈探索，积极推动全球教育的变革发展，并致力于通过信息技术与教育的融合创新，实现公平的、有质量的全民终身教育，中国政府对此高度赞赏。中国将一如既往地支持和参与教科文组织的各项活动，推动国际教育交流，与世界各国开展创新合作，为构建适应信息时代的未来教育做出应有的贡献，并愿意为发展中国家教育信息化建设提供力所能及的帮助。

女士们、先生们，朋友们：

正如互联网一样，连接起来才有力量。只要我们携手并肩，我们一定能够汇聚更大的力量，推动国际教育信息化迈上新台阶，为促进人的全面发展，推动人类社会文明进步，建设持久和平、共同繁荣的和谐世界做出更大贡献！

现在，我宣布，国际教育信息化大会开幕！

谢谢大家！

第四节 《教育信息化“十三五”规划》

2016年7月，为了落实中央有关教育信息化的战略部署，教育部面向全国各直属的教育主管单位颁发了《教育信息化“十三五”规划》(以下简称《规划》”)。《规划》在国家“十三五”规划指导意见基础上，根据第二次全国教育信息化工作电视电话会议的工作部署，立足我国教育信息化发展的现状、目标、要求，对我国教育信息化未来五年的发展提出了新理念、新思路、新方法。

《规划》第一部分总结了当前我国教育信息化发展的现状和取得的阶段性成果，并分析了教育信息化建设推进中面临的问题，以及在当下社会各行各业信息化应用步伐不断加快的形式下，深入推进信息化技术在教育中的应用势在必行。《规划》第二部分强调了十三五期间推进教育信息化工作的指导思想和工作原则。指导思想中提到：推动形成基于信息技术的新型教育教学模式与教育服务供给方式，提升教育治理体系和治理能力现代化水平，形成与教育现代化发展目标相适应的教育信息化体系，充分发挥信息技术对教育的革命性影响作用。工作原则有“四个坚持”：坚持服务全局、坚持融合创新、坚持深化应用核坚持完善机制。

对于《规划》中强调的指导思想和工作原则，工作全国教育信息化工作组秘书长任友群解读道：“十三五”规划的指导思想和工作原则，体现了以下三点理念。

一是进一步从建设走向应用。随着“三通两平台”的加速建设，我国教育信息化基础设施建设已经初具规模，可以基本满足信息技术条件下的教育教学任务。从国际经验来看，发达国家都在日益强调以应用为驱动有效提升教育信息化的建设水平。

二是进一步从单点到全局。如果说“十二五”期间教育信息化还仅仅是作为教育改革的重要内容和手段，那么在“十三五”教育信息化则是承担起推动我国教育发展，实现教育现代化全局战略的使命。

三是进一步从条线到融合。在前期教育信息化工作推进过程中还存在条线管理、地域分割等现象。“十三五”期间就是要在原先建设的基础上，加强系统、平台、资源的互联融合，加强建设、管理的统筹，使教育信息化能够协调、有序发展。

《规划》第三部分从统筹到细述，提出了“十三五”期间教育信息化的四项发展目标。一是，任务包完成；二是，应用上台阶；三是，治理上水平。四是，安全有保障。对于发展目标确立的依据，任友群解释道：“十三五”的发展目标，是落实习近平总书记青岛贺信指示要求的具体举措，是实现以教育信息化推动教育现代化，建立网络化、数字化、个性化、终身化的教育体系，建设“人人皆学、处处能学、时时可学”的学习型社会这一目标的具体体现。同时，发展目标进一步强调应用、强调安全、强调治理，也是与我国当前教育信息化发展形势相适应的。一方面，教育信息化的工作重点已经从建设转向了应用，其发展过程中产生的新问题也日渐凸显；另一方面，随着教育信息化工作的推进，创新改革发展模式，充分发挥政府、社会、学校各方力量，提升教育信息化治理水平，也是下一阶段工作目标实现的重要保证。

《规划》第四部分提出了核心点，十三五期间教育信息化建设的八个工作目标。总结下来有以下八个要点。

一是，加强三通两平台建设，主要是校校通、班班通、人人通。

二是，鼓励企业根据国家规定与学校需求建设资源平台，提供优质服务。

三是，一校带多点，一校带多校。推进“名师课堂”建设。

四是，继续开展一课一名师。加快制定数字教育资源相关标准规范、加大数字教育资源的知识产权保护力度。

五是，统筹推进实名制网络学习空间的建设与应用。鼓励教师、学生、家长积极使用网络学习空间。

六是，有条件的地区地区积极探索在信息技术在“众创空间、跨学科教育 (STEAM 教育)、创客教育等新的教育模式中的应用”。

七是，在提高教育管理效能的基础上，实现决策支持科学化、管理过程精细化、教学分析及时化。

八是，要加强教育信息化的国际交流与合作。

最后，《规划》第五部分提出了五点保障措施，为教育信息化的顺利推行保驾护航。第一加强领导，健全规范教育信息化管理体制和服务支撑机制。第二分类指导，统筹推进教育信息化工作。第三开展督导，形成制度化的评估机制。第四完善保障，形成多元化投入支持机制。第五明确责任确保网络安全与信息化协调发展。

近年来，我国对于教育信息化建设的重视程度越来越快，各级教育信息化政令频出。《规划》是继《教育信息化十年规划纲要》后五年内教育部印发的第二道总纲性教育信息化政令。此外，教育信息化推进办公室每年年初还要向下印发当年的教育信息化工作要点，并及时跟踪全国各地的教育信息化工作进展，生成月度报告。有了顶层设计和各级主管部门的监督体系，但教育信息化建设仍需重点关注落实。如何确保《规划》的落实，落实的关键点是什么？任友群表示：规划的落实，关键还在于教育信息化治理能力的提升。一方面，要完善治理体系，要加强教育信息化的政府统筹力度，健全完善教育信息化治理体系，如明确行政管理部门职责、建立“一把手”责任制、设立首席信息官等；另一方面，要保障运维经费，要在进一步扩大政府经费投入的基础上，建立多元化的投入保障机制，实现资源集聚，同时，要探索经费使用新模式，优化经费支出结构，确保一定的经费可以用来购买带宽和相关服务，保障日常性的运维服务经费支出；此外，要加强教育信息化的评估督导，目前缺乏对教育信息化建设、应用的评估评价办法，需要研制符合现实的评价标准体系来对教育信息化的建设应用进行有效指导。

第二部分
互联网教育产业分析

第四章 韩国和美国的互联网教育历史与现状

第一节 韩国互联网教育产业分析

一、韩国互联网教育的发展与历程

1999 年，韩国政府支持企业在线学习；2001 年，开放网络大学 (韩国现已有 22 所大学开放了网络大学)；同年 5 月，在韩国教育工学会春季专题研讨会上，正式采用互联网教育这一说法，其后在学界广为应用，目前，互联网教育是指包含虚拟教育、网上教育、网上基础教育、网络教育等意义的总结性用语；2004 年，韩国政府制定了互联网教育产业发展法规、EBS 互联网教育法；2012 年，网络大学纳入拥有毕业证书颁发资质的教育机构行列；2015 年，NGO 和政府开始大规模开展翻转课堂和 K-MOOC(韩国慕课) 运动。

二、韩国的互联网教育市场统计

2014 年韩国互联网教育市场规模统计见表 4-1。

表 4-1 2014 年韩国互联网教育市场规模统计

年份 市场细分	2009	2010	2011	2012	2013	2014
内容	31.2	34.4	36.8	37.5	38.2	38.9
方案	15.2	16.2	17.4	18.7	19.4	20.1
服务	90.4	104.3	111.4	105.2	107.3	110.1
全部	136.8	154.9	165.6	161.4	164.9	169.1

从表 4-1 中可看到，韩国互联网教育市场每年的增速在 0.2% 左右，市场已经趋于稳定，其中规模最大的教育服务市场，占比达 65% 以上。

三、典型的韩国互联网教育企业

1. MegaStudy

1) 发展历史

MegaStudy 于 2000 年创办，2004 年上市。在韩国，2012 年约有 63 万名高三应届毕业生、20 万名复读生参加高考，其中应届生中 22 万 (占比 32%)、复读生中 19 万 (占比 97%) 为 MegaStudy 会员；应届生中 9 万 (占比 14%)、复读生中 9.6 万 (占比 48%) 为 MegaStudy 付费会员。作为韩国最大的在线网络培训机构，MegaStudy 被韩国人誉为对教育和网络狂热追求的完美结合体。

2012 年，MegaStudy 营收约合人民币 18 亿元，运营利润率 23%(包括所有的产品线和子公司)，其中高中部运营利润率为 30%。以高中业务为例，线上部分运营利润近 40%，线下业务运营利润为 7.5%。目前，MegaStudy 的子公司和分公司共有 11 个，遍布韩国江北和江南。

2) 业务范围

MegaStudy 的业务从建立之初的高中阶段延伸至小学、初中及成人，业务范围包含线上教育、线下辅导、图书出版、餐饮、天使投资等多个领域。

高中品牌 MegaStudy：MegaStudy 是以高中复读教学起家的，MegaStudy 创始人孙主恩先生在大学毕业后进行线下大班课教学，短短两年时间就成了韩国家喻户晓的文综科目明星教师。他经常在三五百人的场合下进行讲座，所带来的轰动效应类似于新东方早期的大班教学模式。

初中品牌 Mbest：Mbest 是 MegaStudy 创立的初中线上辅导品牌，在强大的管理后台支撑下不断提高增值服务和题库的功能水平，实行用户感动模式，在初中线上辅导领域获得了巨大的成功。2012 年，其销售额已经达到 2.6 亿元人民币。

IvyKimyoung：MegaStudy 并购的企业，专门为进入大学一年级、二年级的学生提供补习，帮助那些高考没有考入理想大学的学生进行转学考试准备。2012 年营收 1.69 亿元。

餐饮公司：2010 年，MegaStudy 开设餐饮公司，为在 MegaStudy 做全日制补习和寄宿的学生提供营养餐，后来公司逐步为周末、晚上来补习的孩子提供餐饮，年营收合 0.93 亿元人民币。

中国市场：MegaStudy 在 2009 年开始进驻中国，起初试图做一些收购，也考虑过自己做项目，最终选择和国内公司合作。2010 年，MegaStudy 与华南师范附属中学合作建立爱学网，期望寻求中国课辅市场里中、高考领域的一席之地，但经过一年多的努力，发现 MegaStudy 模式在中国行不通，但是 MegaStudy 仍然没有放弃中国市场。

2. VISANG(飞上)教育

1) 发展历史

1997 年 12 月公司成立，名为“比喻和象征”，通过为学校开发教科书开拓市场；2004 年开始调整战略，研发自学教材；2006 年 6 月，其自主研发的教材 *Han-ggut* 在较短的时间内销量即超过 1000 万册，令韩国教育界一片哗然，该公司也即意识到教科书市场巨大的潜力，于是 2007 年开始将公司业务从在线 / 离线教育扩展到授权教科书出版，并建立“soobakc.com”网站，提供初中和高中在线讲座；2008 年在证券市场 (KOSPI) 公开上市，并将公司名称改为“VISANG 教育”，从此开始出版韩国政府授权的初中教科书。2010—2011 年，通过业务间的协同作用，公司崛起成为一个专门的教育公司，至 2011 年年底，VISANG 教育集团总销售额已超过 6 亿元人民币，如今 VISANG 教育已成为行业先锋，开启了数字教科书的新时代。

2) 业务范围

(1) 教材业务：VISANG 教育为全国 7000 多所学校提供教科书，覆盖范围从学前教育到高中教育。

(2) 互联网教育：VISANG 教育旗下的“soobakc.com”网站专门针对初中和高中生开发系列在线讲座，解决他们在学习中遇到的难题。

(3) 数字业务：公司贯通软件与硬件，打造未来课堂环境，同时为教师提供智能培训，提供未来学习的环境体验。

(4) 印刷业务：VISANG 教育作为韩国最大的教材出版公司，拥有先进的生产设备和出版印刷技术。

3. CICLife

1) 发展历史

CICLife(股份制) 公司于 1997 年 7 月成立，2003 年 7 月变更法人。现为技术革新型中小企业、兵役特例企业。作为互联网教育开发的专门公司，拥有丰富的开发人员和标准化的技术，根据精确的品质标准发布最好的资讯。

2) 业务范围

CICLife(股份制) 公司 95% 以上的业务是以国家机关为对象的。同时也在做互联网教育和数字资讯制作、教育和宣传视频、教学教材开发、网页开发、网络教育系统 (LMS/LCMS) 开发、数字音频介绍等各个领域的工作 (图 4.1)。

▲ 图 4.1　CLCLife 主要客户

4. 首尔数字大学

1) 发展历史

2000 年 11 月 30 日，教育部认可首尔数字大学设立，次年首尔数字大学建校，正式入学人员 800 名；2004 年，正式入学人员已增至 3000 名；2007 年与美国西北大学交流并签订谅解备忘录；2009 年得到转换为高等教育法中的网络大学的认可；2010 年被指定为 AFPK 教育机构。

2) 业务范围

首尔数字大学是一所网络大学，其一共开设了 322 个专业供学员学习，涵盖经济学、语言学、人文科学、社会科学、IT 工程学、文化艺术等学科，一共有 960 余个教学科目，为社会工作者、终身教育者、保教人员、文化艺术教育者提供广阔的学习机会。其授课方法可以分为三种。

(1) 授课中心型课程 (教师中心型)：以视频或者音频授课的教师为中心的模式，通过语言这一最传统的教学手段，教师起主要作用，属于传递知识的有效学习形态。

(2) 个人授课型课程 (学习者中心)：以图片、动画等为中心进行授课的学习者中心模式，属于自我主导型的学习形态。

(3) 模拟课程：可间接体验实习讲课的模式，在虚拟媒体的间接体验环境下通过动作体验，主动构成知识与体验的学习形态。

第二节　美国互联网教育产业分析

一、美国互联网教育简介

美国有 50 个州，学生数大概有 5000 多万，美国采用 12 年的教学体制，即从幼儿园到高中毕业的 12 年教学期。美国最早开展互联网教育的是佛罗里达州，佛罗里达州在 1997 年就创立了州立的网络虚拟中小学，这个中小学目前注册的学生范围遍及了美国 35 个州。

与此相对应的，美国目前更多的中小学课程其实还是在课堂上完成的。随着互联网教育进一步得到提倡，美国有更多的州强调学生一部分课程在线完成，一部分课程在课堂上面跟老师一起完成，这种混合式的、非完全互联网教育的模式，是美国基础教育的主流(图 4.2)。

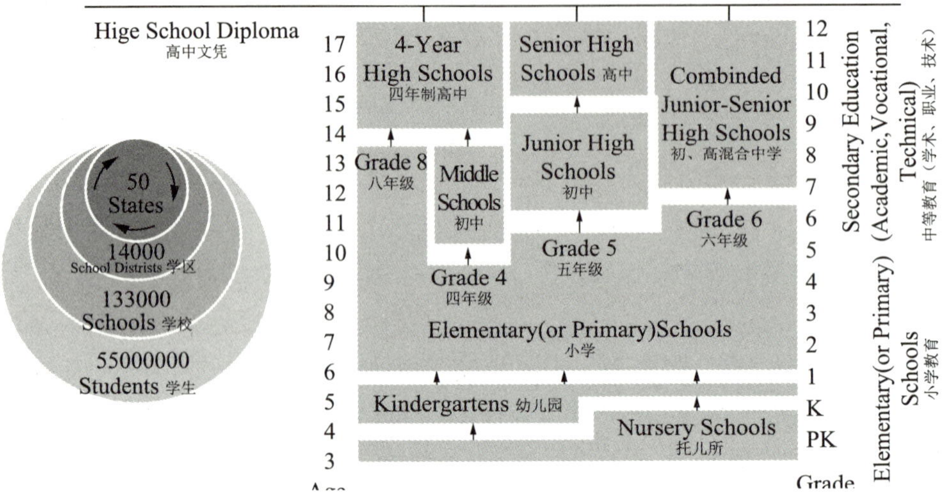

▲ 图 4.2　美国教育体系

根据美国教育部的统计，65% 的学区提供的这些学校的课程，不仅是我们想到的补修、辅修、跳级班的一些课程，其实 65% 是主要的一些是主修和选修的主流的一些学校的课程。整体各方面的课程来看，在美国整个基础教育领域，互联网教育的渗透率现在非常高(图 4.3)。

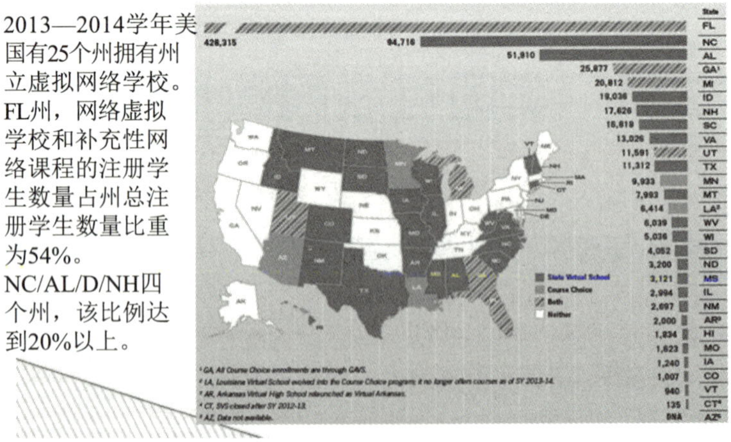

▲ 图 4.3　州立网络虚拟学校和补充性网络课程的注册量 (2013)

伴随美国互联网教育的发展，美国整个网络虚拟学校各方面都呈现快速成长的趋势。包括在线课程都是由州政府来提供教育预算给这些学校的。K12Inc 不是一个学校的概念，它是为佛罗里达州的州立学校提供课程在线的平台，提供各种各样课程内容，可能跟我们理解的在线教育机构不太一样 (图 4.4)。

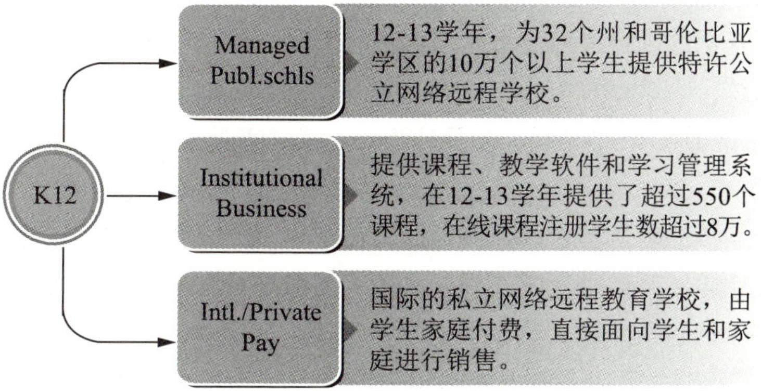

（a）公司三大块业务介绍

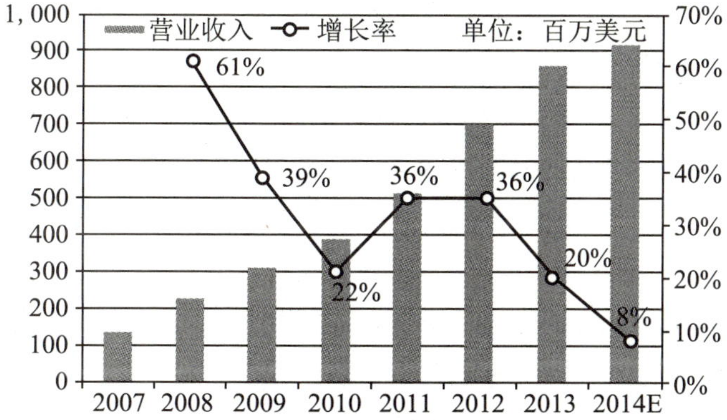

（b）K12 Inc快速发展

▲ 图 4.4　K12INC 企业产业发展概况

二、美国互联网教育发展历程

具体来看，美国在线教育的进程分为数字化过程和在线化过程。美国在数字化进程大概从 90 年代到 2005 年，2005 年至今已逐渐转向互联网化的发展。

1. 信息数字化进程

美国在线教育是自上而下的推动力。从政府层面看，教育技术不仅改变了整个教学的质量，提升了教育的数字化和可衡量、可追溯的特点，并且减少了国家在单个学生上面的教育投入。

美国自 20 世纪 80~90 年代开始教育信息化进程。美国在 90 年代一直强调教育的信息化，其中主要包括的内容有通过教学软件进行教学、用电脑进行考试以提升教学质量、学生信息输入系统。

90 年代开始的数字化的发展，主要体现在：美国政府在 20 世纪 90 年代提出要全面注重教育的信息化，2002 年布什通过法案，强调通过更加数字化、可追溯、可衡量的一种方式评估整个学校的教学质量。从联邦层面来说，州层面通过这些考试的州之间的比较，包括州内的学校比较，并通过考试的形式考量、评比并督促他们提升教学质量。

州里面一些学区也有开设一些公立的虚拟学校。其中最早开展的是佛罗里达州，佛罗里达州在 1997 年就创立了州立的网络虚拟中小学，这个中小学目前注册的学生人数遍及了美国 35 个州。与此相对应的，美国目前更多的中小学的上课主要还是在课堂上面完成的。随着在线教育的提倡，美国有越来越多的州要求学生将一部分课程通过线上完成。

2. 教育互联网化进程

2000 年以后，互联网的高速发展同时推动了在线教育的快速增长。美国在线学习在 2005 年之后快速发展，互联网强大的传播能力打破了时空限制，开放性的内容不断增多，到 2012 年的时候美国有 27 个州有开设州立的公立的特许学校。美国整个网络虚拟学校，包括在线课程都是由公立的这些州，由州政府来提供教育预算的这些学校提供的。

硬件方面：在美国，不论是基础教育还是高等教育，课堂为老师提供的硬件设备是非常充足的，老师在讲课的时候，同时就有非常多的设备为他们进行视频的录取，这些基础硬件保证这些在线内容丰富度最前提的因素。

软件方面：美国的教育软件资源非常丰富，从整个教育信息化的层面来说，除了会有一些课程软件，还有学校层面的一些学习管理的平台以及学校系统方面的信息系统的平台。

在美国随着数字化的发展，老师在课堂上调用数字内容的比例逐渐提升。如今，在课堂上面数学老师和科学老师调用视频录像、数字教材、动画、模拟、在线课程、虚拟实验室等已经成了一种常见的教学方式。

除了在教学上使用信息化外，在考试方面，美国要求学校的教学质量可衡量，其中很重要的一点是要求每个州的学校考试必须通过电脑化程度比较高的考试完成。

三、典型的美国互联网教育企业

1.K12 国际教育

K12 国际教育成立于 2000 年，于 2008 年成功上市，是美国最大的互联网教育公司。该公司为从幼儿园到 12 年级的学生提供专有的课程和教育服务，同时为相关学校提供课程、软件、管理系统和管理的一站式运营外包服务。

公司的主要产品包括课程、创新学习应用、网上学习系统、学生管理系统和学生社区工具。

(1) 课程：K12 的课程从形式上可以分为在线课程、离线学习包和教师指导。从内容上可分为 K-8 课程、高中课程等。

(2) 创新学习应用：①移动课堂，公司在 2011 年推出了 12 款包括手机端和平板电脑端的移动设备应用；②互动游戏，这些游戏都结合了实用性与趣味性，丰富了在线教学方式；③虚拟在线实验室，可以通过软件及动画的方式让学生参与实验，并得到实验结果；④参与性视频内容，学生可以参与视频互动，在增加趣味性的同时提升效率；⑤电子书，根据教学内容的安排开发相应的电子书内容，方便携带阅读。

(3) 网上学习系统：公司的网上学习系统是一个直观的基于网络的软件平台，通过它可以访问在线课程、课程计划和进展跟踪工具，这些工具包括课程计划和时间表工具、学习进程跟踪工具和评估跟踪工具。

(4) 学生管理系统：学生管理系统是用来组织、更新和报道信息，这些信息是通过 OLS(online school) 和相关管理系统的接口自动收集的，数据也会提供给专有的订单管理系统 (order management system)，用来生成离线学习包订单交付给学生。

(5) 学生社区工具：K12 十分强调交流社区在互联网教育中的重要性。公司提供了很多工具来加强学生、家庭和教职员的交流和互动。2008 年，公司发布了针对学生 (13 岁及以上)、家长、教师、学校教职员和 K12 职员全方位的在线社区 ——the bigthin K12。在这个社区中，有讨论版、博客、重要事项提醒。学校可以在上面公布重要的决定，通知与家长有关的事项。学生们可以在社区中分享课程文档，参加在线俱乐部。2010 年，公司又推出了专注于家长的社区 —— 家长休息室 (Theparents’lounge)。

K12 国际教育与传统教育盈利模式迥然不同，K12 国际教育的主要营业收入并不来源于对学生的收费等直接收入，而是通过与各种不同的相关学校合作，为其提供课程、在线学习平台 (online learning platform，OLP)、软件管理系统和管理的一站式运营外包服务来赚得大部分收入。根据公司自身披露，2012 财年，这部分营收占总营收在 80% 以上。所以，K12 国际教育的商业模式也与我们所熟悉的新东方稍有不同。当然，学生的学费也是 K12 收入的一部分。财务表现上，公司自 2008 年 IPO 之后，年收入稳步拾级而上。同时，规模效应开始显现，运营利润率实现稳步上升。

在未来的几年内，整合并购、国际扩展是发展的重中之重。K12 希望通过充分利用整合的资源，扩充渠道，加速销售推广，从而扩大公司的经营业务覆盖范围，提高公司所管理学校和公司自有学校的入学率，同时积极开展国际业务。

2. Coursera

Coursera 是免费大型公开在线课程项目，由美国斯坦福大学两名计算机科学教授吴恩达 (AndrewNg) 和达芙妮 • 科勒 (DaphneKoller) 于 2012 年 4 月创办。Coursera 共有来自 16 个国家 62 所高校的 332 门课程，涉及计算机科学、数学、生物学、人文科学、社会科学、医学、工程学及教育学等学科，注册用户 300 多万人。Coursera 的合作高校同时也利用该平台为校内许多学生实施混合教学，就业服务和专项课程认证是 Coursera 的两大特色。

1) 就业服务

和课程一样，Coursera 的就业服务对学生来说是免费的，但是雇主需要为获取潜在雇员的信息支付费用。

Coursera 的就业服务项目会向参与的雇主提供一个满足他们要求的学生列表，该列表通常都会显示某个特定地区、特定学科的优等生。假如某个学生满足公司要求，Coursera 就会通过邮件方式询问学生是否有意被介绍给该公司。另外，合作高校也有权利选择是否加入这个项目。

2) 专项课程认证

Coursera 首批推出的专业认证项目共有 10 个，这些项目的课程由杜克大学、约翰 • 霍普金斯大学、伯克利音乐学院等知名高校提供。在首批的 10 个课程中，有一半是与计算机相关的。美国的认证有着一套严格的标准化体系，这保证了其证书的可信赖性。而且这些课程算是比较热门的，学习者可以拿着该证书去求职、就业，在 IT 领域它的含金量是非常高的。

Coursera 的课程认证项目被认为是 MOOC 深入发展的一个重要标志，未来成熟的 MOOC 模式将具备现代化的互联网教育属性 —— 互动性、无边界性、可操作性，将是对传统高等教育的彻底颠覆。

第三节　韩国和美国互联网教育的特点及总结

一、产品精致

不管是 MegaStudy 的明星教师课程，还是 VISANG 自主开发的教材，都让人眼前一亮，能够吸引人的眼球，让用户爱上他们的产品。看韩国的课程，最大的感受是即使不懂他们在讲什么，你也能感受到老师的活力，这非常有助于留住孩子们的学习注意力。好课程的前提条件就是好老师，而这样的老师还需要有四个必备条件：首先，专业过硬；其次，善于把握和吸引学生的注意力；第三点，还要有名；第四点，能够吸引学生的核心就在于到底是谁的教学设计更好，谁的客户体验更好。实际上对于视频录制形式来说，老师可以说是唯一的核心要素，就像是拍一部电影，只不过这部电影唯一的演员就是老师。互动性、趣味性，以及适合线上学习的课程设计，我们可以更多吸取韩国产品的这些精髓，再结合中国的教育内容和市场需求，创造出适合中国市场的产品。

二、模式成熟

韩国及美国的互联网教育市场经过十多年的摸索，已经发展出了一套相对完善的模式，各个细分领域也有行业巨头显现，产品在内容研发、运营推广及企业盈利模式上趋于成熟，中国的互联网教育企业可以借鉴国外的一些成功企业的经验，结合自身企业的情况和国家政策，因地制宜，开发出一套适合自己企业发展的模式。

三、政府支持

韩国和美国的互联网教育是国家战略。韩国政府非常重视，不仅立法，还成立了一个副总理级别的网络教育办公室，美国对于教育也非常重视，公共教育支出占 GDP 的比重一直高于 5%。而且，政府在教育数字化和互联网化的进程中正在投入越来越多的资源和预算。韩国政府认为，国民为孩子上补习班花费过多，政府希望降低国民负担，曾经把最好的老师请过来，设立了一个免费的网校，所有学生都可以来学。当时人们都认为这是对 MegaStudy 的致命一击，没想到最后却证明这是件好事情。第一，这相当于政府为 MegaStudy 做了免费的广告，告诉国民们网络教育是一件好事情；第二，政府的网校出现后，质量较差的中小型课外辅导机构都无法存活，使得市场更加集中。同样，当下中国互联网教育市场的发展迅猛也离不开政府的支持，我国《国家中长期教育改革和发展规划纲要 (2010—2020)》指出，“信息技术对教育发展具有革命性影响，必须予以高度重视”，2012 年发布的《关于加快推进教育信息化当前几项重点工作的通知》也强调：“中央财政将通过相关经费渠道进一步加大教育信息化建设投入，保证学校购买教育信息化服务的经常性支出”。可见，有了政府的大力支持，中国互联网教育市场大有可为。

第五章 中国互联网教育行业分析

第一节　中国互联网教育发展阶段

中国互联网教育自 1996 年起萌芽，已经经历过十几年的时间。纵观国内互联网教育的发展历程，可以分为以下几个阶段，如图 5.1 所示。

1. 第一波浪潮及泡沫破灭期：1998—2005 年

从 20 世纪 90 年代后期到 2000 年左右，网络带宽非常有限，多数的互联网教育产品还是文档形式，可以用萌芽阶段来概括；直到 2000 年以后，才有了“三分屏”形式的网络视频课件，互联网教育进入多媒体时期，但是仍处于泡沫阶段。

此阶段远程教育的主要市场在高等教育方面，属于政策性市场，盈利也基本仅限于高等网络教育，即 68 家可以颁发网络教育文凭的网络教育学院。还有少量的基础教育网校，此阶段淘汰了大量无法找到商业运营模式的网校。

▲ 图 5.1　中国互联网教育发展阶段

2. 徘徊期：2006—2011 年

从 2006 年开始，互联网教育进入徘徊阶段，行业在摸索前进，市场容量在逐年升高。尤其自 2009 年以后有不少新企业介入，但是也有不少企业没有找到盈利模式而退出。与迅猛发展的门户网站、网络游戏、电子商务相比，互联网教育是一个增长比较缓慢的行业。

此阶段产生了几家在海外上市的远程教育公司，如中华学习网、东大正保等，但当时股价表现不佳。因而此阶段的互联网教育市场表现平平，可圈可点的企业不多。

此阶段，随着宽带网络和视频网站的兴起，高清视频课件开始成为主流，但大量的三分屏课程仍然在使用。此阶段的网络学习体验还是差强人意的。

3. 第二波投资浪潮及泡沫破灭期：2012 年至今

自 2012 年起，由美国 MOOC、可汗学院传来的互联网教育融资风暴开始影响中国。中国互联网行业中，电子商务、网络游戏机会已经不多，互联网教育成为互联网大佬开始关注的行业。据投资界人士提供的统计信息，2015 年有超过 16 亿元资金注入互联网教育行业，比 2014 年同比增长了 60%，比 2012 年同比增长了 4 倍。除了大型互联网公司的巨额投资外，一些做实业的上市公司也跨界进入这一领域。互联网教育掀起了第二波热潮，互联网教育创新时代到来。

2016 年，教育资本开始变得理性，早期项目的投资开始减少，而中后期的项目投资开始增多。2016 年，互联网教育的并购潮来领，一些大型的互联网教育企业及上市公司都开始并购线上、线下的产业。2016 年，互联网教育领域涌起一股直播潮，且预计会持续到 2017 年。总体来看，2016 年的互联网教育开始由膨胀期开始走向平稳上升期，行业发展也开始进入泡沫破灭期。预计未来 2~3 年是互联网教育的重新整合期，行业内会呈现一些小型在线互联网教育企业陆续倒闭的现象。但另一方面，一些目前发展不错的互联网教育企业会进一步走向成熟，预计在 2018 年会引来一股互联网教育企业的上市潮。未来，大型互联网公司及也会进一步布局互联网教育，其他领域的上市公司也会通过跨界并购的方式进入互联网教育领域，未来会出现在某些领域几家独大的鼎立局势。

第二节　中国互联网教育产业链构成

产业链是从一种或几种资源通过若干产业层次不断向下游产业转移直至到达消费者的路径，它包含四层含义：①产业链是产业层次的表达；②产业链是产业关联程度的表达；③产业链是资源加工深度的表达，产业链越长，表明加工可以达到的深度越深；④产业链是满足需求程度的表达。

一、互联网教育产业链与传统培训产业链的对比

从产业链角度研究互联网教育，对了解和切入互联网教育市场，具有非常重要的经济价值。互联网教育的产业链条比较长，典型的产业链由以下部分构成 (图 5.2)。

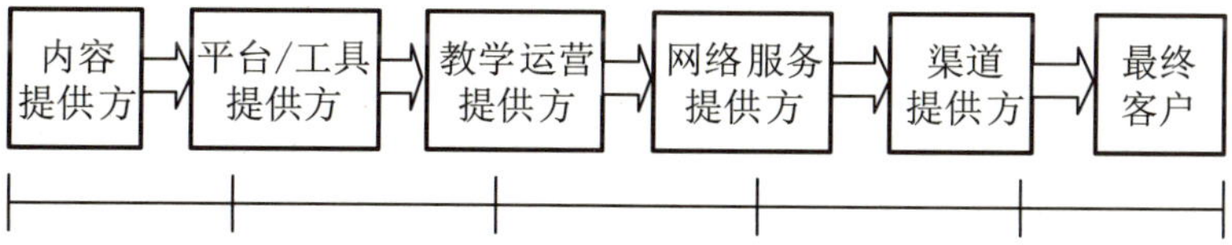

▲ 图 5.2　互联网教育产业链构成

由图 5.2 可见，互联网教育产业因为涉及很多内容资源和教学平台开发的问题，使得产业链的特点非常接近互联网企业，而传统教育培训的产业链相对较短 (图 5.3)。互联网教育的产业链结构既呈现互联网产业的特点，也呈现教育产业的特点。

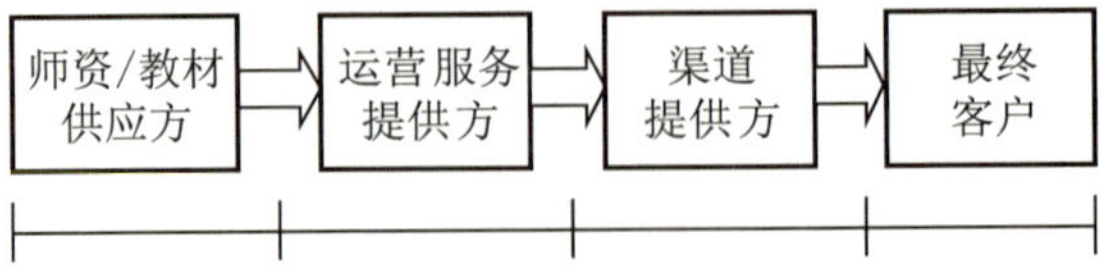

▲ 图 5.3　传统教育培训产业链

二、互联网教育产业链分析

下面对互联网教育产业链的各个部分进行分析。

1. 内容提供方

内容提供方指的是提供互联网教育内容资源（如授课视频、课件、试题、试卷等）的提供方，业界内的典型代表有新东方在线、学科网、菁优网、跨学网等企业。内容提供方不仅可以是企业，也可以是个人，如为各个网校提供授课、课件服务的教师等。

2. 平台提供方与工具提供方

平台提供方指的是实施互联网教育使用的教学软件平台的企业，包括点播教学平台、直播教学平台等。国内专门提供平台的企业有汇思软件、东软集团、移动学习资讯网等企业。

工具提供方主要是指提供课件制作、课件录制服务的工具软件提供方，此部分代表 Articulate、iSpring、Lectora 等产品。

3. 教学运营提供方

教学运营提供方指的是面向学习者提供互联网教育服务的企业，如学而思网校、沪江网校、东大正保旗下的各个网校，都是教学运营提供方。

需要注意的是，在中国很多运营性的网校，都是自主开发内容和平台的。因此前三者在很多情况下，都是同一家公司。

4. 网络服务提供方

网络服务提供方主要是指提供服务器及带宽资源的互联网 IDC，如阿里云、西部数码、CC 视频等。这里将网络服务提供方列入产业链中，主要是因为互联网教育运营所需要的大量的带宽和服务器成本，占有在线企教育企业约 10%~15% 的支出，所以也是一项不可忽视的链条。

5. 渠道提供方

渠道提供方是指将产品和服务推广销售给目标客户的独立企业，主要分为三类。

1) 网络推广服务提供商

百度、新浪、网易、搜狐、腾讯、360 和淘宝等各大门户网站，是互联网教育最重要的网络推广渠道。此外，还有沪江网、精品教育网等各类垂直门户网站。

APPStore、91 手机助手、360 助手等则是 APP 推广的重要途径。随着网络营销的作用越来越大，以后此类渠道对互联网教育和面授培训都是最为重要的推广渠道。

2) 线下代理商

线下代理商指代理各类互联网教育产品的代理商、加盟商等，主要为分布于二线、三线甚至四线城市的新华书店、教学培训机构、民营书店等实体机构。

随着电子商务的迅猛发展，线下代理商的作用将越来越小，尤其是对成人教育来说，这类群体受线下代理商的影响将越来越小。而中小学教育则不同，因为中国学生群体的区域分布非常广，因此短时间内线下代理商的作用仍然不可小觑。

3) 直营渠道

直营渠道指的是运营方自己建立的推广和销售渠道，如直销队伍、分公司等。当前互联网教育行业做直营的企业非常少，因为直营渠道的建设成本高而且不符合互联网教育的定位。

6. 最终客户

最终客户指的是从互联网教育企业中购买所需产品和服务的群体，分为两种类型。

1) 客户与使用者合二为一

商品和服务的购买者和使用者均为同一人，则是合二为一。此时购买者的需求和使用者的需求是一致的。互联网教育 B2C 的商业模式即为此类型。

2) 客户与使用者分离

商品和服务的购买者和使用者不是同一人，而是有相互关系。此时购买者的需求和使用者的需求则是不一致的。比如在企业 e-Learning 领域，购买互联网教育产品的人群多是企业培训部门或人力资源部门，而使用者则是企业的员工。购买者要求产品要有记录员工学习记录的功能，而作为使用者的员工，则不需要此功能。

在 K12 领域也是如此，家长和学生是一对矛盾的统一体。家长希望购买了产品和服务之后，能够促进学生的学习；而学生并不一定持同样的观点，可能只是被动听从家长的安排。

在从事客户与用户分离的行业时，互联网教育企业需要特别注意重点满足“客户”的需求，还是“用户”的需求，因为这是商业行为是否产生的关键所在。

第三节　中国互联网教育产业区域特色

一、互联网教育企业地域分布

笔者曾走访过北京、上海、广州、深圳、杭州、苏州、南京、无锡、福州、成都、厦门、大连、石家庄、南昌、济南、天津、武汉、长沙、沈阳、郑州等二十多个城市，与很多互联网教育相关企业进行了交流 (图 5.4)。

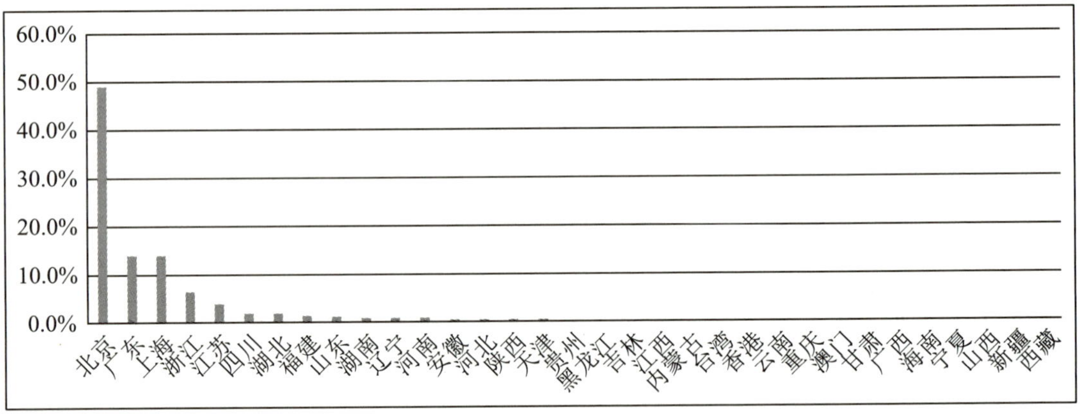

▲ 图 5.4　互联网教育产业区域分布

至 2016 年初，中国从事泛互联网教育相关业务的企业数量估计约为 9600 家，而在 2012 年以前，则只有 2000 家左右，四年时间里增加了数倍。由此可见互联网教育的火爆程度。

以前从事互联网教育的企业只分布在北上广深一线城市，因为创业者只有在科技和教育均发达的地区，才有做互联网教育的意识，而且只有在这些地区才能招聘到互联网技术和教育的人才。即使是现在，分布在北上广深四个城市的互联网教育企业，占整个行业企业数量的 85% 左右。

北京是 IT 和教育培训人才最集中的地方，互联网教育相关企业的数量和档次均遥遥领先于其他地区，大约有 50% 的相关企业集中在北京，知名的企业如东大正保、一起作业网、猿题库等，均在北京。有些总部不在北京的企业，也在北京设立了分公司。

二、地域产业链分工

在产业链条分工上，一线城市承担了平台开发、课程开发、运营、维护、推广等职能，尤其是在技术开发上，一线城市具有人才高地的优势。运营成本的不断上升使得很多企业将有些技术开发、课程开发等团队转移到了如苏州、无锡、南京、杭州等。

三、产业过度集中的弊端

从事互联网教育的企业多分布在北上广深一线城市，分布在北上广深 4 个城市的互联网教育企业，占整个行业企业数量的 80%~85%。这为互联网教育的发展带来了空前的繁荣，然而同时又带来了以下弊端。

1. 运营成本急剧上升

一线城市居高不下的房价，使得人才招聘成本急剧升高，最近互联网教育企业的薪资水平普遍提升 30%~50%，甚至 100% 或更高。梯子网的倒掉，与居高不下的用人成本有很大关系。

2. 渠道下沉无力

互联网教育行业过于集中在北上广深，使得从业企业离渠道的距离较远。有人会问：互联网教育不是通过互联网途径传播和营销吗？那么跟渠道有什么关系呢？理虽如此，各位从业者在北上广深并不了解二三线地区的情况，实际上很多互联网教育企业还对代理商渠道有较大的依赖，如某些网校学习卡等。

除了少量通过长期的在线营销、电话营销建立起营销体系外，很多新入行的互联网教育项目，仍然依赖需要落地的渠道，对于中小学互联网教育来说尤其如此。对于渠道依赖的项目来说，下沉到二三线地区是一个极大的挑战。

3. 用户培育成本居高不下

笔者曾去过数十个二三线城市，深刻感受到二三线地区的互联网教育的基础是很薄弱，学习者还是习惯于面授的方式。越是初级的用户，对互联网教育的了解和接受程度越差。即使在北上广深这些发达地区，仍然需要做大量的地铁公交广告来推广互联网教育。这意味着互联网教育的用户培育成本很高，而且是一个长期的过程，这也就是互联网教育项目的盈利周期在 5~8 年以上的原因。

四、二三线地区企业急需北上广深指路

互联网教育的火热已经影响到很多二线甚至三线城市，二三线城市的创业者对互联网教育的热情也越来越高，但是在项目的规模、档次上整体还不如北上广深，主要表现为以下几点。

1. 缺乏氛围而导致视野狭窄

二三线城市的从业企业数量是非常少的，每个城市只有几家从业企业，而北上广深有上千家从业企业，在互联网教育领域上的集中度和项目规模都是二三线地区无法匹敌的。比如一线城市几乎每周都有互联网教育相关的主题分享、论坛等，这使得发达地区的企业可以获取最新的信息和先进的动态。而二三线城市则没有这种氛围，从而导到视野狭窄，接触不到先进的技术和理念。

2. 观念远落后于一线城市

笔者曾去过多家二线城市的“互联网教育相关企业”，这里为什么说是“相关企业”？因为这些企业多源于出版行业、教育信息化行业，而不是纯粹的互联网教育企业。因为产业基因和氛围的原因，这些企业在观念和视野上远落后于一线城市，使得其产品的设计思想缺乏先进性，自然也开发不出优秀的产品。

比如，在中小学领域，很多教辅出版企业也涉足了互联网教育(如金榜苑、世纪金榜等)，投入了上千万的开发成本，但是在产品形态上，还是基于“出版物电子化”“为教师教学提供素材支持”“配套素材光盘”这样落后的指导思想，使得其产品缺乏竞争力。

因此二三线城市的企业，应该向一线城市学习先进的理念和指导思想。笔者已经为几家二线城市的互联网教育企业和教育培训机构提供了全面的咨询和培训服务，大大提升了这些企业在数字教育上的水准。

五、二三线城市做互联网教育的优势

二三线城市也并非没有优势可言，其中最大的优势就是成本优势。

1. 成本优势

比如招聘一个程序员，在北上广深月薪过万仍然招不到合格的程序员，而在二线城市，同样的人才只要北上广深 50%~60% 工资成本。对于资源处理、课件开发人才来说，北上广深工资的成本也要高出二三线城市 50% 以上，在二三线城市，能够招聘到月薪 3000 元左右的人才，而在北上广深即使是小摊贩的收入水平也远高于这个数字。

互联网教育需要大量的成本投入，因为互联网教育本质上是产品、技术密集型产业，其开发成本是巨大的。如果企业还只能接受每课时的 800~1000 元的课程开发成本，那么就不可能在互联网教育时代成功。

在一线城市，高质量的内容的成本很高，如何降低高昂的开发成本？二三线城市的人力资源成本很低，主体薪资水平只有 2000~4000 元。笔者在二三线城市企业的咨询和培训过程中发现，只要经过必要的专业指导和监督，普通人才提升技能之后，也能开发出高质量的内容资源。因此成本优势是二三线城市最大的优势。

2. 渠道优势

对于二线城市的企业来说，掌控渠道优势是北上广深所谓“高大上”的企业所无法企及的。比如二线城市的出版业非常发达，他们除了有大量的内容资源之外，也拥有四通八达的推广渠道。对需要落地才能有效推广的项目来说，这种渠道优势也是无法复制的。这也就是一起作业网、快乐学等大牌企业放下身段，去和二线地区的出版企业合作的根本原因。

六、如何打破互联网教育区域的隔阂

如何打破互联网教育的区域隔阂？只要认真看过论述完上述结论，其实结论就非常简单：跨区域合作和联姻。

1. 跨区域合作

二线城市应该向一线城市学习，引入发达城市先进的理念、技术、人才等，将自己的产品和技术大幅提升。

一线城市的企业应放下身段，积极与二线城市的优势企业展开合作，从而将产品和技术迅速推广。同时，一线城市的企业可以把部分技术开发、课程开发便转移到二线城市，如济南、石家庄、苏州、郑州、南京、杭州等，以降低开发和运营成本。实际上已经有一些企业这样做了。

2. 跨区域联姻

一线和二线城市如果仅仅限于双方合作层面上，彼此不能保护自己的利益，因此需要双方更深度的合作，就是双方成立合资公司，把双方利益链条紧密连接在一起，促使双方彼此利用各自的优势走向成功。

北京在互联网方面的集中度和项目规模是公认的，几乎每周都有互联网教育相关的主题分享、论坛等，如果要在其他地区开展互联网教育，一定要关注北京地区的动态，从北京可以获得互联网教育“大佬”们最新的动态。我们互联网教育研究院在北京筹划了互联网教育主题咖啡馆，北京各地的朋友可以相约面对面交流，也可以通过网络交流。

值得注意的是，上海、广州、深圳、福州也不甘示弱，上述地区已经相继出现了互联网教育的大型企业，如沪江网、超级课程表、邢帅学院、企大、网龙等，说明二线城市的互联网教育产业在迅速发展。北京互联网教育标杆的位置仍然无法取代，但是随着二三线城市互联网教育的热浪来袭，这些城市会迎来新一轮互联网教育创业热潮。

第四节　中国互联网教育板块及细分领域

互联网教育按照其教育和服务场景可以分为五大板块，一是教育信息化，二是在线教育，三是技术服务供应方，四是平台服务提供商，五是移动教育终端。教育信息化，我们称之为 B2G 市场，属于国家教育主管部门面向体制内学校教育教学的系统性建设工程 (图 5.5)。在线教育板块，为互联网教育的 B2C 市场，主要是面向于体制外的基础教育课外辅导、职业技能培训、语言培训、企业培训、才艺培训等领域。在线教育技术，我们称之为为互联网教育的 B2B 市场。技术服务提供虽然不直接参与教学服务，却通过技术推动了互联网教育的发展。平台服务提供商包括课程分享平台、家教预约平台和教育培训门

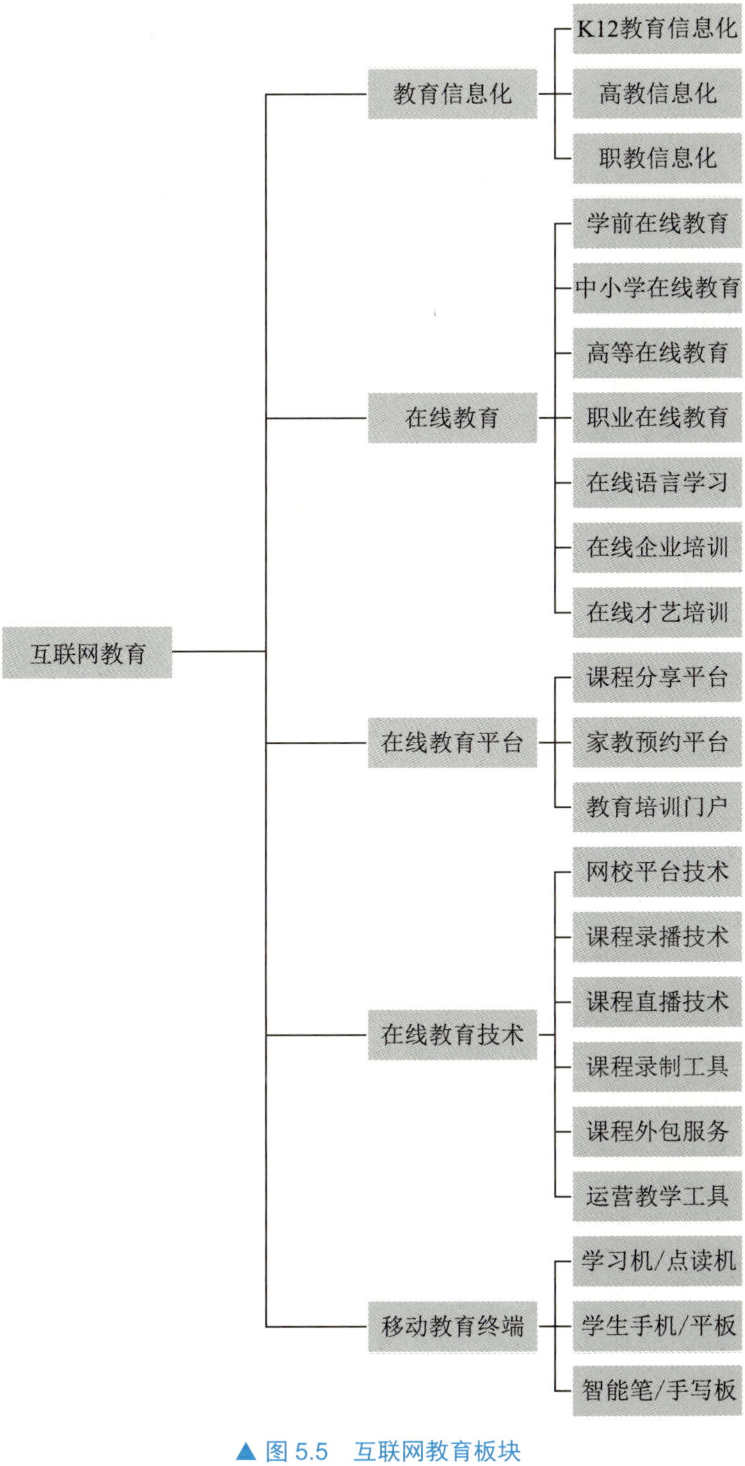
互联网教育
教育信息化
K12教育信息化
高教信息化
职教信息化
在线教育
学前在线教育
中小学在线教育
高等在线教育
职业在线教育
在线语言学习
在线企业培训
在线才艺培训
在线教育平台
课程分享平台
家教预约平台
教育培训门户
在线教育技术
网校平台技术
课程录播技术
课程直播技术
课程录制工具
课程外包服务
运营教学工具
移动教育终端
学习机/点读机
学生手机/平板
智能笔/手写板

▲ 图 5.5　互联网教育板块

户，包含 B2B2C、C2C、C2B 市场。平台本身不能为学习者提供教育培训，却通过搭建在线平台的方式为学习者提供线上、线下的培训辅导引导、预定、评价等服务。移动教育终端为教育电子商家为教师教学、学生学习、家长辅导等环境提供的移动教育硬件产品，同样为教育的 B2C 市场。

一、教育信息化

教育信息化是指在教育领域(教育管理、教育教学和教育科研)全面深入地运用现代信息技术来促进教育改革与发展的过程。中国教育信息化启蒙于电化教育，起步于远程教育，而教育信息化是在电化教育和远程教育的基础上，并结合当时的信息化趋势提出的教育信息化系统理念。三通两平台为的提出，建立了近十年的教育信息化建设目标。当前教育信息化核心内容是教学信息化，其技术特点是数字化、网络化、智能化和多媒体化。政府对教育信息化政策的逐渐开放，使得更多企业有机会参与教育信息化工程建设。新技术、新理念的诞生，给校园内的教师、学生带来了更丰富多彩的教、学、测、练、考的体验。按照中国的教育阶段，教育信息化可分为 K12 教育信息化、高教信息化、职教信息化。

二、在线教育

在互联网教育领域中，在线教育是一个更强调“在线”的概念，指教育企业或机构通过网络在线的方。

式为受教育者提供内容资源、在线辅导、自学网络系统、学习辅助软件等产品。20 世纪 90 年代，在线教育产品主要以网校为主，但由于基础网络技术差导致了在线教育学习体验不佳。随着近年互联网技术的迅猛发展，同时互联网教育的第二波浪潮到来，诸如在线题库、在线答疑、在线测评、在线一对一、自适应学习等多种在线教育产品诞生，学习体验大大提升。

三、在线教育平台

平台是互联网中常见的一种商业模式，即所谓的 B2BC 模式，在互联网教育领域中也自然有企业希望通过搭建平台的方式，为企业和学习者提供资源匹配对接服务。在上一个互联网教育浪潮期，就有企业通过搭建了教育培训的门户网站，且到今天仍有许多优质的门户网站活跃在行业中。在第二波互联网教育浪潮下，一些大型的互联网公司也通过搭建平台的方式，为教育机构和学习者提供在线教学、在线学习的服务。2015 年，教育 O2O 风靡一时，各种家教预约平台也快速兴起。因而根据平台的性质和作用，在线教育平台可分为课程分享平台、家教老师预约平台和教育培训门户。

四、在线教育技术

在线教育是一场不可错过的盛宴，有的企业选择直接做培训或内容参与，而有的技术却基于行业的技术门槛提供技术服务去分得一杯羹。在线教育技术提供商为向培训教育机构企业提供内容制作、平台搭建、技术支持等技术的三方服务的企业。根据技术特性和用途可分为网校平台技术、课程录播技术、课程直播技术、运营教学管理平台、课程录制工具和课程外包服务六个领域。根据教育阶段及教育内容的属性，在线教育板块可分为学前在线教育、中小学在线教育、高等在线教育、职业在线教育、在线语言学习、在线企业培训、在线才艺培训七个领域平台服务提供商。

五、移动教育终端

移动教育终端产品诞生有十几年，早期的移动教育终端可能是电子词典，而随着移动互联网市场的发展，如今的移动教育产品早已具备了网络的功能，且功能丰富多样。七八年前，国内吹起了一股学习机热，多个电视台和网络门户被学习机占领。在此风潮下，学习机等教育电子生产服务企业迅速崛起，如诺亚舟、好记、步步高等至今仍是学习机市场的佼佼者。移动互联网教育的到来，催生了很多学习型 APP，学习机市场有些出现衰退的趋势，但大的教育电子产品仍通过技术创新、产品创新与资源整合而保证自己处于不败之地。移动教育产品具备了教育的垂直型、安全性等独特的优势，而且随着物联网、智能化技术的崛起，诞生了如智能书写笔 (书写板)、儿童安全学习手表等新兴产品，因而现在教育移动终端仍是一个市场规模过百亿的互联网教育市场。

第五节　中国互联网教育的产品与服务模式

中国互联网教育不同的板块有不同的产品，根据产品的特征和功能，各板块的产品与服务模式可进行如下分类。教育信息化的产品主要分为三类，一类是整体解决方案，包括三通两平台、智慧校园、智慧课堂。一类是单一功能的软件系统，包括测评系统、排课系统、批改系统，还有一类是信息化硬件产品，包括电子书包、智能黑板等；在线教育产品主要有在线题库、在线测评、在线答疑、在线教学、教育游戏、学习辅助工具、自适应学习等；在线教育技术的主要产品与服务有网校平台技术、课程录播技术、课程直播技术、运营教学管理平台、课件制作工作、课程外包服务；在线教育平台主要有课程分享平台、家教预约平台、教育培训门户三种 (图 5.6)。

互联网教育产品与服务类型				
教育信息化	三通两平台	智慧校园	智慧课堂	测评系统
	排课系统	阅卷系统	电子书包	智能黑板/教学一体机
在线教育	在线题库（资源）	在线测评	在线答疑	教育游戏
	在线教学	学习辅助工具	自适应学习	
在线教育技术	网校平台技术	课程录播技术	课程直播技术	教学管理平台
	课程制作工具	课程外包服务		
在线教育平台	课程分享平台			
	家教预约平台	教育培训门户		
移动教育终端	学习机/家教机/点读机	学生手机/平板电脑		
	智能学习笔/手写板			

▲ 图 5.6　互联网教育主要的产品与服务模式

一、教育信息化

1. 三通两平台

三通两平台是刘延东副总理 2012 年提出的教育信息化顶层设计方案，也是我国现阶段教育信息化的建设目标。三通包括宽带网络校校通、优质教育资源班班通、网络学习空间人人通；两平台包括教育管理公共服务平台、教育资源公共服务平台，教育信息化服务企业正围绕三通两平台开发一系列的教育产品与服务；典型的提供三通两平台企业有全通教育、颂大教育、万朋教育等。

2. 智慧校园

智慧校园在近两年诞生，基于整个校园的课堂教学、校园管理、教务管理、家校互动等活动开发的新一代互联网教育信息化产品。目前提供智慧校园产品的企业有拓维教育云校园、腾讯智慧课堂等。

3. 智慧课堂

智慧课堂是在新的教育理念、教育技术背景下围绕课堂教学过程打造的智慧型教学产品，对于智慧课堂的理念不同人有不同的理解，但其中高度一致的观点是认为智慧课堂当以学生为中心，促进学生的人格发展。目前，提供智慧课堂产品服务的企业有科大讯飞畅言智慧课堂。

4. 测评系统

测评系统是指学校用来为学生进行学情分析、身心健康、综合素质进行等测试与评价的软件系统。随着大数据、云计算技术深入应用，教育行业也希望通过数据分析的方式对学生个人做出多方位的评价。中小学阶段希望通过数据找出学生知识的缺陷。幼儿阶段的家长希望通过数据看到孩子每天的身体健康状况。

5. 排课系统

排课系统系统是指通过排课算法为学校各班级编排课程安排表的软件系统。排课系统最主要解决两个问题。第一是避免课程冲突，完成所有的课程编排。第二个问题是编排的课程要合理，使学校、教师、甚至班级学生满意。早期学校排课一般通过手动的方式完成，随着教育信息化的深入，更多的学校有了想拥有自动排课系统的需求。

6. 阅卷系统

阅卷系统，是指以计算机网络技术和电子扫描技术为依托，实现客观题自动阅卷，主观题网上评卷的一种现代计算机系统。阅卷系统释放了教师批阅大量试卷的压力，同时减少了很多人为因素的误差。典型的阅卷系统有全通纸笔王网上阅卷系统、乐华网上阅卷系统。

7. 电子书包

电子书包意即利用信息化设备进行教学的便携式终端，除了传统家校通包含的家校沟通功能，电子书包还提供更加丰富的教育信息化功能，如数字化教育资源、学生成长史等。典型的电子书包产品有优学派电子书包、盈动电子书包、汉王电子书包等。

8. 智能黑板 / 教学一体机

智能黑板 (教学一体机) 是在常规电教及计算机设备基础上发展起来的，兼具教学、学术报告、会议、综合性研讨、演示交流及远程教学、远程改卷、远程上课，远程出题，远程会议等功能。典型的教育一体机企业有鸿合科技、万里智能、深圳巨龙等。

二、在线教育

1. 在线题库 (资源)

在线题库 (资源)，指的是所有与教育相关的线上材料。根据材料性质的不同，内容资源可分为课程、课件、试题。目前市面上的内容资源类产品都是综合其两者或者三者的。典型的内容资源类产品有学科网、寓乐湾等。

2. 在线测评

在线测评，指通过大数据技术或标准化的数据模型，对用户的知识或者能力进行测试和评价。目前市面上的在线测评产品主要有五种：口语测评、文本测评、基础知识测评、升学测评和职业规划测评。口语测评类产品有口语 100、多说英语、英语流利说等。文本测评类产品有批改网、极致批改网等。基础知识测评类产品主要是基于海量的题库，因此多是题库类产品，如猿题库、易题库等。升学测评类产品有升学网等。职业规则测评类产品有升学网、ATA 等。

3. 在线答疑

在线答疑，指通过海量知识库或在线教学模式，及时线上解决用户遇到的问题。目前市面上的在线答疑主要有两种模式：拍照搜题和在线答题。通常这两者被集合在一个产品上，其中拍照搜题是免费的，在线答题是收费的。典型的在线答疑产品有学霸君、小猿搜题、作业帮、阿凡题、口袋老师等。

4. 在线教学

在线教学，指教师通过互联网实时对学习者进行授课。根据教师和学习者连接关系的不同，在线教学产品可分为在线教学班课，在线教学一对一，在线教学平台。在线教学班课产品有很多，如沪江网校、邢帅教育、华图教育。在线教学一对一的产品，有在线语言一对一教学和中小学课外辅导在线一对一。在线语言一对一，如 VIPABC、51Talk、VIPKID 等平台。中小学课外辅导在线一对一，如一米辅导、海风教育、三好网等品牌。在线教学平台类，主要是由大型的互联网公司所搭建，提供给机构和个人在平台上开课，典型平台有腾讯课堂、百度传课、网易云课堂、淘宝教育。

5. 教育游戏

教育游戏，指的是将学习过程游戏化类的教学产品，多见于学前教育阶段产品。教育游戏类产品创意很多，在此不再细分。典型的教育游戏类产品有一起作业网、花朵网、宝宝巴士、小伴龙等。

6. 学习辅助工具

学习辅助工具主要包括图片处理、声音剪切、在线词典等。

7. 自适应学习

自适应学习是指利用云计算技术，根据学习者在该产品上的学习记录及评价，深度理解学习者的学习需求、进度、强弱点等，自动为学习者推动当前应当学习的内容。典型的自适应学习产品有乂学教育、学霸课堂、优易课等。

三、在线教育技术

1. 网校平台技术

网校平台技术是指为教育培训机构提供在线课程直播、点播功能的网校搭建技术，网校系统对于课程界面设计、流媒体播放、网络带宽、并发量等有非常高的要求。典型的提供网校平台技术的企业如 EduSoho、云学堂、268 教育等。

2. 课程录播技术

课程录播技术是指为教师授课提供视频录制的功能，录播技术对于画质的清晰度、声音的清晰度、文件的存储型要求都很高。课程录播技术的典型企业有北京文香、盈可视、中轻集团等。

3. 课程直播技术

课程直播技术是指教师通过网络平台进行在线授课的技术，课程直播技术应当包含视频直播、课程展示、互动问答等功能，对于直播的清晰度、及时性、并发量都有很高的要求。典型的止痛如 CC 视频、展视互动、爱学堂等。

4. 课程外包服务

课程外包开发是指为在线教育企业提供课件制作、课程设计与开发的企业。典型的课程外包服务企业如时代光华、盛世智联、赢诺科技等。

5. 教学管理平台

教学管理平台是指为培训机构提供招生报名、学员管理、课程教学作业提交与批改等功能的网络软件系统。典型的教学管理平台有校宝、BOSS 校长、大家汇等。

6. 课件制作工具

课件制作工具是指具有课程排版、课件转视频、声音录制功能的工具软件。典型的课件制作工具有 iSpring、Articulate、知牛网等

四、在线教育平台

1. 课程分享平台

在线课程分享平台是指为教育机构、教师个人提供在线授课、互动教学、课程展示服务地方面在线教育平台。在线课程平台一般由大型互联网企业所搭建，在广告导流、数据并发、后期服务等方面具有天然优势，典型的课程分享平台有腾讯课堂、淘宝教育、传课网、网易云课堂、YY 教育等。

2. 家教预约平台

辅导老师预约平台源于教育 O2O 的概念，希望将教育培训去中介化，直接连接学生 / 家长和家庭教师。平台基于学科、地理位置、客单价等信息提供家庭教师的服务信息，学生 / 家长在线进行交易，家庭教师上门授课。典型的 C2C 交易平台产品有跟谁学、请他教、神州佳教等。

3. 教育培训门户

教育培训门户是指为学习者提供培训机构基本信息浏览、机构间对比、与机构沟通等

功能的地方面信息服务平台。典型的培训机构引导平台有教育宝、决胜网等。

五、移动教育终端

1. 学习机/家教机/点读机

学习机在中国有十几年的历史，早期的学习机可能是知只具备资料存储和查询的功能，而随着移动互联网教育的快速发展，现在的学习机早已包含了教学视频、教育游戏、多媒体课件等多种丰富的教学内容，家教机、点读机等也都具备了听、说、读、写等多种学习功能。典型学习机、点读机、家教机教育电子厂商有步步高教育、万利达教育。

2. 学生手机/平板电脑

学生手机和学生平板电脑是移动互联网教育背景下诞生的产品，几乎具备了所有常规平板电脑的功能，并且制造商基于安卓系统开发了更适合学生网络学习的后台系统，具有如时间控制、视力保护、内容过滤等各方面的教育特性。典型的学生手机和学生平板电脑教育电子厂商有绿网天下、优学派。

3. 智能学习笔/书写板

智能学习笔是近两年物联网、万物互联的背景下诞生的移动教育产品。目前市面上的智能笔主要有两种，一种通过内部传感器纠正学生视力、坐姿、书写手法，并通过网络记录学生学习习惯的辅助学习笔。另一种是基于电格书写板通过 USBOTG、蓝牙或 WIFI 与电脑、手机等连接，从而将书写笔记转为电子档或实时同步演示的教学工具笔，具备教学、作业、演示等多种功能。第一种智能笔的典型产品有唯赐宝、App Crayon Deluxe。第二种智能笔的典型产品有鲁伯特智慧笔、Equil 智能笔、World Pen Scan X。

第六节　中国互联网教育产业热点回顾及预测

2010 年，一个由萨马尔可汗的孟加拉裔美国人创办的教育性非营利组织——可汗学院，先后获得来自比尔盖茨夫妇慈善基金的 500 万美元资助和谷歌公司的 200 万美元的援助。

一个由个人创办的民间网络教育组织竟然能获得互联网巨头谷歌和 facebook 的垂青，可汗学院获得融资的消息顿时在全球范围内产生了轰动。可汗老师也成了风靡全球的人物，在线学习也成了当下最流行的学习方式。

可汗学院受到的广泛认可和成功的运营，也促进了其他 MOOC(大规模免费公开课程) 平台的快速发展。Udacity、Coursera 和 edX 等 MOOC 先后由高校老师创办并都获得了数千万的风险投资或赞助，广泛与包括中国在内的世界各国展开合伙，提供了丰富多样的大学网络课程。Udacity、Coursera 和 edX 也一起被称为世界慕课三大巨头。

互联网教育热度回顾和预测如图 5.7 所示。

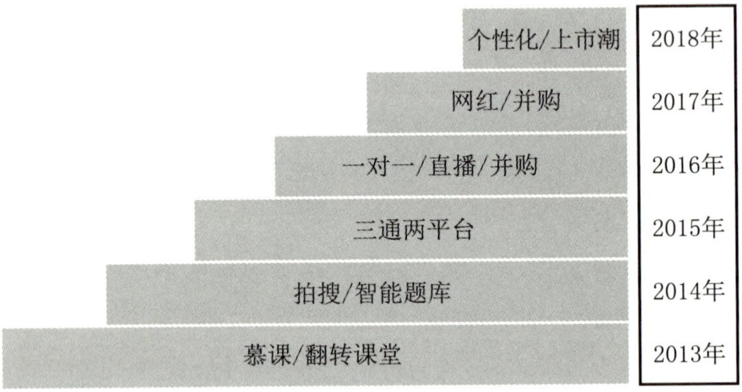

▲ 图 5.7 互联网教育热度回顾和预测

一、2013 热点：慕课 / 翻转课堂

国外 Coursera、Udacity 的融资风暴也迅速影响到国内的投资人和互联网巨头，在当前电子商务和网络游戏领域机会不多的情况下，他们将投资的目光放到了在线教育上，大笔的资金注入了在线教育市场。同时，美国 MOOC 平台成功运营的消息带动了中国首批 MOOC 平台的兴起，如中国大学 MOOC、MOOC 中国、华文慕课、慕课网、网易公开课等都是在这股慕课风潮下成立。此外，MOOC 学院、顶你学堂和学堂在线三大慕课平台在成立后先后都获得了多轮风险投资，与网易公开课成为中国著名的四大慕课平台。国内 MOOC 的兴起让更多的莘莘学子足不出户就可以享受到国际顶尖名校的课程，中国互联网教育历史迎来第二春。

在萨尔曼·汗努力建设他的“汗学院”，为学习有困难的学生提供课外学习辅导的同时，在体制内的学校里，也有一批教师在从事着类似的工作，做着颠覆传统课堂教学模式的尝试。2007 年，美国科罗拉多州 Wood land Park HighSchool 的化学老师 Jonathan Bergmannand Aaron Sams 在课堂中采用“翻转课堂式”教学模式，并推动这个模式在美国中小学教育中的使用。随着互联网的发展和普及，翻转课堂的方法逐渐在美国流行起来并引起争论。所谓翻转课堂，就是教师创建视频，学生在家中或课外观看视频中教师的讲解，回到课堂上师生面对面交流和完成作业的这样一种教学形态。

2013 年“翻转课堂”的理念也开始影响到中国的教育者，“翻转课堂”成为教育界热议的话题，从认识阶段逐步走向实践阶段。在中小学，已经有一些学校在进行相关的实践。2013 年初，重庆江津聚奎中学的开展“翻转课堂”实验，开启了中国“翻转课堂”实践教学的先河。学校随机选取两个实验班，在语文、数学、英语、物理、化学、政治、历史、地理等 8 门学科开展“翻转课堂”实验。2013 年 8 月，在经过数月的研讨和论证后，昌乐一中正式开始进行两个班级的翻转课堂实验。通过对学生和老师的培训和引导，翻转课堂在昌乐一中的实验取得重大成果。目前，昌乐一中全校各年级各班级都在使用翻转课堂的教学模式，成了全国著名的翻转课堂示范基地。

二、2013 热点：拍搜 / 智能题库

慕课虽然风靡中国，但终究是一种免费的互联网教育服务。从 2012—2013 年开始，国内行业开始积极探索营利性在线教育模式，一些新型的在线教育开始兴起，其中智能题库和拍照搜题成为当年最火热的互联网教育产品。

2013 年 2 月 18 号，猿题库正式上线。主打基于后台大数据，对公务员备考的人提供真题解析、个性化考卷生成和模拟考试。2013 年 9 月 25 日，猿题库高考题库上线，正式进入 K12 领域。2013 年，由国内著名创业着创办的在线题库品牌“易题库”也宣告上线。

在在线题库热极一时的时候，一款叫学霸君的拍照搜题软件在中小学中风靡起来。学霸君凭借强大的图像识别技术，学生只需将回答困难的题库通过该软件将题目照片传送到后台系统，该软件马上可以推送出该题的原题和答案。拍照解题一来很新奇，二来直戳学生作业痛点，因而一经推出就深受中小学生喜爱。

学霸君拍照搜题应用的风靡也引来了很多的追随者，猿题库也于 2014 年推出拍照搜

题应用——小猿搜题，同年百度也推出内部研发孵化的品牌作业帮。其后，阿凡题、学习宝、老师来帮忙等拍照搜题应用也陆续出现，且都获得了资本的青睐。

三、2015 年热点：三通两平台

2015 年初，教育部印发 2015 年工作要点。要求重点提出推进“三通两平台”建设与应用，力争基本实现学校互联网全覆盖。三通两平台中“宽带网络校校通”的建设目标是到 2015 年基本覆盖乡镇及乡镇以上的所有校舍条件允许的中小学校。

在政策的许可下，很多教育企业通过融资进入这一领域，或在原有信息化业务的基础上，深耕打磨，或并购其他从事教育信息化服务的企业，重新布局。

2015 年 4 月，“三通两平台”的龙头企业科大讯飞在其原有的教育信息化业务的基础上，发布定增预案，宣布拟通过增发募资 21.5 亿元，用于智慧课堂及在线教学云平台项目和“讯飞超脑”关键技术研究及云平台建设项目，分别拟投资 18 亿元和 3.5 亿元。

2015 年，A 股上市公司立思辰也开始在教育信息化领域攻城拔寨，11 月 2 日，立思辰发布重大资产重组报告，宣布以 17.6 亿元的交易价格收购教育信息化整体解决方案提供商康邦科技。

2015 年 7 月，腾讯推出基于微信、qq 两大 App 的智慧校园平台，也开始向公立校迈进。此外，还有其他众多的公司，将工作放在了本地区学校的智慧校园方案的建设上，并逐步向其他地区辐射。

四、2016 年热点：一对一 / 直播 / 并购

2016 年，互联网娱乐的直播热辐射到了教育领域，多家互联网教育企业纷纷做起了直播。不只是大型的在线教育培训企业做起了直播，就连去年受到资本追捧的教育 O2O 项目也做起了直播，还有这几年获得多伦融资的题库和答疑项目也做起了直播。

2016 年初，邢帅教育搭建了自身的直播系统，并将其放在了网站首页，每天提供超过 100 堂直播课。6 月份，邢帅教育更是在直播系统中加入了打赏功能，以最流行的方式直接让直播变现。同样，中国移动旗下咪咕学堂也在平台中上线了直播学院，并尝试打造教育直播网红。优酷学堂也在今年上线了双向直播课，成为业内首个将教学过程和学习过程同时直播的平台。

直播的方式分为两种，一种是直播班课，另一种是直播一对一。其中直播一对一早前在英语培训领域已初步成功，2016 年开始，海风教育、掌门 1 对 1、三好网等在线教育机构开始大力推进直播一对一的模式。海风教育获得大型在线教育企业沪江青睐，赢得 A+ 轮战略投资。掌门 1 对 1 获得亿元 C 轮投资，三好网先后获得 Pre-A 和 A 轮融资。

除了产品模式热外，进入整合期的互联网教育的产业并购也成为另一焦点，2016 年开年以来，不断有企业并购整合的消息传来。2 月 29 日，伟东云教育集团并购欧洲第二大职业教育培训机构德莫斯，拉开了 2016 年互联网教育领域大并购的序幕。7 月 19 日，立思辰宣布 3.44 亿元收购 360 教育集团，在教育行业内激起轩然大波。8 月 18 日，勤上光电正式完成以 20 亿元的价格收购龙文教育。20 亿元的收购价格比肩去年银润投资并购学大教育的收购价格。

除了并购 360 教育集团外，立思辰还在 9 月 26 日和 10 月 12 日分别以 2.83 亿和 2.51 亿的价格并购了互联网升学服务品牌百年英才，以及中小学在线教育平台跨学网。除立思辰外，2016 年的大并购案还有，8 月 22 日猪八戒网收购职业技能学习平台萝卜教育，创立独立的八戒教育品牌；8 月 26 日，慧科教育宣布并购创意设计职业教育机构莱茵教育 (换股 70%)、互联网产品社群产品壹佰和一站式互联网学习平台美好学院，与慧科旗下 IT 教育品牌开课吧构建成职业教育事业群。

五、2017 年热点：网红 / 并购

2016 年，互联网最热门的词汇就是“网红”，许多通过网络直播、自媒体视频节目的方式成了“网红”从 2016—2017 年，互联网娱乐的直播热也辐射到了教育领域，多家互联网教育企业纷纷做起了直播，推出了自己的明星老师，欲打造自己直播环境下的网红老师。如智课网在网站中上线名师栏目，隆重推出韦小亮、管卫东、翟少成、乐静、刘薇等多位留学考试培训名师。

此外，2016 年行业的并购浪潮预计会持续到 2017 年，2017 年可能会出现更多、更大规模的并购案。一方面大型的互联网教育会并购产业链上下游优质项目，另一方面，很多上市公司也会继续通过并购的方式跨界布局互联网教育领域。

六、2018 年热点：个性化 / 上市潮

在互联网教育领域，个性化这个词虽然出现得很早，但目前真正能够做到学生个性化学习的企业还没有出现。因为一方面个性化教学依赖强大的教育内容支撑，另一方面产品后台必须有庞大的大数据和云计算系统，而目前具备这两种实力的企业几乎没有。而到 2018 年左右，互联网教育会开始有独角兽型的企业出现。基于庞大的用户群和内容层次，以及日益发展的大数据与云计算技术，这些大型的互联网教育企业实现学生的个性化教学并不是难事。

2016 年开始，互联网教育领域已经开始进入产业整合期，未来大型的互联网教育企业还有进一步做大做强，上市登录证券市场已成为必然趋势。2015—2016 年新三板的挂牌热只是一场预热，预计 2018 年会出现一股真正的上市潮。

第六章 中国互联网教育市场分析

第一节　中国互联网教育用户画像

了解互联网教育，首先需要了解中国互联网教育的主要用户群体的特征。这里引用2015年12月教育部教育管理信息中心联合百度文库发布的《2015年中国互联网教育学习白皮书》中关于互联网教育整体用户画像的内容。基于百度大数据，这里的每一份数据都有对应的样本数据说明。引用的这份互联网教育整体用户画像，反映了中国互联网教育用户群体的基本特征，具体叙述如下。

一、互联网学习用户呈现低龄化趋势

在用户方面，2014年与2015年的数据对比如图6.1所示。

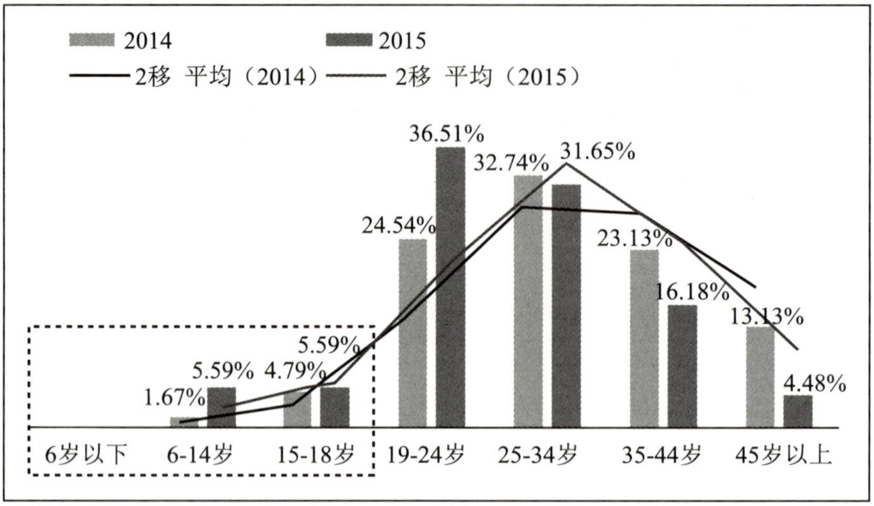

2014 年互联网学习者基本情况研究　样本量：70286 人

2015 年百度搜索互联网教育产品用户数据　样本量：500000 人

▲ 图 6.1　互联网学习用户年龄发展趋势 (2014，2015 年度)

从年龄段上看，互联网教育用户仍以成人为主。2015 年相比于 2014 年，从 6 岁到 24 岁这个年龄段的互联网教育用户有明显上升的趋势。尤其是在 19~24 岁这个青年时期，互联网教育用户的比例更是上涨了 12%。而在 24 岁以上年龄段用户相较于上一年反而出现下降的趋势，而且年龄段也高用户下降的幅度越大。

二、互联网学习用户扩张态势

在用户地区分布方面，2014 年与 2015 年数据对比如图 6.2 和图 6.3 所示。

从互联网教育用户的地域分布调查结果看，东部地区的互联网教育用户比例达 50%，其中尤以华东地域的互联网教育用户比例最大，而东北和西北地域相对偏少。其他大区都在 15% 左右，相差不大。相比于 2014 年，大部分大区的互联网用户比例变化不大，只有西南地区的相比于上一年下降了 5% 左右。

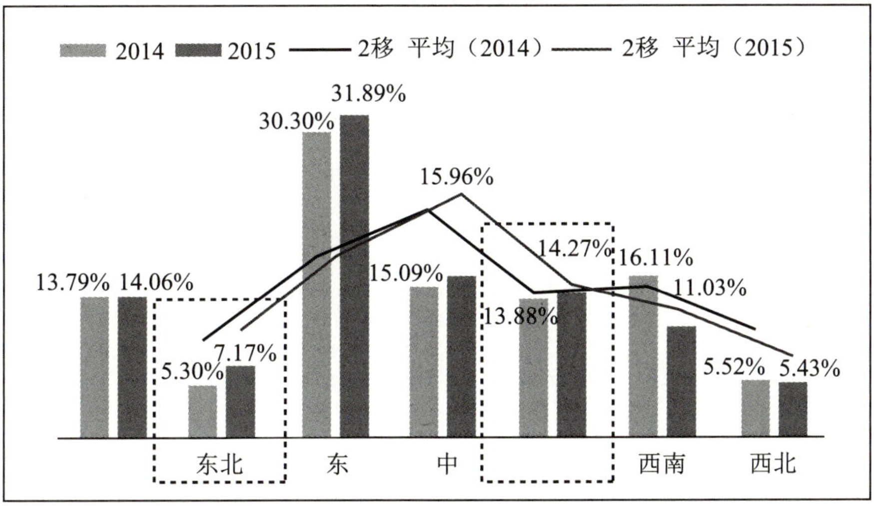

▲ 图 6.2　互联网学习用户区域发展趋势

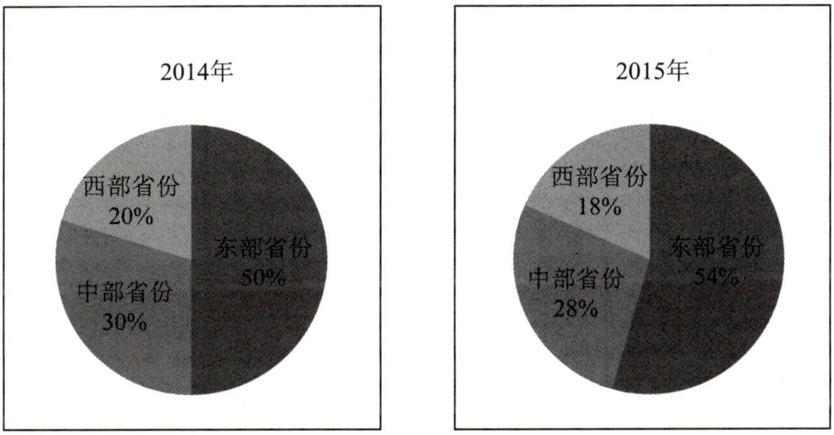

百度文库后台检测平台　样本量：103801 人

2015 年百度搜索互联网教育产品用户数据　样本量：500000 人

▲ 图 6.3　互联网教育产品整体用户地区分布情况

三、教师和学生数据大幅攀升

在师生参与方面，2014 年与 2015 年数据对比如图 6.4 和图 6.5 所示。

与 2014 年相比，2015 年互联网学习用户中学生增长了 8.57 个百分点，教师增长了 11.12 个百分点。

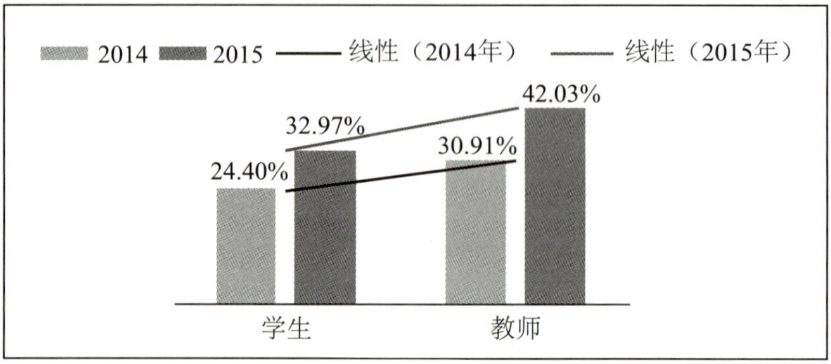

▲ 图 6.4　互联网教育产品用户数

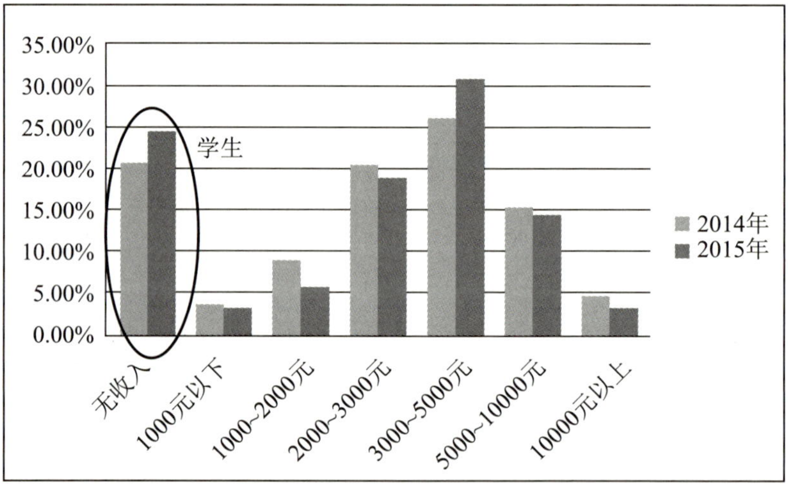

2014 年互联网学习者基本情况研究　样本量：70293 人

2015 年百度搜索互联网教育产品用户数据　样本量：500000 人

▲ 图 6.5　互联网学习师生参与发展趋势 (2014. 2015 年度)

互联网教育产品用户调查显示，目前教师用户要稍多于学生用户。相比于 2014 年，2015 年的学生用户和老师用户都有一定程度的提升，其中老师用户比 2014 年上升了 12% 左右。

在互联网学习者的收入统计中，25% 左右的学习者为无收入人群，基本上可以定义其为学生人群。学生基本上没有经济收入来源，购买和使用互联网产品都是由其服务或监护人付费。而较 2014 年，2015 年的学生群体的比例有明显上升，说明家长正逐渐认可互联网学习并愿意为之付费。

剩余 75% 左右的互联网教育用户为有经济收入的人群，其中可能有老师，有家长，有职场从业者，甚至包括一些自由职业者。从图中数据来看，有收入的互联网学习者大部分的人群月收入处于 1000~2000 元这个阶段。其中月收入在 3000~5000 元的人群最多，这部分人群可以猜想为刚毕业一两年的职场新人，其学习再造的需求和意愿都比较强。而月收入 10000 元以上的人员基本上都为企业的核心人员，一来工作繁忙，二来其能力也到了一定阶段，故而互联网学习的参与度并不是很强。而收入在 2000 元以下的人群，可能是一些偏远地区的从业者，网络基础设施落后是其互联网学习参与的主要原因。还有可能是有少量收入的在读大学生，网络学习参与度不高，也在情理之中。

四、教师使用频率更高，在线学习时间更长

互联网学习产品教师每月累计使用时长如图 6.6 所示。

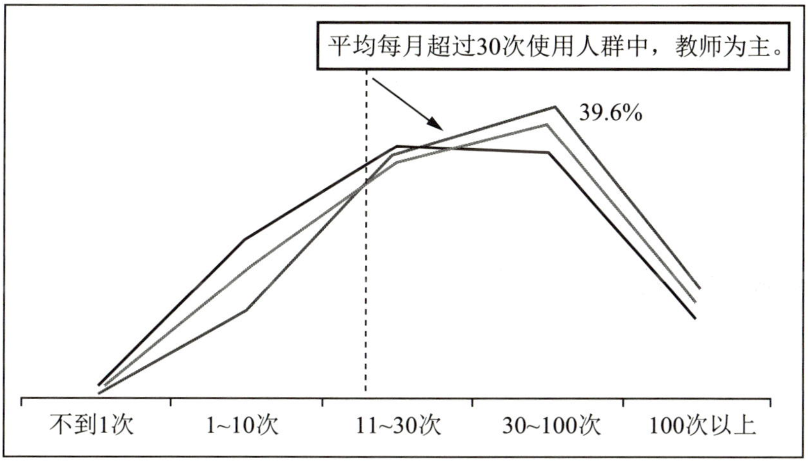

▲ 图 6.6 互联网学习产品教师每月累计使用时长

从互联网学习者学习频次调查结果来看，单月学习评测从 1 次到 100 次的人群呈逐

级递增的趋势，而在 100 次以后的人群就继续递减了。在学习频次超过 30 次的人群中，以教师人群为首，家长人员从 30 次开始就稍有下降的趋势。

从互联网学习者每次网络学习时间来看，大部分人每次学习时间在 30 分钟到 1 小时，其中 45 分钟为一个明显的分界点，45 分钟之前的学习者呈逐渐增长的趋势，而在学习时间大于 45 分钟的学习群里中，无论是师生还是家长，都随时间的继续增长而称快速减少的趋势 (图 6.7)。

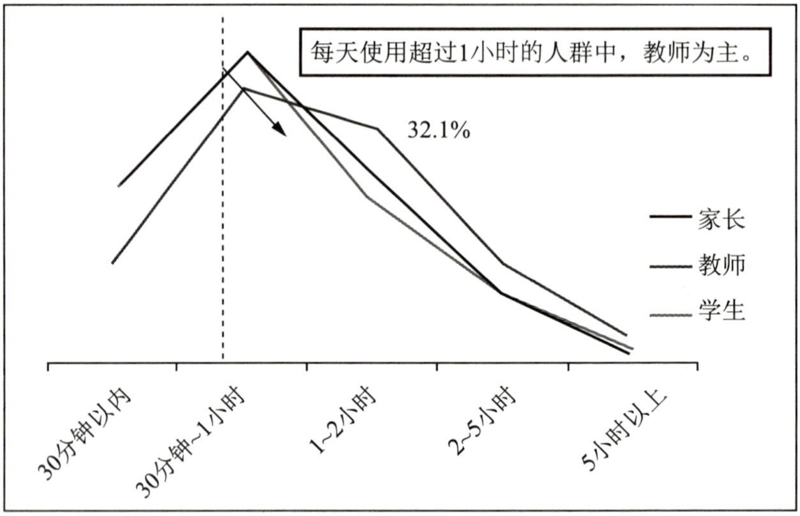

2015 年互联网教育产品使用情况调查　样本量：124126 份

▲ 图 6.7　互联网学习师生和家长使用频度与时间 (2015 年度)

五、基础教育关注热度连年增高

从不同学段互联网教育的关注度来看，2015 年基础教育的关注度达到 50% 以上，领先于其他的领域，且较 2014 年上涨了 24%。高等教育的 2015 的关注度也由 2014 年的 16.2% 上升到 31%，而职业教育 2015 年的关注度却从 2014 年的 38% 下降到 27%。这三个阶段关注度的变化主要市场的创业风潮和投资热度有关，2015 年基础教育阶段出现了在线一对一辅导的投资热，而职业教育阶段的在线 IT 等投资热出现了衰退。幼教领域的关注度虽有小幅上升，但由于幼教阶段的互联网学习参与度有限，关注度不高也在情理之中（图 6.8）。

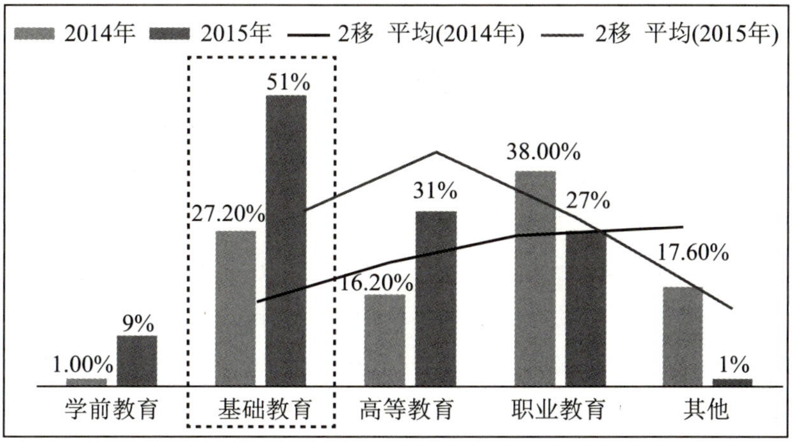

2015 年互联网教育产品使用情况调查　样本量：135808 份

▲ 图 6.8　互联网学习不同学段的关注参与情况 (2015 年度)

六、教师基本全天候、高频率使用互联网教育产品

教师使用互联网教育产品的时间段分布如图 6.9 所示。

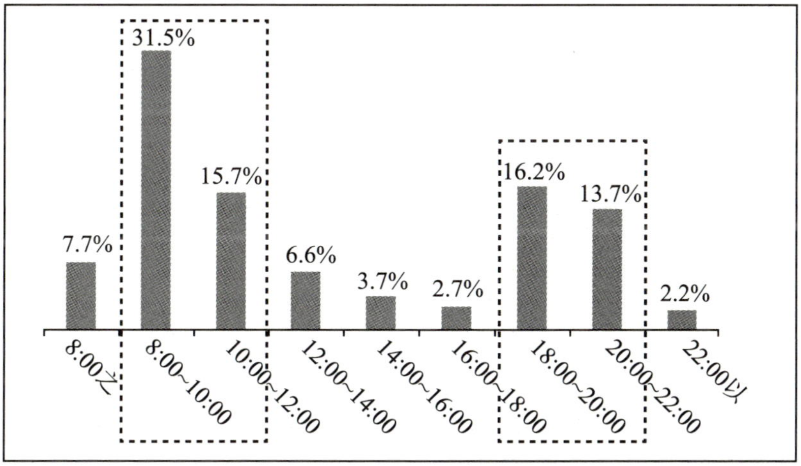

互联网教育产品使用情况调查　样本量：52135 份

▲ 图 6.9　教师使用互联网教育产品的时间段分布

从教师使用互联网教育产品的时间调查结果来看，基本上全天候教师都有使用的需求。大部分教师使用互联网教育产品的时间段在上午和晚间，早上 8 点到 10 点为教师使用互联网教育产品最多的时间，晚间 22 点之前使用互联网教育产品的教师也很多，而其他时段的使用群体相对很少。调查结果反映的互联网教育产品的时段规律，也教师的正常的教学作息规律。在上午时间里，一部分老师可能需要使用互联网教育产品进行教学，另一部分老师可能需要需用互联网教育产品进行备课和学习。而在晚间，学生下课后，教师可能需要用互联网教育产品给学生布置作业和批改作业。

从教师每天使用互联网教育产品的时间来看，大部分教师每天的使用时间在 30 分钟到 2 小时。使用时间在 30 分钟到 1 小时和 1 小时到两小时的老师都在 30% 以上。使用时间在 30 分钟以内和 2~5 小时的教师只有 13% 左右。而使用 5 小时以上的教师不到 3%。从教师每月的使用互联网教育产品的频次来看，绝大多数老师的每月使用的次数在 100 次以内，也即是平均每天使用 1~3 次 (图 6.10)。

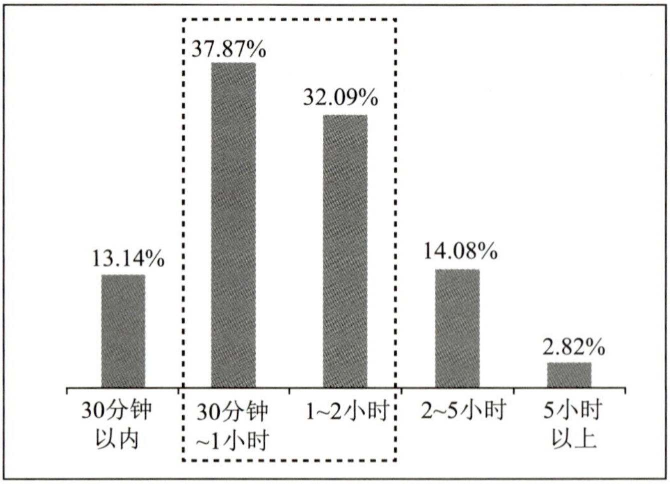

互联网教育产品使用情况调查　样本量：52133 份

▲ 图 6.10　教师每天使用互联网教育产品的累计时长分布

总体来看，教师每天使用互联网教育产品的时间不长，且每月使用的频次不高。一来可能因为互联网教育产品参与教师教学工作程度不高，二来可能因为大部分老师稍微养成使用的习惯 (图 6.11)。

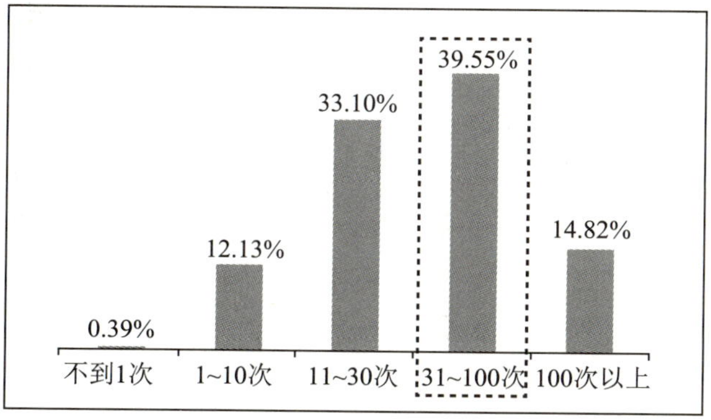

互联网教育产品使用情况调查 样本量：52135 份

▲ 图 6.11 教师每月使用互联网教育产品的次数分布

七、“备课”“组题”依然是教师使用互联网教育产品的强需求

从教师对互联网教育产品的需求老看，教育使用的互联网教育产品主要有内容资源内和教学管理内两种，其中对内容资源类产品的需求达 60% 以上。在教学管理上主要有学生管理和家校互动两方面。在基础教育阶段，教师最为关注的是题库类和学习资料类的互联网教育产品，关注度达 80 以上。其次是视频教学类、作业答疑类和在线学习类，关注度分别达到了 59%、44% 和 25%，而家校类目前的关注度不是很高 (图 6.12、图 6.13)。

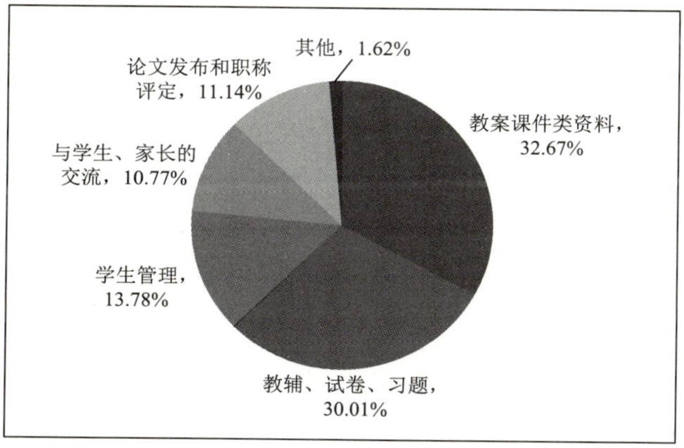

互联网教育产品使用情况调查 样本量：52133 份

▲ 图 6.12 使用互联网教育产品的教师关注的教育产品内容

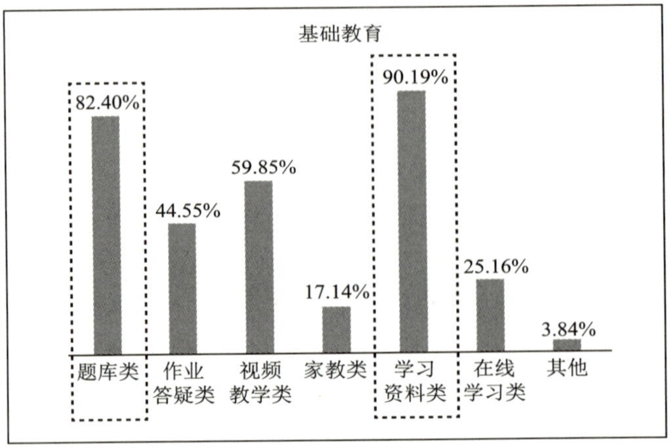

互联网教育产品使用情况调查　样本量：52133 份

▲ 图 6.13　使用互联网教育产品的教师在不同教育领域的关注内容

八、学生用户多集中在移动端

从学生用户接入互联网教育的移动设备来看，使用手机进行互联网学习的比例最高，达到了 52%，其次是笔记本电脑，使用率达 30%。而使用台式电脑和平板电脑进行互联网学习的比例不高，分别为 12% 和 4%。数据说明，目前手机和笔记本电脑还是学生进行互联网学习的主流设备，这也和目前我国网民接入互联网的所用设备的比例分布情况大致相同（图 6.14）。

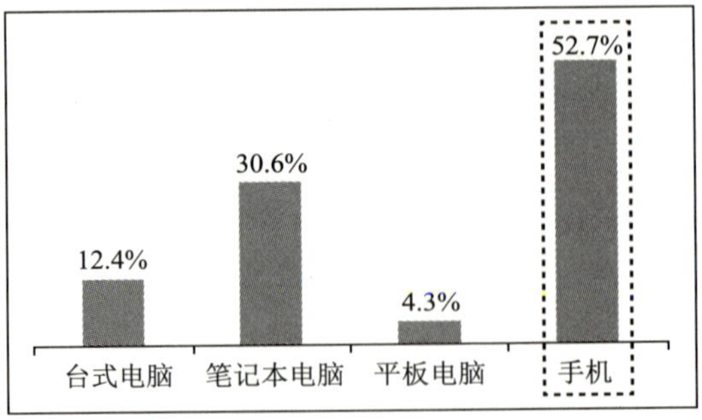

互联网教育产品使用情况调查　样本量：40926 份

▲ 图 6.14 学生接入互联网使用设备的情况

九、学习资料、题库和答疑类产品是K12学生的热门关注领域

使用互联网教育产品的学生关注内容如图6.15和图6.16所示。

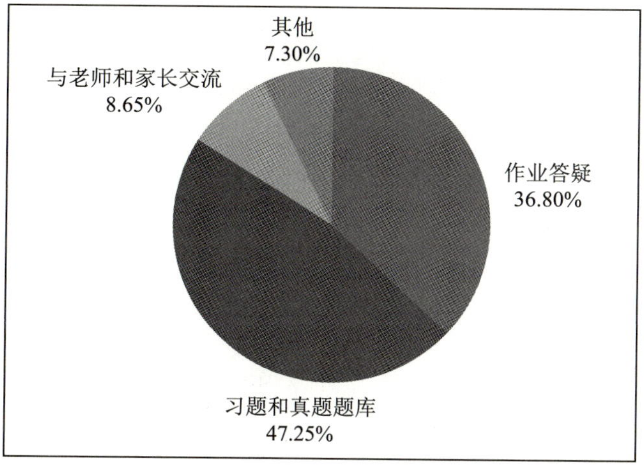

互联网教育产品使用情况调查　样本量：40962份

▲ 图6.15　使用互联网教育产品的学生关注的教育产品内容

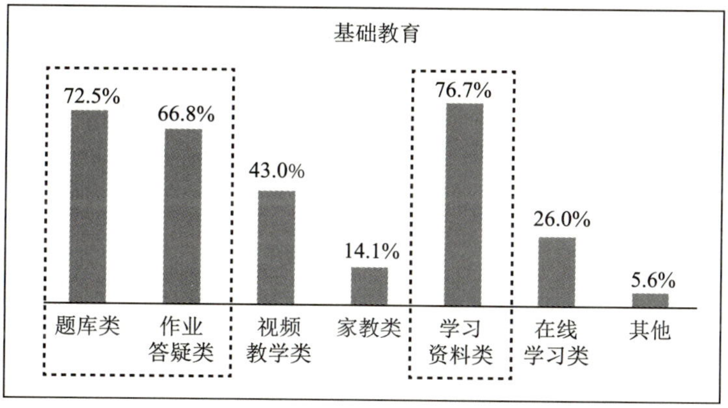

互联网教育产品使用情况调查　样本量：40962份

▲ 图6.16　使用互联网教育产品的学生在不同教育领域的关注内容

从学生关注的互联网教育产品调查结果来看，学生关注的主要是题库和作业答疑产品，合计关注度达83%，这应和了过去几年基础教育领域在线题库热和在线答疑热。而对家教沟通和其他产品的关注不高。在基础教育领域，学生关注的互联网教育产品也主要是题库、

作业答疑、学习资料三大类。此外学生对视频教学类和在线学习类产品的关注度也很高。

十、家长用户初现端倪，小学生家长比重比较大

从家长使用互联网教育产品的情况的调查结果来看，目前有 62% 正在使用互联网教育相关产品。在人群分布上使用互联网教育产品最多的是小学生家长，所占比例达 36%。学龄前学生家长和初高中生家长的使用比例略少，分别为 25%、17% 和 11%。而大学生和职场从业者家长使用互联网教育产品的人数相对甚少 (图 6.17、图 6.18)。

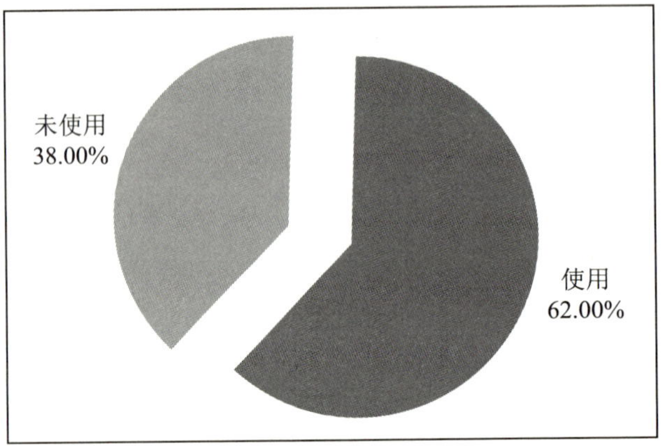

互联网教育产品使用情况调查样本量：31031 份

▲ 图 6.17　使用互联网教育产品的家长比例

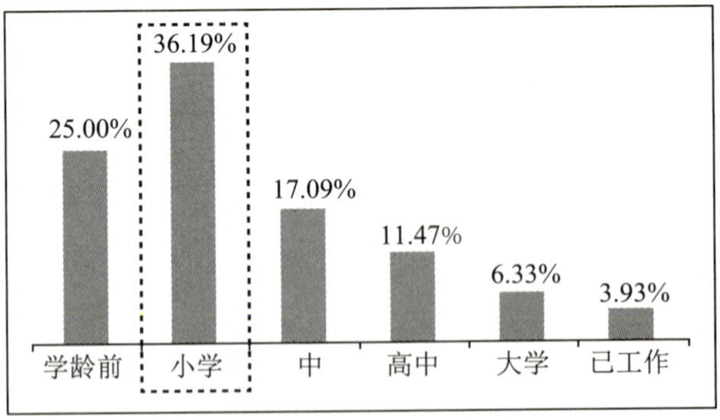

互联网教育产品使用情况调查样本量：31031 份

▲ 图 6.18 互联网教育产品的使用者 —— 家长其孩子所处的阶段

十一、家长更相信学校和老师的推荐，他们付费意愿高、付费能力强

如图 6.19 的调查结果显示，在家长为孩子选择教育产品的原因看，学校及老师推荐占主导因素，其次学生主动要求或下载学习起到的决定性因素也很大。此外，孩子同学的家长推荐、教辅书和其他资料推荐、课外培训机构推荐等也是决定家长购买教育产品的原因。在家长的付费意愿上，大部分用户的付费意愿在 200 元以下，只有少部分的用户付费意愿在 500~5000 元，而 200~500 元付费意愿的用户反而很好。在低价的阶段，家长的付费意愿高于学生和教师。而在高价的阶段，学生的付费意愿高于教师和家长 (图 6.20)。

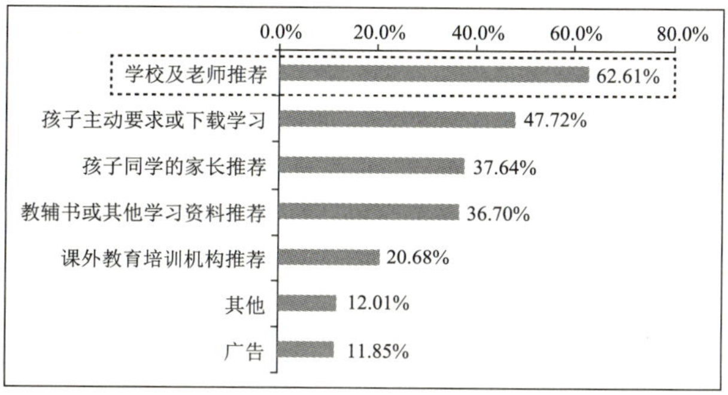

互联网教育产品使用情况调查 样本量：31031 份

▲ 图 6.19 互联网教育产品使用者 —— 家长为孩子选择教育产品的原因

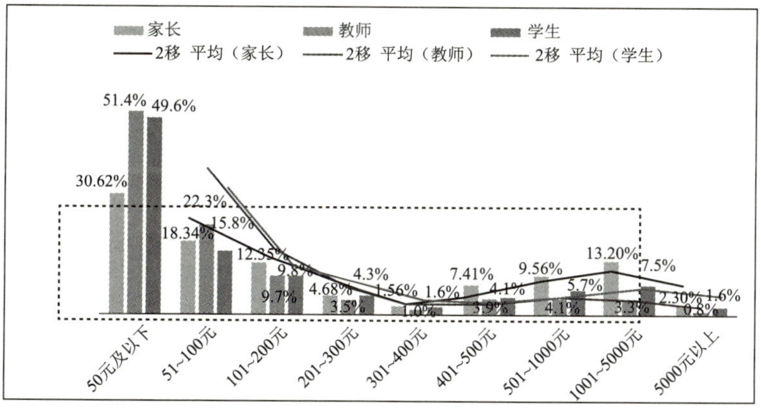

互联网教育产品使用情况调查 样本量：13778 份

▲ 图 6.20 使用互联网教育产品的家长在教育产品上的最高花费

第二节　互联网教育市场总体发展

经过了近五年的发展，互联网教育由泡沫期进入整合期。教育是一个发展缓慢的行业，这是互联网所无法改变的，这几年的行业发展路劲也证明了这一点。在资本助力下，过去几年一些新生的优质项目进入中后期融资阶段。新技术带动下各类新型产品频出，而真正能打开市场的产品很好，行业急需探寻可行的商业模式。

一、互联网教育企业增长趋势

从 2012 年开始，中国互联网教育浮现新一轮的创业风口，大批的创业者和风投机构争相奔赴进入这个领域。在资本的助力下，许多互联网教育项目如雨后春笋遍地而生，互联网教育的创业投资趋势愈演愈烈。然而过度的投资也必然激起行业泡沫，浪潮退去后必然有不少的企业退出市场的角逐，行业也将开始进去整合期。下图为互联网教育企业数量变化趋势 (图 6.21)。

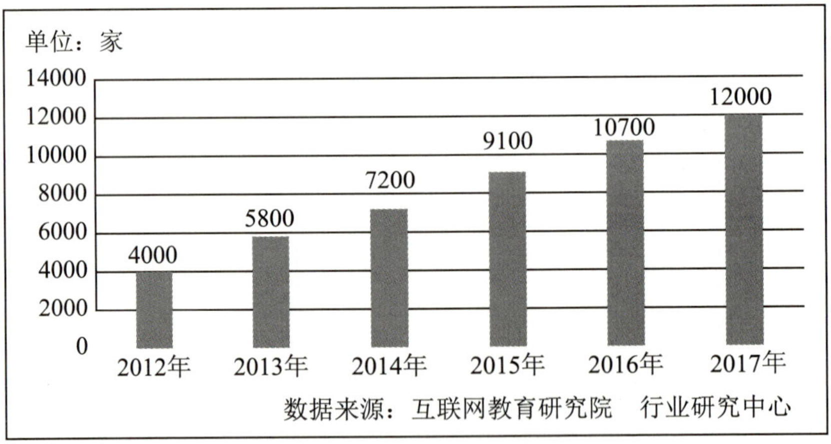

▲ 图 6.21　互联网教育企业数量变化趋势

2012—2013 年，国外的慕课、翻转课堂开始进入中国，一些大学和大型互联网企业也纷纷效仿做起了慕课，慕课网、中国大学慕课、慕课中国、学堂在线等慕课平台开始建立。新生的慕课平台虽不是很多，但加上早期留存的一大批大小规模的互联网教育企业，中国 2012 年的互联网教育企业数量约为 4000 家。

慕课开启了中国互联网教育新一轮的发展浪潮，但慕课属于一种的免费的或者是公益的教育商业模式，行业内又有大批创业者怀揣着新时代的互联网教育理念和先进的教育技术开始探索可盈利的商业模式。2013 年，在线题库、在线外教、在线作业、拍照搜题等各具特色的产品开始出现，许多优质的互联网教育项目和优秀的互联网教育企业脱颖而出。行业大趋势下，互联网教育也在各个教育细分领域遍地开发，2013 年的互联网教育企业达到了 5800 多家。

2014 年，互联网教育的创业浪潮愈演愈烈，许多项目都获得了数千万甚至是上亿元融资。行业风口下，仅是大型的互联网教育企业开始布局互联网教育市场，就连传统实业型的上市企业也宣告跨界布局互联网教育。创业企业持续增长，在 2014 年达到了 7200 家左右。2014—2015 年，2015 年初，教育 O2O 概念成为行业内新的热词，互联网教育颠覆传统教育论盛行，教育 O2O 项目受到资本热炒。创业企业进一步大规模爆发，创业潮在这一年迎来顶峰，企业数量增长到 9100 多家。然而到了 2015 年下半年，教育 O2O 备受质疑被认为是一种没有价值的教育模式。

2015—2016 年，互联网教育资本开始变得理性与谨慎，投资的选择不再是只追随行业热点，而是更多地已验证的商业模式。因而早期项目投资减少、而早期已获得融资的中后期项目融资开始增多，行业的增长趋势也开始减缓，但到 2016 年底互联网教育企业仍超过 10000 多家。2016 开始，行业也开始进入整合期，一些大型的互联网教育企业开始收购与自身产业链相关的优质项目，同时一些上市公司继续在互联网教育领域布局。但到目前为止，中国的互联网教育仍处于发展阶段，2017 年互联网教育企业预计会达到 12000 家左右。此后也会有新的企业进步，但行业会进入小幅平稳增长的趋势。

二、互联网教育市场规模增长趋势

过去几年，互联网教育在中国爆发式发展。一面方是体制内的教育信息化政策不断完善，国家对教育及其信息化的投入规模也越来越高。同时，体制外的在线教育疯长生长，数千家创业企业进入这个市场，同时还有数百家为在线教育服务的技术型和平台型企业。此外，BAT 等许多互联网企业和上市企业的参与，进一步扩大了互联网教育市场规模 (图 6.22)。

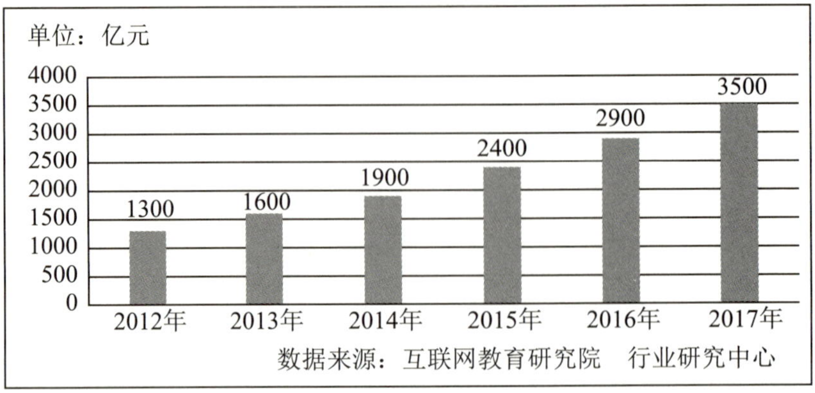

▲ 图 6.22　互联网教育市场规模变化趋势

过去几年，大量企业的进入催生了互联网教育千亿级的市场。2012 年国内互联网开始起步，教育市场规模就达 1300 亿元。2013—2014 年，行业规模高度增长，至 2014 年底达到了 1900 亿。2015 年，互联网教育引来彻底爆发，市场规模一下增长到惊人的 2400 亿元。2016 年开始，行业开始进入整合期，行业增速减缓，但仍达到了 2900 亿元。预计，2017 年互联网教育的市场规模将达到 3500 亿，未来两三年内仍是行业的生长发展期。

第三节　中国互联网教育整体各板块市场

上世纪九十年代互联网教育在中国萌发，各类互联网教育网校和互联网教育门户在中国兴起。其后几年，虽然互联网教育进入了徘徊期，但仍有不少的探索企业进入。2012 年开始，互联网教育再度开始在中国兴起，并在随后几年引来了爆发式成长。新技术带来了新的互联网教育产业与服务，新理念萌生了新的细分市场，行业呈现出了一片繁荣景象。目前，中国互联网教育以形成具有自己特色的产业模式，根据教育阶段、受众、产品与服务类型，可分为教育信息化、在线教育、在线教育技术、在线教育平台、移动教育终端五大板块，每个版块又包含了多个细分领域。

一、教育信息化

按照教育阶段，教育信息化版块分为 K12 教育信息化、高等教育信息化和职业教育信息化三个细分领域。在国家政策的支持下，过去三年，教育信息化企业数量逐年增长。目前教育信息化领域的企业已超过 2000 家，其中 K12 领域的企业最多，达到了 1200 家，其次是高等教育和职业教育领域，分别达到了 1000 家和 900 家。

K12 领域为中国的基础教育领域，拥有数亿的师生及家长用户规模，同时在政策和法规上有政府更多的支持和监督，因而在增长趋势上，K12 领域的企业增长速度领先于其他两个领域从 2014 年的 800 家增长到了 2016 年的 1200 家。高等教育和职业教育的增长速度虽然稍慢，但高等教育也从 2014 年的 800 家增长到了 2016 年的 1000 家，职业教育领域的企业也从 2014 年的 700 家增长到了 900 家 (图 6.23)。

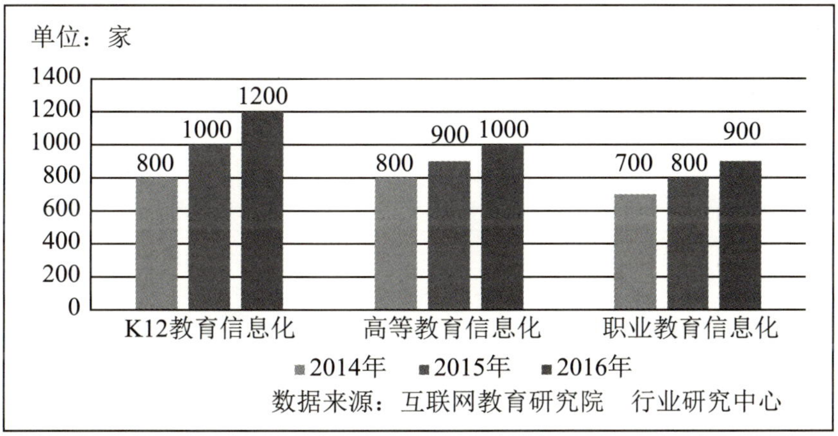

▲ 图 6.23　2014~2016 中国教育信息化细分领域企业数量

在市场规模上，2016 年教育信息化规模超过 2000 亿元，其中 K12 教育信息化达 1000 亿，高等教育和职业教育领域的市场规模分别为 800 亿和 600 亿 (图 6.24)。

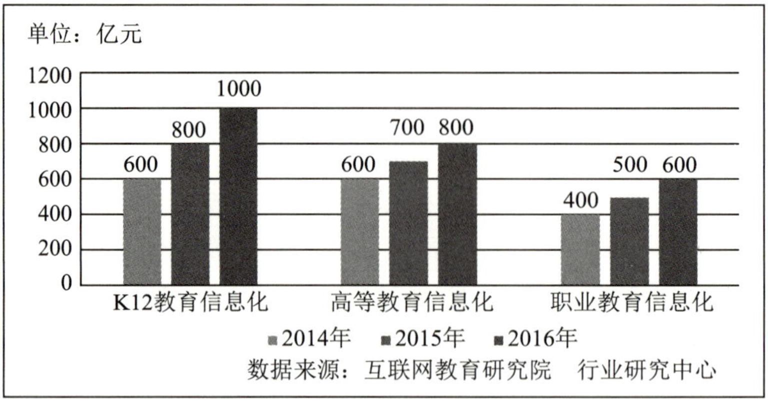

▲ 图 6.24 2014~2016 年中国教育信息化细分领域市场规模

二、在线教育 (B2C Online Education)

中国的在线教育市场科，根据教育阶段及当前的发展状况可分为学前在线教育、中小学在线教育、高等在线教育、在线职业教育、在线语言学习、在线企业培训、在线才艺教育六个细分领域。在线教育领域总体企业超过 5500 家，在线语言学习、中小学在线教育和在线职业教育为三大企业最集中的领域，企业数量纷纷都超过了 1000 家 (图 6.25)。

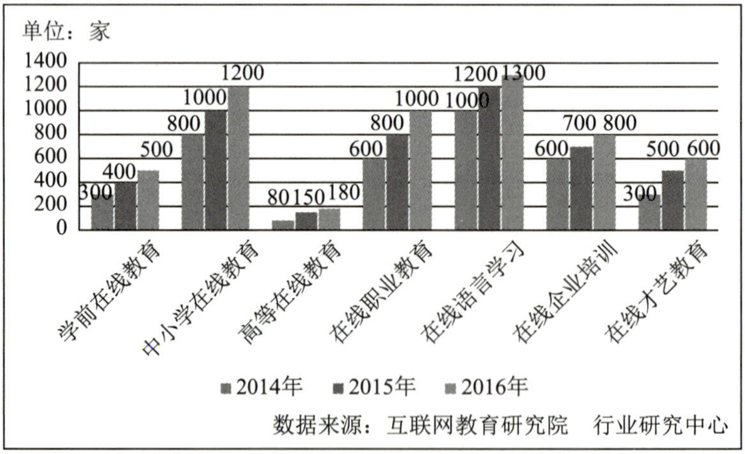

▲ 图 6.25 2014~2016 年在线教育细分领域企业数量

各领域中，在线语言学习领域的企业达 1300 家，领先于其他领域。在线语言学习主要是英语培训，从 20 世纪的 80 年代开始，中国的英语培训市场一直不停在增长。英语学习包括幼儿英语启蒙、中小学英语单科学习、高等教育中的四六级和考研英语、出国留学英语、商务英语等，国内英语学习市场需求庞大。同时，在线语言学习发展较早，新东方早在 2006 年就上线了“新东方在线”，提供在线的英语学习服务。

其次是中小学在线教育企业和职业教育企业，分别达到了 1200 家和 1000 家。中小学属于义务教育阶段，师生及家长规模达数亿，潜在培训市场规模庞大。同时中小学校有政府资金投入、自然引得众多的企业追逐。中小学的在线教育起源于 20 世纪 90 年代的网校，在互联网技术飞速发展的今天已发展出了在线题库、在线课程、在线答疑、在线辅导、在线一对一等多种产品与服务模式，背后的企业基数非常庞大。职业教育领域细分的子领域非常多，用户规模也非常庞大。再者，职业教育领域用户大多拥有足够的付费能力，市场引导和培训上更加容易，因而致力于在线职业教育领域的企业也非常多。

在线企业培训和在线才艺教育尚处于发展阶段，目前企业数量分别只有 800 家和 600 家。在线企业培训领域一来面向的受众较少，二来目前企业培训的在线模式尚待培育，因而该领域的企业比起前几个领域要少。在线才艺教育在近两年才逐渐兴起，目前更多的培训机构还是选择借助互联网教育平台进行在线教学，自身开发在线才艺教育的软件或课程的企业并不多。

学前在线教育领域虽然这几年也在不断发展，但幼儿的自主学习能力较差，更多地需要父母去引导，因而学前在线教育领域的企业并不多，2014 年学前在线教育企业约为 400 家，2016 增长到 500 家，增长速度也比较缓慢。高等教育阶段校内的大学生对专业课程的在线学习需求不大，但在考研、考证、自考等领域具有强需求。早先拥有高等网络教育学历证书颁发的单位只有 68 所高校，加上其他科目的但是从 2014 年起，国务院下放高等学历网络教育的审批权，意味着中国的大学均可开展在线学历教育业务。因而 2015 年，高等教育阶段的企业从 2014 年的 80 家增长为 2015 年的 150 家，2016 年继续增长为 180 家。但目前高等阶段的在线教育仍比较少，未来几年有会继续增长至数百家 (图 6.26)。

在线教育虽然在中国火热了五年，但目前仍处于发展阶段，总体规模只占教育培训市场中很小的一部分。同时，在线教育目前仍处于盈利模式的探索期，大多数的在线教育的营收微薄。因而目前在线教育的市场规模只有数百亿。

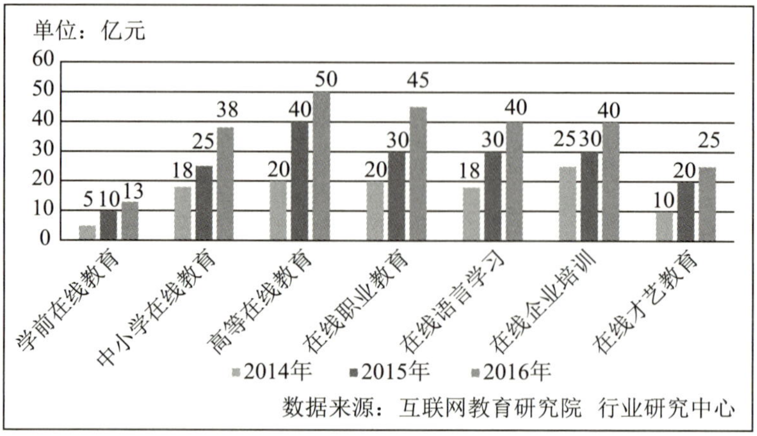

▲ 图 6.26 2014—2016 年中国在线教育细分领域市场规模

在各细分领域中，高等在线教育领域的市场最高，2016 年的市场规模达到了 50 亿。高等在线教育领域虽然企业很少，但在高等在线教育中学历考证的市场需求非常大，高等学历网络证书颁发权的放开也进一步刺激了这一市场的快速增长。2016 年，在线职业教育的市场规模也从 2015 年的 30 亿元增长为 45 亿元，增长率达到了 50%。职业教育本身子领域众多，市场空间非常大。而且，近年来随着移动互联网教育的发展，职业教育中 IT 培训市场的发展速度非常快，在线学习作为一种便捷、实惠的学习方式，成了很多 IT 技术人员的知识技能提升的选择。

在线语言学习和在线企业培训的 2016 年的市场规模都大约为 40 亿元。在线语言学习领域虽然各类产品和企业众多，但很多都是词典、背词、听说辅助学习工具，营收能力有限。在线语言学习上的在线教学方式也刚开始 5 年，能够创造一定收入的企业只有数家企业而已，大多机构尚处于在线教学模式的尝试期。在线企业培训虽然企业不多，但市场规模上却能与在线语言学习等同，主要因为在线企业培训客单价要比在线语言学习高得多。

中小学在线教育领域虽然潜在市场空间非常大，投身进入的企业也非常多。诸如在线题库、拍照搜题、在线答疑等很多产品都尚未找到盈利模式。在线直播教学被认为是最直接的盈利模式也才刚刚开始，而且在线直播能否成为长期有效的盈利模式还需要等多的时间证明。因而中小学在线教育领域的市场规模目前只有 38 亿元左右，但相比上一年增长了 13 亿元。

在线才艺教育作为一种少数人群的需求，置身此领域的也不多，但才艺培训的课单价很高，因而市场规模也达到了25亿元。基于在线才艺培训刚开始兴起不久，未来改领域的发展空间非常大。学前教育领域市场规模目前非常小，只有13亿元左右，主要由于该领域的在线学习模式需要一定的更多的用户培育期，但未来随着新一轮的出生高峰到来，学前在线教育仍有数十亿的发展空间。

三、在线教育技术

在在线教育蓬勃发展的背后，在线教育企业技术服务是一块需求强烈且市场空间巨大的板块。如今，互联网企业的发展方式，更多地讲求各种技术、资源、渠道的整合。互联网教育依赖的技术、人才、设备的门槛都很多，如有直接购买引用的技术渠道，绝大度企业主们不会选择自己去开发。

在线教育技术服务型商根据技术与服务类型，可分为网校平台技术、课程录播技术、课程直播技术、教学运营管理平台、课程录制工具和课程外包服务六大细分领域。目前，六大领域合计的技术服务提供企业合计约为1200家左右，相比于上一年增长了30%。

各细分领域中，课程外包服务的企业最多，2016年的企业数量达到了500家。在线教育领域虽然各类产品层出不穷，还最重要还是教学内容。课程、课件的制作需要一定的周期，且专业性很强，因而很多教育机构将课程外包给了第三方机构制作，因而也吸引了很多为之服务的企业加入这个市场，时代光华、汇思和问鼎资讯都是国内著名的课程外包服务提供商。

相比于课程外包服务，其他领域的企业数量要少得多。其中教学运营平台的企业为250家，相比于上一年增长了67%。教学运营管理平台主要是为教育培训机构提供招生、管理、运营与教学的工具或平台，这类工具平台出现的时间很早，早先被线下培训机构广泛使用，目前也被很多在线教育机构使用。提供课程录播技术的企业2016年也达到了200家，相比于上一年增长了33%。课程录制的技术专业性很强，很多企业都必须依赖于提供课程技术的企业。随着在线教育企业持续增长，提供课程录播技术的企业自然增多(图6.27)。

与课程录播技术类似，教育直播对带宽、并发、在线互动的专业性也很强，绝大多数企业都必须采取外部引入的方式。2016年互联网教育的直播热进一步促进了课程直播技术提供商的快速崛起，企业数量增长为 150 家。网校平台作为传统培训机构搭建网络课程的快捷方式，一经推出就深受行业欢迎，很多小型的在线教育企业也采取网校平台搭建自身的网络课堂。市场的强需求吸引了很多互联网企业提供网校服务，2016 年网校平台技术服务商增长到 90 家左右。课程录制工具，行业内早先都是使用 ispring、articulate、camtasiastudio 国外著名的课件制作软件，近几年逐渐有公司推出更具中国教育特色的课程录制工具，2016 年提供课件制作工具的企业约为 70 家左右。

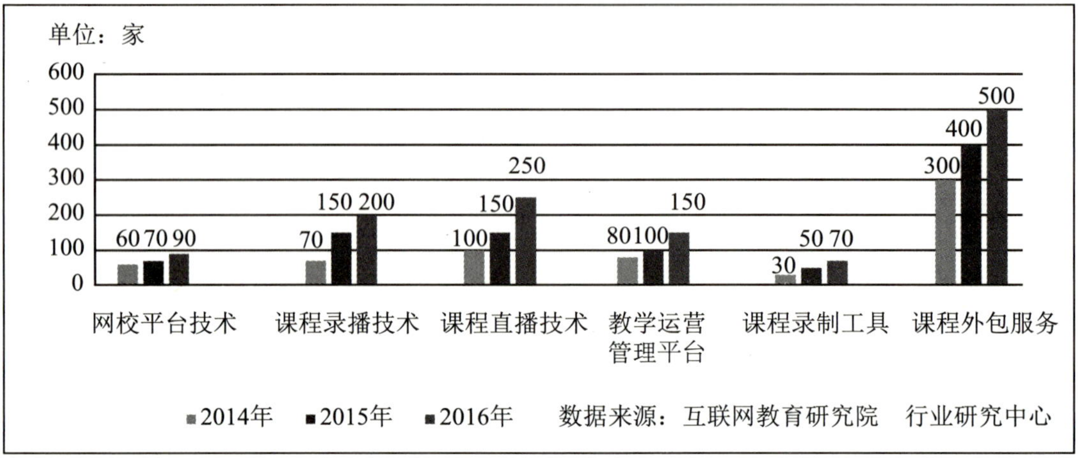

▲ 图 6.27　2014—2016 年中国在线教育技术服务细分领域企业数量

在线教育发展迅速，提供在线技术服务的企业快速增长，背后也催生了数百亿级的技术服务市场。各领域中，课程录播领域 2016 市场规模达到了 48 亿元，领先于其他领域。课程录播技术服务主要有录播室建设、录播设备、后期视频处理等。单笔生意成交价比较高，因而课程录播技术企业虽不是很多，但却创造了接近 50 亿的市场。课程外包服务领域和课程直播技术领域的市场规模分别为 40 亿元和 30 亿元，处于各领域中营收的第二和第三位。课程外包服务企业很多，且单笔外包服务价格不低，该领域的市场规模达 40 亿元也在情理之中。在线教育直播热大大促进了课程直播技术的发展壮大，市场规模快速增长也是必然 (图 6.28)。

网校平台技术领域过去三年，市场规模从 2014 年的 15 亿元增长到 2015 年的 20 亿元，2016 年继续增长到 30 亿元。教学运营管理平台虽然企业很多，但很多企业都是提供免费的软件工具，因而目前所创造的市场规模也只有15亿元。课程录制工具虽然功能性强，但企业付费购买的意愿却没有那么强烈，因而目前的市场规模只有3亿元左右。

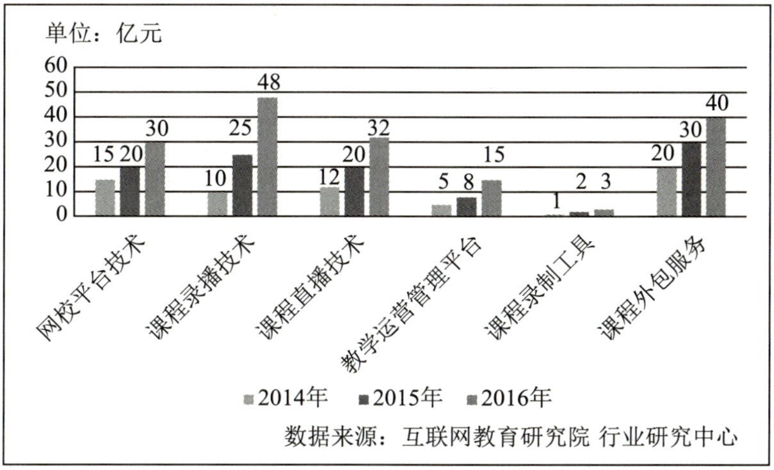

▲ 图6.28 2014—2016中国在线教育技术服务细分领域市场规模

四、在线教育平台

在线教育遍地开花，有企业通过提供技术服务进入这个市场，而也有企业通过搭建平台的方式提供在线教育资源对接服务。目前，在线教育平台根据平台属性，课分为课程分享平台、家教预约平台和教育培训门户。在线教育平台虽然是一种简单可行的商业模式，但对企业自身的资源、渠道、营销能力要求都很高。并且平台盈利的方式无非分成、导流、推广等，属于薄利多销的方式，企业成长也耗时耗力。因而目前提供在线教育平台的企业也只有280家左右。其中课程分享平台为120家，家教预约平台80家，教育培训门户80家。

课程分享平台包括直播课和录播课，个人和机构都可以进行入驻后进行在线教学，或是直接提供录播课程销售。早先，课程分享平台多是以录播课销售为主。随着在线教育热潮到来，很多大型的互联网都通过搭建在线教育平台的方式布局这一市场。腾讯课程、网易云课堂、百度传课等在流量、数据、技术服务商有自己强大的优势，因而一些中小型在线教育机构并不适合做课程分享平台(图6.29)。

2015年，互联网的O2O热辐射到了互联网教育领域。怀着教育O2O理念，家教预约平台的创业者们希望通过搭建教育培训市场中学生家长和家教老师直接沟通互动的平台，从而跳过培训机构的中介服务，继而彻底颠覆传统的教育培训市场。一时教育 O2O 理念在行业内盛行，大批创业者都做起了家教预约平台的生意。然而，2015 年下半年开始，教育 O2O 备受质疑，很多创业者转型为其他模式的平台或是直接推出了互联网教育市场，因而家教预约平台企业数量会出现 2015 年快速增长，2016 年又迅速回落的趋势。

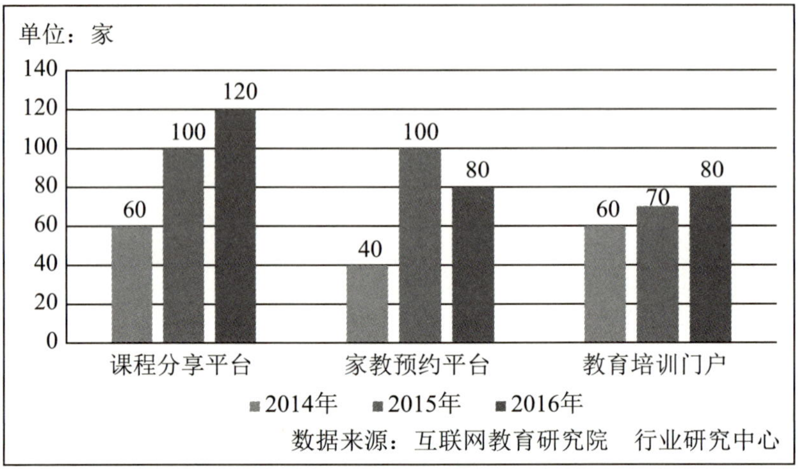

▲ 图 6.29　2014—2016 年中国在线教育平台服务细分领域企业数量

教育培训门户起源很早，基于地理位置提供线各地下培训机构的企业信息、联系方式、评价信息网络信息，构建了一条行业内高度垂直的信息服务平台。随着 2016 年很多互联网教育企业回归线下构建线上线下生态的趋势，教育培训门户逐渐受到关注。过去三年，教育培训门户网站缓步增长，2016 年达到了 80 个。

在线教育平台的市场规模在过去三年也逐渐增长，2016 年该领域的市场规模约为 40 亿元。课程分享平台的市场规模约为 20 亿元，家教预约平台和教育培训门户的市场规模约为 10 亿元。大型的课程分享平台吸引了很多小型的教育培训和个人入驻，借助此类平台进行网络在线教学。平台提供方提供机构推荐、课程排名、页面优化等服务，收取一定的服务费。课程分享平台入驻机构数庞大，因而也能创造 20 亿元营收。家教预约平台在提供家教信息的同时，也会收取一定的客单价分成。而教育培训门户主要是通过平台导流、广告展示等方式获利，基于平台的属性，一些小型平台的盈利空间确实不大(图 6.30)。

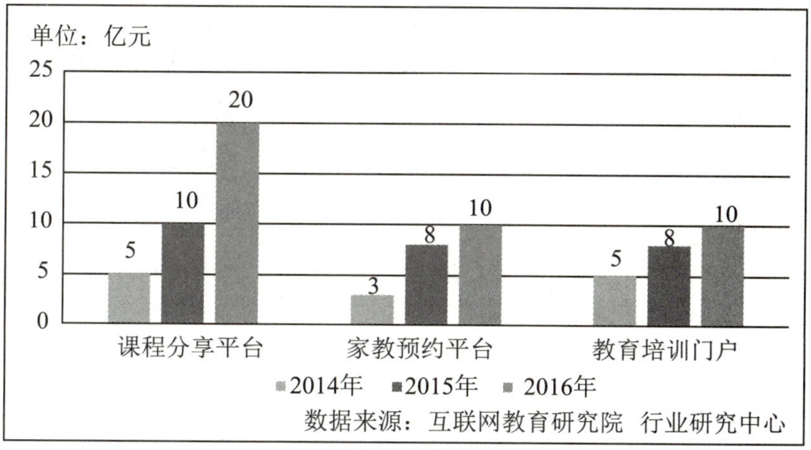

▲ 图 6.30　2014—2016 年中国在线教育平台细分领域市场规模

五、移动教育终端

移动教育终端主要值得是学习机、点读机、学生平板、学生手机、答题器、智能笔等便携式产品，其中学习机、学生平台、学生手机具备了教育内容搭建的特性，而点读机、答题器、智能笔则具备了辅助学习的属性。

学习机、点读机七八年前在中国非常流行，教育电子产品对学生的吸引力不亚于今天的手机。市场的广泛需求培育了很多了教育电子产品厂商。虽然过去两三年随着移动互联网的出现，移动教育电子产品出现了下滑的趋势，但很多大型的教育电子平台仍通过紧跟在线教育趋势的举措重新赢得了市场。

在在线教育市场激励下，过去三年，在线教育终端供应商企业不断增长，从 2014 年的 400 家增长为 2016 年的 500 家，值得注意的是这些增长不是在传统的学习机电子厂商，而是带着最新高科技的智能化硬件产品提供商。智能书写笔、可穿戴学习设备等都是值得关注的产品。新产品的带动下，移动教育终端市场也实现了缓步增长，从 2014 年的 40 亿增长到 2016 年的 60 亿(图 6.31)。

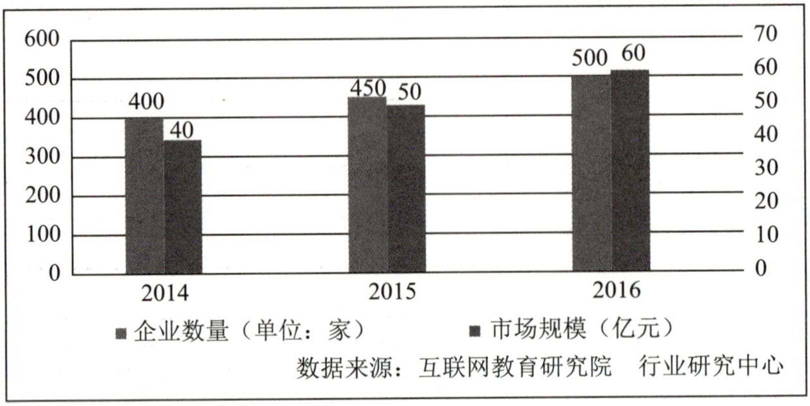

▲ 图 6.31　2014—2016 年中国移动教育终端企业数量和市场规模

第四节　2016年互联网教育风险投资市场

在互联网时代下，资本是产业的助推器，学会与资本共舞是企业长期发展过程中的必经之路。海外在线教育的投资风暴引燃了国内的互联网教育市场，过去几年国内的风险投资也在持续推动着中国互联网教育的快速发展。去年年底传言互联网的资本寒冬到来了，很多圈内人都预计今年互联网教育融资必定非常难，投资肯定会大幅减少。然而，如今2016 年已经过去，回顾过去一年互联网教育领域投资现象，事实却远非很多业内人士预测的那样简单。

一、过去三年互联网教育风险投资趋势

回顾过去三年互联网教育风险投资市场的投资趋势，2014 年属于互联网教育的投资上升期，投资事件和投资规模为 206 次和 77.85 亿元。2015 年当是互联网教育投资的爆发期，投资时间一跃增长为 333 次，相比于上年增长了 50%。投资规模达到了 158 亿元，相比于上一年翻倍 (图 6.32)。

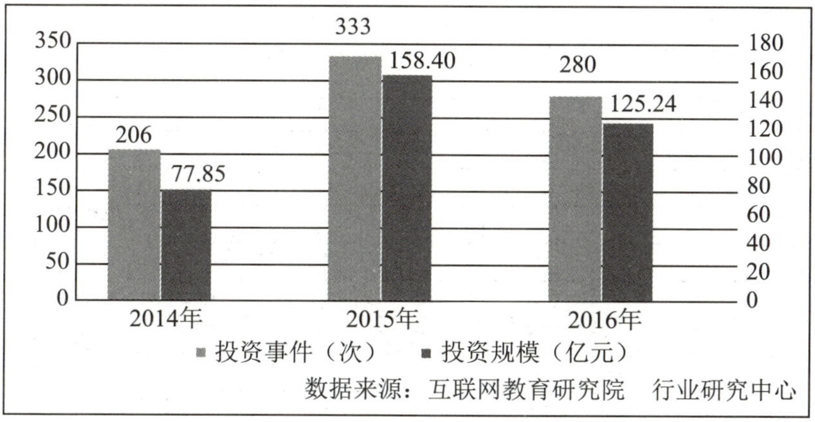

▲ 图 6.32　2014—2016 年互联网教育风险投资规模

2016 年后，资本开始变得理性，早期项目的投资开始减少，风险投资主要集中在中后期项目。因此，2016 年投资事件和投资规模减少了也属必然现象。截止到 12 月 31 日，2016 年全年互联网教育领域的投资事件为 280 次，投资规模为 125.24 亿。

二、2016 年互联网教育月度投资风向

虽然 2016 年中国互联网教育的投资热度较比于 2015 年有所降温，但互联网教育仍是各互联网行业中最热门的投资领域之一。平均每月的投资事件仍在 23 次左右，平均投资规模仍在 10 亿元以上。

从各月的投资统计数据看，2016 年 1 月、5 月、9 月是三个投资最为火爆的月份，投资事件分别为 33 次、28 次、33 次。投资规模分别达到了 10.60 亿元、7.67 亿元和 17.18 亿元。从季度上看，2016 年前三季度互联网教育领域的风险投资虽有波动，但每个季度总体规模表现得比较均衡。虽然从第四季度开始，风险投资出现了逐渐递减的趋势，但也在 12 月份正式回暖 (图 6.33)。

三、2016 年互联网教育各轮次投资分布

虽然 2016 年的互联网教育早期项目的投资相对于减少了，但目前行业仍处于发展上升期，因而总体上看 2016 年行业的投资分布仍以偏向于早期项目。并且，绝大部分连续

获得融资的企业，资本与产业的结合周期也比较规范，都是从天使轮到 A 轮再到 B 轮和 C 轮，在过渡期获得资本紧密支持的企业并不多 (图 6.34)。

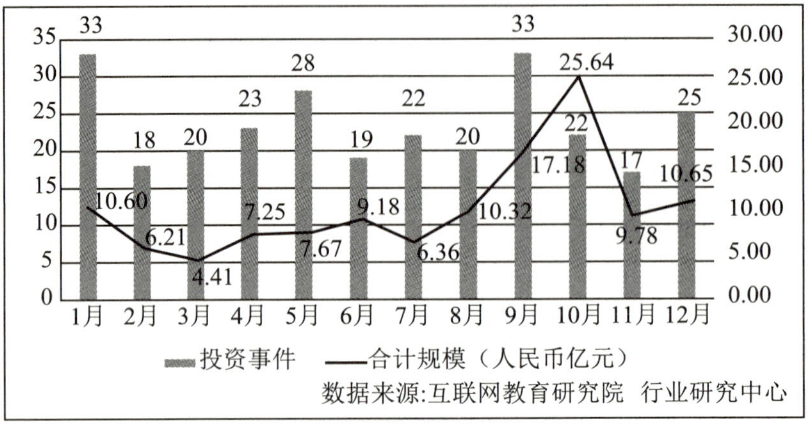

▲ 图 6.33　2016 年互联网教育月度投资事件和规模

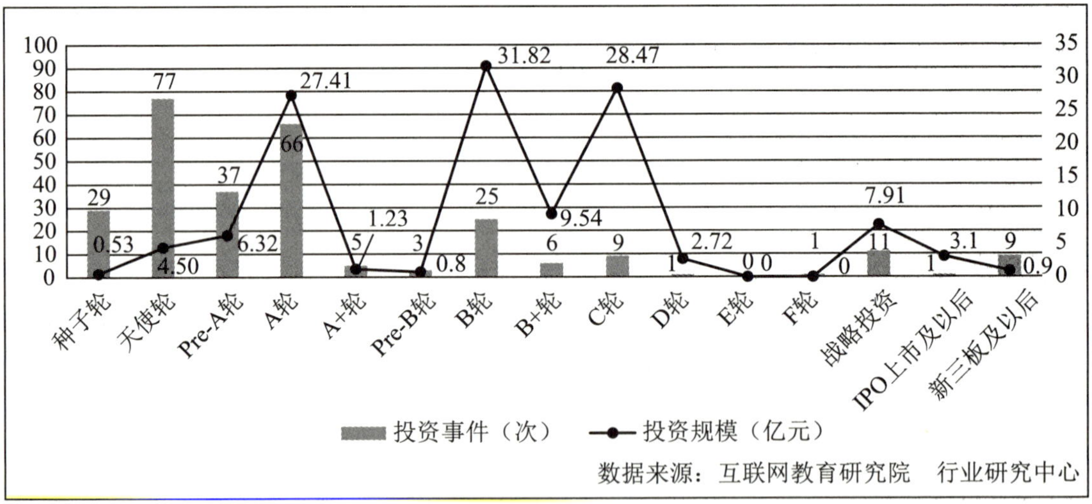

▲ 图 6.34　2016 互联网教育各轮次投资事件和规模

从投资事件上看，2016 年互联网教育的投资主要发生在种子轮、天使轮、Pre-A 轮天、A 轮、B 轮这五个阶段的项目上，投资事件分别为 29 起、77 起、37 起、66 起和 25 起，而其他阶段的风险投资相对较少。而从投资规模是看，资本主要集中于A轮、B轮和C轮三个阶段，投资规模分别达到了27.41亿元、31.82亿元和28.47亿元。熟悉2015年投资市场行情的人应该能感受到，2016年B轮、C轮的投资规模相比于2015年有了非常大的提升。值得一提的是，相比于风险投资，战略投资只在业务紧密关联或互补的企业间发生，一般由大型的互联网教育企业所投。2016年互联网教育的战略投资事件为11起、投资规模为7.91亿元，仍展现出行业内很好的合作共赢形式。

四、2016年互联网教育各商业模式的投资分布

新一轮的互联网教育创业潮以来，各个细分领域都出现了一大批的互联网教育企业。新技术的出来带来了新的产品，新的商业思路也带来了新的商业模式。商业模式包含的因素非常多，为了方便研究分析与读者理解，我们从互联网教育企业与客户及用户之间的关系，将行业的商业模式分为B2C(business to consumer)、B2G(business to government)、B2B(business to business)、B2B2C、C2C(consumer to consumer)五种。不同的商业模式，企业产品与服务面向的受众不同；不同的商业模式，企业市场经营策略也不同。

从商业模式是看2016年互联网教育的投资规律，B2C模式的企业仍是众多资本追逐最多的对象。因为，B2C模式面向的是学习者课外辅导市场，用户规模和市场发展空间非常庞大。一旦C端市场的消费习惯养成，盈利模式也可谓水到渠成。风险投资的愿望自然是投资回报最大化，同时B2C模式相比于其他市场资本的操作性及市场可控性更强，因而B2C模式投资规模遥遥领先与其他市场(图6.35)。

调查数据显示，2016年B2C模式下的投资事件达到了205次，投资规模高达101.62亿元。相比于B2C模式，其他模式的企业投资事件和规模要小的多。B2B模式的企业主要是为互联网教育企业提供培训、技术及外包服务，2016年的投资事件和投资规模分别为24次和7.22亿元。互联网上的企业培训目前尚处于起步阶段，该领域的从业企业尚少。技术服务类对技术要求很高，能够提供优质技术服务的企业也不多。B2G主要是面向于体制内教育信息化这一块的市场，2016年该领域的投资事件为27起，投资规模为8.30亿元。教育信息化虽然在政府资金支持下市场规模也非常大，但市场运营环境上相对复杂，因而也不是资本喜欢追逐的市场。C2C模式起源于教育O2O的概念，2015年过度的教育O2O热到了2016年完全偃旗息鼓。2016年的C2C投资项目主要是一些UGC社区。目前，

B2B2C 模式的产品主要是在线直播平台，平台类产品素来是由 BAT 等大型互联网教育企业在主导，小企业很难挑战他们在互联网教育平台上地位，因而 2016 年 B2B2C 模式上的风险投资也非常少。

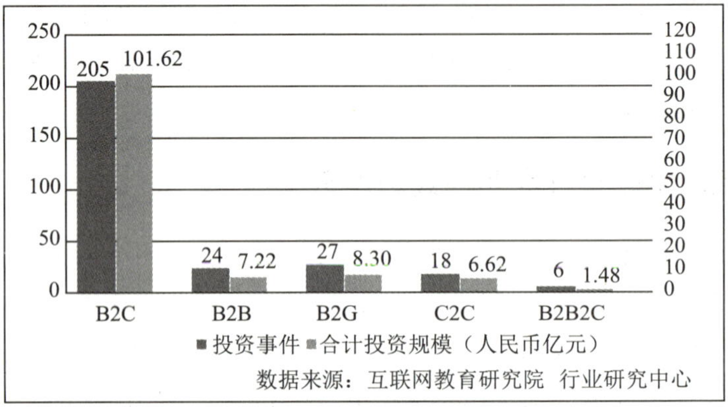

▲ 图 6.35 互联网教育各商业模式投资事件和投资规模

五、2016 年互联网教育各细分领域投资分布

从细分领域上看，2016 年互联网教育风险投资的领域仍非常多，但主要集中在学前教育、中小学教育、职业教育、语言学习这些领域。其中，中小学领域为最受资本追捧的领域，该领域 2016 年的投资事件为 539 次，投资规模达到了 37.09 亿元。中小学领域无论是体制内还是体制外对互联网教育产品的需求都非常强，巨大的市场空间吸引了大批企业竞相追逐，企业背后的资本方亦是如此 (图 6.36)。

职业教育领域包含的子领域非常多，其中在线 IT 培训的需求也在这几年互联网大浪潮推动下越来越强。因而 2016 年职业教育是仅次于中小学教育的投资热门市场。投资事件为 48 起，投资规模也达到了 15.09 亿元。而在线语言学习领域，投资虽然没有职业教育热，但在 31 起的投资事件下，投资规模反而超过了职业教育达到了 29.02 亿元。在其他的细分领域虽然投资热度相对低一些，但仍明显感觉到某些细分领域正在快速崛起，如才艺教育、兴趣教育等。企业培训领域投资少，主要是由于这一市场的互联网模式尚处于萌发阶段，消费者习惯尚待养成。教育技术领域突破难度大，因而也处于平稳发展期，虽然陆续有投资进去，但不是很多。综合领域主要是一些相对成熟的互联网教育企业，过去一年这些企业中如虎添翼的投资确实不多，总体规模也只有 8.77 亿元。

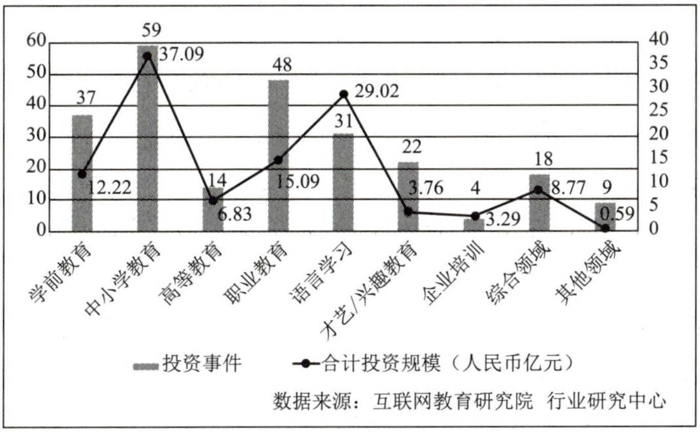

▲ 图 6.36 2016 年中国互联网教育各细分领域投资事件和投资规模

第五节 2016年互联网教育企业发展现状

一、互联网教育企业创办时间分布

一个企业从创业到开始盈利再到形成可持续的商业模式，再到发展成为行业领先的知名的品牌，甚至是登陆证券交易所都需要一定的成长周期，因而创办时间也是衡量一个企业实力的标准之一。教育行业是一个相对慢周期的行业，行业增长缓慢，企业的成长周期也相对而言更长。目前，从创办的时间上看，大部分企业创办周期在 0~12 年，且 0~3 年、3~6 年、6~9 年。及 9~12 年的企业分布还比较平均，这也说明了过去十几年里，每个阶段都有大批企业进入互联网教育市场。而 12 年以上的企业虽然相对少一些，但占比也分别达到了 11.88% 和 12.53%，也反映了一批资深的互联网教育企业依旧持续至今。

追根溯源，中国互联网教育萌发于 2005 年，在 2000 年左右达到第一波浪潮。第一波浪潮下的标志性产物为网校，101 网校、北京四中网校、成都七中网校、中公网校等都是在第一波浪潮下创办的中国早期的互联网教育企业，历经了 15 年以上，且至今仍活跃在行业中。2005 年以后行业进入摸索徘徊前行期，但仍有一批敢于探索的企业加入互联网教育行列。如新东方在2015年上线新东方在线、邢帅在2008年开始创办邢帅网络教育学院、沪江在 2006 年开始商业化运营。至今这三家企业创办的时间长达十年之久，且都已成为行业的佼佼者。2010 年开始国外的在线教育融资风暴开始影响到中国的投资者，行业逐渐爆发第二波创业浪潮。各个细分领域的创业企业蜂拥而起，新技术成为带来新的投资热点。在资本的助推下，也有诸如一起作业网、51Talk、掌门 1 对 1 等企业进入了可持续的发展阶段。在互联网教育二十年的发展历程中，锻造出了一批有深厚行业沉淀的企业，也培养出了飞速发展的明星企业。但上升到资产证券化层面，互联网教育领域赴海外上市的企业不到 10 家，国内上市的企业也只不到 20 家 (图 6.37)。

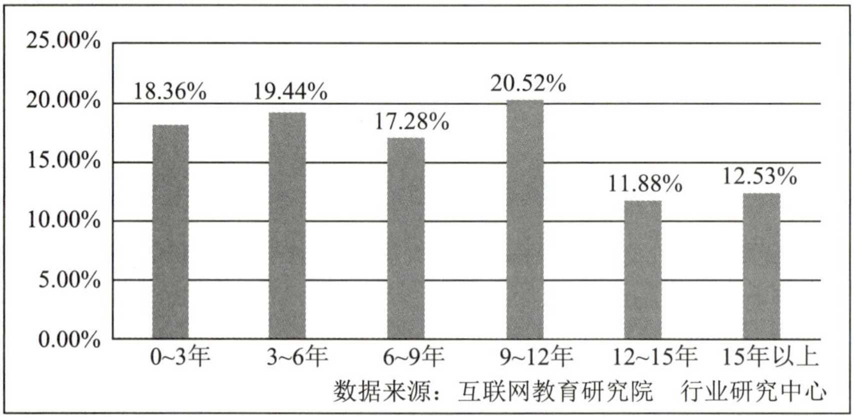

▲ 图 6.37　2016 年中国互联网教育企业创办时间分布

二、互联网教育企业职工人数分布

随着企业不断发展壮大，人员规模也会不断增大，企业创造的营收也越来越大。虽然不乏有小团队创造大营收的企业，但毕竟是在少数企业。因而，企业的职工人数也是衡量一个企业实力的标准之一。

从统计结果来看，绝大部分企业的规模在 500 人以下，也即说明在互联网教育领域仍以小型企业居多。其中100~500人的企业占比最多，达到了36.21%。30~100人和30人以下的企业分别为31.03%、19.18%。500人以上的企业相对而言非常少，目前也只有像新东方在线、沪江、华图等综合性互联网教育企业达到了这个职工规模(图6.38)。

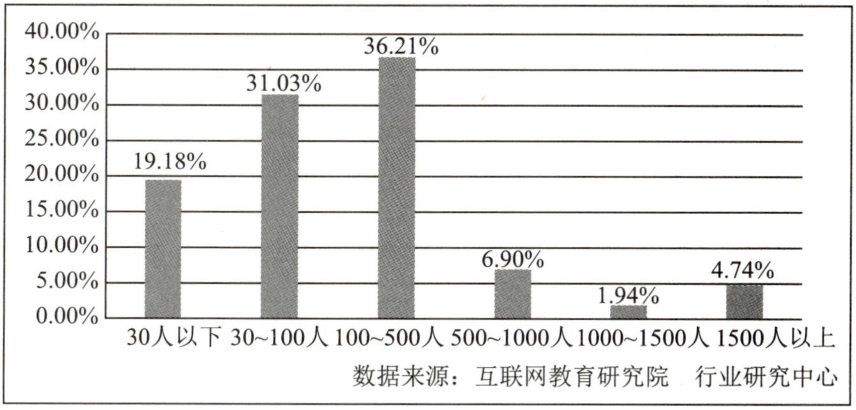

▲ 图6.38 2016年中国互联网教育企业人员规模分布

三、互联网教育企业细分领域分布

教育市场是一个比较复杂的市场，依据其教育的方向或面向的受众，教育行业可以分为多个细分领域。目前，互联网基本已深入教育的绝大多数领域，但不同领域的互联网教育受欢迎程度也不同。

调查调查数据显示，目前市面上的互联网教育企业，中小学教育领域的企业最多，占比接近38%，可谓是最为火爆的互联网教育市场。其次是综合领域的企业，占比接近20%。然后是职业教育领域的企业占比也达到了17%，学前教育和企业教育服务领域的企业占比只在8%左右。其他高等教育、语言学习、才艺教育的领域的占比都在3%左右。留学/游学企业最少，占比只有1.55%(图6.39)。

四、企业的产品类型

互联网教育产品种类繁多，但按照其产品属性可以分为内容型、平台型、工具性、技术型、硬件型、社区型、综合性、其他型。以下为各类产品的企业分布情况。

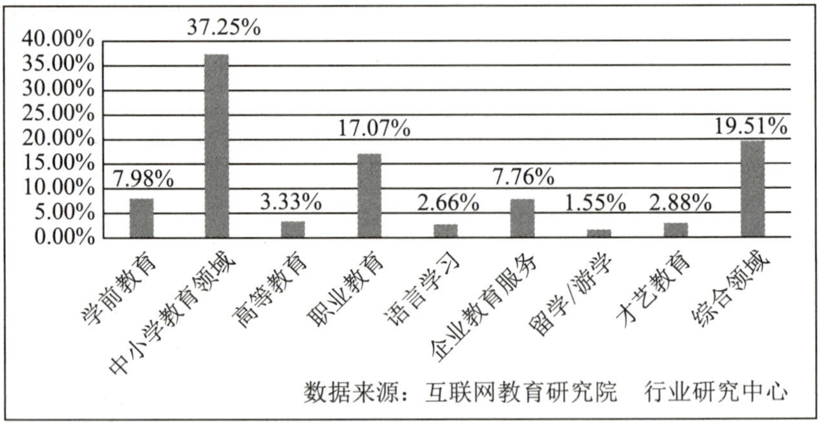

▲ 图 6.39　2016 年中国互联网教育企业细分领域分布

如图 6.40 所示，内容型的企业最多，超过了 30%。其次是综合类产品，占比也达到了 27%。最后是平台类企业，占比为 18%。工具类和技术型的企业都只有 7.59%。硬件型和社区型的企业相对甚少，分别只有 1.27% 和 0.42%。此外，其他类型产品的企业为 5.9%。

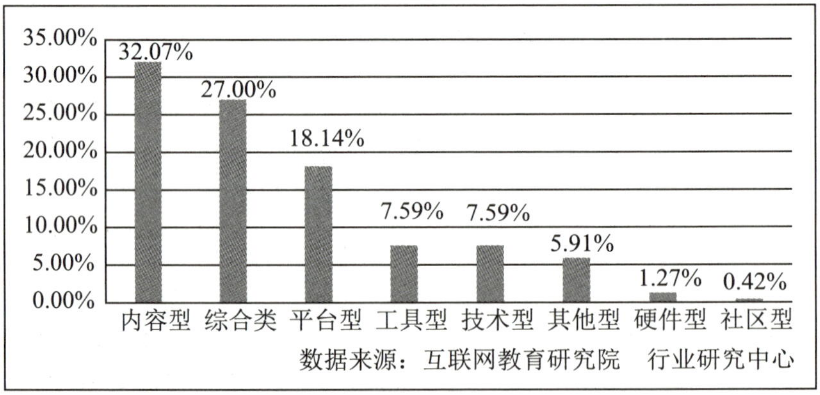

▲ 图 6.40　2016 年中国互联网教育企业产品与服务类型分布

五、2015—2016 年企业融资状况对照

大多数企业在发展壮大的过程中，都会极力引入风险投资组成利益共同体。然而，企业融资是一门大学问，不仅考察企业的商业模式，还考验着创始人的个人魅力。互联网

教育过去几年虽然处于一个融资鼎盛期，但能够获得融资的企业毕竟是少数。很多企业在发展初期就因资金断裂的问题消失在市场汪洋中，不为人知。这是我们对市面上现存的近500家企业融资情况调查，并与2015年的调查结果形成对照。

从调查数据总体结果来看，2016年，大部分的企业仍处于没有融资或种子天使的项目早期发展阶段，中后期的融资比例虽然较上一年有所提升，但仍只占很小的一部分，特别是获得B轮以后融资的企业。在2015年调查企业中，有44.31%的企业是没有获得融资的，比2015年相比有所减少。这个数据有些让人意外，在行业资本趋于理性后，反而是去年一部分未获得融资的企业在2016年完成了融资。2016年11.39%的企业获得种子轮融资，相比于上一年也有所减少。9.28的企业获得Pre-A轮融资，基本与2015年持平。而获得A轮、B轮、C轮的分别为14.35%、9.7%、4.22%，相比于2015年都有小幅提升。这也验证了互联网教育资本开始由癫狂期走入理智期后，中后期项目投融资增多的趋势。值得注意的是，调查数据中2016年出现了5.45%的IPO上市比例。这是我们今年首次将企业调查的范围延伸至上市企业(图6.41)。

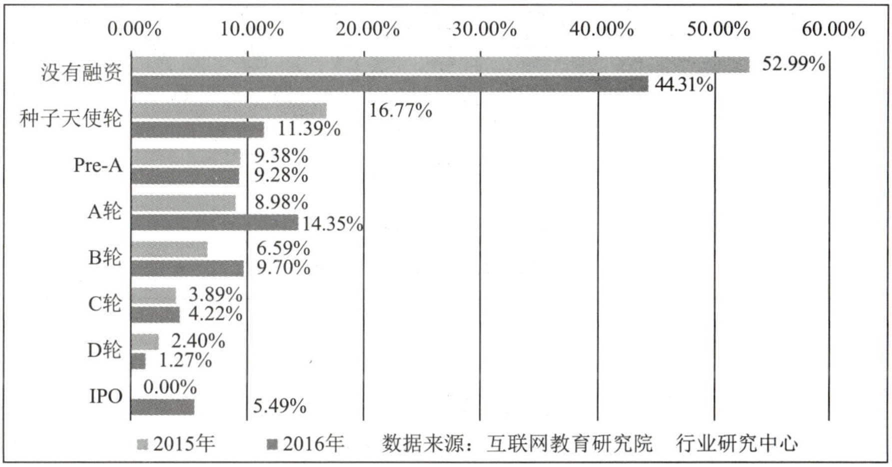

▲ 图6.41 2015—2016中国互联网教育企业融资轮次分布

六、各细分领域企业平均营收及增长率

虽然互联网教育在过去五年获得了快速地成长，但行业目前仍处于探索期，大多数企

业尚未形成很好的商业模式。虽然，目前有一些知名的互联网教育品牌寻找到了绝佳的市场突破口，在资本的助力下也圈住了海量的用户，但如何变现却一直是困扰这个行业的难题。如图 6.42 是我们 2016 年互联网教育企业的营收调查并与 2015 进行了对照。

从 2016 年的总体来看，所有领域企业 2016 年度的平均营收较比于上一年都实现了增长。在营收增长幅度上，尤以中小学教育、语言学习、职业教育领域的企业增长幅度最大。从各细分领域的营收对比来看，对比的优胜形式与 2015 年大致接近。在增长趋势三，中小学教育、语言学习、职业教育为营收增长最快的三个领域。

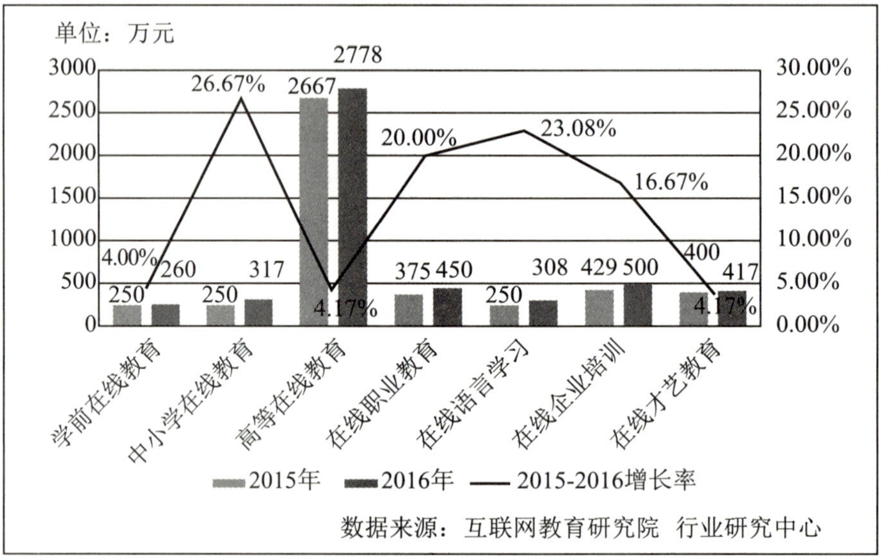

▲ 图 6.42 2016 年互联网教育企业各细分领域平均营收

在各领域的营收上，高等在线教育领域的企业平均营收超过了 2700 万元，领先于其他领域的企业。其次是在线企业培训领域和职业教育领域的企业，在线企业培训企业平均营收达 500 亿，在线语言学习领域平均营收超过 300 万。其他领域的企业营收虽然都只有数千万，但也不代表这些领域的发展相对滞后。因为，很大程度上，不同领域的市场空间决定了企业的发展高度。

第七章 互联网和教育巨头行业布局

第一节　互联网巨头在线教育布局

一、百度

1. 百度教育事业部

百度教育事业部成立于2015年12月，在百度新兴事业群组体系内成立，该事业部以百度传课为核心业务，并推出“光合计划”。百度教育事业部成立后，百度传课将协同百度搜索、百度凤巢、百度文库、手机百度等内部资源，与外部教育机构等合作伙伴，共同打造一个教育服务平台，贯穿教育服务生态上下游，希望与教育机构共同构建教育平台。

百度传课有三大核心：一是提供教育融合服务解决方案；二是建立核心用户的培养体系；三是建立核心用户推广体系。

传课的产品与服务主要有 3 个：传课网、传课 KK、传课网络直播教室。传课网融入百度互联网教育业务“度学堂”，补充其在线课程分享平台内容，而百度则为传课网带来流量优势，以及线下教育机构资源。

百度传课“光合计划”包括五项具体内容：

(1) 基础服务层面，为合作机构免费提供 12 项基础服务。

(2) 产品迭代层面，将强化学前咨询、学中测试、学后测评等功能，完善用户学习全流程。

(3) 渠道搭建层面，组建百度传课 GeekClub，目前已建立 23 个省级团队，覆盖全国 530 余所高校。

(4) 资源扶植层面，百度传课将展开与百度内部产品的全线合作，用升级版营销解决方案帮助机构获取更多推广资源。

(5) 新业务模式层面，提供含学业、就业、留学、创业的全线个性化发展解决方案。

2. 百度高考 APP

1) 背靠海量高考大数据，为考生“开小灶”

百度高考 APP 以百度文库连续两年积累的高考大数据为基础，通过 2015 年 400 万高考生的估分数据，分析整理出了全国唯一的高考试题难度区分度、出题难度系数、高考试题考察分析等数据，精准锁定“高频考点”，从而提供给考生最急需的高考备考内容。

同时，通过海量数据资源的支撑，百度高考 APP 将“错题本”功能与“易错题集”进行了深度融合，使易错知识点得到了更系统化的提炼和梳理。

配合新推出的“考点话题引入模式”“智能刷题”“答题报告”等新功能进行学习计划的制订与执行，将学生个性化学习数据构建的学习模型与考点得分模型贯通匹配，从而对自身的“薄弱知识点”明确洞察，方便考生进行“适合自身学习情况”的高效学习。(“百度高考 APP 让全国各地每位考生都能拥有自己的 1 对 1 私教”。)

2) 个性化学习智能分析一对一

考生们通过作答高考真题可以对自己的答题能力进行判断，从而更合理地针对不同科目及题目的难易度分配自己的复习时间，达到高效提分的目的。

3. 百度在线教育投资布局

1) 作业帮

“作业帮”是百度知道团队内部孵化打造的面向 K12(从小学到高中 12 年的基础教育)

的问答学习平台，自2014年推出后，截至2015年8月，“作业帮”累计激活用户达到5000万人，日激活量突破300万人，拥有超9500万题库数据，与113家教育机构开展了业务合作，累计解决问题超过40亿次，覆盖了全国37万所中小学。“作业帮”于2015年9月从百度内部分拆，成立小船出海教育科技(北京)有限公司，A轮由红杉资本、君联资本联合投资。

2) 1060万美元A轮投资智课网

智课网成立于2014年2月，由原新东方高管韦晓亮、翟少成联合创办。智课网旗下有极智批改(上线于2013年8月)和智课网两款产品，其中极智批改侧重于线上教育的“练习”环节，以众包形式提供线上的英语口语、作文等批改服务；智课网则侧重于线上教育的“学”环节，以录播课堂的形式提供雅思、托福等出国留学考试培训服务。

3) 千万美元投资万学教育

2014年7月，百度C轮千万美元投资万学教育。万学教育成立于2006年，在中国25个省、自治区、直辖市设有分校，是一家面向大学生的教育机构，提供研究生入学考试、公务员招录考试、职业发展等培训业务，旗下有海文考研、金路公务员等品牌。2006年8月，海文考研总裁张锐获得了前程无忧创始人凤允雷和华兴资本董事长包凡数百万美金的天使投资，成立了万学教育科技有限公司。

4) 8000万美元投资沪江

2014年4月，百度8000万美元投资沪江C轮融资。沪江网采用B2B2C/B2C平台模式，收入的40%收入来自自己开发课程，40%来自别人的课程，20%为广告收入。2015年10亿沪江完成10亿元D轮融资，目前正筹备在A股上市。

5) 教育信贷O2O

2015年8月，百度有钱携手国内百家教育机构开展百团大战活动，借助百团大战活动打开教育信贷领域入口，通过与业内知名教育培训类机构合作，打造国内最大的教育信贷O2O平台。百度有钱为符合申请条件的学员提供无抵押、无担保的教育贷款，让学员先上课，后还款，并且实现零利率贷款，最大限度地减轻学员的贷款负担。

“百度有钱”上线后，首先实现了与互联网教育平台百度传课的接入，又实现了百度在互联网教育领域的闭环服务，其还会陆续与更多教育机构展开合作，搭建教育信贷平台。

4. 百度教育优势

1) 庞大的教育类流量，拥有天然教育基因

百度每年教育搜索达 600 亿次，2013 年 7 月知心 (百度教育) 上线，7 月教育类关键词开放词量超过 12 万条，8 月开放词量超过 20 万条，9 月开放词量超过 30 万条。

教育是一个消费决策周期很长，且涉及非标准化服务过程、非标准化评价体系的特殊行业，用户在寻找教育服务时习惯于求助搜索、泛需求。

虽然教育行业广告主在整体网络广告投放中，不断尝试展示广告、视频广告、社会化媒体广告等新媒体形式，但搜索广告仍是教育行业的主要网络推广方式。

知心百度教育：搜索引擎营销 (Search Engine Marketing，SEM) 是教育行业最主要的营销方式，随着知心的上线，知心成了教育行业产品变革的重要催化剂，将促使教育行业由传统型的市场驱动型营销模式转变为产品导向型营销模式。

2) 内容优质、资源丰富

教育的载体是信息，它可以是文字、图片、视频，以及其他多媒体形式，而立足百度搜索，刚完全能够提供教育发展所需要的广度和深度。百度知道、百度百科、百度文库都是内容生产的平台和资源。

3) 大数据、云计算、人工智能、语音、图像优势

人工智能所包含的语言的学习与处理、知识表现、智能搜索、推理、规划及知识获取等内容正是现在教育行业所在做的。百度通过独有的大数据、人工智能优势，对线上教育资源进行结构化梳理，以跨界整合、智能精准推荐等创新形式为用户提供更好的教育资源和学习方法，有效连接老师、学生、学校，为学生提高分数开创捷径，并从基础教育上缩减鸿沟，提供平等的教育机会，充分体现“互联网 + 教育”的理念。

4) 百度传课的技术优势

(1) 数字版权管理 (Digital Rights Management，DRM) 技术保护知识产权 —— 国际领先版权加密技术。

互联网教育的核心在于内容，在这个讲 IP 的时代，对知识产权保护体现的是对知识、对人才的尊重。为了更好地保护在百度传课平台的教育机构和教师的知识产权，独家应用 DRM 技术，通过在 Web、PC、移动端实现专属的解密模块，集成了百度传课账号系统来提供密钥分发鉴权机制，并与百度云转码平台集成实现无缝透明安全的媒资 DRM 解决

方案。

(2) 大数据。

图 7.1 为大数据用户画像一方面，百度传课以百度大数据平台为支撑，根据全网用户的海量数据进行分析，挖掘全网用户行为和兴趣偏好，从而精准、安全、高效地将不同用户喜爱的课程分别展示给用户，并在移动端首页推荐；另一方面，为提高用户的学习效率，改善学习效果，开发了个性化学习路径，通过系统让开课教师制订讲义大纲，系统根据学习者以往学习历史来推荐大纲中的课程，节省了学习者不必要的重复学习，提高了学习效率，节省了时间成本。(来自《百度传课打造最具技术范儿的互联网教育平台》。)

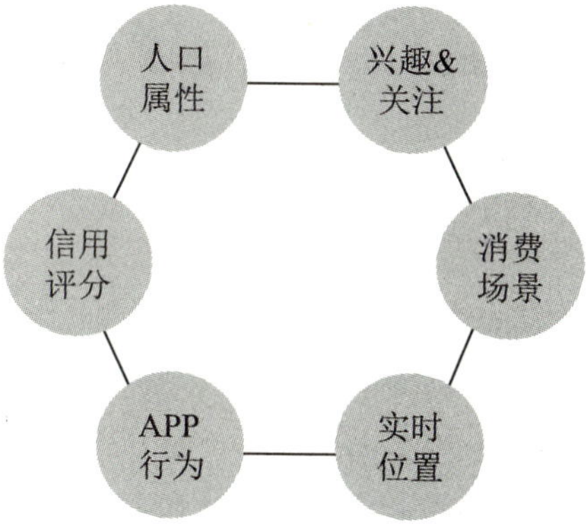

▲ 图 7.1　大数据用户画像

(3) 基于百度创新技术的在线学习“沃土”。

百度用户账号系统的接入和整合，对百度用户账号系统进行接入，增加了百度传课的潜在用户群。视频搜索：通过和百度语音处理部门的整合，为百度传课视频媒体提供了针对视频片段的搜索功能，为用户更高效地检索视频提供了解决方案。

(4) 实时互动直播、音频检索及视频速记。

教育实时互动直播是指把传统多媒体教室 100% 地还原到互联网上。针对实时互联网教育场景，百度传课提供了互动白板、语音视频、屏幕共享等实时互动功能，而实时互动直播则以其强大的互动性与超高的时效性为教师和学生双方提供了更加趋于真实的教学感受和学习环境。

(5) 音频预处理技术。

音频预处理技术是对音频数据进行处理来提高语音质量的技术，百度传课客户端使用的“回声抑制”，解决类了在线学习中学习者反馈给老师的声音问题。音频预处理技术包括：回音抑制与消除技术 (Acoustic Echo Cancel lation)、噪声抑制技术 (Noise Suppression)、自动增益技术 (Auto Gain Control) 和自动均衡技术 (Auto Equalization)。

(6) 学习资料预览。

学习资料预览功能支持非课程本身的 Word、PPT、PDF 等文档形式的学习资料在线预览，不用学习者下载到本地，摆脱了恼人的学习资料存储、管理问题，提供了最优质的学习体验。

(7) 丰富的产品线。

从 PC 客户端、Web、iOS、Android、网站、WAP 到 TV 电视、网络盒子，学习者可以利用身边几乎所有常用的终端入口进入学习的状态，让碎片化时间利用得更加便捷。

(8) 直播承载十万级以上的用户在线学习。

百度传课的 Live 直播这个功能强大到可以承载十万级以上的用户在线参与直播学习。

二、阿里巴巴

1. 淘宝教育 (xue.taobao.com) 的基本定位

根据淘宝教育负责人裴滨峰提供的消息，淘宝教育在测试初期同时存在线下课程销售和线上联网教育直播业务，但双重运营模式带来的客户体验并不好，最终在 2013 年 10 月决定将线下课程销售剔除出淘宝教育，淘宝教育将更加专注深化在线授课模式，标志着最终确立了淘宝教育的“只做线上互联网教育”的定位。

淘宝教育已经有 150 家教育机构入驻，包括沪江网、正保集团、环球网校、优米网、学大教育、京翰教育等影响力比较大的教育培训机构。淘宝教育类产品 2012 年销售额为 3.3 亿元，其中三分之一是教材教辅，另外 2 亿元是课程销售。淘宝教育与原有的淘宝教育类目完全划清了界限，淘宝教育将专注于互联网教育，主要通过直播互动和录播视频两种方式进行在线授课。如图 7.2 所示为淘宝教育主界面。

直播课程方面，用户可通过旺旺直播间进行在线视频互动学习，入驻教学机构均可发布直播课程。学生可通过举手功能与老师进行一对一视频互动，同时也可以用文字对话框实时地提问互动。录播课程，用户需要先购买课程，再通过在线播放的形式在线观看学习。

▲ 图 7.2　淘宝教育主界面

2. 阿里教育圈的社交梦

相较于淘宝教育定位于教育界的电商平台，阿里师生从一开始都定位于通过家校互动打开中小学体制内教育市场。阿里师生是由北京市教委与阿里巴巴在 2015 年共同开发打造，包含了健康管理、营养测评、出勤管理、学校通知、健康反馈和班级互动等多个功能目前已进入北京的多所中小学使用。2016 年春学期开学后，阿里师生更名为师生家校，但仍定位为“健康 + 教育”教学管理平台。虽然师生家校目前只在北京地区使用，但未来不排除其移植到其他地区的可能。毕竟阿里始终有一个社交梦，先从教育行业的社交做起也并非不可。

三、网易

与其他门户网站相比，网易进入互联网教育的时间比较早，典型的是网易公开课和网易云课堂。但对其网易每年投入数千万元，在门户网站中是商业味道最淡的。

1. 网易公开课 (open.163.com)

网易公开课是中国首家推出公开课项目的企业，目前日均使用约 100 万人次。网易公开课主要由国际名校公开课、中国大学视频公开课、TED 演讲、可汗学院四个板块组成。

网易公开课也是中国大学视频公开课官方合作伙伴，整合来自北京大学、清华大学等二十余所国内著名的高等院校资源，后期将逐渐覆盖大学各个专业的重点学科。

网易公开课支持外挂字幕，视频与字幕分层显示，可以只选择其中某种字幕或无字幕显示，满足了个性化学习需求；也集成了在线有道翻译，鼠标划词实时显示翻译结果，打造多方位的学习体验，也支持课程视频下载功能，下载到电脑观看更方便，无网络时也能看，节省流量。网易公开课也提供了 APP 下载，支持 Android、IOS 客户端，使学员能够在移动端方便地学习。

2. *网易云课堂* (study.163.com)

网易云课堂和公开课的差异很大。由于受语言、课程资源获取、版权等因素的限制，公开课不可能成为一个主流的平台，不可能给中国的教育带来足够的影响，并且它的模式决定了它只是一个单向的知识传播平台。如图 7.3 所示为网易云课堂界面。

▲ 图 7.3　网易云课堂界面

网易云课堂的目标是建立一个满足大众终身学习需要的技能学习平台。在课程上以中文为主，课程偏向职业化教育，并且课程视频结合图文、测试、实践、分享、问答、学习计划等功能，构造了一个高效的学习环境。如图 7.4 所示为网易云课堂学习界面。

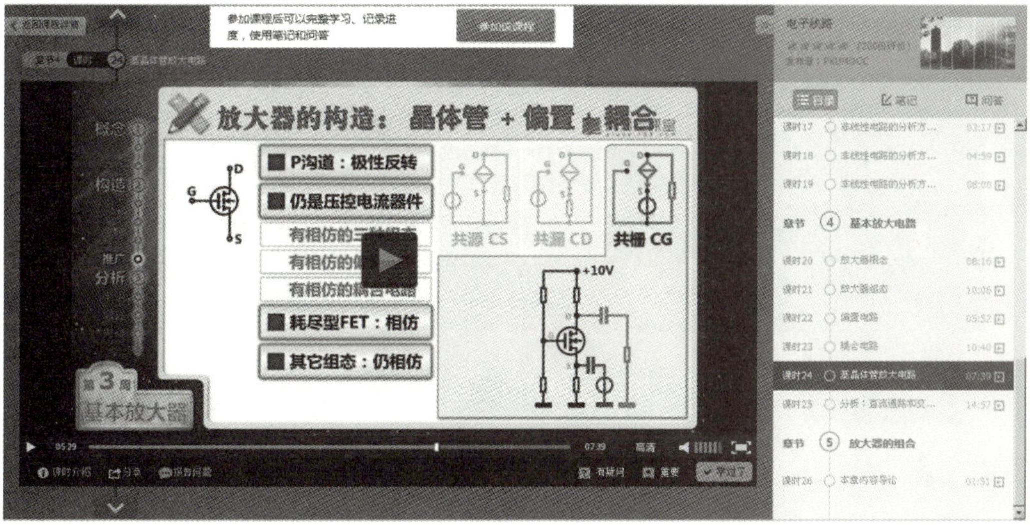

▲ 图 7.4　网易云课堂学习界面

云课堂在用户互动上也下了一番功夫，比如推出 APP 答题有奖竞赛排行榜活动 (图 7.5)，受到了用户的热烈欢迎。但与百度、阿里巴巴相比，网易的云课堂是自己在运营互联网教育，不可能完全自己开发内容，因此其内容来源于合作伙伴，而并非自己原创。同时网易云课堂定位于公益性质，这决定了它与其他门户网是不同的。

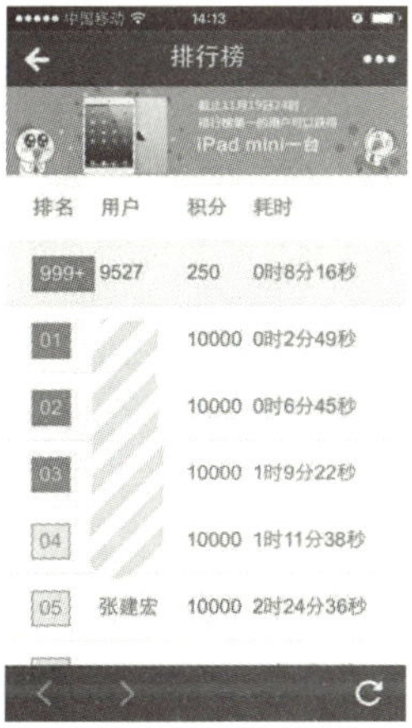

▲ 图 7.5　网易云课堂答题竞赛排行榜

四、腾讯

1. **腾讯课堂** (ke.qq.com)

腾讯课堂 (图 7.6) 是门户网站中比较低调的在线学习频道，如果浏览里面的内容，会发现腾讯课堂定位于实用知识的学习，比如 IT、设计、语言等课程。

▲ 图 7.6　腾讯课堂界面

从内容的制作来看，腾讯课堂的课程制作比较精良，并不是简单的录像，而是在后期制作上下了很多工夫，因此在投入上也是比较大的。从目前掌握的情况来看，腾讯课堂没有独立出视频网站、成为独立运作的项目的迹象。

2. 腾讯 QQ 教育模式

2013 年底，腾讯新的版本中，增加了 QQ 群教学模式，被业界视为腾讯进军互联网教育的信号。如图 7.7 所示为腾讯 QQ 的在线教育功能界面。

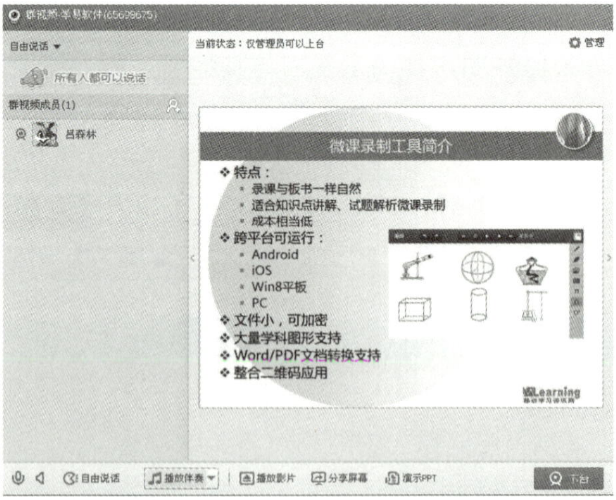

▲ 图 7.7　腾讯 QQ 的在线教学功能界面

腾讯在互联网教育领域先后投资了易题库等，并将不断加深布局阶段。在当前互联网教育热浪一浪高过一浪的形势下，腾讯有进一步深入互联网教育市场的可能。

毋庸质疑，QQ 拥有海量的用户群体，是其开展互联网教育的必然入口。鉴于 QQ 作为中国最大的即时通信工具，进入互联网教育市场很可能是从直播课堂切入。QQ 群的教育模式由 QQ 群视频团队开发，内容合作目前也由该团队负责。随着固网带宽拓宽、4G 建设开始，QQ 群视频在清晰度、稳定性等方面都足以支撑互联网教育市场的爆发。

另外，QQ 群支付功能的加入，使得 QQ 打通了实现互联网教育商业化运营的最后通路，使得互联网教育应用的市场化得到了更为便捷的实现。只是目前 QQ 在线教学的市场推广工作比较落后，还没有多少教育机构、老师入驻。

腾讯在即时通信方面的影响远非其他门户网站可比，其在对教育方面的影响力，由腾讯互联网教育发力的大小所决定。但从现在腾讯的举措来看，还没有发大力整合互联网教育资源，说明腾讯互联网教育的潜力还没有充分释放出来。

第二节　大型互联网教育企业投资布局

一、伟东云教育

伟东云教育隶属于伟东集团。伟东集团创建于 1998 年 10 月，由香港伟东置业有限公司出资设立，现已发展成为集房地产、商业不动产、科技教育、金融投资四大产业板块协同发展，业务跨区域、合作跨国界的多元化企业集团。

1. 伟东云教育投资布局

2016 年 2 月 29 日，伟东云教育集团在北京宣布并购了欧洲第二大职业培训机构法国德莫斯 (DEMOS) 集团。这不仅是伟东云教育自身的投资布局，同时也带动中国职业教育从以就业技能为主的低端制造领域，正式向国际水平接轨。

伟东云教育集团凭借伟东地产、商业不动产的资金，自 2013 年正式上线以来，与微软中国、联合国教科文组织及国内多市教育局展开合作。伟东云教育投资布局如图 7.8 所示。

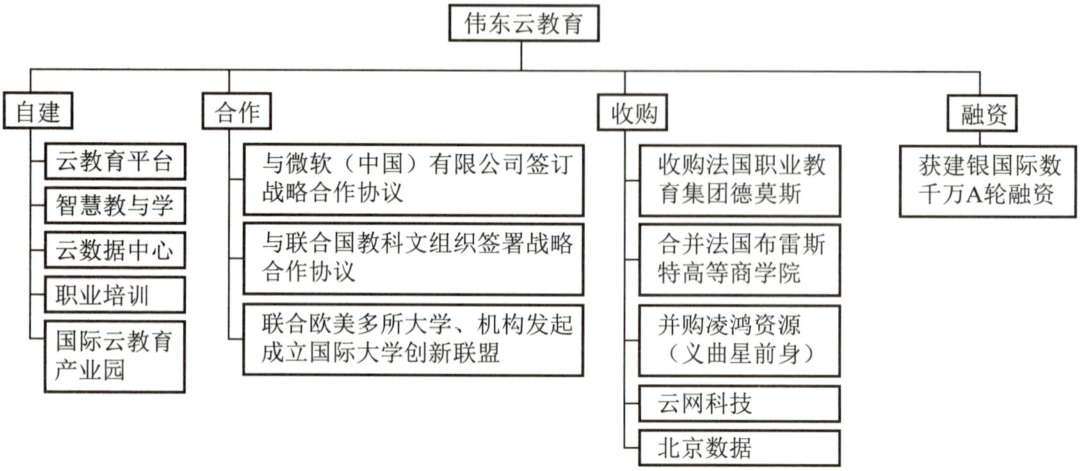

▲ 图 7.8 伟东云教育投资布局

2. 伟东云教育投资策略

伟东云教育不仅局限于构建教育入口，更力图构建基础教育、职业教育和国际教育的教育全产业链。伟东云教育集团以缩小国家和地区间的教育差距为己任，以助推教育科技惠及全世界为使命，始终定位于全球教育领域的平台运营商，在 K12 教育领域已经完成了从产品开发到资源整合。从平台建设到数据的大量储备；厚积薄发，为中国的广大师生提供便捷的基于云平台的在线课程和学习辅导。近年来与各市教育局的合作更是拓展了伟东云教育在教育信息化方面的业务。

2014 年以来，伟东云教育集团与联合国教科文组织展开深度战略合作，也使其具备了向国际化进军的发展机遇。2015 年 2 月，伟东此次宣布将欧洲第二大职教培训机构德莫斯纳入麾下，体现了伟东开拓职业教育领域的魄力和信心。并购后，法国 DEMOS 培训集团可以向伟东云教育集团提供全球化的专业讲师库和课程设计及制作团队，创新性的远程培训方案可以为伟东云平台增加在职业教育领域的竞争力。2015 年 10 月，伟东云教育正式对外宣布合并法国布雷斯特高等商学院，双方将合作建立布雷斯特高等商学院中国校区。

这是中国投资者第一次控股欧洲高等精英大学，开创了中国知名教育集团与法国精英高等院校合作的先河。

二、网龙

网龙网络公司，是中国网络游戏、移动互联网应用行业的领军者，也是中国互联网教育、企业信息化行业的领先力量。

网龙现已成为移动及互联网教育业务的主要参与者，凭借其在移动互联网的技术及知识，网龙推出了基于移动互联网的开放教育平台，助力教育公平、创新教育模式的电子书包，以及生动有趣的德育动漫产品。

1. 网龙投资布局

2010 年 11 月，网龙的子公司网龙华渔教育成立，其后与北师大等院校展开合作，网龙也完成收购驰声信息科技、普罗米修斯，进一步整合教育资源谋求更好的发展。

网龙的投资布局如图 7.9 所示。

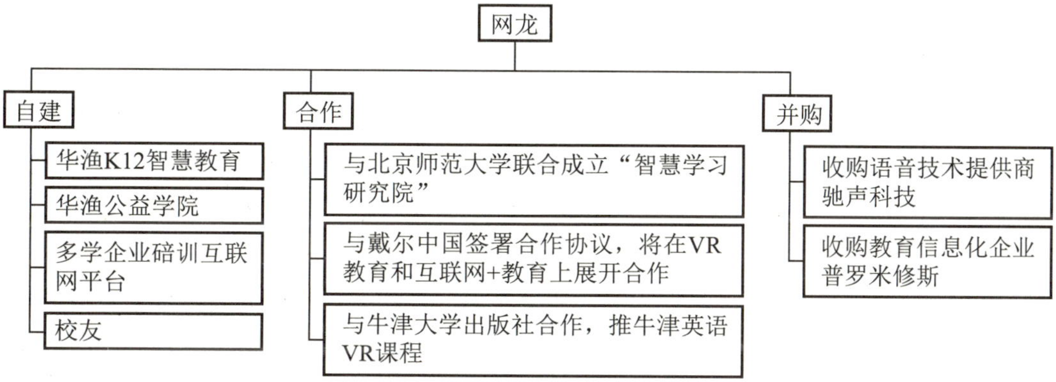

▲ 图 7.9 网龙网络投资布局

梁念坚表示，要实现国际化布局，从零开始需要很多资源。而普罗米修斯作为全球第二大教育企业，是网龙华渔教育很好的切入手段。未来网龙华渔教育还将继续通过并购拓展业务。

2. 网龙投资策略

网龙投资策略的三项标准如下。

(1) 关注目标公司的核心技术。

(2) 考量目标公司的市场空间。

(3) 看重目标公司的核心人才。

在并购方向上，公司看好具备 AR、VR 等技术的公司，此类技术不但能提升教学质量及用户体验，也能运用于网龙的游戏、娱乐等产品。

网龙华渔教育介绍，在硬件方面，公司与富士康合作生产教学用平板；在教育内容方面，公司已与 HMH(国际教育出版集团霍顿米芙林公司)、北京师范大学、华东师范大学、华中师范大学、福建师范大学等高校和企业展开合作，根据教育过程中的需求更新和研发符合市场需求的教育产品。

对比 A 股及美股的中国教育公司，从业务布局的角度来看，目前大部分上市的中国教育公司都是专注于课外教育，而网龙教育是目前市场上极少数从课堂教育入手并延伸至课外教育领域的教育公司。大部分上市中国教育公司及创业公司的业务仅仅是网龙教育生态系统中的组成部分。在深港通的背景下，相信网龙教育与其他上市中国教育公司的差距将会进一步缩小。

三、科大讯飞

科大讯飞股份有限公司是一家专业从事智能语音及语言技术、人工智能技术研究，软件及芯片产品开发，语音信息服务及电子政务系统集成的国家级骨干软件企业。科大讯飞股份有限公司成立于 1999 年，并于 2008 年在深圳证券交易所挂牌上市。

1. 科大讯飞的投资布局

科大讯飞作为中国最大的智能语音技术提供商，在智能语音技术领域有着长期的研究积累，并在语音合成、语音识别、口语评测、自然语言处理等多项技术上拥有国际领先的成果。而近年来科大讯飞不断加强与教育部门合作，深入教育信息化领域的同时继续开发智能语音、人工智能技术。科大讯飞投资布局如图 7.10 所示。

2. 科大讯飞的投资策略

科大讯飞的收购动作也很大程度上是出于对教育领域技术的需求，科大讯飞收购的启明科技主要是做跟教育考试相关的信息化解决方案，与科大讯飞自身的语音识别业务有部分重合，科大讯飞收购启明科技能产生明显的协同效应，同时也有利于科大讯飞在这个领域的市场地位得到巩固和提高。

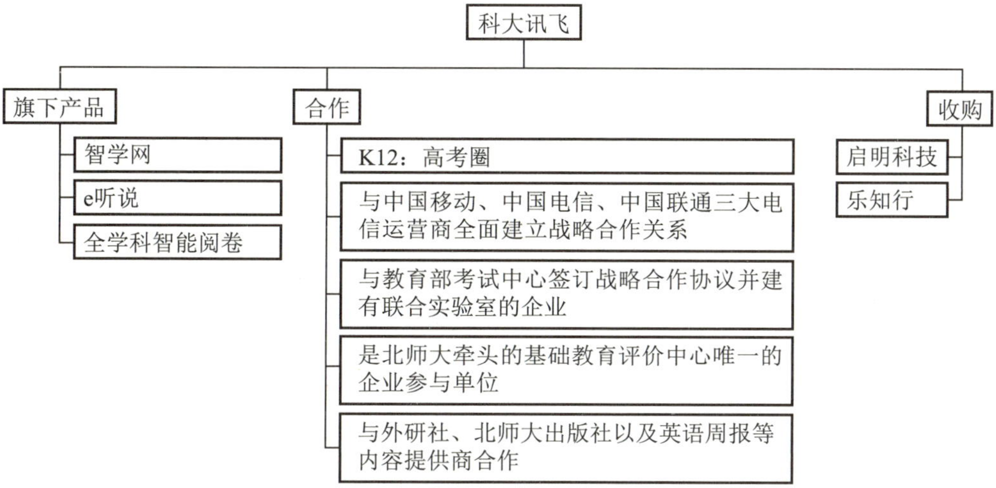

▲ 图 7.10 科大讯飞投资布局

自 2016 年 3 月 16 日起的停牌筹备收购乐知行，意味着科大讯飞将继续强化人工智能在教育信息化领域的市场应用。

四、新东方

1. 新东方投资布局

2016 年 2 月 1 日，新东方教育集团发布公告，宣布腾讯将向新东方在线投资 3.2 亿元人民币 (5000 万美元)，并宣布新东方在线即将在国内首先公开募股 (Initial Public Offering，IPO)。这项投资预计于 2016 年第一季度完成，完成后新东方在线仍由新东方控股。

新东方的投资布局具体如图 7.11 所示。

2. 新东方投资策略

新东方的投资是多方位的，但是也极具核心业务保护意识。表现为其投资布局注重协同效应，但同时也不排除做一些拓展投资，俞敏洪甚至表示会以个人名义投资一些项目。

2016年新东方的投资业务也将趋向于更加细分，精确到具体的融资阶段进行负责分工。新东方还在试图成立基金，针对不同的项目再进行投资，基金的筹备工作在 2015 年年底已经初步完成。

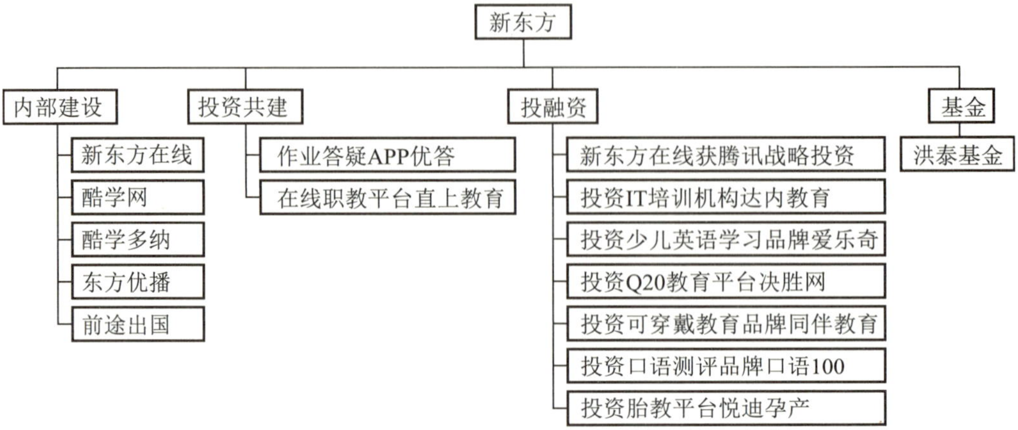

▲ 图 7.11　新东方的投资布局

对于新东方而言，投资显然是一个既省时又低风险的发展途径。但是，新东方毕竟属于传统的线下教育培训机构，随着投资项目涉及领域的分散、投资布局范围的加深及布局面的拓宽，无疑新东方原本旗下拥有的出国留学、出国语言培训、中小学课外辅导、学前教育、互联网教育等一系列教育产品将受到冲击。

但是从另一方面来看，新东方的目前投资战略，会带来很大的推动力，促使新东方积极进行内部经营体制的改革。

五、好未来

1. 好未来投资布局

好未来即原来的“学而思”，于 2003 年创立，一直专注于中小学及幼儿教育领域。2010 年 10 月，学而思在美国纽交所上市，2013 年 8 月正式更名为好未来。此后，好未来通过投资一步一步扩张自己的版图，好未来的投资布局如图 7.12 所示。

2. 好未来投资策略

根据好未来的投资战略规划，投资项目能帮助好未来加大教育领域的占领份额并快速抢占先机。而好未来的扩张手段也十分明确：找到同样以互联网推动教育为主的创业公司，

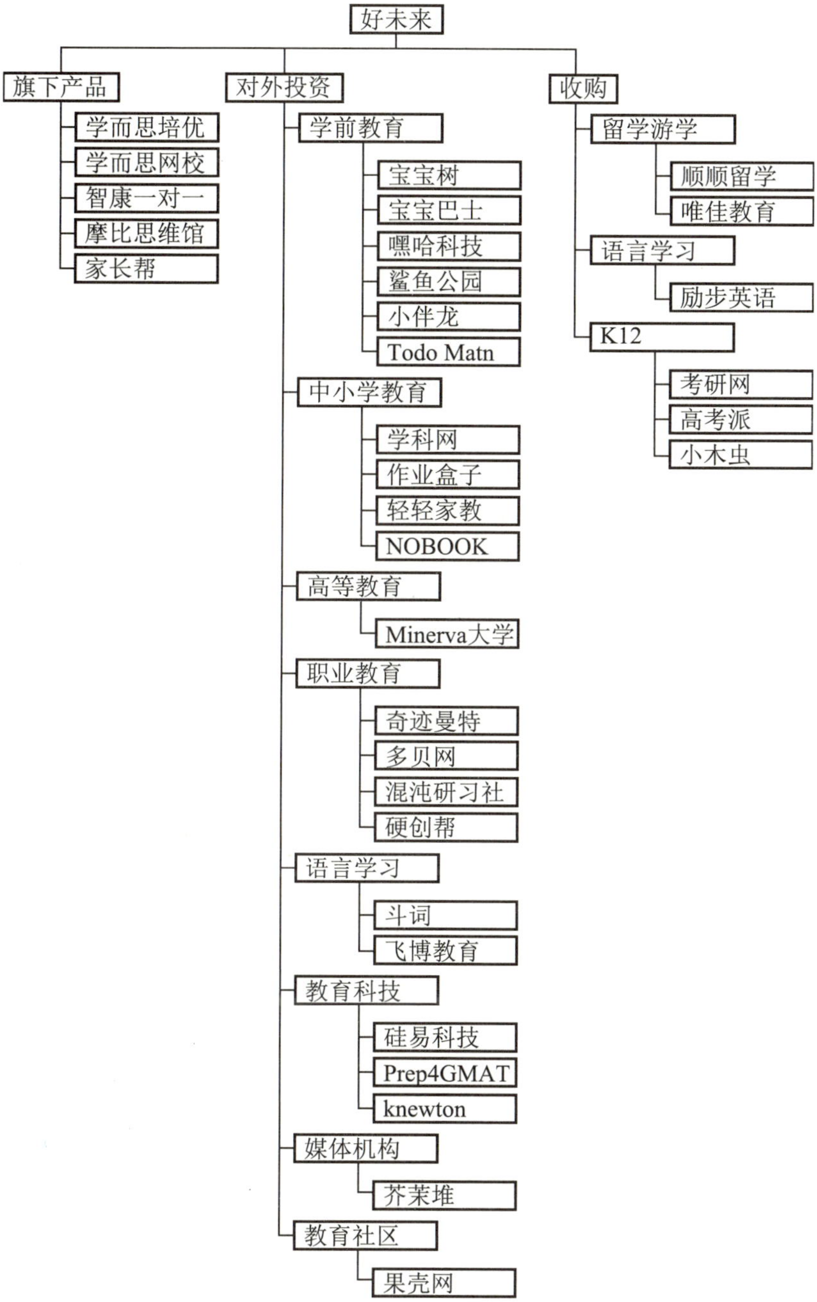

▲ 图 7.12　好未来的投资布局

通过投资并购，让其他公司的业务慢慢融入好未来的布局之中。

由此可看出，好未来的投资策略十分清晰——做好自己本身 K12 的教学，然后广泛地进行与涉及各个教育细分领域及各种品类的公司的合作及投资并购。

好未来的并购策略和速度使其迅速形成了一个业务矩阵——甚至形成了行业中的“未来系”。

虽然好未来目前主营业务和主要盈利来源一直是中小学培训，但是从好未来对外的姿态和投资组合不难看出张邦鑫想要的是教育生态，是要布局教育产业链。

六、立思辰

立思辰原本是以内容安全业务为主，但已确立把互联网教育作为战略业务和未来的发展方向。近年来，立思辰频繁投资收购互联网教育公司。2015 年年初，立思辰在完成 K12、职业教育方面的布局后，内部分裂为教育业务和安全业务两个集团。

1. 立思辰的投资布局

立思辰通过一系列的外延式并购，在教育领域针对 K12 教育与大学生就业两大重点，自上而下地占领教育管理系统入口，并初步形成了“平台 + 应用”的产品格局，同时建立了大学生就业服务平台，连接学生资源、课程资源及实习就业资源。立思辰的投资布局如图 7.13 所示。

2. 立思辰的投资策略

立思辰正通过并购整合的手段，加速对互联网教育生态的布局。立思辰的并购可分为三种形式：一是 100% 的控股，直接把上市公司变为自己的子公司；二是持股 51%，确立立思辰的控股地位；三是持股 20% 左右，进行战略合作。

与此同时，立思辰通过合作成立投资基金进行更多的布局。2015 年 5 月，立思辰与清科集团下属的北京清科成长投资管理有限公司合作成立互联网教育基金，投资互联网教育公司及相关企业。

目前立思辰的发展战略是以“教育信息化与教育服务”为切入点，构建以学生个体的学习生涯为核心的校内与校外相结合、线上与线下相结合、国内与国外相结合，并辅以核心技术应用的教育生态系统。

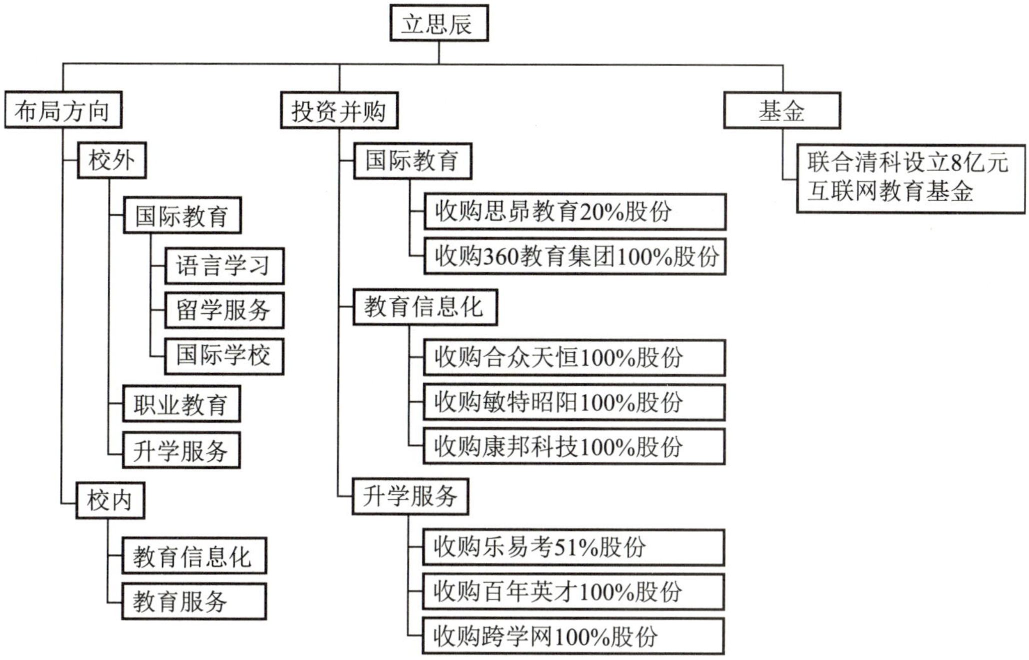

▲ 图 7.13 立思辰的投资布局

第三节 互联网和教育行业巨头的战略分析

一、互联网巨头投资战略

互联网巨头做互联网教育，看似各自打法不同，但本质的差异却并不大。除网易以外，其他互联网巨头均是运用自身优势，整合第三方资源，如在线课堂、题库等，目的是打造互联网教育的闭合产业链条。但是因为自身“基因”和优势的差异，各自在教育方面的发力点不同，因此必然有高有低。

笔者把百度、阿里巴巴置于互联网教育的第一梯队，把腾讯、新浪放在第二梯队，因为他们都具有很强的门户资源和别人无法替代的竞争优势，而且对互联网教育市场的重视程度也足够。由于门户网站的参与，使得互联网教育得以飞速发展，这也是互联网教育腾飞的必经之路。

二、教育行业巨头投资战略

随着教育行业巨头的加入，现在互联网教育投资已形成五方争霸的局面。

新东方的俞敏洪目前应对网络教育的主要战略策略中投资也是重点。但新东方的投资逻辑更偏重于内部孵化一批独立子公司来试水互联网教育产品，或向外寻觅些项目成立合资公司，以此来弥补完善新东方的全产业链条。

相比之下，好未来是通过投资、并购、参股或拥有少量股权，注入好未来的力量后使这些项目可以和好未来原有的资源互补，以进一步完善壮大旗下公司。当然，好未来的战略推行起来不能说容易和没有风险，因为在这两年教育领域里日益膨胀起来的泡沫越来越严重。

当然，这里怎么能少了 BAT(百度、阿里巴巴、腾讯)呢？百度系安静地动手：2012 年，百度文库课程专区上线，开始提供视频课程，此后还推出教育频道。后来百度知道还推出“作业帮”——特别为中小学生打造的作业问答和话题交流的平台。在投资方面，2014 年投资了主打考研的万学教育，并以 8000 万美元进军提供外语学习的平台沪江网，千万美元砸向专注出国考试的智课网，且并购了以 C2C 为互联网教育模式的传课网——这些投资一改百度此前一挥手动辄就是十几亿美元的风格。而这些项目恰恰又都能与百度的搜索相结合，有的网站甚至一半以上的流量都来自于百度，协同效应明显。及阿里巴巴系有钱就是任性，他们手笔很大，淘宝推出淘宝教育，主打视频直播；阿里巴巴 2014 年 2 月与淡马锡及启明创投斥资 1 亿美元投资 TurorGroup 旗下的英语互联网教育平台 VIPABC，成为国内互联网教育领域迄今为止最大的一笔融资。有媒体称，从阿里巴巴互联网教育的投资布局来看，更注重于互联网教育领域的垂直投资，并且致力于搭建自身视频直播授课开放平台。但阿里巴巴的难点在于如何扭转人们对其网站只是购物平台的固定思维。

腾讯系秉承一贯风格，就是“我就这么高调地干了”：2014 年 7 月，腾讯与新东方合资成立互联网教育公司—北京微学明日网络科技有限公司，正式进军教育市场。同年 8

月，跨考新品牌锐职获得了包括腾讯基金在内的3000万元融资，并计划进军职业教育。

但互联网教育领域一个残酷的现实是，互联网教育领域2012年项目的死亡率已经达到8.6%，当年夭折的就有巨象网、技能都市、乐学习、吖吖网、畅享驿站、91师徒网及聚享学等项目。这些夭折的项目中短的八九个月就销声匿迹，长的运营了两年的项目也最终宣告失败。

第八章 2016年度互联网教育热点企业

2015年，在线教育发展稳中有进，虽然产业投资没有2014年的火爆，但每天仍有三到五家新的互联网教育企业诞生。截止到2016年初，在线教育企业已经达到了9600家。新晋的互联网教育企业行业影响力越来越大，互联网巨头也进一步扩大了行业布局，另外还有不少的上市公司扩张互联网教育业务，或者跨界进入互联网教育市场。如今行业态势，可谓是群雄并起，大有均分天下之势。在如此激烈的竞争中，让我们耳目一新的企业着实不少，但真正产生效益、形成产业链的企业却为数不多。成功之道，必有其因，我们应该向已经走上正轨的企业学习，同时也要思考失败企业的原因。

第一节　互联网教育新贵

互联网教育研究院整理了3000多个互联网教育项目，列出了其中30多个脱颖而出的项目。其中有线下教育培训的霸主新东方、学而思，也有东大正保等线上内容培训的佼佼者。有科大讯飞、立思辰等技术服务提供商，也有后起之秀EduSoho平台服务提供商。学科网、跨学网等在中小学领域的地位也逐渐显现。

一、语言学习类

1. 沪江网

品牌简介：沪江网诞生于2001年，2006年公司开始运营，互联网在线学习平台，目前已辐射全国2亿用户，7000万会员注册，300万学员。为3岁到70岁全年龄段人群提供全方位的学习服务。2013年6月沪江网获得了2000万美元的B轮融资，2014年4月沪江网获得8000万美元的C轮融资，2015年10月，沪江网获D轮的10亿人民币，成为目前在线教育企业中融资额度最大的企业。

2. 口语100

品牌简介：口语100成立于2011年，创始人兼董事长朱奇峰是原一起作业创始人之一，专注于语音和智能技术领域的研究，曾任加州大学伯克利分校智能语音实验室资深研究员。口语100主要是通过语音技术包括感知心理声学模型和语音识别技术，为学校、出版机构和个人提供听说教学训练技术支持以及口语练习的软件和服务。2015年3月获得新东方领投，朗玛峰创投、软银中国跟投的上千万B轮融资。

3. 51Talk

品牌简介：51talk无忧英语诞生于2011年，是一家在线口语1对1学习的培训机构。致力于用最低廉的价格提供优质的外教1对1课程。让数千万中国人“想学”英语，就“能学”英语！创业之初就获得徐小平数十万美金的天使投资，2012年获得DCM数百万美元B轮投资。2013年获得雷军旗下的顺为基金领投1200万美元B轮融资的鼎力支持。51Talk被业界称为“英语培训行业的小米手机”。而在2014年十月完成了5500万美元的C轮融资，更是让51talk在在线口语培训中一骑绝尘。2015年1月，51talk完成对梯子网的收购，其技术人员、师资团队全部并入 51Talk。2015 年，51Talk 宣布完成 D 轮 1 亿美元融资，由 HCapital、淡马锡 DST、顺为基金合投。2015 年 9 月，51Talk 签约网坛巨星李娜作为品牌代言人。2016 年 6 月，51Talk 在美国纽约证券交易所上市，市值约 5 亿美元。

4. VIPABC

品牌简介：VIPABC 诞生于 2004 年，是美国 TutorGroup 教育集团下的 1 对 1 在线英语学习平台。也是全球首创全年 365 天、24 小时在线英语教学机构。以强大的师资力量和个性化英语学习著称。2012 年 4 月，曾获得启明创投注资 1500 万美元。2014 签约小巨人姚明，姚明正式成为 TutorGroup 教育集团代言人。2014 年 2 月获得阿里巴巴集团、淡马锡集团、启明创投近 1 亿美元 B 轮融资。2015 年 11 月，获得来自新加坡政府投资公司 GIC、中俄基金、高盛及银翎资本领投的近 2 亿美元的 C 轮融资。

5. ABC360

品牌简介：ABC360 是隶属于杭州旦悦科技有限公司的英语在线培训机构，是真人外教一对一英语学习平台。仅三年时间，ABC360 注册学员已经超过 10 万余名，全职外教近 400 名，客户总体好评率高达 98.3%。2015 年 4 月获得华睿资本与阿里系湖畔基金千万级 A 轮融资。2016 年 3 月，ABC360 获得来自国金资金领投，腾讯众创空间、清科晨光跟投的 B 轮近一亿美元融资。

6. VIPKID

品牌简介：VIPKID 少儿英语品牌隶属于北京大米科技有限公司，主打个性化美国小学课程一对一在线辅导服务。2013 年 10 月，在教育培训行业工作上十年的米雯娟选择开始创业生涯。得益于她多年在教育行业做出的突出成绩，大米科技在 2014 年年初 1 月就获得创新工场和正时资本天使轮 300 万人民币投资。2014 年 10 月，大米科技继续获得由经纬中国、创新工场、红杉中国合投的 500 万美元轮融资。一年后的 2015 年 10 月，大米科技又获得由北极光创投领投，A 轮三家投资者跟投的 B 轮 2000 万美元 B 轮融资。2016 年 1 月，真格基金 B+ 轮数百万美元增资大米科技。2016 年 8 月，大米科技宣布获云峰基金和红杉中国合投的 C 轮 1 亿美元融资，正式奠定其在少儿英语培训市场的地位。短短二十天后，大米科技又宣布获得由科比创办的 Bryant Stibel 数千万美元战略投资，在教育节乃至体育界引起一阵轰动。值得注意的是，VIPKID 在 8 月份邀请了当红女星刘涛作为品品牌代言人，在品牌宣传上占领高地。

7. DaDaABC

DaDaABC(哒哒在线少儿英语) 是一家青少儿外教英语教育品牌。为 5-13 岁学生提供一对一的在线英语培训服务。DaDaABC 隶属于上海卓赞信息科技有限公司，由郅慧创办于 2013 年 4 月。2014 年 9 月，DaDaABC 获得青松基金数百万人民币天使轮，2015 年 8 月，DaDaABC 获得龙腾资本、飞马基金、青松基金合投的数千万人民币 A 轮融资。2015 年 10 月，DaDaABC 邀请了著名歌手叶一茜代言，开始依赖明星的品牌传播。2016 年，DaDaABC 宣布获得上亿元 B 轮融资，继而也成了少儿英语在线培训市场的有力竞争者。

8. 爱乐奇

品牌简介：爱乐奇成立于 2004 年 7 月。是一套根据儿童学习的心理规律及特点，以提升孩子英语学习兴趣为立足点，专为中国儿童量身定制的英语课程。2007 年 9 月，爱乐奇完成 820 万美元 B 轮融资，2013 年 6 月又获得 1000 万美元的 C 轮投资。目前，爱乐奇已形成爱课本、爱课件、爱作业、爱校通、爱测评、爱专教六大系列产品，涵盖内容资源、家校互动、在线测评、在线一对一培训。

二、中小学教育

1. 一起作业网

品牌简介：一起作业网专注小学英语和数学教学领域，依托强大的教研和技术团队，为中国的老师、学生和家长提供基于互联网的在线作业和专项应试练习等系统的学习功能。2012 年 12 月完成 A 轮 500 万美元的融资，2013 年 9 月完成 100 万美元的融资，而在七个月以后一起作业网又以 2000 万美元完成了 C 轮融资，其融资速度令人称奇。2015 年 3 月获得 HCapital 领投，淡马锡、DST、顺为资本跟投 1 亿美元 D 轮融资。

2. 学科网

品牌简介：学科网是一家专门从事教育科研、提供教育资源、教学服务与网络技术的网站，以庞大、高质量优质的教学资源著称。目前其教育超过 300 万套、近 8000GB 的高质量教学资料在界内也是屈指可数。学科网目前团队人数达 800 人之多，其在在线教育领域的布局对中小学领域有积极的推进作用。2015 年 5 月，凤凰传媒 3897 万收购学科网 52% 的股份。2015 年 10 月，学科网获好未来 3000 万美元战略投资。

3. 跨学网

品牌简介：跨学网是北教传媒旗下的子公司，已经汇聚了众多名校名师和精品教学资源，形成了较为完善的课程体系和资源体系。目前跨学网的服务功能包括面向全国学生提供特级名师全科高清课程，面向老师提供百万份备课资源，视频答疑系统和教师、家长专属的交流系统，把学生、老师、家长联系起来。2016 年 10 月，立思辰旗下康邦科技以 2.51 亿的价格收购跨学网 100% 股权。

4. 学霸君

品牌简介：学霸君是一款学生学习辅助软件，针对初高中生，提供在线免费解答作业题、疑难点。庞大题库、拍照扫题、及时问答让学生做题更加方便容易。学霸君于 2014 年 3 月获得祥峰投资 Vertex 的 500 万美元的投资。2015 年 6 月获得由挚信资本、启明创投领投，Mfund、祥峰资本跟投的 5000 万美元 B 轮融资。2016 年 6 月，学霸君上线在线直播品牌不二课堂，进军教育直播领域。

5. 猿题库

项目介绍：猿题库诞生于 2012 年，由粉笔题库转型而来。当年获得 IDG 资本 220 万美元的 A 轮融资，2013 年获得由经纬中国领投、IDG 资本跟投的 700 万美元 B 轮融资。2014 年 7 月，完成 C 轮 1500 万美元融资。2015 年 6 月，猿题库推出拍照搜题兄弟应用品牌 —— 小猿搜题。2015 年 3 月，获得华人文化产业投资基金领投，新天域资本、IDG 资本和经纬中国跟投的 6000 万美元 D 轮融资，估值 3.6 亿美元。2015 年 6 月，猿题库推出 K12 在线辅导平台 —— 猿辅导。2016 年 5 月，猿题库获腾讯 4000 万美元战略投资。

6. 掌门 1 对 1

项目介绍：掌门 1 对 1 创办于 2014 年 7 月，主打为中小学生提供在线一对一的基础教育培训服务。2014 年 12 月，成立不到半年的掌门 1 对 1 获得青松基金投资的数百万元的天使投资。2015 年 7 月，掌门 1 对 1 再次获得顺为基金和青松基金合投的 2000 万元的 A 轮融资。2016 年 3 月，掌门 1 对 1 获得顺为基金和达晨创投合投的数千万元的 B 轮融资。2016 年 9 月，仅仅半年过去，掌门 1 对 1 再次获得由华兴资本和顺为基金、达晨创投合投的上亿元 B+ 轮融资。C 轮融资后，掌门 1 对 1 将开始全国范围内的招商及线下品牌合作，从线上到线下全面拓展全国的中小学培训市场。

7. 三好网

三好网隶属于北京三好互动教育科技有限公司，品牌取义为老师好、学生好、家长好。三好网基于软硬件结合的互动直播技术，为中小学生提供基础学科的一对一在线培训服务。

三好互动科技创办于 2014 年 6 月，基于其研发的感知测评技术 7 月即获得磐石创投 1000 万人民币天使投资。2015 年 7 月，三好互动科技正式上线三好网网站，依赖自助研发的于互动直播硬件 —— 好学宝进军中小学在线一对一培训市场。2016 年 3 月，三好网宣布获得 7500 万元的 Pre-A 轮融资，投资方为沃衍资本、磐石创投、亦庄互联基金及金百朋投资。

8. 海风教育

海风教育创办于 2010 年 4 月，5 月即获得盛大资本数百万人民币天使投资。海风教育教育开始为线上培训班和在线培训课堂课结合的培训机构，2010 年 12 月，海风教育开始砍掉线下业务，转型为一对一的补习平台，培训范围也从自主招生扩展到 K12。2015 年 12 月，海风教育获得肇晟投资数千万元 A 轮融资，开始在中小学在线一对一市场发力。2016 年 7 月，海风教育宣布获得大型在线教育企业沪江网旗下互桂基金所投的数千万人民币 A+ 轮融资，在行业内产生巨大的影响力。

三、学前教育

1. 宝宝树

项目介绍：宝宝树成立于 2007 年 3 月，旗下包含了母婴社区宝宝树网站 (Babytree.com)、家庭早教品牌“米卡成长天地”以及多款移动互联网应用。2007 年 5 月，宝宝树获得经纬海外 1000 万美元 A 轮融资，2008 年 3 月，获得经纬中国 1000 万美元 B 轮融资；2011 年 1 月，又获得来自田溯宁宽带产业基金、SIG、经纬中国合投的数千万美元 B+ 轮融资；2014 年 1 月，宝宝树获好未来 1.5 亿人民币战略投资。2015 年 7 月，获得聚美优品领投，多家国内投资机构跟投的 3 亿美元 C 轮融资。2016 年 7 月，宝宝树宣布完成 30 亿元 D 轮融资，并宣布已拆除 VIE 架构，寻求在国内上市的机会。

2. 宝宝巴士

品牌简介：宝宝巴士专门针对学龄前儿童研发的教育软件产品。它结合不同年龄阶段的早教重点，设计了启蒙站和探索站两个系列，通过寓教于乐的方式达到启蒙益智的目的。产品中简单的操作设置、细心筛选的精美图片、轻松活泼的音乐以及完善的奖励机制都能极大地吸引宝宝的注意力；循序渐进的设计思路以及丰富多样的模式令宝宝爱不释手，目前有 5000 万用户。宝宝巴士在 2013 年 1 月获得顺为资本数百万美元的 A 轮融资，已经获得学而思的战略投资。2015 年 11 月获得曹允东领投，好未来跟投的 4000 万人民币 B 轮融资。

3. 小伴龙

项目介绍：小伴龙成立于 2012 年，创始团队来自腾讯。“小伴龙”是针对 0 ～ 8 岁的孩子的儿童早教数字产品，当用户进入 APP，将与卡通角色“小伴龙”一起学习、探险、完成任务，享受求知和探索乐趣，另外，“小伴龙”还推出了儿歌、唐诗等内容。目前，根据官方数据显示，“小伴龙”APP 的累计下载量已经超过了 5000 万次，拥有超过 1000 万的活跃用户，每日活跃用户超过了 100 万，每个月超过 1.7 亿使用次数。曾获得儿童动漫玩具领域巨头奥飞动漫创始人蔡东青的天使轮投资，东方富海的 A 轮融资；2015 年 5 月，获得好未来数千万人民币 B 轮融资。

四、职业教育

1. 学尔森

品牌简介：学尔森诞生于 2006 年，是中国建工和财经领域专业精英人才的考培基地，学尔森还是一家集职业教育、学历教育、授权认证、网络教育、文化传媒教学为一体的国际性综合教育培训机构。2014 年 3 月，学尔森完成 1 亿人民币 A 轮融资，由中信资本所投。2014 年 11 月，洪涛股份以超过亿元的价格收购学尔森 100% 股权，自此学尔森成为洪涛股份旗下建筑教育品牌。

2. 邢帅教育

企业简介：邢帅教育诞生于 2009 年 1 月。由 80 后邢帅一手创建，从对 PS 的热爱到中国最大的 PS 网络学院，邢帅诠释了什么是热爱，同时体现了兴趣本身的价值。目前邢帅网络学院有 2000 多个教学班，在院学习的学生也有十万人以上，培养出的人才也赢得了社会各界人士的广泛关注和赞誉。2013 年 7 月邢帅网络学院完成 1500 万人民币的 A 轮融资。2016 年 4 月，邢帅教育完成 3 亿人民币 B 轮融资，由国泰君安、中国移动、华盖资本和中民投联合投资。

3. 极客学院

品牌简介：极客学院于2014年初正式上线，专注于IT相关内容的培训。目前已经有了12万用户，有600多门IT技术课程，涵盖了Android、iOS、HTML5. Cocos2d-X、JAVA等，有系统课程，也有优秀案例剖析。2013年极客学院曾获得来自蓝驰创投的A轮融资。2014年9月获得来自海纳西洲和蓝驰创投的2200美元B轮融资。

4. 麦子学院

品牌简介：麦子学院成立于2012年8月8日，是成都麦子信息技术有限公司旗下一个IT在线教育平台，目前已有30万注册用户，10万以上APP下载量，5000小时视频内容。2015年11月，麦子学院宣布获得来自曲速资本领投，上海融川、A轮投资机构五岳资本跟投的1亿元B轮融资。

5. 慧科教育

企业简介：慧科教育是国内前沿科技领域综合教育解决方案的提供商，致力于移动互联网、云计算、大数据、互联网营销等前沿科技领域的软件开发、交互设计及项目管理等人才培养。与北京航天航空大学、上海交通大学等“985”高校以及百度、联想等IT企业建立合作。在2014年2月获得2000万美元的A轮融资。2015年，慧科教育宣布获得3亿元B轮融资，由千合资本王亚伟领投，复兴昆仲、高榕资本跟投。2016年3月，慧科教育并购线下IT培训机构无限互联。8月26日，慧科教育宣布并购创意设计职业教育机构莱茵教育(换股70%)、互联网产品社群产品壹佰和一站式互联网学习平台美好学院，与慧科旗下IT教育品牌开课吧构建成职业教育事业群。10月26日，慧科教育获得超过亿元的C轮融资，公司估值超50亿元。

五、高等教育

1. 学堂在线

品牌简介：学堂由清华大学发起成立，是免费公开的MOOC(大规模开放在线课程)平台，也是教育部在线教育研究中心的研究交流和成果应用平台。学堂在线致力于通过来自国内外一流名校开设的免费网络学习课程，为公众提供系统的高等教。2014年12月，学堂在线完成1500万美元A轮融资，2015年获得启迪控股A+轮1760万融资。通过和清华大学在线教育研究中心以及国内外知名大学的紧密合作，学堂在线将不断增加课程的种类和丰富程度，目前已汇集、制作 500 多门课程，与 90 余所国内外院校建立了合作。

2. 跨考教育

品牌简介：跨考教育是集考研、MBA、专业硕士及考博培训、网络服务、图书出版与高端个性化辅导为一体的综合性教育服务集团。作为目前专注研究跨校、跨专业考研、专业硕士的服务机构，跨考教育已成为国内领先的考研、MBA 权威辅导机构。在辅导模式、师资、资料及图书出版、高端个性化辅导、网络技术应用等众多领域，跨考教育均保持业界领先的地位。2011 年 7 月，跨考教育完成 A 轮 1000 万人民币的融资，在 2014 年 8 月跨考教育获得腾讯 3000 万人民币的 B 轮融资。2015 年 3 月，洪涛股份以 2.35 亿元收购跨考教育 70% 股权，在教育战略布局中补充考研培训重要一环。

3. 申请方

品牌简介：ApplySquare(申请方)，即平方创想教育科技 (北京) 有限公司，是一家专注高等教育领域的移动互联网公司，目前是全球最大的学生学业发展平台，为用户提供发现学业机会的工具和数据库，以及专注于学业的问答社区。2014 年 9 月，申请方获得天使投资人王刚数十万人民币种子轮融资。2015 年 4 月，申请方获得启迪之星和好未来合投的数百万美元天使轮融资。2016 年 6 月，申请方完成 A 轮融资，由 ATA 教育领投，好未来、明势资本、海兆资本、启迪之星等多家机构跟投。

六、平台服务提供商

1. 跟谁学

品牌简介：跟谁学诞生于 2014 年 6 月，由前新东方执行总裁陈向东带领创建。跟谁学秉承教育 O2O 的理念，打造人人乐用的学习服务平台，利用海量数据挖掘技术进行精准匹配，帮助学员找到最合适的老师和机构，帮助培训机构实现信息化。2015 教育 O2O 项目大行其道，多个教育 O2O 品牌获得融资，跟谁学也获得 A 轮 5000 万元融资。而大风过后，找家教的教育 O2O 平台被证明不可行。目前，跟谁学已逐渐转型做教育直播平台。

2. 疯狂老师

品牌简介：疯狂老师是一个家教在线预约平台，于 2014 年 12 月正式上线，隶属于上海享学网络科技有限公司。2014 年 10 月获得天使融资，2015 年 1 月获得 A 轮融资，6 月和 7 月先后获得腾讯 2000 万 B 轮融资和分享投资 2400 万 B+ 轮融资。在获得这两轮融资后，疯狂老师也逐渐从教育 O2O 平台开始转型进入直播领域，并上线独立的在线教学直播平台——叮当课堂。

3. 教育宝

品牌简介：教育宝平台于 2010 年 7 月上线，隶属于济南邦赢信息技术有限公司。教育宝致力于帮学员找课、帮机构招生，撮合学员与机构成交，创建公平、公正、透明的第三方撮合交易平台。通过独特的排名算法、真实的数据对照、细致的顾问服务、无效变的资源互换，为众多培训机构解决了招生难题，也为学生解决了好培训机构难找的难题。现已经开通北京、上海、济南、青岛、烟台、天津、南京、郑州、石家庄、武汉等几十余家直营分站，成立了北京、上海、武汉等六家分公司。

七、技术服务提供商

1. CC 视频

品牌简介：CC 视频成立于 2005 年，一直专注于视频技术的研发。2006 年 10 月，CC 视频发布免费视频服务。2007 年底，CC 视频完成了首次融资，2008 年收购一家同行业公司。截至目前，CC 视频的客户范围已经辐射到整个大中华区、日本、欧洲等地。2015 年 8 月，宣布完成 B 轮融资 2000 万美元。该轮融资由迪士尼旗下思伟投资领投，IDG 资本、江苏高科技投资集团跟投。

2. 展视互动

企业简介："展视互动"成立于 2009 年 1 月，是专业领先的互动视频云服务商，总部设在北京，拥有上海、杭州、深圳、成都、沈阳五大分支机构，在中国及海外部署了大规模服务器集群，为全球用户提供运营商级的专属互动直播服务，满足客户企业培训、在线教育、互动直播等多种 SAAS 服务需求，在音视频处理、高并发、大容量等技术方面拥有一流的技术和专业的人才，具有完全自主知识产权。2015 年 11 月，中小板上市公司二六三网络通讯股份有限公司通过成立全资子公司的方式收购展视互动剩余 70% 的股份，从而展示互动成为二六三旗下全资子公司。

3. EduSoho

品牌简介：EduSoho 网络课堂，隶属于杭州阔知网络科技有限公司。EduSoho 是一套开源的网络系统，能够帮助教育机构快速搭建网校。EduSoho 功能涵盖在线教学所需要的点播、直播、PPT、题库、咨询、小组和移动 APP，同时搭建其配套的云服务。2014 年 3 月，阔知网络完成了数百万人民币的天使融资。2016 年 8 月，阔知网络宣布获得华睿资本数千万元 A 轮融资。

第二节 互联网教育上市企业

一、综合性教育上市企业

1. 新东方

品牌简介：北京新东方教育科技（集团）有限公司诞生于 1993 年 11 月 16 日，前身为北京新东方培训学校。新东方公司于 2006 年在美国纽约证券交易所上市，是中国大陆第一家在美国上市的教育机构。目前新东方总市值为 33.55 亿美元。

新东方很早就开始了在互联网教育领域的布局，2005 上线在线学习平台新东方在线就是其走出的第一步。2014 年 3 月，新东方参与教育 O2O 导购平台决胜网 A 轮融资。2014 年 7 月，新东方与腾讯联合创办北京微学明日网络科技有限公司，推出中小学在线答疑品牌——优答。2015 年 3 月，新东方联合朗玛峰创投和软银中国投资口语测评服务商口语 100B 轮融资。2015 年，新东方在线营收已到达 3.5 亿人民币左右。一个地面教育公司的大佬，在在线教育领域也能快速发展，可见线下教育对于线上教育的推动也有重要作用。2016 年 2 月，新东方在线获腾讯 3.2 亿元战略投资。

2. 好未来

企业简介：北京好未来教育集团起源于张邦鑫 2003 年创办的学而思培训学校，先后在国内 42 座城市开设了教育培训中心。下设学而思培优、学而思网校、智康一对一等多个教育子品牌。2010 年 10 月 20 日，好未来的前身学而思在美国纽交所正式挂牌交易，成为国内首家在美上市的中小学教育机构。2013 年学而思教育改名好未来。

2014 年以来，好未来先后投资了宝宝树、宝宝巴士、轻轻家教、学科网、顺顺留学、果壳网、多贝网、飞博教育等各个细分领域的互联网教育品牌。并先后全资收购了高考派、考研网、励步英语、唯佳教育等多个细分领域的教育品牌。

3. 网龙网络

企业简介：网龙网络是中国的网络游戏、移动互联网应用行业的领军者，但同时也是中国互联网教育的领先力量。福建华渔教育科技有限公司成立于 2010 年 11 月，注册资本 2 亿元，是网龙 (中国) 的全资子公司。它结合了优质的教育资源和核心技术支持，专注于移动互联网全民终身教育。目前主要运营非学历教育全国公服体系，全国远程中职公共服务体系，其中的 K12 事业群则主要承载基础教育阶段的布局，搭建基于中小学及幼儿园阶段的教学服务平台。2015 年先后收购智能语音技术提供商驰声科技和互动教学解决方案提供商普罗米修斯。

4. 立思辰

企业简介：立思辰科技股份有限公司创立于 1999 年 1 月，2009 年 10 月于深圳证券交易所创业板上市，目前公司已经发展形成教育集团与信息安全科技集团两大产业集团。近来，立思辰大举开拓教育产业，同时在 K12、职业教育领域布局海内外市场。2013—2015 年，立思辰先后并购合众天恒、康邦科技、明特昭阳、乐易考，布局教育信息化和教育培训市场。2016 年 7 月，立思辰以 3.44 亿元全资收购 360 教育集团，布局留学教育培训和服务市场。2016 年 9 月，立思辰以自由基金 2.85 亿元收购高考升学咨询机构百年英才，完成了教育战略当中教育服务的组成部分。2016 年 10 月，立思辰 2.51 亿收购互联网教育品牌跨学网，获得优质在线教育资产。

二、K12 教育

1. 全通教育

企业简介：广东全通教育股份有限公司正式成立于 2005 年 6 月。全通教育一直专注于教育信息化领域的研发与服务，面向的客户群体是 3 ～ 18 岁幼儿园和中小学生家庭，围绕中国家长广泛存在的与学校老师的互动配合、关注子女学知识、提成绩、促成长、保安全的需求点，从应试教育、德育教育、素质教育、安全教育、健康教育着手，结合软件、互联网、电子产品终端等技术，承接、整合以及自主创造各类品牌教育服务产品的推广运营，形成了涵盖家校互动、课堂教育、课外教育、校园安全等全过程多媒介的教育信息化产品。

2. 拓维信息

企业介绍：拓维信息系统股份有限公司成立于1996年，是一家主营游戏、教育、软件三大业务的综合型互联网企业。2007年，拓维信息在深证证券交易中小企业板上市。近年来拓维信息逐渐将业务的重心放到了互联网教育上，希望与其早期开设的线下多所中小学培训机构形成教育O2O闭环。目前，拓维教育已形成了从0~18岁整个K12阶段的互联网教育产品线，包含了信息化服务、在线教学与测练的、在线教育直播等多种互联网教育产品。2014年9月，拓维信息全资收购了教育信息化服务商天天向上网络科技。2015年，拓维信息先后收购了幼教内容输出品牌长征教育和考试评价服务品牌海云天科技。

三、职业教育

1. 东大正保

企业简介：东大正保远程教育自主建设智能交互远程教育平台，采用高清视频课件并结合手机移动课堂，为学员提供高质量的课程，并辅以24小时在线答疑和客户服务，打造完美的虚拟课堂。开设200多个辅导类别，覆盖了近13个不同的行业，是目前中国在线教育的领军者。 2008年7月30日，东大正保远程教育成功登陆美国纽约证券交易所，成为中国第一家在纽交所上市的远程教育公司。2016年初，正保育才拆分创业培训业务成立北京正保育才科技股份有限公司。2016年6月，正保育才在新三板挂牌。2016年10月，正保育才获得南京正保通讯、正保远程教育董事合投的8000万战略投资。

2. 达内科技

企业简介：达内科技于2001年8月在加拿大多伦多创办，2002年9月入驻中关村国际孵化园正式在中国落户。达内科技提供面向电子通讯、互联网领域的Java、C++、C#/.Net、软件测试、嵌入式、PHP、android等方面IT课程培训。2003年9月，达内获得IDG数百万A轮融资，2008年11月获得集富亚洲和IDG合投的数千万美元B轮融资，2011年9月获得高盛集团2000万美元C轮融资。2014年2月，达内提交赴美上市申请，3月新东方以股票发行价格认购总价值1350万美元的达内股票。4月，达内正式在美国纳斯达克证券交易所上市。经过15年运营，达内累计培训了15万名学员，并且在全国34个城市先后建立了100家教育培训机构。2015年3月，达内推出在线学习平台TMOOC。

3. 洪涛股份

企业简介：洪涛装饰股份有限公司成立于成立于 1985 年 1 月，2009 年 12 月 A 股上市。2014 年开始，洪涛股份逐渐由传统建筑装饰业务转型互联网教育。2015 年 3 月，洪涛股份 2.35 亿元收购高端学历培训服务品牌跨考教育 70 股权。2015 年 9 月，洪涛股份宣布以 2.98 亿元收购建筑培训 O2O 品牌学尔森 85% 股权，以 3900 万元收购在线医学学习平台金英杰教育。

四、技术及内容服务提供商

1. 科大讯飞

企业简介：科大讯飞股份有限公司 (http://www.iflytek.com) 成立于 1999 年 12 月 30 日专业从事智能语音及语言技术研究、软件及芯片产品开发、语音信息服务及电子政务系统集成。是中国智能语音技术提供商，在智能语音技术领域有着长期的研究积累，并在中文语音合成、语音识别、口语评测等多项技术上拥有国际领先的成果。

科大讯飞目前已经把三分之一的人力投入到在线教育中，开始形成“考试落地→学校推广→获取学生用户”的三步走战略，其利用先进的语音技术进军英语教学和音乐艺术教学，科大讯飞拥有独特的核心技术壁垒和优势。科大讯飞推出了畅言交互式多媒体教学系统，提供课堂教学内容的标准带读、口语评测、互动教学、同步教学资源、教学设备应用统计与监管、交互式课件快速制作等功能。目前科大讯飞市值为 245.81 亿元。

2. 方直科技

企业简介：深圳市方直科技股份有限公司 (http://www.kingsunsoft.com) 成立于 1993 年，方直科技专业致力于多媒体教育软件以及网络教育软件的研发、生产、销售与服务，借创新技术与专业服务，得到了业内外的高度认可，被评为国家高新技术企业、双软企业、重点文化企业、重点软件企业、重点技术服务单位、深圳知名品牌、南山区领军企业。

主导产品包括为学生提供的教材配套软件、学习辅导软件、网络在线教育服务以及为教师提供的教师用书配套软件、教学资源类产品。其中教材配套软件连续多届获得中国国际软件博览会金奖，并多次被中国软件行业协会评为优秀软件产品。2011 年 6 月 29 日在深交所创业板挂牌上市。

3. 天喻信息

企业简介：武汉天喻信息产业股份有限公司，成立于 1999 年 8 月，是一家致力于在数据安全、在线教育、移动支付服务等领域提供卓越产品和服务的高新技术企业。在在线教育领域，天喻信息通过搭建涵盖核心应用的教育云平台，同时汇聚第三方优质资源及应用，面向教育机构、老师、学生、家长提供一站式的教学服务。目前，天喻信息在在线教育业务上已形成了教育云平台、智慧学习、智慧研训、智慧评价、智慧管理、智慧校园、智慧教学七大产品体系。过去几年，天喻信息先后中标浙江东阳、广西柳州、新疆克拉玛依、浙江、福建、成都青白江、宁夏、武汉、沈阳、湖北宜昌、宁波等省、市、区、县的区域教育云平台建设、运维 / 运营项目。

第三部分
互联网教育主要板块分析

第九章 中国教育信息化产业分析

第一节　教育信息化概论

一、教育信息化的定义及特点

所谓教育信息化，是指在国家及教育部门的统一规划和组织下，在教育系统的各个领域(教育管理、教育教学和教育科研)全面、深入地应用现代信息技术，加速实现教育现代化的过程。其技术特点是数字化、网络化、智能化和多媒体化，基本特征是开放、共享、交互、协作。

二、教育信息化的来源

“信息化”(对应于西方的“数字化”，digitalization)一词最早于20世纪60年代出现在日本的一些学术文献中，当时对“信息化”这一概念主要是从产业角度进行阐述和界定的。20 世纪 70 年代，德国、欧共体和联合国教科文组织等先后出台了一系列推动信息技术在社会中应用和发展的规划，这些规划都把信息基础设施作为重要一环。

1993 年 9 月，美国克林顿政府正式提出建设“国家信息基础设施”(National Information Infrastructure，简称 NII)，俗称“信息高速公路”(Information Superhighway) 计划，其核心是发展以互联网为核心的综合化信息服务体系和推进“信息技术”(Information Technology，简称 IT) 在社会各领域的广泛应用。在其带动之下，许多发达国家和发展中国家相继出台了一系列国家信息基础设施建设规划，从而带动了全球信息化建设的浪潮。

教育信息化的概念是在 20 世纪 90 年代伴随着信息高速公路的兴建而提出的。在美国的“信息高速公路”计划中，特别把 IT 在教育中的应用作为实施面向 21 世纪教育改革的重要途径，美国的这一举动引起了世界各国的积极响应，许多国家的政府相继制订了推进本国 IT 在教育中应用的计划。

中国自 20 世纪 90 年代末开始，随着网络技术的迅速普及，整个社会的发展与信息技术的关系越来越密切，人们越来越关注信息技术对社会发展的影响，“社会信息化”的提法开始出现，联系到教育改革和发展，“教育信息化”的提法也开始出现了。政府的各种文件已经正式使用“教育信息化”这一概念，并高度重视教育信息化相关工作。

三、中国教育信息化的发展简史

中国教育信息化始于 1978 年，1978 年 4 月，我国政府印发《关于电化教育工作的初步规划》，8 月，电化教育馆开始在各级教育单位建设，电化教育拉开了中国教育信息化的序幕。

20 世纪 80 年代末到 90 年代初，计算机和互联网逐步开始进入中国，原国家教育委员会颁布《国家教育管理信息总体规模分纲要》，信息化技术被开始应用到教育管理过程中。全国性学术计算机互联网络开始建设，中国教育信息化历程步入初级阶段。

2000 年，“校校通工程”开始实施，教育信息化基础设施建设工作开始加强。2010 年，中国颁布教育信息化十年规划纲要，把教育信息化纳入国家信息化发展整体战略。2012 年 9 月，刘延东在教育信息工作会议上首次提出“三通两平台”概念，明确了当前教育信息化的工作目标。2013 年，中国明确把教育信息化作为推动中国教育改革的重要内容。

2015 年 5 月，首届国际教育信息化大会上，刘延东发表重要演讲，提出四点教育信息化倡议：一是顺应大势，更加重视教育信息化的作用和地位；二是以人为本，推动信息技术与教育教学的深度融合；三是共建共享，不断扩大优质教育资源的覆盖面；四是互学互鉴，开创人类文明传承发展的新境界。

2016 年 7 月，教育部印发《教育信息化“十三五”规划》提出“三个基本”发展目标。第一，到 2020 年，基本建成“人人皆学、处处能学、时时可学”、与国家教育现代化发展目标相适应的教育信息化体系；第二，基本实现教育信息化对学生全面发展的促进作用、对深化教育领域综合改革的支撑作用和对教育创新发展、均衡发展、优质发展的提升作用；第三，基本形成具有国际先进水平、信息技术与教育融合创新发展的中国特色教育信息化发展路子。

四、教育信息化意义

由于历史积累、地理环境、思想意识、人员素质等多种因素的综合影响，我国教育信息化发展呈现明显的不平衡态势，东西差距、城乡差距明显。教育信息化的重要目的就是要通过信息技术在教育领域的普及应用，突破时空限制和技术壁垒，促进优质教育资源向贫困、偏远地区输送，提高当地的教育质量和水平，促进教育均衡发展。

(1) 教育信息化集顶尖的学校资源、优秀的教师资源和丰富的素材资源于一体，能够实现资源的跨区、跨校传播和分享，解决资源分布不平衡的现状。

(2) 教育信息化能够突破教育环境的时空限制，有助于加强课堂与现实世界的联系。通过数字化的方式，将教、学、练、管等环节信息化，简化了传统教育教学环节中大量的烦琐环节，有利于提高教育教学的效率。

(3) 教育信息化有助于培养学生的高级思维能力。网络和多媒体技术构建的丰富多样的学习环境和工具，能够激发学生的好奇心、求知欲，有利于他们的批判性、创造性思维的形成和发展。

第二节　基础教育信息化服务的业务模式

一、基础教育信息化服务四大业务模式

基础教育信息化企业提供学校信息化教育信息化设备和软件系统，通过投标参与地区教育信息化项目建设。在信息化企业不断跑马圈地拿下各地项目大单，并不断发展壮大的过程中，主要依托于4大业务模式，分别是直销模式、代理模式、PPP模式和融资租赁模式。

1. 直销模式

直销模式就是直接通过投标，参与公立学校的教育信息化项目建设，提供教育信息化必要硬件设备和技术服务，由地方教育局支付项目建设费用。

2. 代理模式

教育信息化领域的代理模式是指教育信息化的地方代理商通过投标参与学校教育信息化项目建设，项目建设费用由当地政府支付给代理商。建设过程中如有需要信息化服务总公司也会提供技术支持。

3. PPP 模式

教育信息化领域的PPP模式是指教育信息化企业与政府签订针对当地学校的信息化建设签订长期的建设、运营和服务合同，政企之间形成“利益共享、风险共担、全程合作”伙伴合作关系。信息化企业自行出资承担初期项目建设和长期的信息化系统的运营维护，允许企业在学校教育信息化系统长期运营和发展中获益。

4. 融资租赁模式

教育信息化领域的融资租赁模式是指融资租赁公司作为出租人，将出资向供货人(教育信息化公司)购买租赁物件和项目，并租给承租人(地方教育局等政府部门下属的中小学校)使用，承租人则分期向出租人支付租金。融资租赁模式将大幅缓解项目承建方的资金压力。

二、PPP模式已成为教育信息化业务拓展的重要模式

近年来，国家教育信息化管理中心大力推进中国教育信息化建设工程进程，虽然在

一些一二线城市取得了卓有成效的进展，但在一些西部偏远地区，学校的信息化建设工作却是不尽如人意的。究其原因，政府财政紧缺是阻碍当地教育信息化进度的重要因素。而PPP 模式 (政府和企业资本合作模式) 是解决这个难题的有效策略，中国的 PPP 模式起源于 20 世纪 80 年代，2015 年，我国《基础设施和公用事业特许经营管理办法》正式施行，确立了大力推广 PPP 模式的规范性质。PPP 成了当下的热词，山东、安徽、江苏、福建率先成了 PPP 模式的典范。

我国教育行业在所有行业中引入 PPP 较晚，仍处于起步阶段。根据财政部全国 PPP 综合信息平台项目库季报第 2 期，教育行业项目数共有 409 个，在 19 个行业中处于中下游，占比仅仅 5%，总投资额 1355 亿元，占比更是低至 2%，远不及市政工程与交通运输等已成熟运用 PPP 模式的行业。在区域分布上，我国教育类 PPP 项目在地域间分布不均，地域性分布特征明显，贵州、山东、四川、河南四个省份的项目数量占比超过65.5%。而在项目类型的分布上，义务教育、高中教育与职业教育阶段的项目占比最大，合计占比达到 72%。

从国外基础教育 PPP 办学的实践情况来看，按照与基础教育供给的非核心服务到核心服务的紧密程度和复杂程度，PPP 所能提供的服务可依次分为辅助性服务、设施设备供给、专业性服务、管理服务、运营服务、教育服务。这几类服务并不是相互独立的，在实际操作上，一个基础教育 PPP 项目经常涉及多种服务，各种服务之间是相辅相成的。由此可见，PPP 是一个全生命周期管理的流程：包括项目的设计、建设、运营、维护全过程，政府和企业需要各司其职、明确分工，最终才能提高教育服务输出效率。在国内，我国现有的项目仍以学校建设及改造等辅助性活动为主，并未真正触及教育核心内容上。以教育信息化项目为例，409 个项目中只有 3 个项目涉及教育信息化，占比不到 1%。从参与主体来看，参与到教育 PPP 项目的企业以建筑公司为主，教育企业尚未享受到 PPP 红利。

《中国教育信息化发展报告 (2013)》显示，经过前期发展，我国教育信息化总体上已经渡过初期的“起步”阶段，进入初步“应用”与“融合”阶段。虽然“十二五”以来我国教育信息化取得很多实质性战果，但“重硬件轻软件和服务”仍是目前主要瓶颈。同时，受制于经济社会发展水平等诸多因素，各地区的教育信息化发展水平也不尽相同，有的地区教育信息化基础设施建设目标仍未完成。2015 年 11 月，在第二次全国教育信息化工作电视电话会议上，刘延东副总理提出：“培育社会化的资源服务市场，采用政府购买服务等方式，鼓励有资质的企业、机构开发优质资源、供优质服务；发挥市场作用，引导社会资本广泛参与，催生适合国情的教育信息化新业态，培育新的经济增长点。”

PPP 作为教育信息化建设升级的加速器，在教育信息化建设落后的中西部地区，对当地政府而言，在教育信息化项目的建设中引入 PPP 模式不失为一条突破当前困境的有效路径，既能加速推进中西部教育信息化进程，缩小地区差距，同时又能减轻中西部政府的相关经费压力。更广泛地说，随着教育信息化基础设施初具规模，数字教育资源体系逐步形成，2016 年教育信息化的发展重心将从搭建基础平台转移到深化应用、促进变革。通过 PPP 模式，政府可以向优秀的教育企业购买相关应用和内容，以加快教育信息化由硬及软的进度，提高教育质量以及推进教育公平，对于政府、学校、企业、学生而言都将是一个多赢局面。

在中国当前的大环境下，随着社会与政府对教育的重视程度逐步提高，加之教育信息化作为一项能有效解决教育公平、提升教育质量的国家战略，PPP 作为一种能有效缓解中西部教育投入不足的困境又能加速教育信息化建设升级的模式，在教育领域中的应用将是大势所趋，而企业借此进军公立学校教育信息化领域的市场前景则十分广阔。

三、教育信息化服务中 PPP 模式的经典案例

2015 年 3 月，颂大教育中标湖南省岳阳市直教育信息化项目，合同金额 1854 万元，并成功签署岳阳市教育信息化 PPP 整体运营建设项目协议。岳阳市政府将授予颂大教育 15 年的教育信息化领域独家运营权。

2015 年 5 月，伟东云教育集团通过公开竞标的形式与鸡西市教育局签订协议，正式确立了政府与社会资本的合作模式。按照教育信息化总体要求，采取“政府主导、企业运作、合作共赢”的市场化运作方式，全面推进教育信息化建设。

2015 年 8 月，由中国教育国际交流协会、北京分豆教育科技股份有限公司共同发起的慧学云智能教育平台科研与应用中心在京宣布启动，首批覆盖全国 13 个地级市。分豆教育与 13 市教育局签约，以共建慧学云智能教育平台科研与应用中心为契机，PPP 商务模式将正式落地起航。

第三节 中小学教育信息化市场发展现状

一、中小学教育信息化市场需求

中小学教育信息化的需求非常多，涉及教育教学的方方面面，如备课、授课、考试、测评等。这里列出与教学相关的主要需求。

1. 课件资源

课件资源无疑是中小学信息化需求量非常大的内容资源。尤其是随着翻转课堂的引入，中小学掀起了制作和应用微课的高潮，因此对此类资源的需求是非常大的。尤其是生动有趣、高质量的微课，受到学校的热烈欢迎。

2. 试卷 / 试题库

考试无疑是当前中小学教学的一个重要内容，需要大量的试卷更新服务。另外，在线组卷和测试，也有相当高的需求。

3. 备课系统

备课系统里面有大量的与教学内容有关的声音、图片、视频、教案等素材。这些为教师自主制作课件，提供必要的素材条件。

4. 网络教学平台

网络教学平台，是“三通两平台”的重要功能网络。网络教学平台具有课程学习、在线直播授课、在线测试、作业发布与批改等功能，是目前教育部大力提倡的应用。

5. 移动教学平台

移动教学平台是能够在平板电脑和手机上运行的教学系统，它使教师和学生能够通过移动终端进行授课、互动测试与反馈，从而将教学带入移动互联网时代。

6. 家校互通平台

家校互通平台指的是学生家长与学校之间的互动沟通平台，如学校通知家长开会、公布学生成绩、教师对学生的评语、学生考勤信息等，即“家校通”。此类产品主要有全通、拓维等，国内有上百家企业运营此类产品。

7. 大数据分析

大数据分析是针对学生在学习平台及日常考试系统中产生的大量数据，进行各维度分析。这类分析能够分析学生学习的薄弱点和教师教学的质量，为提升教学质量提供有力的数据支持。

二、中小学教育信息化市场的特点

中小学教育信息化市场非常复杂，呈现如下特点。

1. 企业数量多，且多潜于水下

从事中小学教育信息化的企业数量非常多，约在1500家以上，规模比较大的有学科网、科大讯飞、学乐中国、高考资源网、人教社等这些企业。但是更多的企业分布于各省市，而且因为复杂B2G市场的关系，很多企业即使做到了营收规模非常高（过亿级别），往往也并不声张，原因是并不想让业界知道。因此，可以说中小学互联网教育的体制内市场比较复杂，表面上看这类企业不多，但是实际上数量很多。

2. 市场非常分散

因为企业数量非常多，每个企业都有自己的产品线及客户群体，这使得市场的分散程度很高。这些公司年收入从数千万元到数亿元不等，但是因为这是一个尚未充分竞争和发展的市场，因此市场还非常分散。这给有雄厚技术和产品实力的企业进入，提供了一个很好的机会。

未来3~10年，是中小学信息化的黄金时期，在这个领域会出现航空母舰式的企业，市场过于分散的特点也会逐步按产品领域走向集中，因此目前市场分散对从业企业是一个很好的机会。

3. 市场随地区两极分化

因为中小学信息化的资金来源于教育部、教育厅、当地财政局等三级甚至多级来源，受当地财政影响很大，因此资金的丰裕程度，基本上与当地经济的发达程度和对教育信息化的重视程度有关。

4. 受政策影响较大

中小学信息化受政策影响较大，教育部的“三通两平台”规划，很大程度上影响了当前中小学信息化的主要特点，因此企业需要注重研究政策，以更好地满足行业发展的政策需求。

另外，企业也不要盲从，完全跟随政策也不可取，应对互联网教育有自身的理解，需要根据自身的特点，开发有特色的、能满足学生、教师、学校需要的高质量的产品和服务。

三、中小学教育信息化市场发展现状

过去三年，国家每年投入教育信息化经费都超过了2000亿元，几乎是目前教育信息化企业所创造市场规模的两倍，也预示着教育信息化市场未来发展空间仍非常大。随着《教育信息化"十三五"规划》的出台，各地教育信息化建设不断落地，预计从2017年开始未来几年国家在教育信息化上的投入会超过3000亿元(图9.1)。

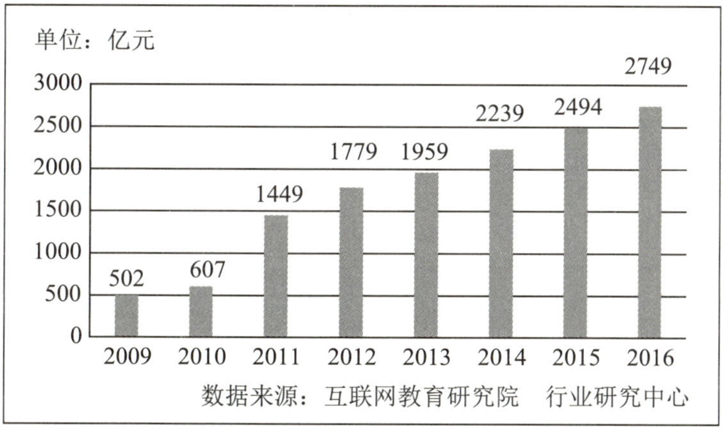

▲ 图9.1 2009—2016年中国政府在教育信息化上的投入资金

据互联网教育研究院统计，目前中国教育信息化服务企业约在3000家左右，其中中小学教育信息化的企业在1200家以上，主要集中在基础设施建设、三通两平台、教学平台、教育资源、信息化工具、智能硬件等方面。中小学教育信息化的在政策和政府资金投入的驱动下，在过去5年里取得了重要进展。

企业数量由2012年的500家增长为2016年1200家，市场规模由2012年的400亿元增长为2016年的100亿，翻了2.5倍。随着体制内教育教学改革，微课、翻转课堂、移动学习、虚拟现实、一师一优课、专递课堂、名师课堂、名校网络课堂等新的热点的出现，建设重心也开始逐步转向未来教室、智慧教室、双师课堂、VR、3D打印、电子书包、移动学习终端等产业。结合互联网教育改革发展方向，中小学教育信息化市场将会持续增长和爆发，未来 3~5 年后市场规模每年将超过 2000 亿元，空间巨大，已成为各方企业新的竞争焦点 (图 9.2)。

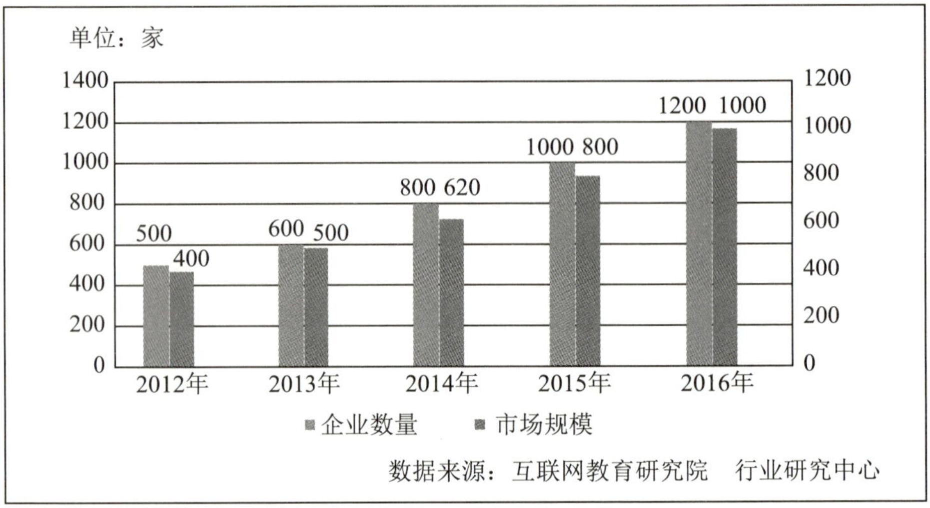

▲ 图 9.2　2012—2016 年中小学教育信息化企业数量和市场规模

第十章 中小学在线教育产业分析

第一节 中小学在线教育定义及特点

一、中小学在线教育定义

在线教育是在任何时间、任何地点接入互联网，自主地选择学习内容的教育形态。相对于面授教育而言，在线教育最大限度地突破了教育的时空限制，是师生分离、非面对面组织的教学活动，是一种跨学校、跨地区的教学模式。

本报告把“中小学在线教育”定义为借助计算机、互联网（包括移动互联网）技术，以提升中小学教学、考试、辅导等教学环节的效率和效果为目标的教学模式。

二、中小学在线教育主要特点

1. 企业两极分化，竞争加剧

中小学在线教育市场的一个重要特点是很多企业都看好这个领域。2012 年以来，在线教育投资热潮一浪高过一浪，在中小学领域内的投资有数千个新增项目。

除了一起作业网、猿题库、题谷教育等融资规模在 5000 万元以上的企业，有更多的企业来加入这个行业，如网龙教育、立思辰、全通教育等上市公司。还有爱学堂、高思等融资数亿元的企业后来居上。

表面上看，中小学在线教育市场的门槛较低，但是实际上非常高。原因在于家长对在线教育的接受度差、学生作为用户使用的时间少，而内容开发成本因教材版本繁多居高不下，另外渠道推广成本高也是一个重要原因。

2. 微课、题库、在线答疑构成主要产品模式

在中小学在线教育项目中，以视频和微课教学为主的项目占很大比重，这说明在线教育在优质师资资源的传播上，有不可比拟的优势。但是视频授课的开发成本较高，优质师资的授课成本平均每课时在 1000~1500 元以上，而优质视频资源的积累又需要很长的时间，因此这类项目的可增长空间有限。

与视频微课教学不同的是，题库和答疑成为异军突起的新项目。尤其是猿题库高调进军智能题库以来，使得在线题库成为在线教育热门话题。另外，基于手机 APP 的试题答疑服务也层出不穷，如爱辅导、学霸君、快乐学习网、爱考拉等。

3. 新技术、新模式不断涌现

在线教育长期以来技术一直停滞不前，主要原因在于在线教育市场还没有得到大资本的关注，从而使技术投入过少。比如课件技术一直停留在以三分屏为主、Flash 为辅，先进技术没有在行业中得到普及。

但随着大量资本的进入，使得新技术和新思维不断涌现，最近几年兴起了智能测评技术、拍照搜题技术等，使得在线教育在技术上短板的状况正在迅速改善。比如近几年智能作文批改、语音测评技术得到长足发展，逐步进入实用阶段。

4. 企业多集中在北上广深等一线地区，二线地区数量显著增多

中小学在线教育企业总部设在北京的占多数，其次是上海、深圳、广州等地。这是由

于北京地处中国互联网和教育的中心所决定的。由于居高不下的高房价，导致北京地区用人成本剧增，教育行业的高速发展又推高了教师等稀缺教育资源的成本。

值得注意的是，二线地区，如南京、苏州、杭州、长沙、武汉、大连、成都、石家庄、郑州等地也出现了在线教育企业，这在以往是根本没有的。但这些企业多为小企业，在观念、技术、人才等方面，远落后于北京等地区。但是由于人力成本低得多，会有更多的大型企业落户在二三线地区。

5. 多数企业尚未盈利

中小学在线教育企业盈利的并不多，除了 101 网校、北京四中网校、简单学习网等少数中小学项目赢利之外，多数企业赢利不多或还没有开始赢利。但这并不意味着中小学在线教育不能赢利，由现在的趋势来看，O2O 模式是最可能先盈利的。而以纯粹的“互联网思维”运营的项目，其赢利周期约在 3~5 年以后。

在线教育“火”的同时，也让大量的创业者感受到了“冰”的滋味。中小学在线教育的泡沫开始显现，这说明中小学在线教育并非一日之功。

第二节 中小学在线教育商业模式分析

一、在线测评

在线测评，指通过大数据技术或标准化的数据模型，对用户的知识或者能力进行测试和评价。目前市面上的在线测评产品主要有五种：口语测评、文本测评、基础知识测评、升学测评和职业规划测评。口语测评的产品有口语 100、多说英语、英语流利说。文本测评的产品有批改网、极致批改网。基础知识测评类产品主要是基于海量的题库，因此多是题库类产品，如猿题库、易题库。升学测评类产品有升学网。职业测评类产品有升学网、ATA 等。

二、在线答疑

在线答疑，指通过海量知识库或在线教学模式，及时在线上解决用户遇到的问题。目前市面上的在线答疑主要有两种模式：拍照搜题和在线答题。通常这两者被集合在一个产品上，其中拍照搜题是免费的，在线答题是收费的。典型的在线答疑产品有学霸君、小猿搜题、作业帮、阿凡题、口袋老师。

三、直播班课

直播班课，指的是教育培训通过搭建网络在线直播课堂进行在班级授课的模式。直播班课的规模小的可能只有数人，大的可能有上万人。多人同时在线的网络课堂对网络并发量要求很高，要求企业有足够大的带宽和服务器。中小学直播班课兴起的时间比较早，但由于网络基础设施差等原因一直处于不愠不火的状态。随着近两年网络直播技术的快速提升，及直播行业的兴起，直播班课的方式受到了火热追捧。

四、在线一对一

在线一对一，指的是教育培训机构的教师通过网络的方式给学生提供一对一的培训服务。比起直播班课的方式，在线一对一的价格要高得多，而相对于线下一对一的价格，在线一对一的价格却很实惠。在线一对一的模式，学生可以自由选择自己的老师，同时师生间的互动性更强，学习的效率提升了很多。

五、内容资源

内容资源，是指提供在线的中小学教育相关学习材料，供学生和老师下载和使用。根据材料性质的不同，内容资源可分为课程、课件、试题。目前市面上的内容资源类产品都是综合其两者或者三者的。典型的内容资源类产品有学科网、菁优网、寓乐湾。

六、家教预约平台

家教预约平台源于教育 O2O 的概念，希望将教育培训去中介化，直接连接学生 / 家长和家教老师。平台基于学科、地理位置、客单价等信息提供家教老师的服务信息，学生 / 家长在线进行交易，家教老师上门授课。C2C 交易平台的典型产品有跟谁学、请他教、神舟佳教、轻轻家教、疯狂老师、365 好老师等。但是目前这些平台发展并不顺利，有些无力维持后只得关闭，有些转型做了其他类型的平台，能够坚持 O2O 模式不变却活下来的企业只有数家。

第三节 中小学在线教育市场规模分析

一、中小学在线教育细分领域市场规模

1. 中小学网校（体制外）：每年 30 亿元左右

指学而思网校、北京 101 网校、北京四中网校、简单学习网等网校，以体制外市场为主。这是最早出现的中小学在线教育模式，但是长期以来市场规模增量不多，传统网校模式难有强劲的增长。

2. 学习机（体制外）：每年 100 亿元左右

这里指的是步步高、诺亚舟、好记星、读书郎等众所周知的学习机市场。此类市场存在已久，随着企业大量的广告宣传，市场成熟度很高。学习机由原始的单色屏幕、单机版，现在已经演进为彩屏网络版，实质上是平板电脑＋学习平台＋内容资源的复合产物。目前形态下的学习机产品市场基本稳定、趋于饱和。以智能学习机器人为主要特征的智能学习产品的问世，将会开辟出新的学习机市场。

3. 新兴教育类 APP：每年约 10 亿元

这里指学霸君、阿凡题、小猿搜题等新兴 APP 市场，也包括从事在线一对一辅导的三好网，这些新模式的企业，现有的收入规模还不大，但是有非常高的增长速度，因此具有很强的市场潜力。

二、中小学在线教育市场潜力分析

中国大约有 1.9 亿的在校中小学生，就意味着中小学培训市场有 1.9 亿人的潜在客户

规模。根据德勤的研究报告，仅中国中小学培训行业有 6800 亿人民币的市场规模。

线下教育市场中近几年来产生了学而思、学大(已被并购)等上市公司，老牌教育巨头新东方也大力投入中小学教辅领域，各地还有很多如巨人、龙文等准上市公司。在一线城市中，课外辅导的普及率接近 70%，接近了韩国的水平。

而相比之下，中小学在线教育在整个中小学的教育培训产业中，仅占据非常小的市场，不到其中的 1%。如果中小学在线教育的渗透率达到 30%，那么中小学在线教育市场规模就能达到每年 2000 亿元。

近几年中小学在线教育增速约在 30%~35%，具有非常庞大的市场潜量，很多企业也是看到这块市场巨大，纷纷进军此领域。

三、中小学网校市场分析

中小学网校的出现已经有近二十年时间，但是整体上市场发展并不快，其原因有以下几点。

1. 家长的接受度一直不高

在网络开始普及的时期，家长的主要群体是六零后和七零后，这些家长有相当一部分还不是网民，因此他们对互联网教育的接受度有限，往往选择面授方式。

另一方面，网校虽然带来了很高的自由度，但是家长选择面授，也有将孩子托管给培训机构的想法，而网校无法实现这一职能。后来，网校在各地开设学习中心，使网校终于有了落地的选择。

2. 中小学生自制力差

中小学生自制力差，在开放的网络上学习，很容易被玩游戏、聊天所吸引，而这一直是家长所担心的，这使得家长对网校的接受度一直难以提升。

3. 学生的时间有限

中学生是网校用户的主要群体，但这类群体因为学校课堂教学和线下培训班占用了大部分时间，网校所能占用的学生时间有限，制约了网校(也包括其他在线教育形态)的应用。

4. 中小学网校学习互动性差

早期网校一直采用录播为主的授课方式，学习的互动性差，对学生的学习服务少，因此效果不够理想。近几年随着以学而思网校为代表的网校的直播比例越来越高，直播教学的效果越来越好，因此受到了学生的热烈欢迎。

随着互联网技术的不断演进以及家长、学生对在线教育的接受度不断提升，网校教学将向提升教学互动性、提升教学效果的方向发展，其发展空间也非常大。

第四节 中小学在线教育行业需求分析

互联网教育研究院针对 K12 在线教育企业进行了抽样调研，结果如下。

一、市场预期：K12 在线教育将进入爆发期，但困难较大

调研结果显示，对 K12 在线教育的市场预期，一种观点是“将进入爆发期”，一种观点是“有大幅度增长，但难有大作为”，形成两股对立观点，但更多的观点认为在线教育进入爆发期，说明多数人对中小学的在线教育市场前景看好 (图 10.1)。

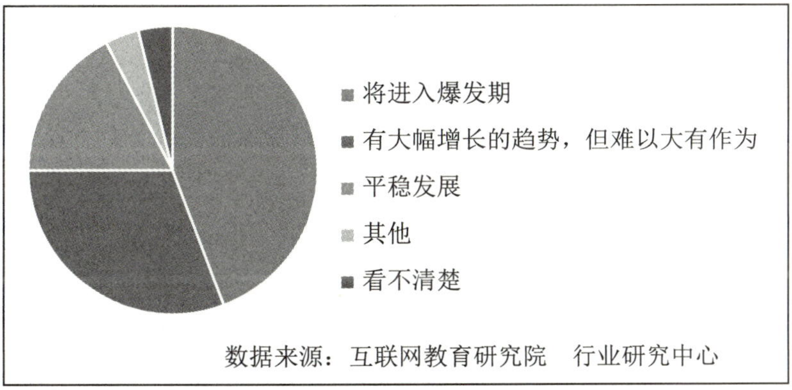

▲ 图 10.1　对中小学在线教育市场的看法

少数的观点认为未来几年在线教育的发展会趋于平稳。这说明对未来的几年里中小学在线教育产业如何发展尚存争议，这也表明 K12 在线教育并不容易操作，有较大的难度。

二、市场的需求点：提高成绩占据最高点

在“中小学生在线教育市场的需求点”这个问题上，超过七成的观点将提高成绩作为首要需求点，这说明中小学长期以来学习的目的是为了考试，学习目标的功利性可见一斑。就目前的市场而言，以兴趣为出发点的在线教育还不太成熟 (图 10.2)。

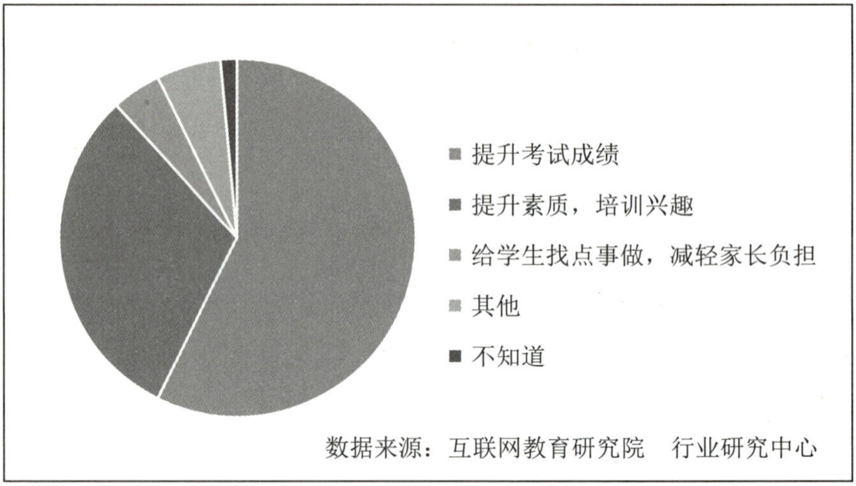

▲ 图 10.2　对中小学生在线教育市场的需求点的看法

目前的中国应试教育的需求点依然定位在“提高成绩”这一刚性需求上，这使得在线教育这一块应将考试类的培训作为最大的需求点供应。这意味着在从事 K12 在线教育时，“提升成绩”是必须要考虑的因素。但是需要注意的是，在未来的教育体制改革中，应试教育会被削弱，以提升素质、培养兴趣为目的的教育比重将会提升。

三、中小学在线教育的定价：应大幅低于面授培训

对于“中小学在线教育的定价”这个问题上，参与者的普遍观点：中小学生的在线教育低于面授培训类，少数的人认为应该像网上资料共享一样免费。

这种观点类似于“网店的价格比实体店要低”一样，说明在线教育的价值之一就是能够降低培训的成本 (图 10.3)。

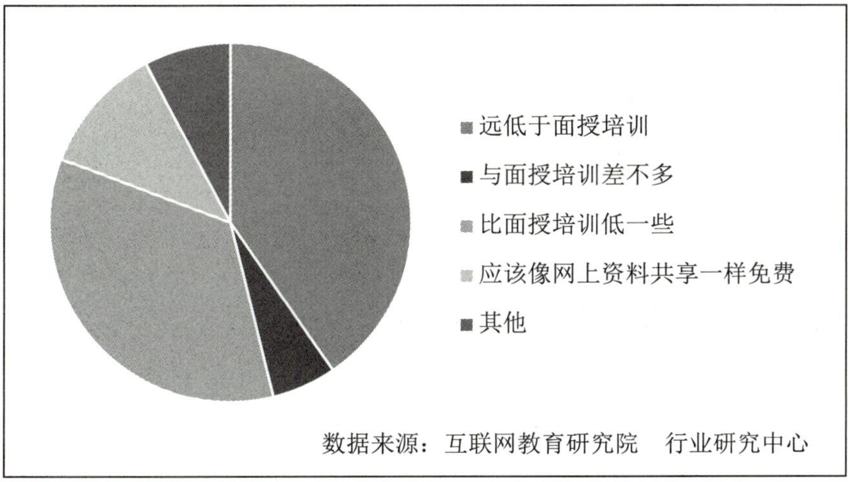

▲ 图 10.3　对中小学在线教育的定价的看法

四、最被看好的企业：面授培训及互联网企业居首

对于从事中小学生在线教育的企业，最被看好的是“由面授培训机构主办的网校”及“互联网背景的企业”。这说明中小学在线教育是一个服务成本很高的行业。面授培训最符合中小学生教学的特点。其次在网络科技飞速发展的推动下，新兴互联网企业作为生力军，其创新能力非常强，进入在线教育的力度越来越大 (图 10.4)。

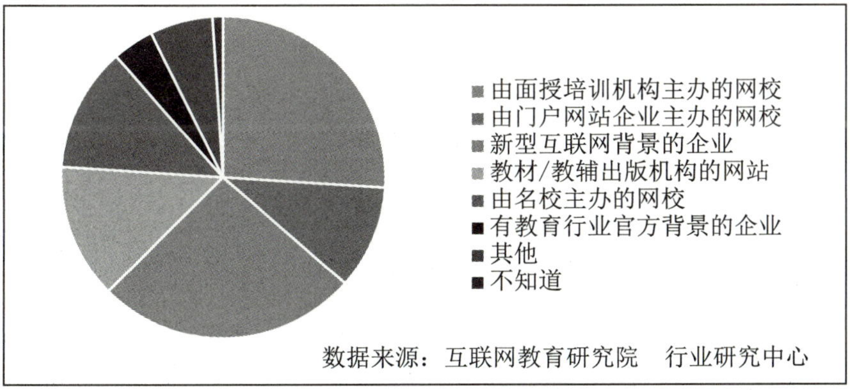

▲ 图 10.4　最被看好的中小学在线教育企业

这种面授培训机构与新兴互联网企业受到热捧的观点，说明了在线教育既具有“教育培训”属性，也有“互联网”属性，这两个属性得到了充分的重视。但是教辅机构作为纸质教学内容的提供方，其价值远没有得到重视。其实教材教辅行业，为教学提供了大量的内容(如知识体系、试题、答案等)，而且在长期的过程中与学校、学生形成了庞大的生态圈，因此也不应忽视他们的作用。拥有教育行业的官方背景的企业遭遇冷门，由于这类机构过于封闭，导致不被看好。

五、中小学的产品和服务模式：在线练习、录播、直播成主流

对于中小学的产品和服务模式，占用最多的当属“在线练习 / 考试 / 题库”，可见应试教育的影响非常大。录播课程 (录制好的课程) 居于第二位，而直播居于第四位，说明当前中小学在线教学以录播为主，这是由中小学在线教育用户在空间上和时间上分散的特点决定的 (图 10.5)。

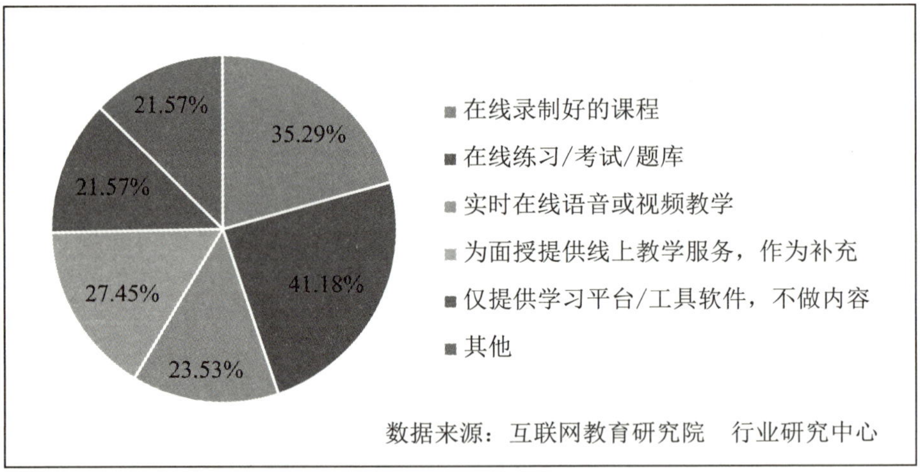

▲ 图 10.5　中小学产品和服务模式分布

实时课堂模式关注的比例也不小，这说明其在网络学习中的重要性越来越突出。实时直播具有现场感强、互动性好的特点，因此应在教学中给予重视。

还有就是面授培训的辅助，没有单独运营网络教学。这种属于 O2O(线上线下结合) 模式。随着在线教育的火爆，越来越多的面授培训机构会引入在线教育。

六、目前中小学在线教育用户：尚未爆发

目前中小学的在线学习用户量，大部分企业集中在 10 万人以下，仅有近 5% 左右的企业的用户数量在 500 万人以上。现有的在线教育体验还不理想，这说明当前的在线学习技术及体验存在巨大的改善空间。更多用户需求还没有被激发，在线教育存在巨大发展空间 (图 10.6)。

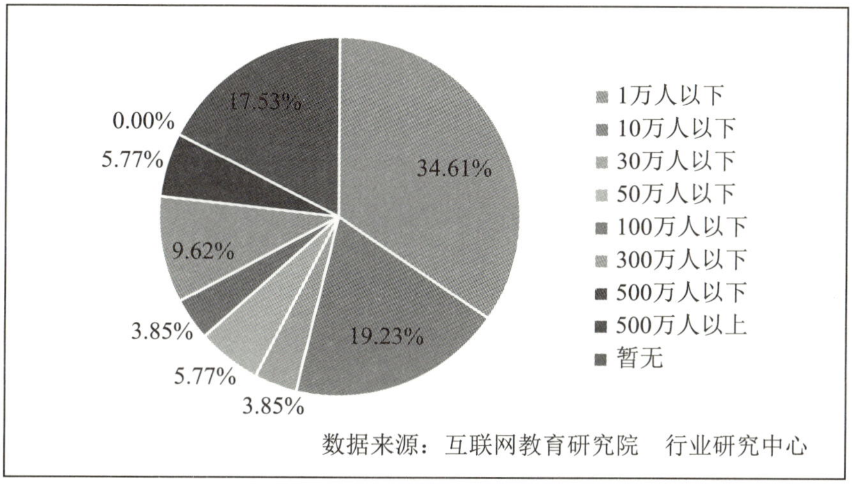

▲ 图 10.6 各企业中小学在线教育用户数

七、用户群主要分布：以一线、二线、三线城市为主

目前的用户群主要分布在一、二、三线城市，只有少数用户群分布在四、五线城市。说明对于四、五线城市的推广未涉及或涉及甚少。不同 IT 发展水平导致用户的使用分布有所不同 (图 10.7)。

比较发达的一线、二线、三线城市相对于四线、五线城市来说，属于经济和 IT 较发达的地区，从而也导致了中小学在线教育用户群分布差异。其中的原因有以下两点。

1. 电脑及网络普及程度不同

显然发达地区的电脑和互联网的普及程度，要远高于不发达地区。在线教育的基础条件就是计算机、移动设备和网络的普及，这一前提不具备，在线教育也就无法进行。

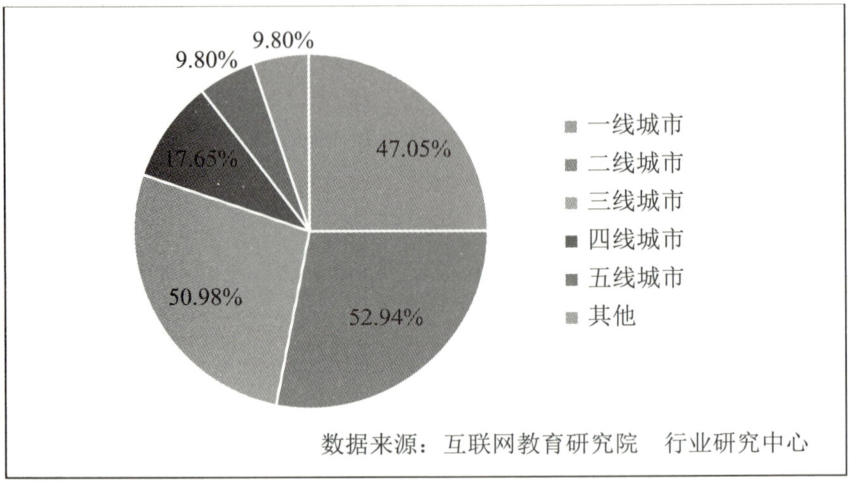

▲ 图 10.7　用户分布范围

2. 对在线教育的认知和认同程度不同

作为互联网应用的一个行业分支，IT 技术的普及显然会严重影响对在线教育的认知和认同程度。长期以来，家长对面授辅导形成了刻板认识，对于看不见、摸不着、只能通过电脑屏幕来感受的在线教育来说，选择面授辅导班是更为现实、可靠的选择。

随着 IT 及互联网条件的改善，在线教育的影响程度也会逐渐深入人心，在四线、五线城市在未来在线教育发展中，用户群也会达到一定的规模。但是这个过程是一个长期的过程，需要企业特别注意对用户，尤其对家长的教育。

八、主流营销渠道：线下代理商占主流，网络广告作用大，电商作用尚小

对于业务的营销模式来说，大部分在线教育的企业还是采取最为传统的线下代理为主，通过非网络的营销手段来推销产品。代理模式占有这么高的比重，这说明传统逐级代理制和区域化的营销渠道，仍然在中小学教育领域中占有非常高的比重。这是由于中国中小学生群体分布广以及中小学产品营销的特点所决定 (图 10.8)。

然而通过自己网站直销、利用互联网广告、线下自主营销来打通知名度的渠道仍占有一定的比例。这说明中小学在线教育的销售渠道具有多样化的特点。

但通过电子商务的渠道的比例还非常少，说明在线教育对于淘宝、京东等电商领域的

渠道还未真正利用起来。众所周知，阿里巴巴也在进军在线教育领域，经过不断的探索与实践，重点放在在线教育上，这说明电子商务网站在未来的几年将逐渐成为在线教育的重要营销渠道，只是目前所占的比例相当少而已。

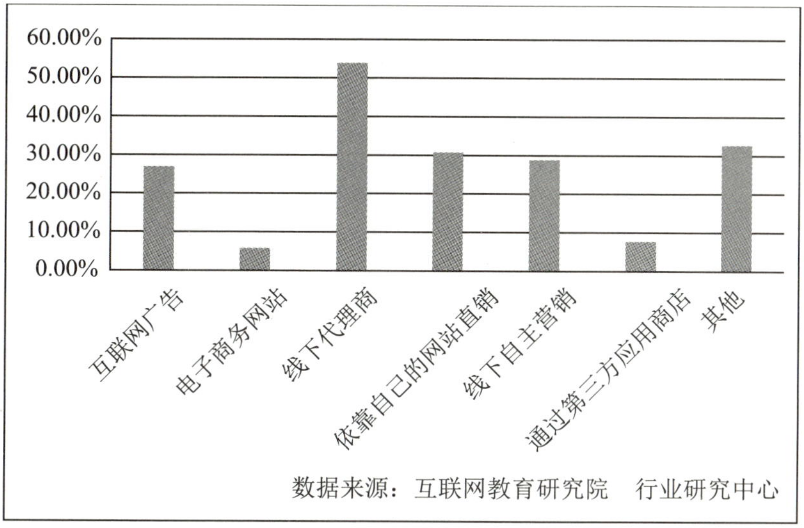

▲ 图 10.8 主要的营销渠道

九、当前企业收入水平：中小规模居多

在受访企业中，约三成的企业的年收入在 300 万元以下，年收入在 1 亿元以上的企业占少数，说明现阶段，中小学在线教育企业规模以中小型企业为主。

根据统计，实际上中小学在线教育业务年收入过亿的企业，占同类企业的 3% 以下。大型企业的内容、品牌、渠道优势更为明显，因此中小学在线教育的格局还处于无序竞争状态。2013 年大量资本的介入，使得中小学在线教育的企业数量迅速增多 (图 10.9)。

十、当前在线教育主流教学方式：以考试、点播为主

在课程的学习方式上，调查结果显示，现有的中小学在线教育以录播和考试为主，占到近四成左右，成为当前学习方式的主要形式。采用师生实时一对一的在线互动教学方式尚未成为主流。这说明当前的学习方式依旧更倾向于以练习考试、知识传播、在线点播教

学为主（图 10.10）。

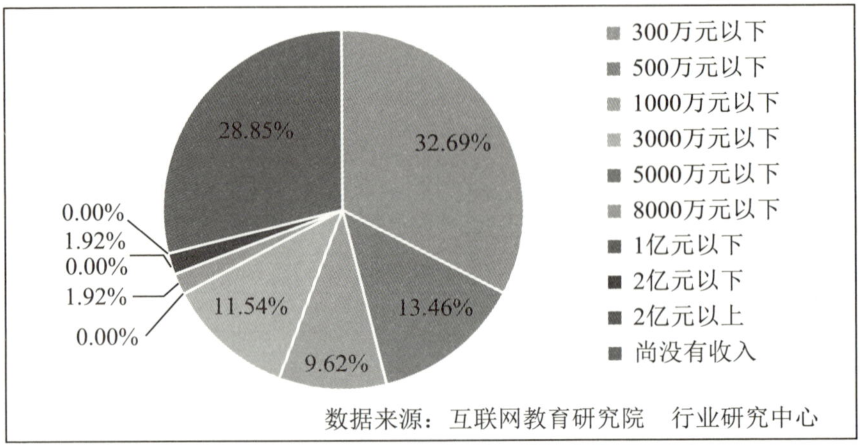

▲ 图 10.9　中小学在线教育企业年收入水平分布

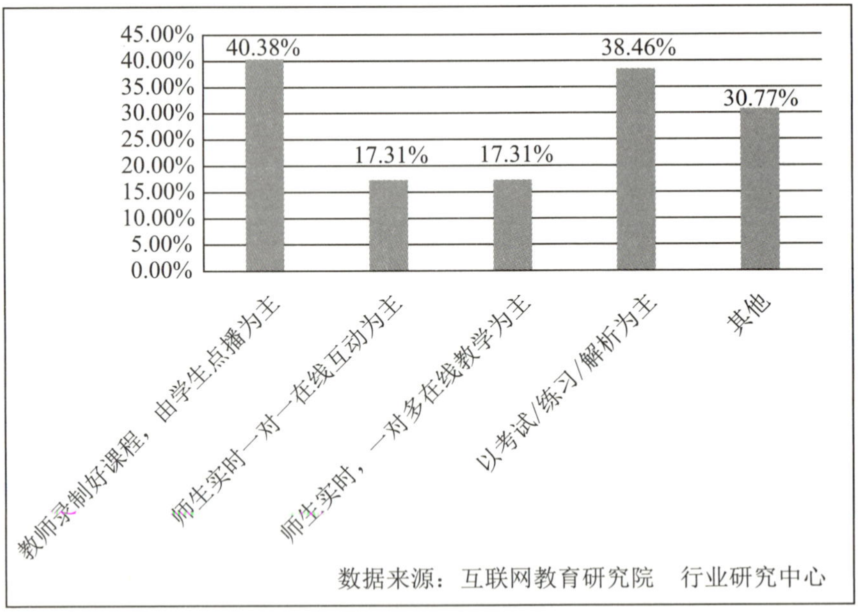

▲ 图 10.10　网络学习方式分布

值得说明的是，在在线教育的潮流中，以师生实时一对一在线互动教学的学习方式，还没有得到充分重视。在线教育如果仅仅采用以上的形式，还是难以吸引到用户的眼球的，因此在线教育企业应该在课程形式上创新，开发出更生动有趣的课程，这样才能使在线教育得到更好的发展。

十一、在线学习的三大阻碍：家长不接受、学生不适应、产品和服务不够好

调研结果表明，对于中小学生在线学习的最大障碍，除了中小学教育的产品和服务不够好之外，还包括家长对于在线产品的担忧及学生的自主学习能力差，三者成为制约中小学在线教育最重要的三个因素(图 10.11)。

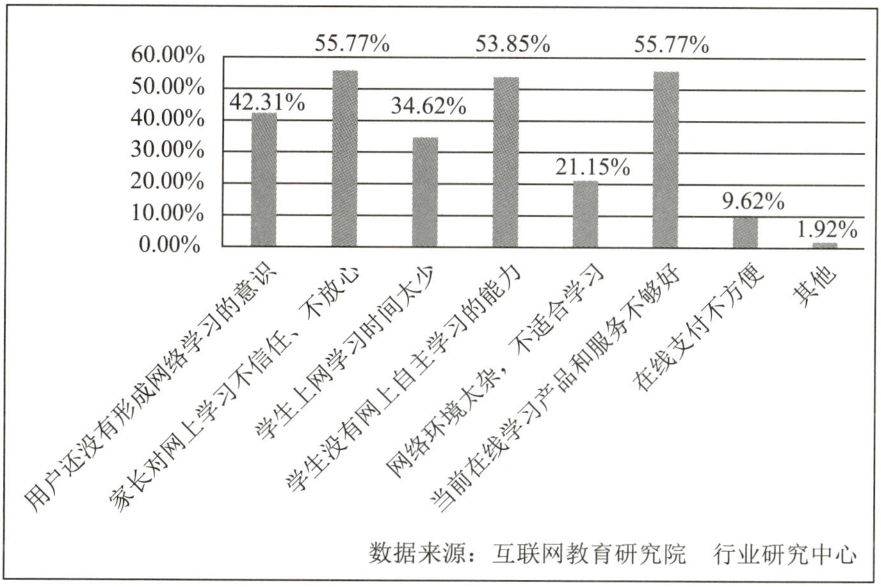

▲ 图 10.11 影响在线学习的最大阻碍因素

家长对于网上学习的接受程度，说明具有选择权的家长是在线教育企业必须要说服的对象。另一方面，企业又需要符合中小学生在线学习的口味。应对中小学生对网上自主学习能力差的这一缺点，采用混合式教学的 O2O 模式(线上与线下结合)是必然之选。

用户还没有形成网上学习的意识、学习时间太少也是不容忽视的阻碍因素。这说明对于中小学在线教育产品的企业来说，如果不能解决家长对在线教育的抗拒、不能争取到学生的在线学习时间，即使产品做得再好也不会取得好的效果。

十二、课件的主要内容来源：自主开发为主

目前有超过七成的企业采用自主编写和开发的形式来提供在线教育内容，说明自主编写成为主要的课件内容来源的主要形式（图 10.12)。约 1/3 的企业课件内容来自于第三方，仅有不到 14% 来自于由互联网资源整理出的内容，说明互联网所提供的资源库并不为行业所看好，在线教育还是具有专业化的特点。

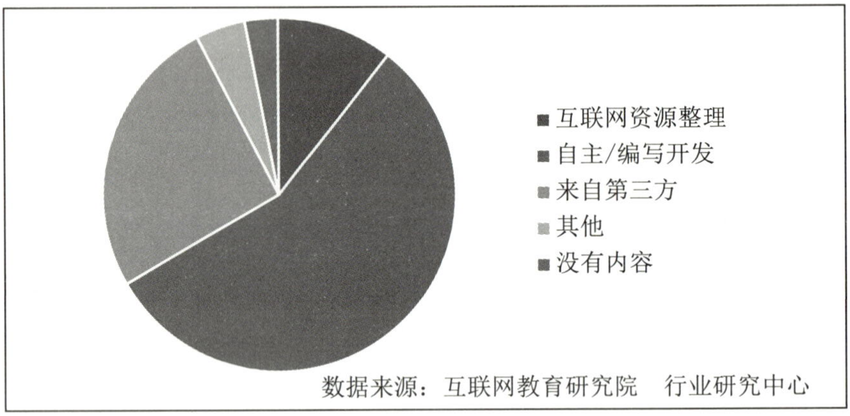

▲ 图 10.12　课件内容资源的主要来源

十三、主要的师资来源：以外聘为主，专职为辅

对于“网上授课的师资”这一问题的调研结果显示，主要以外聘授课较好的一线教师为主的观点占近 30%，以自己的专职教师为主的企业也有同样比例（图 10.13)。

高薪外聘的约占两成，说明大部分的企业采取外聘教师和自己的专职教师为主的师资力量来组织在线教学，外聘大学生兼职的比例不到 10%，这说明中小学在线教育更倾向于有经验的师资力量。但从实际情况看，聘请大学生授课在业界也是一种通行做法，尤其是在答疑等领域，因此大学生的比例并不低。

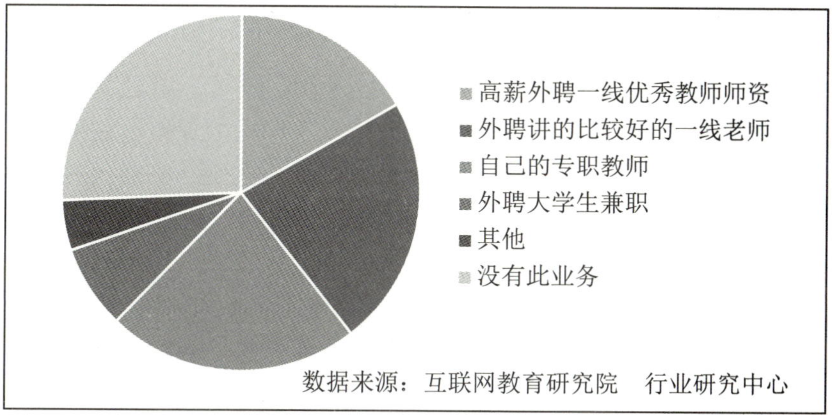

▲ 图 10.13 主要的师资来源

十四、投入的师资成本：100 ～ 500 元 / 小时为主

对于在线教育的师资投入成本来说，尚未投入师资成本的企业占到了四成，这类企业多属于提供在线测试的企业。对于投入师资成本的企业来说，每小时师资成本的分布主要在 100 ～ 500 元，超过此价格的企业并不多 (图 10.14)。

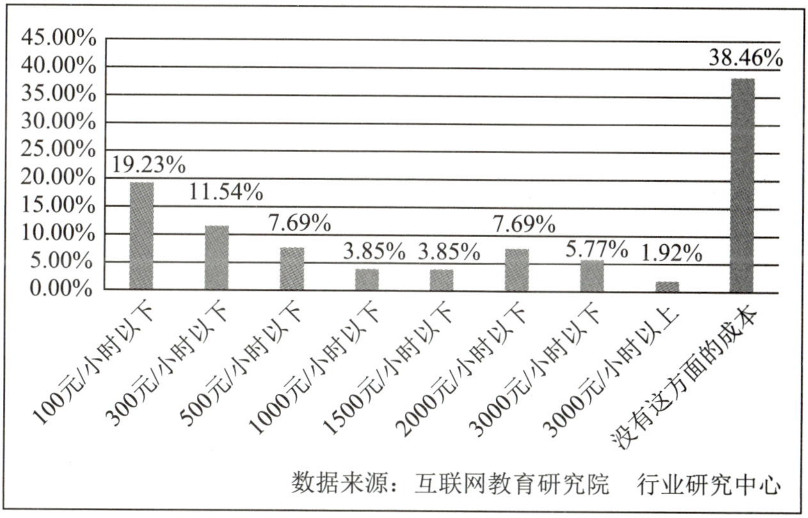

▲ 图 10.14 投入的师资成本水平

十五、移动设备学习：与面授培训结合更佳，远超 PC

调查结果表明，“移动设备学习会逐渐超过基于 PC 的网络学习”这一观点，有近半参与者认同。同时认为“与面授培训相结合的效果会更佳”的观点也非常显著。只有一小部分持否定的观点。可预见在未来几年，基于移动设备的学习会逐渐成为在线学习的主流模式 (图 10.15)。

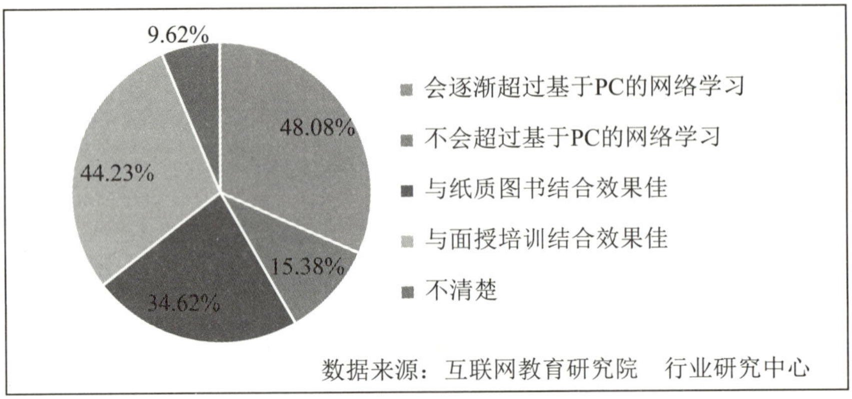

▲ 图 10.15 对移动设备学习应用的看法

与纸质图书结合效果更佳的观点也是不容忽视。传统的教育皆以纸质图书结合教师面授为主，这也说明纸质图书的学习方法依旧需要关注，发展与之结合的移动学习容易被用户接受，效果也会更佳。

十六、试题拍照在线寻求答案模式：需求多，盈利难

移动学习是大势所趋，这是不容争辩的定论。对于“学生用手机或平板电脑将试题拍照，发送至网络寻求答案的模式”这一问题，约 76% 的参与者认为“需求很多，但盈利很难”。约 18% 的观点认为“满足用户需求，非常有市场”。说明这一模式目前来说还处于探索期，市场有待拓展，盈利模式有待探索 (图 10.16)。

十七、寓教于乐的游戏式学习：适用于特定人群，特定学科

寓教于乐的游戏式学习方式一直是被大家所看好的方式之一。但对于这种方式，超过

五成的观点认为“适用于低年级”“因学科而异”。认为“寓教于乐的学习方式是必然趋势”“能大大促进学生的学习”的观点比较少（图 10.17）。

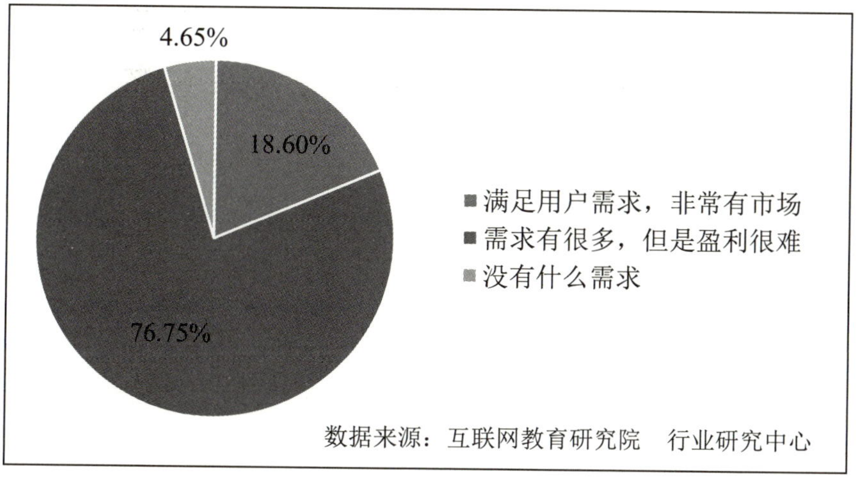

▲ 图 10.16　对拍照搜题模式的看法

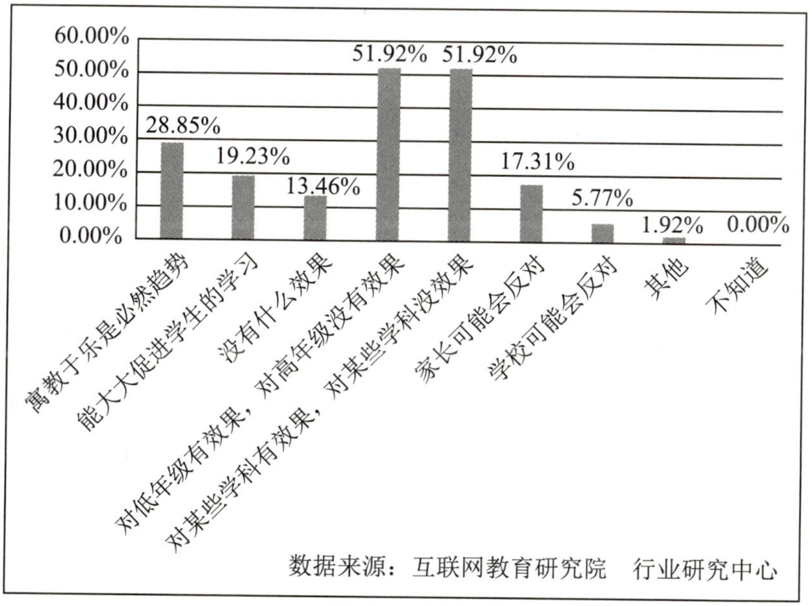

▲ 图 10.17　对寓教于乐的游戏式学习的看法

这说明在现有枯燥的应试教学体制下，单纯地引入游戏化学习来适应应试教学内容是不合适的。经过企业的实践，游戏化学习的确没有表现出顽强的生命力。但是“寓教于乐”是一个必然趋势，这个在好未来等企业开发的充满趣味元素的微课中，已经得到了实施。

十八、制约企业在线教育的发展因素：难盈利成最大阻碍

对于研发在线教育的企业来说，“如何将用户基数转变为销售收入”，是困扰中小学在线教育企业最大的问题，认为这个是最大困难的公司占到了 63%。

“内容资源开发成本高”“如何推广、扩大用户基数”，还有如何与传统教育模式竞争、提供答疑等服务成本高、难度大不容忽视的制约因素。实际上，中小学网校一直与传统学习模式 (如面授) 等却是存在相互替代的竞争关系。在线教育在中小学教育培训领域中，只占有百分之几的市场份额，这是由中小学学生学习自制力差、家长对在线教育认可度不高所决定的 (图 10.18)。

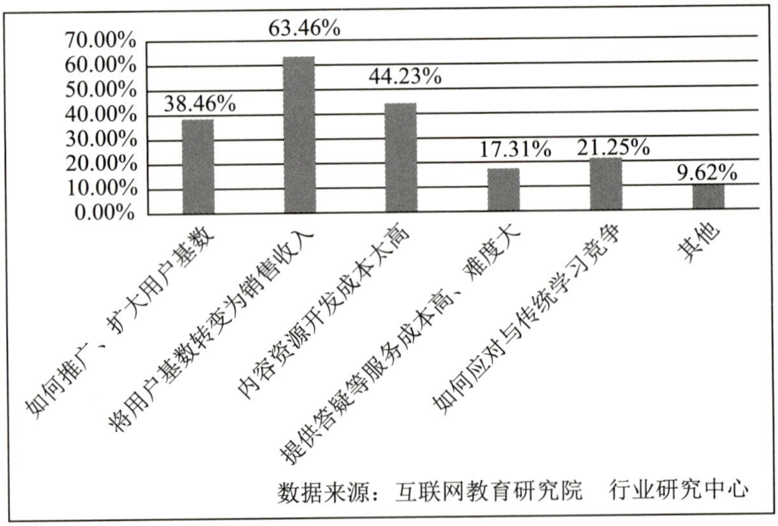

▲ 图 10.18 在线学习所遇到的困难因素

十九、最被看好的业务模式：大数据和游戏化

针对中小学生在线教育业务的各类模式来说，持有“大数据模式和题库模式相结合”

观点的占 37%，说明海量题库的模式是最被看好的业务模式。类似一起作业网“游戏化＋实体班级”被看好，寓教于乐加上传统的班级授课模式，成为中小学在线教育的重要业务模式 (图 10.19)。

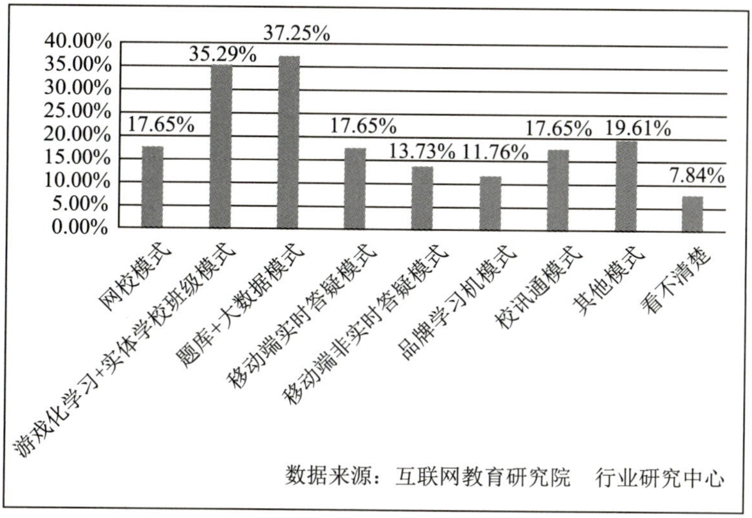

▲ 图 10.19　被看好的业务模式

基于移动端、名校网校、品牌学习机、校讯通的业务模式也各有一定比例。这说明中小学在线教育的商业实现模式上，具有各种可能性，不同的企业从各自的角度来切入中小学在线教育这个市场。

第五节　中小学在线教育企业分析

一、中小学在线教育企业区域分布

作为科技和资讯最为发达的北京，在线教育企业的数量位居榜首，约占全国中小学在线教育领域的企业数目的 50%，实际上如果按产值和投资规模，北京占据总量的 80% 以上，说明投资规模大、档次高的企业多分布在北京。

其次便是广东和上海，这两大经济发达的沿海地带；浙江的在线教育行业的发展也比较迅速。江苏的教育一直在国内享誉盛名，在经济快速发展的带动下，江苏的在线教育企业这几年也是崭露头角 (图 10.20)。

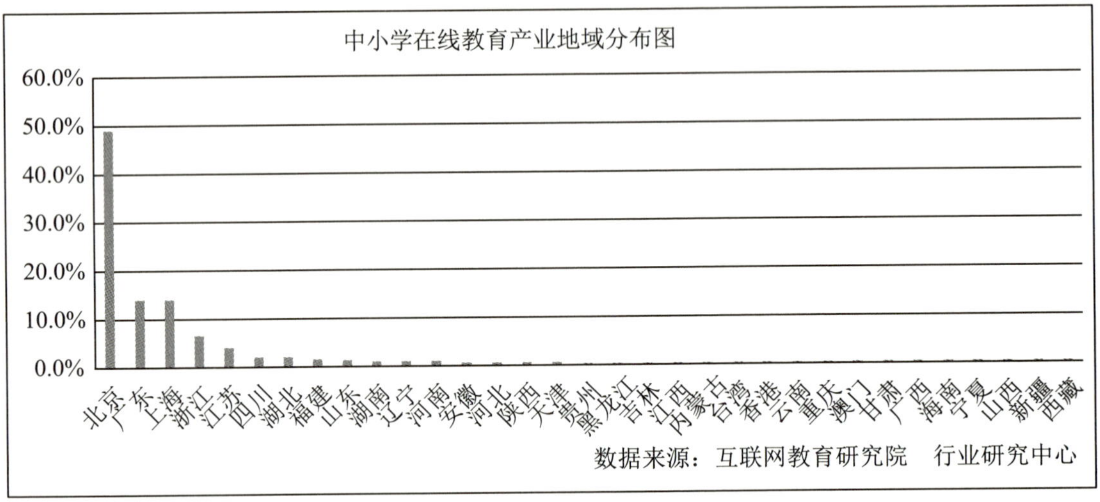

▲ 图 10.20　中小学在线教育企业分布

因为在线教育企业属于科技密集型企业，所以其他地区在线教育企业相对较少。因为其自身具备的科技和经济的优越性，北京在线教育的发展在全国范围是最领先的。从现在兴起的在线教育企业来看，山东、江西、云南等省份也出现了一些在线教育公司，但是其规模和档次与北京、上海等无法匹敌。

二、中小学在线教育产品类型

从当前的市场统计结果来看，目前市面上的中小学在线教育产品主要有课程 / 课件 / 题库、直播班课、教学管理平台、交易平台、技术服务、在线一对一、在线答疑、智能硬件、教育游戏、在线测评、其他 11 种小类 (图 10.21)。

中小学的内容资源类产品指的为学生和老师提供视频课程、试题试卷、课件材料等内容的网站、APP 等产品。上图的调查结果中，中小学内容资源类产品最多，占比达到 20.82%。提供内容资料的网站出现的很早，如学科网、菁优网等。近两年随着移动互联网的兴起，在线题库 APP 大放异彩。如猿题库、易题库等都是在线题库 APP 的典型代表。

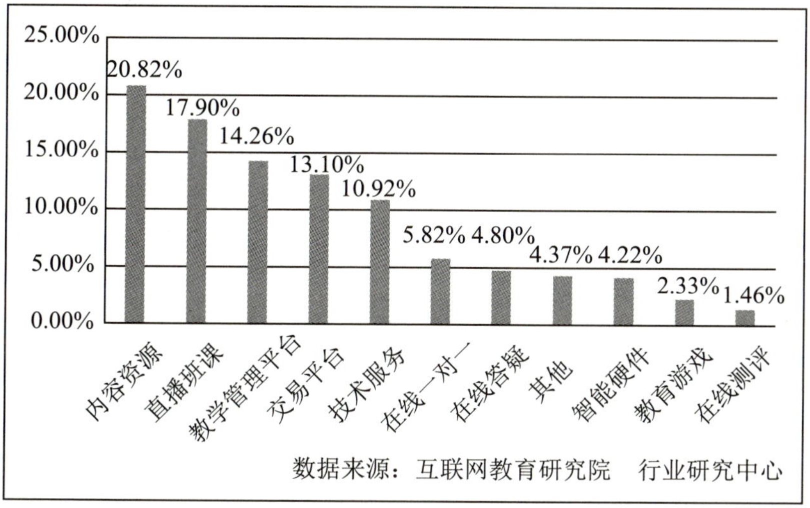

▲ 图 10.21 从事细分领域分布

中小学直播班课是指中小学教育机构利用网络直播平台进行在线直播授课的教学模式。直播授课兴起于 2012 年开始的这波互联网浪潮，2015—2016 年随着直播平台和网红的热度不断攀升，中小学的在线直播课模式受到热烈的追逐。调查调查结果中，直播班课产品的比例达到 17.9% 也在情理之中。学而思网校、简单学习网、名师教育、精华教育等机构都开设了直播课。最近，跟谁学、疯狂老师等教育 O2O 平台也转型做直播课。

教学管理平台是指提供给学校和培训机构用来教学和管理的在线教育产品，包括具备课堂在线教学系统、作业布置与提交、校园考勤、家校互动、通知发布等功能的产品。K12 教育信息化市场空间非常大，追逐的企业也非常多。典型的教学管理平台有一起作业网、拓维信息旗下的云校园、大家汇旗下的汇学习。

中小学的交易平台包括两类，一类是提供给用户进行课程、课件、试题等资料分享和交易的平台，另一类是给用户提供家教、培训课程等信息并可以自主预约交易的平台。典型的资料交易平台有中国教育在线旗下的好课网、宽图教育等。典型的预约交易平台有跟谁学、请他教、拼课网等。

技术服务包含三类，一类是为公办学校提供的教育信息化服务，第二类是为教育企业或机构提供在线教育产品基础技术服务，第三类是为教育企业提供外包的教学内容开发制作服务。提供教育信息化服务的企业很多，如全通教育、天喻信息、科大讯飞等，提供在线教育技术服务的企业也很多，如能力天空、EduSoho、云朵课堂、展视互动等。提供教育内容外包服务企业有时代光华、睿泰集团、德胜制课等。

中小学在线一对一兴起于 2015 年，在线一对一的培训模式具有互动性好、个性化辅导、效率高等特点，同时比起线下一对一模式又要实惠很多。未来几年，提供中小学在线一对一培训服务的企业也会持续增长。目前典型的中小学在线一对一的品牌有三好网、掌门 1 对 1、一米辅导等。

在线答疑值得是为学生提供在线解答难题服务的产品。在线答疑产品兴起于 2012 年开始的这波在线教育，根据答疑的方式可分为两种，一种是拍搜搜题式的自动答疑，第二种是教师在线实时答疑。拍照搜题产品凭借操作简便、服务免费的优势获取了大批中小学生用户。而在线实时答疑模式是一种收费的服务，但实时的互动型更好。需要说明：也有很多在线答疑产品采取拍照搜题的方式打开市场，靠实时答疑的方式盈利。同时使用这两种答疑方式的典型产品有学霸君、小猿搜题、阿凡题等。

智能硬件主要指学习机、学生平板、学生手机、益智机器人等这类的教育产品。学习机在过去十年间都很流行，也造就了如诺亚舟、好记星、步步高这样的学习机大品牌。随着这几年，移动互联网的不断发展，学生平板、学生手机产品开始兴起，同时学习机也在不断优化，市场也没有衰退的迹象。

教育游戏始终是一种备受学生喜爱的产品，在中小学亦是如此。由于研发成本高、盈利模式不清晰等原因，市面上的教育游戏产品并不多，因而在中小学的在线教育产品中只有 2.33% 的市场份额。

中小学的在线测评产品是指可以为学生提供基础知识测评、升学测评等服务的产品。由于测评服务专业性强且应用范围比较赛，通畅是与其他的服务组合在同一在线教育产品中。因而在目前的中小学在线教育产品中的占比不高。典型的在线测评产品有必由学、优学云测评、升学网等。

三、中小学在线教育企业竞争分析

中小学在线教育企业之间的竞争非常激烈，主要在以下几个方面展开竞争。

1. 产品和技术竞争

产品和技术的竞争是第一步的竞争，目前在产品和技术上竞争最激烈的是拍照搜题和答疑等方面的竞争，如学霸君、小猿搜题、阿凡题、作业帮、学习宝等；题库方面的竞争有学科网、猿题库、高考资源网、箐优网等；微课方面的产品有爱学堂、乐乐课堂、微课网、洋葱数学等。

随着在线教育竞争的升级，对产品和技术的竞争不断升级。如拍照搜题技术，原来是学霸君的独家技术，现在已经有了四五家同类产品；原来这个技术是专有技术，现在已经逐步变为标配技术了。题库也是如此，现在五百万道以上试题的题库已经成为标配。

2. 客户资源的竞争

对于 B2B 模式的在线教育企业来说，对客户资源（体制内学校和体制外的培训机构）的竞争，是最重要和最关键的。尤其是对做体制内学校的企业来说，拥有教育部、教育厅、市教育局、县教育局、学校校长、授课教师、学生等一系列资源，产品体系贯穿这么长的组织结构，需要非常深厚的客户资源。

3. 推广渠道的竞争

推广渠道分为两大渠道：互联网渠道和线下渠道。互联网推广 APP 类的产品，其成本是 5 ～ 10 元 / 用户。线下渠道的推广，除了电视媒体、平面广告媒体等之外，还包括代理商等各类渠道，这类渠道也是各企业争夺的目标。推广渠道的成本要远大于产品开发成本。

4. 用户竞争

用户的竞争，意味着同一类型的产品，用户只会选用一两种，其他同类产品均无机会。比如拍照搜题类产品，用户试用几种后最终只会选择一种，这意味着效果更好、更易用、更贴近用户的产品，才会得到用户的青睐。

5. 与传统教学模式的竞争

在线教育作为一种新型教学模式，与原有的面授培训之间存在竞争关系。家长、学生在选择的时候，会把在线教育与面授放在一起对比，因此在线教育要与传统教学模式有效竞争，则必须在效果、性价比等方面超过传统教学。

尤其是中小学在线教育，中小学生的时间非常有限，因此在线教育要取得突破，必然会与传统的教学模式产生竞争。

中小学在线教育以上竞争的特点，决定了这个领域是投入资金多、盈利周期长、企业死亡率高的行业。只有对教育和互联网均有深入理解，同时在资金、产品、技术、渠道等各方面均无明显短板的企业，才能够生存下来，胜出的企业更是如此。

第六节　中小学在线教育产业发展预测

一、企业数量预测

本报告认为，2015 年底到 2016 年初是在线教育企业的倒闭潮和行业拐点的开始。实际上，相当部分的中小学在线教育项目都有缺陷，很难做大做强，而且在线教育项目的开发者，有一部分是互联网出身的创业者，而非教育行业出身。对于他们而言，不懂教育就是一大缺陷。

同时，加上今年出现的互联网金融危机，使得企业融资比较困难，这样就会造成很多在线教育项目死掉。一个行业要发展的话，它总要经过一个非常热的泡沫，然后再冷却的过程。2001~2003 年，兴起了四大门户网站，分别为腾讯、新浪、搜狐、网易。它们也是经过市场的洗礼才生存下来。这次浪潮，会死掉一批没有价值的公司，而后留下的是一些有价值的项目。

2016—2017 年，大量的无盈利公司将会被淘汰，但是会诞生一批具有优质产品和口碑的巨头公司。到 2020 年左右，中小学在线教育业务模式将趋于稳定，大量的体制内的中小学和体制外的培训机构会转型为线下与线上结合的混合式教育机构。专门从事中小学在线教育企业的数目将会接近平稳，预计在 1000 家以下，但是使用这些企业的产品和服务的教育培训机构将会非常多，在数十万家以上。

二、产品与服务模式预测

在线教育的产业链条正在迅速分化，分工越来越细，产生了很多流派。有学习交易平台，提供学习者和教师之间的交易环节；有的提供在线教育的技术平台，使培训机构和学校更容易搭建在线教育平台，如各类网校系统、云存储、云加速等；有的提供内容资源服务，如各种各样的试题、视频。

中小学在线教育的业务模式非常多，与教学有关的主要有在线测试、微课、翻转课堂、在线答疑、直播互动教学等。到底哪种模式有发展前景呢？这里主要论述几种有前途的细分产品与服务。

1. 高质量课程资源市场潜力巨大

互联网教育研究院很早就撰文提出“没有高质量的内容，在线教育是缘木求鱼”，并预测高质量的内容将会流行。因为高质量的内容是在线教育的核心和灵魂，这里的高质量内容指的是高质量的内容资源，如视频课程、动画课程、试题、答疑、直播课程等。

然而，还有相当一部分从业者还在低水平重复开发低质量的课程，这些课程的生命周期短，被替代是早晚的事。与其浪费大量成本，不如主动改进。2015 年是在线教育课程大变革的一年，迎合大趋势是必然之选。2015 年以高质量的内容资源作为特色，获得投资方的青睐的项目有很多，如爱学堂、乐乐课堂、洋葱数学等。

2. 在线答疑演进为一对一和在线班课，将改变线下一对一格局

2014 年和 2015 年的在线教育，绝对是拍照搜题类应用爆发的时代，热到让学校明令禁止使用的程度。拍照搜题其实还不算什么核心业务，这类应用顶多解决了学生找答案的问题，与颠覆线下培训有何关联？绝大多数人会认为“现在担心在线教育冲击线下培训完全是杞人忧天”。

然而，在线一对一将颠覆线下一对一的说法并非空穴来风。以学霸君为代表的在线教育“小霸王”的凶猛攻势已经开始。自 2015 年 9 月起，在北京的地铁、电梯上已经到处可以看到学霸君“生活找妈，学习找霸”的广告，标志着学霸君开始高调进军在线答疑市场。

同时还有三好网、阿凡题、学习宝、作业帮、爱辅导等，都提供在线一对一答疑服务。保守估计，提供类似业务的有上百家企业，在线答疑市场立即变得炙手可热。在通过拍照搜题培养了千万级用户之后，开展收费的在线答疑服务，是上述企业的顺水推舟之举。然而这些在线教育企业，绝对不会停留在每道题只有 5 ～ 10 元的答疑费上。“学霸君们”对面

授培训行业真正的颠覆点在哪里？答案是在线一对一辅导。

3. 游戏化学习即将兴起

“游戏化学习”是 2015 年在线教育的重要关键词。兴趣是学生学习的自觉性和积极性的最直接因素，同时也是学生学习最强大的学习动力。在传统的教学模式下，往往是教师满堂灌，教师讲得头头是道，学生却觉得索然无味、昏昏欲睡。如果在线教育也是如此，就不能引起学生的学习兴趣。

竞争刺激是游戏化学习一大亮点，通过竞争的方式学习，不仅能使学生获得知识而且能培养学生的竞争意识。趣味化学习课程的开发成本，显然要远高于普通课程。如果在线教育企业还是一味地录制枯燥无味的视频课程，不提升学生的学习体验的话，显然已经不能在产品上与同类竞争对手相抗衡。

游戏化学习以生动有趣的界面和用户体验，以闯关等形式，将知识点难易程度呈现给学生，在学习过程中学生会不断思考，防止答题出错。游戏化学习可在闯关模块中设置好友排名功能，利用学生好胜心理，刺激学生不断学习。

国内已经开发了游戏化学习的企业还不多，如乐乐课堂、悟空识字、慧学云教育等，但是呈上升趋势。

第十一章 在线语言学习产业分析

第一节　互联网英语产业概述

一、在线英语学习产业定义

在线英语学习 (Online English Learning)，从字面上理解为通过互联网渠道，进行英语学习，即通过手机、平板电脑、电脑进行一系列英语学习的活动。很多人从字面上将在线英语学习简单地理解为，直接把传统的英语教材、视频、音频搬到网上，就是互联网学习。但这种理解是不全面的，特别是在当今移动互联网、大数据、云计算飞速发展的时代。

移动互联网的发展使得学习变得随时随地，也使学习变得有趣高效。移动社交英语、游戏闯关英语等新兴的英语学习模式，也被众多教育软件开发商和英语爱好者所青睐，同时移动互联网的发展也催生出了“碎片化学习”的概念，短小精悍的微课越来越受互联网学习者的喜爱，尤其是平时工作繁忙的白领一族。

大数据的运用，使得英语学习产品被使用的时间越长，它就越懂使用者，懂得使用者哪一类单词积累不够，喜欢哪一类的英语资讯，哪些英语基础知识薄弱。智能化英语学习产品都能懂得并将最合适的内容推荐给用户。云计算对英语学习的促进作用主要体现在语音识别方面，可以帮助学习者纠正单词的读音，练习阅读和对话时正确的语气。

英语学习方式的变革不只是体现于移动端，在传统的 PC 端，宽带网络的大幅提速，使得资源获取的速度加快了，这对于英语视频资源的传播速度和传播范围的影响也是巨大的，由此新生的网络公开课、在线一对一的英语学习方式被大众所喜爱。同时，新型的网络交互技术的发展和网页风格的转变，使得用户对英语互联网学习产品的体验更好了，如在英语测评上更美观、更有趣的答题方式获得了年轻一代英语学习者的认可。

总体而言，在线英语学习不只是将传统的英语课程搬到了网上，而是采用最新的互联网技术使英语学习变得简单高效，碎片化的学习、体验式学习是当今互联网教育也是在线英语学习的新模式。

二、互联网英语产业细分市场

虽然互联网语言学习产业就科目上已分到了最细，但由于英语学习在其中所占市场份额的比例比较大，以及英语学习科目本身的细致性，在线英语学习还可以在面向人群(受众)、产品类型、内容上作进一步细分。如图 11.1 所示为在线英语细分市场。

1. 受众分类

据互联网教育研究院调研，目前在线英语学习产业中，在线英语学习的面向的对象，大致分为学前儿童、中小学生、大学生、成人和综合类(面向以上两类或多类对象)。面向学前儿童的产品占 2%，面向中小学的产品占 25%，面向大学生的产品占 13%，面向成人的产品占 25%，综合类的产品占 35%。如图 11.2 所示。

在受众对比上可以得出，综合类的英语学习产品占比最多。由此说明，虽然当前大众创业提倡在垂直细分领域创造佳绩，但对于英语学习产业，大多数企业还是希望自己的产品面向更多的群体，形成一条完整的产业链。

在面向群体的对比数据中，面向成人的产品和面向中小学的产品并列处于第二位。由

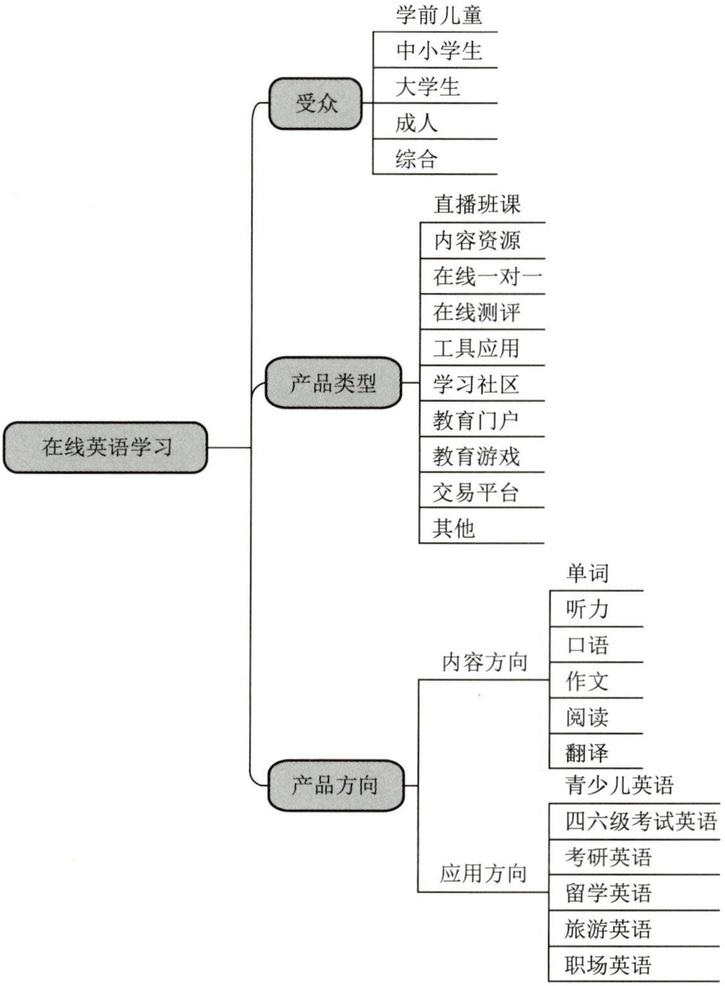

▲ 图 11.1　在线英语细分市场

此可以看出，职场从业人员与面临升学压力的中小学生具有同等英语学习和培训的需求。虽然大学生有英语四六级、雅思、托福、GRE 等一系列英语考试，但面向中小学的产品几乎是大学产品的两倍。首先是因为中小学的人群比大学生多得多；二是一般大学生参加的只有四六级考试，非英语专业考六级的学生并不多，能够出国留学参加雅思托福考试的人更少。学前英语所占比例很少，可以看出目前国内处于学习启蒙阶段的少儿，对英语学习的需求很少，在幼儿阶段能引导孩子去学英语的年轻家长并不多见。

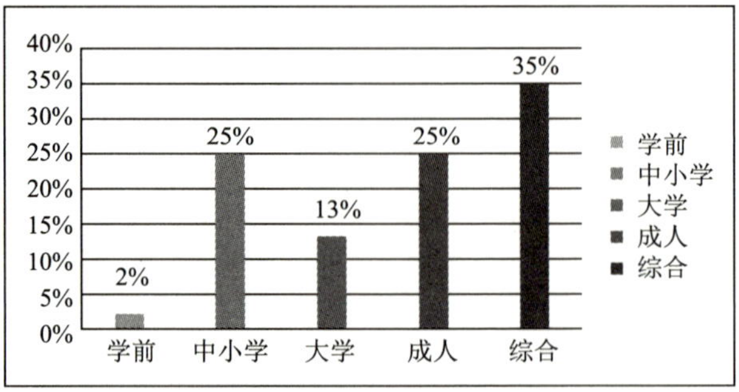

▲ 图 11.2　在线英语受众

2. 产品类型分类

在产品本身的类型上，也可大致分为在线直播班课、内容资源、在线测评、在线一对一、工具应用、学习社区、教育游戏、交易平台、门户网站、其他 10 小类。其中，直播班课占比为 33.09%，内容资源为 21.02%，在线一对一为 13.29%，工具应用为 8.70%，学习社区为 6.52%，教育游戏为 4.35%，交易平台为 3.86%，教育门户为 3.38%，在线测评为 2.66%，其他类为 3.14%，如图 11.3 所示。

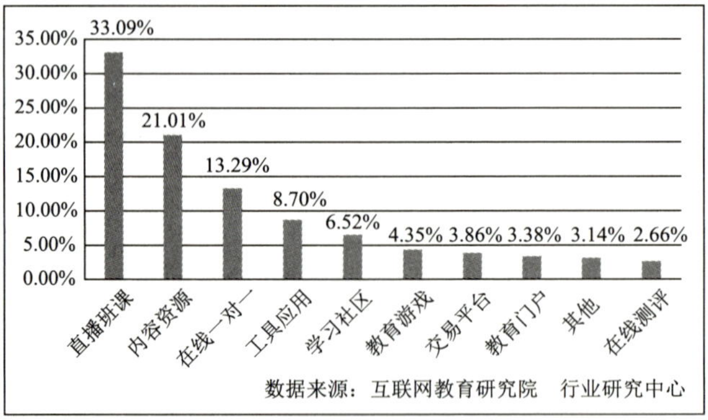

▲ 图 11.3　在线英语产品类型比例

直播班课起源比较早。大型的教育机构可能会定制开发直播平台进行直播教学，一些小型的机构可能会采用 YY、QQ 群等工具采取直播。而随着互联网科技的不断进步，大型的互联网教育企业有了自己的直播系统，小型企业也都有可以选择在腾讯课堂、百度传课、淘宝教育、网易云课堂等平台上开课。

内容资源类产品大多是在 20 世纪末、21 世纪初，第一波互联网浪潮下诞生的，主要有听力资源、试题资源、课件资源等，在如今网络带宽提速的条件下，又添加了课堂视频资源。虽然这类在线英语学习产品属于 20 世纪的产物，但依据在线英语学习的理念，同时这类产品在市场上仍占有不少份额，故纳入本次讨论范围之列。

英语学习领域的在线一对一模式兴起的比较早，最早的时候使用电话进行一对一教学，也兴起了一些电话英语培训企业。后来随着 QQ、YY、Skype 等工具的兴起，更多的企业选择这些免费的工具兴起，更多的企业选择这些免费的直播工具。而现在直播技术有了很大的提升，大型的企业也都有了在线一对一的直播平台，小企业依然使用 QQ、微信、skype 等工具。

英语学习中的工具应用主要指的是在线词典、在线翻译、单词记忆等功能性很强的学习社区在英语学习上也诞生较早，互联网社区兴起后这类学习社区也随之兴趣。英语学习社区，提供用户问答、分享、讨论英语热门话题或知识。

学习门户类英语学习网站是在第一波互联网浪潮下，在三大门户网站引领下的产物。由于互联网到移动互联网的变革才刚刚来临，所以很多传统的门户类英语学习网站仍被大批学习者使用，故而仍占近 6% 的市场份额。

教育游戏类包括两种，一种是传统的 PC 端的网页游戏，另一种是移动互联网时代的英语学习 APP 游戏。游戏类英语学习 APP 不仅受到中小学生的喜爱，就连步入职场的白领们也玩得不亦乐乎。

交易平台，也可以称之为互联网教育的电商。在英语类的交易平台中上架的大多是英语学习视频课程，也有部分交易平台作为了直播课堂的入口。

英语学习上的在线测评，指的是提供英语口语测频、作文测评高技术含量的产品。人工智能被认为是互联网教育产品的发展方向之一，英语上的在线测评产品未来也会也来越多，测评准确率也会越来越高。

3. 产业发展地域对比

如今互联网市场上爆发的互联网教育投资热是史上第二波互联网教育浪潮，新一波的互联网教育浪潮，首先由中国一线城市创业者带起，继而二三线城市的创业者也加入了互联网教育的行列。互联网教育中英语学习产业也是一大投资热门。如图 11.4 所示为主营英语学习类产品的企业的地域分布比例。

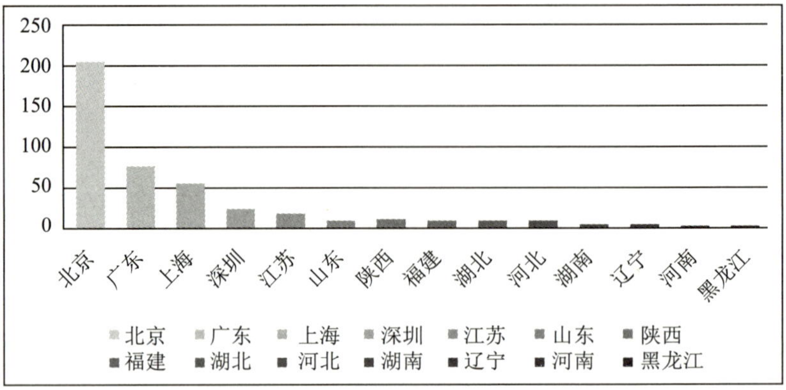

▲ 图 11.4　在线英语培训机构所在区域

从图 11.4 中，我们可以看出绝大部分主营英语学习产品的企业位于北上广深一线城市，剩下的也多是沿海省份。由此说明，整个英语学习乃至互联网教育市场，一线城市仍处于主导地位，沿海经济发达城市处于追赶状态。

第二节　在线英语学习行业的特点

一、大型企业占据市场主体

据中国教育部《全国教育事业发展统计公报》透露，目前中国拥有英语培训消费群体近 3 亿人，培训机构数量超过 5 万家。且互联网教育语言学习领域的项目已经融到 D 轮阶段。互联网英语培训行业巨头的沪江网也在 2015 年 10 月份刚获得 10 亿元 D 轮融资。好未来在 2015 年 9 月份宣布全资收购少儿英语品牌励步英语。新东方在线在 2016 年 2 月获得腾讯 3.2 亿元战略投资。

如图 11.5 所示为在线英语学习企业比例。在 2015 年互联网英语培训企业中，小型企业所占比例已超过半数，为 76%。据第三方机构统计，2014 年国内每天都有互联网教育公司诞生，而这些小型企业很多是去年一年内疯狂崛起的单词、口语类等新项目。

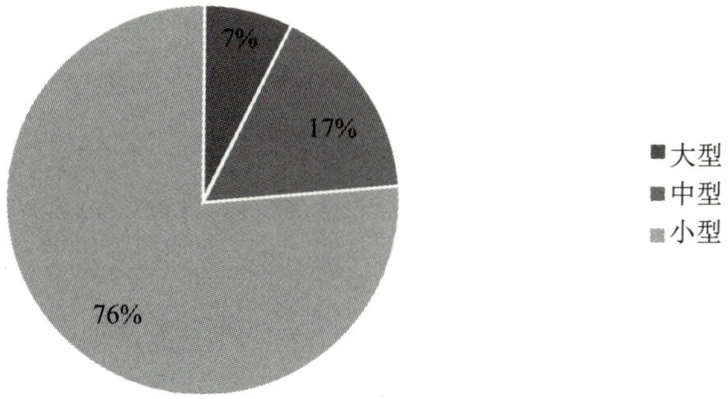

▲ 图 11.5 在线英语学习企业比例

其次，大型企业在数量上虽然不占优势，但是它们在整个市场份额中却拥有着独一无二的主导地位。比如，新东方在线、沪江网、51talk、洛基英语等，以及在地铁站大肆做品牌宣传的 VIPKID、智课网等。

当然，市场中并不是只被小型所充斥，还有占比约 17% 的中型企业。换句话说，在某种程度上，他们是一群找到了自身发展的正确模式，在恰好的时候，获得了应有的融资，并逐渐壮大的中小型企业。

二、受众年龄跨越度大，但黏性不大

虽然互联网教育是一个以内容为王的领域，但是能够造福多少用户，才是它价值的真正所在。有人曾这样评价中小学教育这块蛋糕，它有着从一年级到初三的各阶段用户，且有着长达 12 年的用户黏性。因为“应试”这个功能，中小学教育有着得天独厚的优势。

英语培训行业的受众年龄跨度虽然大，从学前、中小学、大学直到成人都有，英语学习本身是一种枯燥的、重复性的活动，它对于一个人的耐性要求比较高。所以，如果想依靠一款互联网教育产品，完全地吸引用户是比较难的。

另一方面，各个年龄阶段的需求不同，使用的时间长短也是有限的。举个例子，大学生这个受众群体，主要针对的是考研和考雅思和托福。他们的学习年限多数只是一年，所以对于英语培训行业来说，需要树立自己的口碑，从而不断地扩招，吸引更多的新用户。

可以说，在用户的黏性上，在线英语学习行业需要加强。

三、各取所需，需求强烈

据了解，2015 年 1 月到 10 月，K12 互联网教育的融资金额达到 45.6 亿元，B 轮及以后的融资金额占比达到 80%，其项目发展较为成熟；语言学习的融资金额集中在 D 轮，职业技能培训的融资金额较多分布在 A 轮，其项目多处于较早期阶段。由此可见，互联网教育的所有领域中，语言学习行业的融资已基本接近成熟阶段。语言培训行业的需求是持续性的，并不是短暂的。

2015 年 5 月，新东方正式上线了最新少儿产品 —— 致赢少儿一对一，针对 6 ~ 12 岁年龄阶段学员的在线兴趣英语课堂。而就在新东方推出这款产品不久前，好未来也刚刚推出了他们的少儿英语产品 ——“乐外教”，由原 91 外教网负责人郑金礼打造。在少儿英语线下培训这方面，集中的创业公司有 VIPKID，VIPABC 推出的少儿英语频道，更为早期的启蒙型的产品还有叽里呱啦和宝贝英语说。

因为英语行业培训的年龄跨度较大，为了满足各个阶段的需要，所以英语行业产品的类型也是多种多样的。无论是记单词类的 APP、训练口语的真人电话课程，还是小型的网络互动课堂，以及海量的听力题库等，都是互联网英语培训行业有着实际需求性的项目。所以英语培训行业的用户需求不仅是持续性的，而且是多样性的。英语培训是互联网教育领域一个应试和素质的结合点，一直受到家长的追捧，之后的竞争将更加激烈。

第三节　在线语言学习市场概况

一、在线语言学习概况

自 2000 年以后，随着互联网开始普及，涌现了大量的语言类学习网站，如新东方在线、沪江英语、旺旺英语等，国内有上千家语言学习网站，主要以网校和资料共享的社区网站为主要形式。

自2012年开始，互联网学习得到资本的重视，大量新兴的语言学习网站又纷纷出现，意在颠覆原有的市场格局。新东方董事长俞敏洪曾断言，随着互联网等现代技术的发展，互联网教育行业将迎来颠覆式的变革，未来3～5年可能将实现线上40%、线下60%的格局。这个预言给国内的互联网教育创业者留下了巨大的想象空间。

二、典型在线语言学习网站

由于英语学习和相关资料的需求非常迫切，国内出现了大量的在线英语学习网站，这里列举典型的网站供读者参考，见表11-1。

表11-1 典型在线英语学习企业

分类	名称	网址	产品/服务模式
外语资料下载	旺旺英语	www.wwenglish.com	内容/广告
	大耳朵英语	www.bigear.cn	内容/广告
	星沙英语网	www.rr365.com	内容/广告
	普特英语听力	www.putclub.com	内容/广告
点播教学为主	沪江	www.hujiang.com	网校
	新东方在线	www.koolearn.com	网校
	环球雅思网校	www.eng24.com	网校
	智课网	www.smartstudy.com	录播课和直播课
真人一对一在线教学	51talk	www.51talk.com/	外教在线一对一
	乐知英语	www.hiknow.com	外教在线一对一
	易说堂	www.e-say.com.cn	电话/在线双模式
	美联英语 OnlineVIP	http://www.met365.cn/	在线外教
	ABC360	www.abc360.com/	外教在线一对一
	说客英语	www.talk915.com	外教在线一对一
	DaDaabc	www.dadaabc.com/	外教在线一对一

（续表）

分类	名称	网址	产品 / 服务模式
外语 APP 类	有道词典	http://dict.youdao.com/	查词及翻译
	百词斩	www.baicizhan.com	单词记忆
	魔方英语	www.mofunenglish.com	大片学英语
	英语流利说	www.iwmgh.com	英语口语测练
游戏化学习	一起作业网	www.17zuoye.com	趣味游戏
	唯智学园	www.wizworldonline.com	虚拟世界游戏化学习
技术服务	科大讯飞	www.iflytek.com	语音合成及测评技术
	思昂教育	www.voiceontech.com	口语测评技术
	思必驰	cn.aispeech.com	口语测评技术
	句酷批改网	www.pigai.org	英语作文智能批改技术
	极智批改网	www.smartpigai.com	英语作文智能批改技术

第四节　在线英语学习产业的发展态势

一、传统培训机构正积极转型互联网

互联网教育市场在 2015 年急剧井喷，越来越多的互联网教育创业公司、创客企业不断涌现。2015 年上半年互联网教育形势发展甚好，线下线上的培训机构为了寻找共同的利益，积极促进双方合作。下半年，互联网教育虽然正急速进入“市场整合期”，但是谁都不愿意放弃这块散发着奶香的蛋糕。

互联网英语培训机构正积极寻找合适的发展模式，且斥巨资塑造品牌知名度。由最初新东方在体制内学校里大肆散发传单，广泛招生，到今天的 51Talk、VIPABC 等英语网校，纷纷请李娜和姚明等明星做代言人，以此来提高品牌知名度，给自己身上“贴金”的行为，屡见不鲜。从另一种程度上说，互联网英语行业的发展态势良好，竞争仍是非常激烈。

如图 11.6 所示为线下培训机构转型范例。从图 11.6 中，可以看出，已经有一批线下机构按捺不住“线下的寂寞”，开始涉足线上教学。尽管比例只是占到 4%，但是这也是一种趋势的前兆。其中，有 3% 的培训机构选择在百度传课、腾讯课堂、淘宝同学、QQ 视频等交易平台上，投入自己的一些经典视频课程，这样既可以提升知名度，也可以扩大招生，比如翰林汇教育、阿甘英语、EF 英孚教育、尚学教育等。另外，还有 1% 的线下大型英语培训机构已经开始在自己的官方网站上开设少数的网络课堂，如欧文外语等。在英语线上培训机构中，以雅思、托福类的教学偏多。

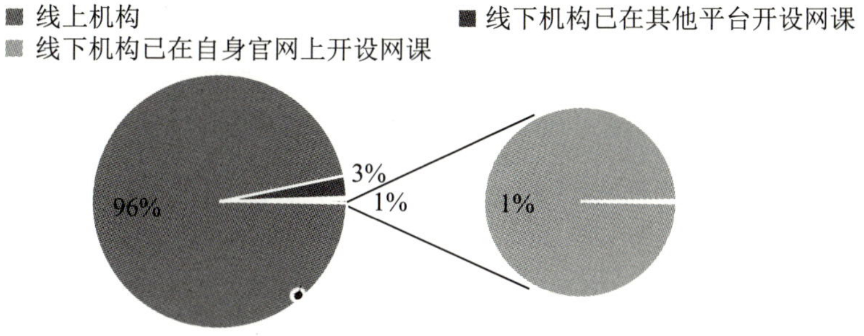

▲ 图 11.6　线下培训机构转型范例

二、互联网英语教育产品分支众多，且发展规模不一

如图 11.7 所示为在线英语学习产品比例。

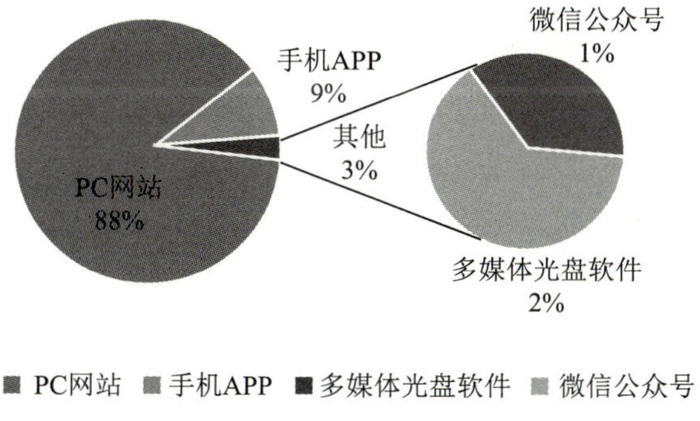

▲ 图 11.7　在线英语学习产品比例

1. 以 PC 网站为主，其中在线教学、课程 / 课件、在线测评 / 题库等位居前列

因为英语培训行业本身受众的特殊性，年龄跨越度大，且多数是成熟和半成熟用户，所以在线培训产品的类型众多，细分领域的分支也为数不少。如图 11.8 所示，88% 的培训机构仍是以 PC 网站为主，其中，PC 网站上开设较多的是在线教学 (班课)、在线教学 (一对一) 和课程 / 课件类的产品。互联网教育的本源便是内容 (课程)，所以这是不足为奇的。其次，基于英语学习本身，大量的听力和口语材料是必不可少的，所以运营在线测评 / 题库类的公司数量也是不可小觑的。

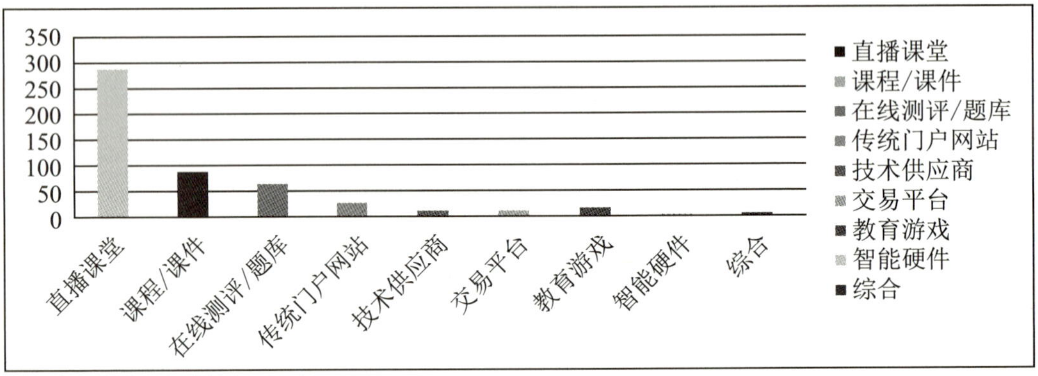

▲ 图 11.8　在线语言学习业务类型

2. APP 排列第二，其中口语训练和记单词的较多

科技的快速发展，使得通信设备越来越轻便、快捷。在用户量大增的情况下，各种新颖的 APP 蜂拥而至。英语培训当然也不会放过这条通信用户的专属通道。

据统计，有 9% 的互联网英语培训产品类型是 APP。这类产品，主要是通过 APP，每日发放新的口语训练测题和单词背诵任务，以此来“督促”用户每日坚持学习英语。甚至有的 APP 本着教育游戏的寓意，采用单词闯关模式，来激发用户的学习热情。譬如，英语魔方秀 APP 就是以边看电影边学习语言的理念创设的。2015 年五月份获得数百万美金 Pre-A 轮融资的“知米英语”，它就是利用单词短语，通过设置单词的使用场景，来降低抽象单词的记忆难度。

2015 年 4 月，51Talk 也推出免费的移动英语口语产品 —— 多说英语。通过平时练习中所积累的金币，可以兑换真人外教口语打分服务。从另外一个角度看，对于互联网教育

来说，“教、测、学”的环节中，“测”也是一个重要的环节。一个好的“测”工具，不仅可以带来客观用户量，同时还是个性化教学的基础。

3. 新生系列——微信公众号，偏向于考研和留学资源

微信公众号是2013年由腾讯推出的一款可以实现和特定群体的文字、图片、语音、视频的全方位沟通、互动的交流平台，从而渐渐形成了一种主流的线上线下微信互动营销方式。近几年微信营销的发展如日中天，因为它的群发功能和互动功能，越来越多的用户偏爱于它，更是吸引了一大批商家注册自己的微信公众号。也有一些英语培训机构，利用微信公众号，发布考试资讯和课程信息。虽然比例只占到所有英语培训机构总数的1%左右，但是这类公众号的用户量并不少，且多是考研、考博和留学类考生。

第十二章 在线职业教育培训产业分析

第一节　在线职业教育培训行业概述

一、职业教育培场概论

在线职业教育培训指的是为获取某种职业资质、提升职业技能而进行的培训和考试，主要用户群体为成年人。众所周知，在中国与职业发展相关的市场非常大。目前比较常见的职业培训和考试，大约有以下几类。

(1) IT 教育：嵌入式开发、应用程序开发、网页设计、数据库搭建、大数据开发、微信开发等信息技术类等学习与培训。

(2) 设计教育：平面设计、UI 设计、空间设计、服装设计、游戏动漫设计、环境设计等视觉设计相关的学习与培训。

(3) 财经考试培训：注册会计师、会计从业、经济分析师、银行从业等一系列财会、经济类考试、考证培训。

(4) 司法考试培训：司法考试相关的法律法规培训。

(5) 公务员考试培训：国家公务员、地方公务员、事业单位考试考证相关的培训服务。

(6) 医学资格考试培训：医学相关医师、药师、护士相关的职业考试考证培训。

(7) 金融资格考试培训：货币、证券、期货等从业资格考试考证培训。

(8) 教师资格考试培训：教育资格考证、教师编制考试相关的培训。

(9) 建筑工程考试培训：建造工程师、消防工程师、道路桥梁工程师等相关的考试考证培训。

(10) 自考学历考试培训：大学生、成人自考学历的考试培训。

职业教育市场现在正在向非常好的方向发展，不仅职业考试类的职业考前培训市场火爆，而且就业技能类培训、在职培训需求也强劲。以前职业教育被人看作是蓝领的教育；如今，从刚工作的毕业生到职场上已是顶梁柱的核心中层，一直到企业的高管，各行各业的人都参与到职业教育中。

职业教育也分为素质教育、技能教育等，还有行业内一些专门特殊培训，这种变化表明了中国的职业教育市场也越来越成熟。而且随着网络学习、移动学习先进手段的普及，教育方式、效率及资源共享程度也越来越高。

职业培训网络教育提供财经、司法、英语、IT 等各方面的职业教学服务，如 IT 培训类以青鸟、达内华育网学院为主，在会计类培训领域，以中华会计网比较有名，考研辅导市场中水木清华考研远程辅导网有一定影响力，在自考方面则以华夏大地教育网为主。环球职业教育在线也是规模比较大的企业。

在职业认证考试类的企业中，东大正保目前规模最大，但是其他的竞争对手的实力也不容小觑，如东奥会计在线、环球职业教育在线等，每年也有数千万元到上亿元的收入。有的培训机构采用混合式学习的模式，将在线与面授结合起来，也起到降低成本的作用。

考试类的市场空间非常大。虽然东大正保的规模相当大，但是也只有部分市场。根据东大正保官方数据，东大正保经历了十几年的发展，目前已拥有 16 个品牌网站，开设 200 多个辅导类别，覆盖了会计、法律、医药卫生、建设工程、中小学、自考、成人高考、考研、外语、职业培训等 13 个不同行业，2012 财年培训规模达 220 万人，在中国在线教育领域居于领先位置。但是目前医药护类专业每年有约 250 万考试人员，东大正保 2012 年的用户群是 10 万人次，只有 4% 的市场覆盖率；建筑类 200 多万考试人员，东大正保的覆盖率更低。因此职业培训市场还是非常大的。

二、在线职业教育培训市场的特点

与其他教育培训行业相比，在线职业教育培训市场具有以下几个特点。

1. 就业刚性需求非常强烈

绝大多数人参加各类职业培训，其目的非常明确：找一个更稳定或更高薪酬的工作，这一点是毋庸置疑的。因此无论是公务员考试，还是 IT 培训，其目的都是围绕“就业”这个刚性需求来进行的。

2. 职业技能提升需求强

即使是工作多年的在职人员，随着岗位对知识技能的要求不断增加，提升职业技能也是必需的。因此各类职业技能提升的需求也非常强烈，如管理技能、产品经理、项目经理等培训的需求也随之上升。而在线教育时间和地点灵活、成本低、可方便共享全国优质师资资源的特点，使得在线学习成为最好的选择。

3. 在线职业培训可能迅速颠覆面授培训

与 K12 和高等教育不同，在线职业类培训和学习将是最先颠覆传统教育的细分市场。这与职业培训的群体——成人对在线教育的接受度很高，而且其支付能力较强有很大的关系。其实在会计培训领域，很早以前 70% 以上的市场份额就被在线教育所占据，这就说明在线教育颠覆面授培训不仅是可能的，而且在某些行业已经成为现实。

随着时间的推移，对在线教育的接受度越来越高，在线职业培训的比重将会越来越高，会有更多的行业培训被互联网教育所颠覆。当前资本越来越关注在线教育，会投入很多资金开发产品、培训市场，越来越多的用户会关注在线教育，在线的职业教育培训的比例可能会在未来 3 ～ 5 年内整体提升至市场的 40% ～ 50%。传统面授行业如果不主动迎接这场变革，那么很可能就会被淘汰。

但这个过程要根据该行业本身的特点来决定，比如复杂程度很高的 IT 培训，则不容易被在线教育所颠覆，原因是在线教育很难代替线下的集中授课和答疑，但传统课堂授课模式也受师资力量参差不齐的现状所局限，因此 O2O 的模式更可能被接受。将 IT 技术整合到面授培训之中，对提升教育培训质量起重要的作用。

4. 行业差异巨大

职业培训领域的一个重要特征是隔行如隔山，每个行业的在线教育的内容资源，无法复制到其他领域中，比如公务员考试的课程，无法应用到医学课程中去，而司法考试的课程，也无法被会计课程所复用。因此内容资源之间是无法复用的，甚至是不同的行业，其师资成本、授课方式的差异也是非常大的。比如 IT 类培训，以“知识讲授＋实际项目操作”为主要教学模式，而司法考试的课程则以知识点讲授和案例解析为主要教学模式，二者的差异非常大。

对于从业人员来说，从事不同领域的在线教育，则必须要有不同领域的师资，各个项目之间的师资共享是不可能的。而每个领域的市场规模是不同的，除了规模比较大的公务员考试、医学考试、司法考试、建造师考试等，其他总体规模较小的行业，如心理学、人力资源等，难以形成数十亿元市场。

5. 师资非常重要

对于职业培训人员来说，“师资”是其选择培训机构的关键因素之一，难度越大的考试，师资的重要程度就越高。互联网的普及，使得师资的作用被放大了无数倍，老师水平如何，会成为学员品头论足的谈资。

以司法考试为例，有些学员在网上“吐槽”：“司法考试培训教师讲课效果不尽如人意的大量存在，有的学科甚至找不出一个真正令人满意的教师，比如法理学民法学行政法学等，很多老师讲课都废话连篇、逻辑性不强，这些老师的课废话能占到三分之一，严重的甚至占二分之一，可见废话之多，这无疑在浪费学员的时间、金钱，在做无用功，涉嫌拖课时赚取课时费。”

三、在线职业教育培训市场的前景

在严峻的就业形势面前，职业学校毕业生却成为就业市场的宠儿。2008 年天津高职院校毕业生就业率达 93%，超过了本科就业率；中职就业率连续四年超过 95%；计算机科学与技术已经成为就业率最低的专业之一，从 IT 职业培训机构毕业的“非正规军”却成为用人单位的宠儿，很多学员还未毕业，用人单位已下了“订单”。

就业的利好消息，直接带动了职业教育招生规模的水涨船高。2008年，全国中等职业教育和高等职业教育招生总量达到1100万人，在校生超过3000万人，分别占据了高中阶段教育和高等教育的半壁江山；社会职业培训机构同样面临广阔的发展空间。

从某种意义上，企业用人观的转变对职业院校就业率的走高起到了重要的推动作用。越来越多的用人单位有了“用人成本”的意识，这种成本不但包括给员工的薪酬待遇，还包括培训他们所花费的成本。而对于某些岗位来说，录用职校生比录用本科生可以花费更少的用人成本而获得更好的用人效果。企业挑选人才从看“学历”到看“学力”的转变带来了职校生的高就业率。

随着互联网在职业培训中的作用越来越大，这意味着在线教育在职业教育培训领域中，将有越来越大的作用。职业教育以其实用性强、用户愿意付费、用户在线学习习惯容易培养等特点，更容易颠覆传统教育培训。

笔者预计，在未来3～5年，互联网对成人教育培训将会产生巨大的冲击。互联网教育热潮将会继续发展，占据成人教育培训的半壁江山，而职业教育作为成人教育中占比最大的部分，必然也在其中。

第二节　在线职业教育培训行业投资状况

一、在线职业教育迅速发展的原因

1. 国家政策支持

2014年6月22日，国务院发布了《关于加快发展现代职业教育的决定》(以下简称《决定》)，全面部署加快发展现代职业教育。

2. 市场需求强烈

职业院校毕业学生的就业率较高，企业用人观念开始转变，开始注重人才技能而非学历。由此带来的就业利好消息推动更多的人转向职业培训以寻求更好的就业机会。

3. 互联网教育发展的结果

互联网的快速发展，正在颠覆传统的学习模式，不同于传统机构的面授培训需要抽出整块的学习时间，在线职业教育可以利用碎片化时间，实现随时随地学习。

二、2014 年在线职业教育投资状况分析

互联网教育研究院搜集了 2007—2015 年 (截至 2015 年 12 月) 的在线教育的职业教育领域的投资事件，对该领域内的投资金额和投资轮次进行统计 (图 12.1、图 12.2)。

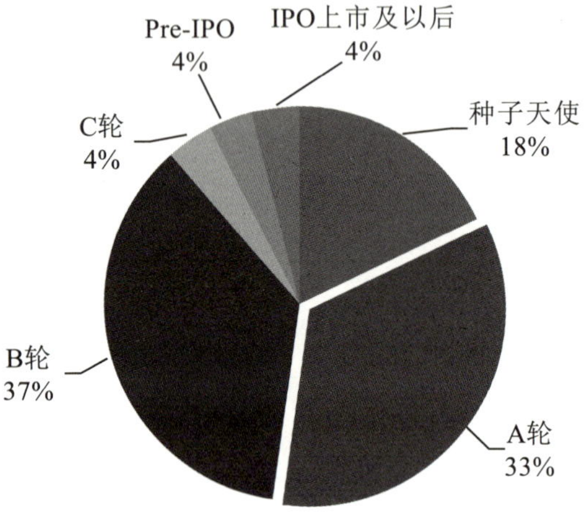

▲ 图 12.1　在线职业教育投资轮次

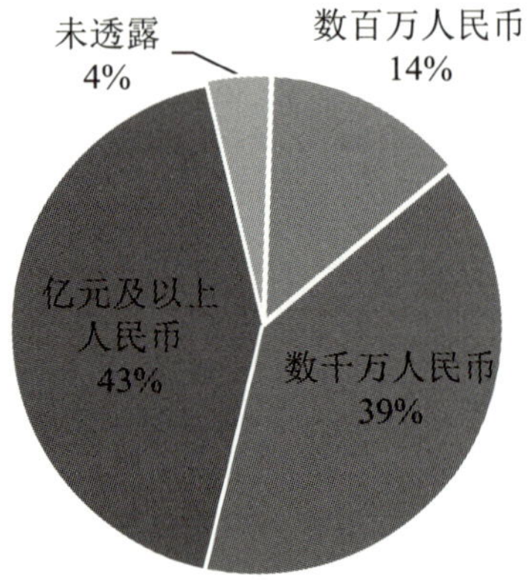

▲ 图 12.2　在线职业教育投资金额

从上图数据上看，职业教育领域的投资案主要集中在天使轮和 A 轮的投资，投资金额的规模不大，是一个新兴的投资领域。

三、在线职业教育企业分布

据互联网教育研究院的调查，目前已经有在线职业教育类企业数百家，而 IT 培训类的企业数量最多，其次是市场火爆的公务员考试。而在每个细分市场内，企业之间的竞争也非常激烈 (图 12.3)。

在线职业教育的两大上市公司为达内科技和东大正保远程教育。

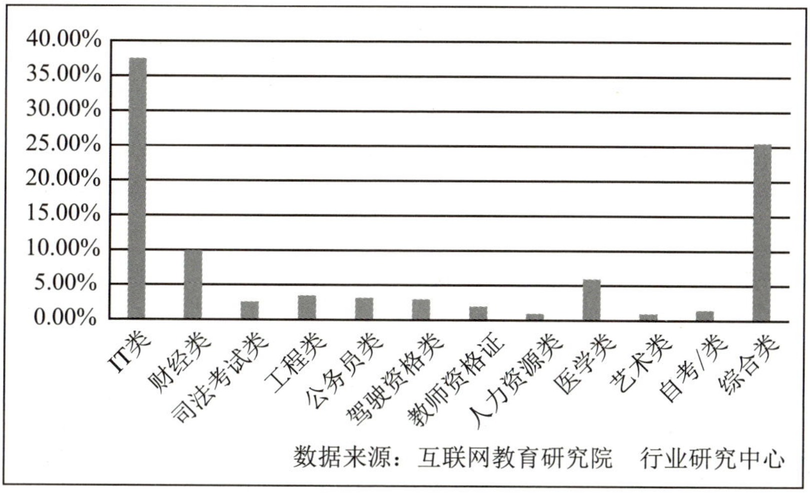

▲ 图 12.3 在线职业教育市场企业分布

达内科技：2013 年的中国职业培训的市场规模是 675 亿人民币，其中 IT 培训的份额约 11.4%(77 亿人民币)，达内占有其中 8.3% 的市场份额。2014 年 4 月 3 日晚，达内科技集团成功登陆美国纳斯达克证券交易所。

东大正保远程教育：东大正保远程教育以“中华会计网校”起家，旗下拥有 16 家品牌网校、开设 170 多个辅导类别，覆盖了会计、法律、工程、医药卫生、自考、成人高考、考研、外语、中小学培训、IT 培训等诸多领域。

第三节 在线职业教育市场发展概况

一、在线职业教育企业细分领域分布

互联网教育研究院已收集 3000 家互联网教育企业，其中包括 K12 教育、职业教育、语言教育、兴趣教育、企业教育、高等教育及出国留学等项目，每个细分领域内都有典型的公司。其中职业教育已收集项目近 1000 家，而在职业教育中，IT 类为主要细分领域，占比 35.27%，远超于财经类、医学等类。如图 12.4 所示为职业互联网教育细分领域。

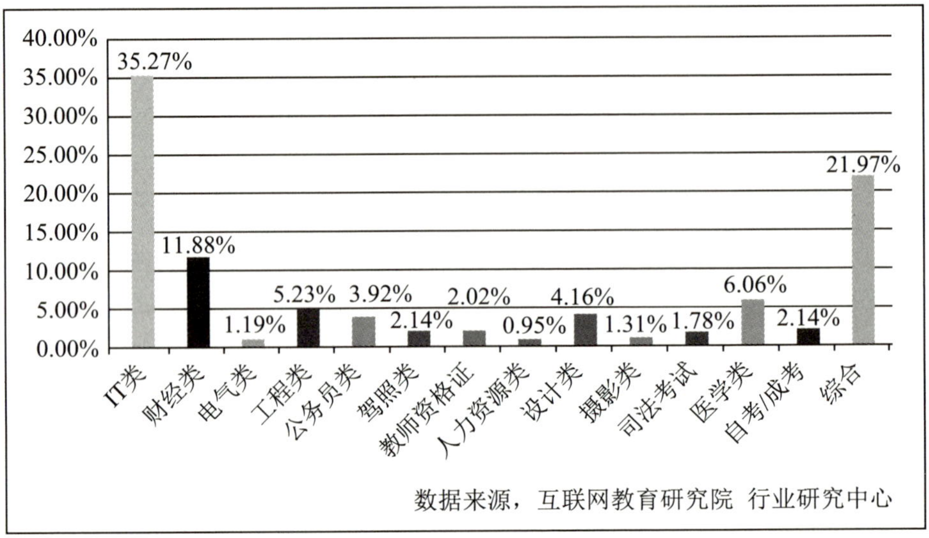

▲ 图 12.4 职业互联网教育细分领域

另外综合类互联网职业教育企业的教育内容，含有 IT 类、财经类、电气类、工程类、公务员类、驾照类、教师资格证、人力资源类、设计类、摄影类、司法考试类、医学类、自考 / 成考或包含以上任何三类以及大于三类的，故 IT 类的占比远比我们当前独立出来的数据还要多。

二、在线职业教育细分领域发展概况

职业教育事实上是一个非常细分的行业，随着对专业人才的需求逐步较大，将会有更多专注于更加细分的市场的企业出现，这里选取几个主要的在线职业教育市场进行分析。

1. 公务员考试

随着国内就业压力的不断增加，持续升温的国家公务员考试催生了一个特别的族群——“考碗族”，这些“考碗族”有的是即将毕业的大学生，有的是已在职场中打拼几年的白领，他们有一个共同的特点就是狂啃考试书籍，不惜一切代价，投入大量的时间、精力和金钱，只为捧一个稳定的公务员“饭碗”。

据《中国经营报》报道，2013 年国家公务员考试有超过 150 万考生报名，竞争两万个公务员职位，录取比例超过 66 ∶ 1，而其中热门的 109 个职位的录取比例则高达 1000 ∶ 1，最热门的国家统计局重庆调查队的一个科员职位，有 9000 多位考生竞争。三四线城市的公务员考试培训招生情况总体好于一二线城市，公务员考试培训在这些地区非常火爆。

按照 150 万人的国家公务员考试和 250 万人的地方公务员考试的规模，如果有 20% 的参培率，每年就会有至少 80 万考生参加各种考前培训，按照平均 5000 元 / 次的培训花费，仅这一块的收入就可以达到 40 亿元，再加上购买辅导教材十几亿元的收入，公务员考试市场的规模超过 50 亿元，在中国教育培训市场的份额不可忽视。

经过十年多的平稳发展，国家公务员考试培训已经形成一个稳定成熟的大产业，其中面授培训占据这个市场的主导，大约占据了 70% 的市场份额，图书和辅导教材则占据了 28% 的市场份额，而网校这一块目前规模还比较小，仅占 3% ～ 5% 的份额。

像中公教育、华图教育这样的全国性的国考教育培训机构在全国主要的地级市都设有教学点，其中中公教育有 300 多个教学点，华图教育也有 200 个教学点，机构开设从基础班、模块班、强化班、冲刺班、点题班等不同阶段的备考培训班，而不同课程的收费也从几百元、几千元到几万元不等。粗略计算一下，考生即便是只报最基础的《行政职业能力测试》《申论》和《公务员面试指导》，三门加起来少则几百元，多则一两千元，如果从基础班到点题班全部学下来，则需要一万多元。

据调查，目前全国有 700~1000 家针对国考的培训机构，其中有以中公教育、华图教育为代表的全国性的连锁培训机构，也有很多区域性的培训机构，有的以省为中心，在全省范围布点，有的则以市为中心。在国考的教辅图书市场，中公教育和华图教育基本垄断了这块市场，每年出版数千种教材。

公务员考试培训市场由面授培训、图书及在线网校构成，其规模超 50 亿元。目前在线学习的市场不到 2 亿元，预计在线公务员考试培训市场可以占据 50% 的市场规模，还是有非常大的发展空间的，典型企业有中公教育和华图教育等。

2. 金融类资格认证考试

2015 年金融类、会计类人才需求尤为旺盛，网络在线职位数同比上季度达到 37% 和 36% 的增长。金融行业的职业教育大多数属于继续教育，消费人群大多数是职场人士，因此消费能力较高。金融行业成了继 IT 行业和公务员市场后的又一大职业教育市场。

在线职业教育商业模式典型的成功案例，就是东大正保远程教育，在 2008 年登陆纳斯达克股市。在经过了若干生死考验之后，如今会计专业几乎人人都知道中华会计网校。它在成功之后，迅速拓展其他领域，如司法考试、医学考试、中小学网校等，但是收益远未达到预期。

根据其公布的 2014 财年第四季度及全年未经审计的财报，东大正保远程教育第四季度净营收为 3530 万美元，比去年同期的 2710 万美元增长 30.3%，超出公司此前预期的 3240 万美元到 3360 万美元的上限；净利润为 1340 万美元，比去年同期的 910 万美元增长 47.5%。

东大正保在会计、护理、建筑工程类的收益还是相当不错的。2013 年达到了 4 亿元人民币，是当前中国最大的在线职业培训企业。东大正保还推出了职业考试 APP，作为在线教育的延伸。这说明在线教育市场有非常大的空间。

3. 建筑工程考试

根据国内某专业招聘网站统计数据显示，2014 年 2 月，建筑与工程行业网上发布职位数超过 11 万个，同比增长 50%，在招聘企业中将近有八成是民营企业。随着房地产开发的兴旺，201 年年初许多大型房地产开发项目的启动，对建筑类人才的需求就更加强烈。

我国建筑业施工企业有 10 万多家，从业人员超过 4000 万，其中专业持证人员的数量不足 1%。通过建造师考试有一定难度，目前行业仍面临一级建造师、二级建造师较大缺口。在市场刚需的促使下，建造师属于极具潜力的岗位。

根据国家法律规定，从事工程项目管理的专业技术人员，应当具有城市规划师、建筑师、工程师、建造师、监理工程师、造价工程师等一项或者多项执业资格，可以说对人才的要求非常高，因此对于人才的招聘之“难”也是可以理解的。有业内人士表示“建筑企业提供的招聘岗位很丰富，但基本上都要求有工作经验的人，并且不少岗位涉及公司管理中、高层。应届毕业生或者刚入职相关行业一两年的求职者，很难被公司看中。”典型企业有学尔森教育、龙本教育和筑龙网等。

参加司法考试等重要资格考试的人群也成了公务员考试培训的一支主力军。与其他政府部门所招聘的公务员职位有所不同，想要成为一名法官或检察官，要经过公务员考试与司法考试的双重考核。而要通过百里挑一的公务员考试，以及被称之为“中国第一难考”通过率只有10%左右的司法考试简直是难比登天。但2013年国家司法考试报名人数也再次刷新了历史纪录，超过了43.6万人。

司法考试大军不断壮大，也推动了培训机构的蓬勃发展，产生了万国学校、三校名师等专业培训机构。就业压力、司考政策的调整，以及法官等职业的高社会地位，使参加司法考试的人数大幅增加，而考试的高难度和低通过率，也使得很多考生不得不求助于培训机构，这直接为培训市场带来了丰厚的利润。

在司考培训市场快速发展的同时，面对各类社会培训机构，很多考生在选择上变得更加稳重，更加懂得理性地挑选出真正适合自己的培训班。比如先依据自身情况选择是面授还是网授，然后再比内容、师资和价格。当然，在众多选择条件中，最能够直观反应培训机构教育质量和服务专业程度的司法考试通过率，无疑是考生最关注的。

名师同样也是考生选择培训机构时的重要因素。就司法考试的十几个部门法而言，都已形成了一两位名师在市场中的影响力和品牌号召力。比如国内司法考试刑法辅导专家韩友谊，凭借轻松、幽默、深入浅出的授课形式和对考察要点精准把握，得到学员的广泛好评和认可。典型企业有万国学校和三校名师等。

第四节 在线IT培训市场需求和产业结构

一、在线IT培训市场需求

随着国内互联网的飞速发展，中国网民的数量增长势不可挡。据新华社电中国互联网络信息中心(CNNIC)发布的第36次全国互联网发展统计报告显示，2015年上半年我国共新增网民1894万人；截至2015年6月，互联网普及率为48.8%，我国网民总数已达6.68亿人。

与此同时，据工业和信息化部数据，到 2015 年 6 月底，92 家境内外上市互联网企业的市值规模突破 5.1 万亿元，上半年互联网企业完成并购超过 100 起，已披露的数据涉及的资本额接近 37 亿元。

互联网的发展，引发了对 IT 人才的大量的需求。根据招聘网站前程无忧公布的统计的数据显示，截至 2015 年 6 月，全国 IT 类职能网上发布职位数有 67 万余个，较年初相比增长幅度为 19%，和 2014 年同期相比，涨幅达 29%。可见，互联网行业的人才需求还在持续上涨中。其中，软件工程、网络工程、信息管理与网络营销等紧缺型 IT 技术人才的需求更是占 70% 以上，但是每年高等院校培养的此类毕业生仅有 8 万～ 10 万人左右，与 IT 人才的实际需求量仍然有很大的差距。以书面理论和考试成绩为主的传统学历教育已经远远不能适应我国经济高速发展的需要，此时，以 IT 技能实训为主的 IT 职业教育培训显得尤为重要。

二、在线 IT 培训产业结构

由于在线 IT 培训其受众大都是在职工作者或大学生，具有一定的成熟性和自控能力，所以其业务类型并没有 K12 教育的多样性。从目前收集的数据来看，主要包括在线教学、课程 / 课件、社区类网站、综合性交易平台、在线测评 / 题库、综合 (即各种业务都有)。汇总数据，各类业务所占比例如图 12.5 所示。

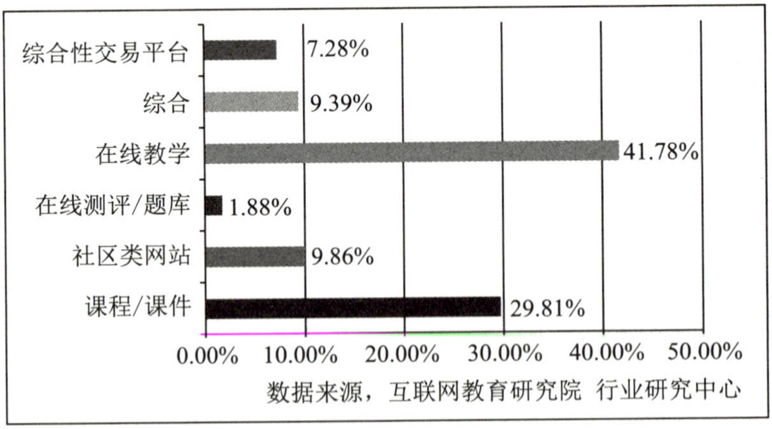

▲ 图 12.5 在线 IT 培训的产品与服务形态

从图 12.5 中我们可以看出，在线教学模式占比为 41.78%。在线教学模式是通过腾讯课堂、百度课堂、网易云课堂、YY 教育或其自身搭建的系统平台来在线直播课程。这种方式既能够为授课老师省去租赁教室等一笔不小的费用，又方便了那些因为各种原因而不能到实体教室上课的但想要学习的用户，相对地其用户学习费用也有所降低。另外，由于在线 IT 培训面对的受众是在职工作者或大学生，都具备一定的自控能力，所以互联网教学具有可行性。此外，在线直播的实时性及互动性，使得其在 IT 类互联网教育服务模式中占比最高。

其次，从图 12.5 中我们还可以看出，课程 / 课件占比为 29.81%。在我们的收集数据里，通过站长工具 SEO 查询可以得知，做课程 / 课件的资源性网站流量排名、日均 IP、日均 PV 一般会高于其他互联网教育型网站，如 IT 教程网。

社区类网站占比也近 10%，这些门户网站既包含在线 IT 培训的行业资讯和 IT 学习教程，又可以让用户在网站上发言，在论坛中讨论和相互学习，如 CSDN、开源中国等。

另外，综合性交易平台也占了不小的比例，为 7.28%。那何为综合性交易平台呢？我们定义其为类似于淘宝、机构入驻卖课、用户选择性买课的含有多类型教育产品的交易性平台。在数据采集的过程中，我们发现这类网站和资源性网站一样，其网站流量排名、日均 IP、日均 PV 一般都很高，如淘宝教育等。

第五节　在线IT培训的细分市场分析

互联网对各行业的渗透、发展，促使当前培训课程的丰富多彩。在数据收集的过程中，为了更细地分析在线 IT 培训产业，我们又对 IT 类互联网教育进行了一次、二次分类。在一次分类中，我们把其归为 IT 认证、编程开发、产品、数字艺术、网络营销、应用技能，以及包含以上三者或三者以上类别的综合类，如图 12.6 所示。

从图 12.6 中我们可以看出，编程开发在 IT 类互联网教育服务内容中占比最高，达 35.99%，并且我们已经排除了综合中可能交叉包含的编程开发类。

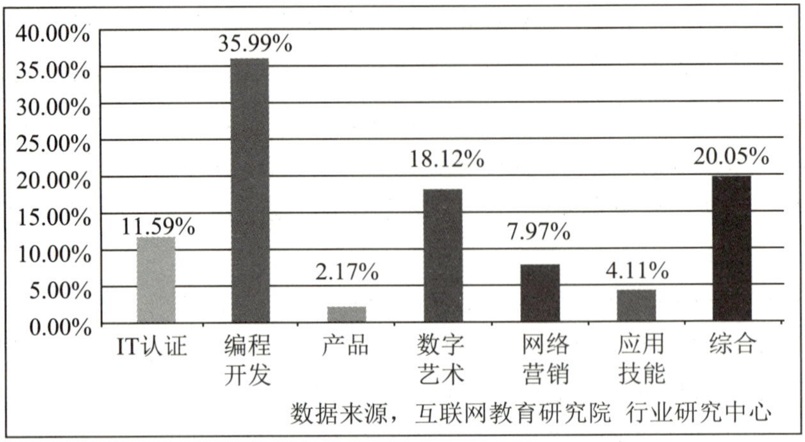

▲ 图 12.6 在线 IT 培训的细分市场分析

由此可见，IT 类互联网教育还是着重于编程，开发项目的实践能力才是当前 IT 类职业所看重的。同时，与 IT 相关的认证、数字艺术和网络营销也占据一定的比重。

一、编程开发细分市场

我们对编程开发进行二次分类，各分类占比饼图如图 12.7 所示。

随着智能移动终端技术的迅速提高，智能设备形式更加多样化，越来越多的人能随时随地地使用互联网。从图 12.7 中可以发现移动开发线上相关培训就占据编程开发的 26.36%，而移动开发又分为 Android 开发、iOS 开发和跨平台 APP 的开发。由于“顾客是上帝”，用户体验这一说，前端开发一直处于火热中，HTML5 移动 WEB 开发也日渐成熟。从图 12.7 中我们可以得出，编程开发的以上二次分类中前端开发占比最大，已达到 31.39%。

另外，云计算大数据也占了 6.84%，淘宝也是深刻地体现了大数据的无穷能量，即记录用户的历史购买、收藏、浏览痕迹，并根据其痕迹在用户再次使用时能够为其推荐相类似或相关的物品。而“十三五”规划中“软件定义世界、数据驱动世界、自动化接管世界”这一产业共识，表明了大数据在我们国家产业的重要性，同时也可预见接下来这门课程的培训所占比例还会持续增长。

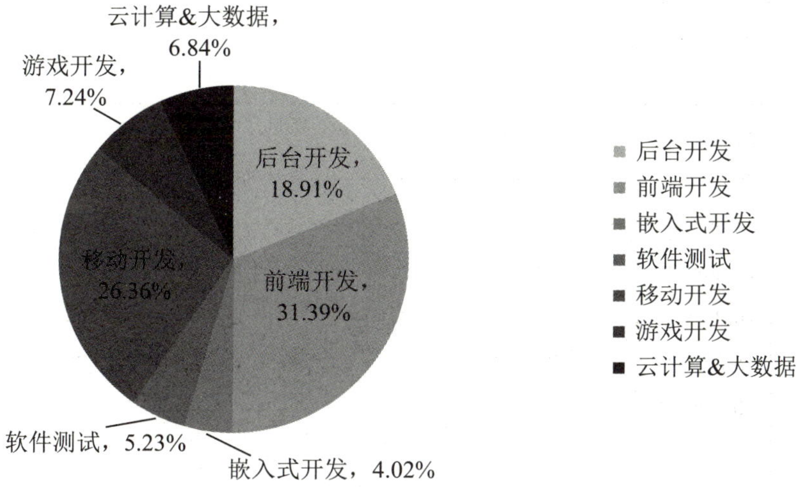

数据来源：互联网教育研究院 行业研究中心

▲ 图 12.7 编程开发细分市场分布

二、数字艺术细分市场

从在线 IT 培训的细分市场分析图 (图 12.6) 中，可以看出数字艺术占 18.12%，对其再次分类并制图，图 12.8 所示。

从图 12.8 中可以发现，平面设计所占比例为 28.21%，居于位首。与移动开发紧密相关联的 UI 设计占比 18.59%，设计者们越来越注重用户的交互体验，也更多地对操作逻辑、界面的美观程度进行整体性优化。值得一提的是，影视设计和动画设计分别占比 14.74%、6.73%。中国电影市场经过十多年的发展，精彩层出不穷，2015 年新出的 3D 动画电影《西游记之大圣归来》也是好评不断，相信在不久的将来中国的动画与电影会更上一层楼。

从图 12.8 中还可看出，游戏设计占比为 9.94%，另外根据美国某调查公司发布的移动游戏市场统计数据显示，2015 年全球移动游戏市场规模达到了 250 亿美元，中国以 50.1 亿美元位居全球第三。这份调查数据还显示，2015 年全球移动游戏玩家增至 15 亿人，由此可见，从移动游戏的市场规模来看，移动游戏已成为互联网时代市场经济发展的重要组成部分，在“就业难”成为社会热点话题的今天，学会游戏制作、游戏设计等相关专业，掌握这些技能，就业便不再算是一个难题。

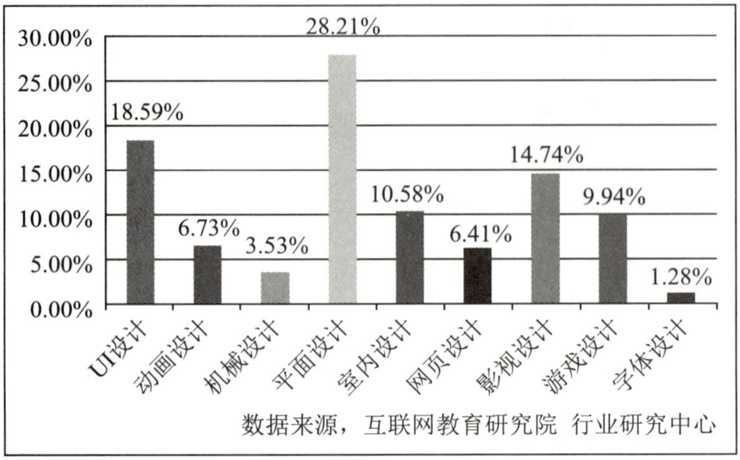

▲ 图 12.8　数字艺术细分市场分布

三、IT 认证培训细分市场

人们都说 IT 专业技术认证是进入 IT 行业的“敲门砖”，由此可以看出 IT 认证对就业有很大作用。另外，从当前在线 IT 培训的细分市场分析图 (图 12.6) 中我们可以看到 IT 认证占据线上 IT 培训市场的 11.59%，可见其前景不可小觑。现在我们对其再次分类，主要有等级考试、职称计算机、思科认证、软考、Oracle 认证、Linux 认证、华为认证、微软认证、RedHat 认证，各分类占比如图 12.9 所示。

在 IT 认证细分市场分布图中，等级考试占比 32.85%，职称计算机占比 17.52%，思科认证占比 15.33%，软考占比 13.87%。在互联网大发展的当下，年轻一代迫切需要通过掌握有用的技能来改变其自身的命运。“唯学历论”早已过时，只有学习掌握专业技能，拥有实践经验，稳扎稳打，未来才有可能走得更远，飞得更高。

另外，微软、华为等认证课程也随着市场的需求进行了有针对性地开发，着力提高需求者其相应的专业能力。

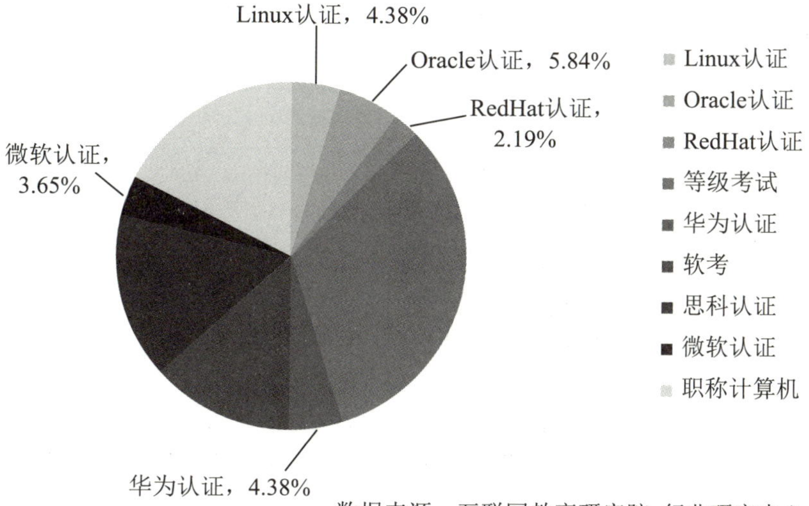

数据来源：互联网教育研究院 行业研究中心

▲图 12.9 IT 认证细分市场分布

四、网络营销细分市场

官方报道显示，2015 年我国消费结构优化的动力将进一步增强，商品消费增速持续回落，服务消费增速显著提升，与互联网 + 相关的网络购物和网络服务消费将是全年主要的消费亮点。网络消费不仅成为经济新增动力，同时也促进着技术的发展进步。以互联网为基础，利用数字化信息和网络媒体的交互性来辅助营销的网络运营方式越来越受到各企业的关注与普遍运用。

由此可见，在线 IT 培训的细分市场分析图中占比为 29.97% 的网络营销还将继续增长。目前，我们数据收集过程中暂分类网络营销为微信营销、淘宝营销、网址营销 (图 12.10)。

在这三类网络营销中淘宝营销占 42.55%，将近 5 成。淘宝店铺的设计、如何让淘宝店铺及淘宝商品搜索靠前成为热销宝贝，是现在淘宝营销的主要内容。其次是网站营销，如何快速地利用关键词搜索到该网站，SEO、SEM 培训课程被提了上来，数据抓取分析也吸引了培训者的眼球。朋友圈的利益化、微信公众号的运营和社群的营销也是当前微信营销培训的主打方向。因为微信其已拥有的海量用户和实时、充分的互动功能，使得微信营销得到了极好的发展，而未来微信营销还将持续上升。

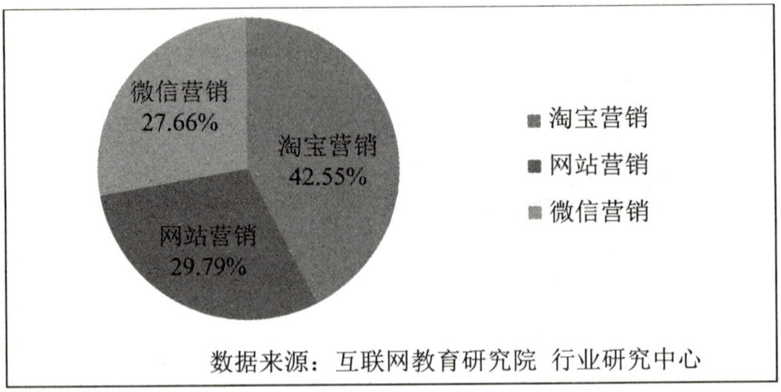

▲ 图 12.10 网络营销细分市场分布

第六节 典型在线IT培训企业

一、邢帅教育

1. 公司简介

邢帅教育由学院院长邢帅、副院长郭洪仓创办，始建于 2008 年年底。学院本着以学员为本，授课为主的理念，一直传承着“责任第一，信誉至上”的宗旨，致力于发展和改革教育事业。经过 7 年多时间的沉淀，学院已形成了一个开设科目达几十种、辅导老师和员工团队近600人的完整体系。学院以老师在线直播讲课为主，辅之以录制视频教学，深入浅出、循序渐进，坚持“先学后教、以学定教、教学合一”的教学模式，不断提高教学质量。

2. 融资详情

邢帅教育的融资详情见表 12-1。

表 12-1 邢帅教育融资详情

融资时间	投资人 / 机构	金额	轮次
2013 年 7 月	欢聚时代	1500 万	天使轮
2014 年 8 月	君联资本、北极光创投	3000 万美元	A 轮
2016 年 4 月	国泰君安、中国移动、华盖资本、中民投	3 亿	B 轮

二、极客学院

1. 公司简介

极客学院（隶属于北京优亿致远无线技术有限公司）始终致力于“让学习更有效”，帮助 IT 从业者高效提升职业技能。极客学院坚持以“最快”的更新速度提供“最新”的课程，让 IT 从业者更有效地学习，让每个人都能通过极客学院享受高质量的职业教育。极客学院推出了中国第一个 FlAPPyBird、Swift、APPleWatch 等相关课程，几乎垄断了所有最新的技术和最热的应用课程的首发。7 小时内极速发布，更是让用户和行业惊叹。课程类别涵盖 Android、iOS、Swift、HTML5、Cocos2d-x 等数十个技术方向，共计 2000 多门职业技术课程，10000 多课时设置，累计学习用户超过 200 万人。

2. 融资详情

极客学院融资详情见表 12-2。

表 12-2 极客学院融资详情

融资时间	投资人 / 机构	金额	轮次
2014 年 3 月	蓝驰创投	数百万美元	A 轮
2014 年 9 月	SIG（海纳亚洲）、蓝驰创投	2200 万美元	B 轮

三、北风网

1. 公司简介

北风网是上海育创网络科技有限公司旗下网站，创办于 2008 年，是一家从事 IT 互联网教育培训的网站。公司致力于 IT 培训业，以就业和企业解决方案为导向、以人才为根本、以技术为核心，着力培养深受软件企业欢迎的实用型人才，解决 IT 企业最热门技术的难点。

公司和长三角地区软件园区及全国各地一流软件企业建立了长期合作关系，汇聚了中国 IT 培训最专业、最权威的教学团队；100 多位专家级讲师来自 Microsoft、Google、IBM、三星、华为、新浪、神州数码、国讯、上海用友软件等国际化高端 IT 技术公司。网站立足于中国 IT 互联网教育技术的最前沿，为在校大学生、应届毕业生、社会就业者提供最热门、高实战性、高性价比的 IT 互联网培训服务。

2. 融资详情

北风网融资详情见表 12-3。

表 12-3　北风网融资详情

融资时间	投资人 / 机构	金额	轮次
2014 年 1 月	祥峰投资 Vertex	数百万美元	A 轮
2015 年 6 月	未透露	6400 万	B 轮

四、我赢职场

1. 公司简介

我赢职场是北京沃赢科技有限公司旗下主打的互联网教育平台。课程内容已经涵盖如 iOS 开发、互联网架构师、Android 开发、Oracle、SAP、RedHat、Cisco 等高等级职业方向，采用原创视频 + 自有平台相结合的模式。公司成立 5 年以来，我赢职场制作并拥有 6 万多在线课时 (8000 小时)，300 多套原创课程，覆盖 PC 及 iPhone/iPadAndroid/HD 等五种终端，并在线下的 9 个城市开设了就业中心。

2. 融资详情

我赢职场融资详情见表 12-4。

表 12-4　我赢职场融资详情

融资时间	投资人 / 机构	金额	轮次
2013 年 6 月	真格基金	数百万人民币	种子天使
2014 年 12 月	中科院 VC- 国科嘉和	3500 万	A 轮
2015 年 12 月	未透露	数千万人民币	Pre-B 轮

五、麦子学院

1. 公司简介

麦子学院是成都麦子信息技术有限公司旗下的一个 IT 互联网教育平台，专注于 IT 互联网教育，目前已有 30 万注册用户，10 万以上 APP 下载量，5000 小时视频内容。目前学院课程涵盖了 JAVA 企业实战、iOS8、Android、WindowsPhone8、Android 嵌入式、COCOS2d-X3.0、UI 设计、Web 开发、产品经理、移动互联网营销多个领域。

2. 融资详情

麦子学院融资详情见表 12-5。

表 12-5 麦子学院融资详情

融资时间	投资人 / 机构	金额	轮次
2014 年 7 月	五岳天下资本	数千万人民币	A 轮
2015 年 11 月	曲速资本、上海融川投资 五岳天下资本	2200 万美元	B 轮

六、达内科技

1. 公司简介

2014 年 4 月 3 日，达内国际集团在美国纳斯达克成功上市，是中国第一家在美国上市的 IT 职业教育集团，同时也是 2014 年赴美上市第一股。根据 IDC(国际数据公司) 的数据，达内国际集团是目前国内最大的 IT 职业教育机构，市场份额超过 8.3%，排名行业第一。达内时代科技集团致力于培养面向电信和金融领域的 Java、C++、C#/.net、3G/Android、3G/iOS、PHP、嵌入式、软件测试、UID、网络营销、网络工程、会计、UED、Web、Unity3D、大数据共 16 大课程的方向中高端软件人才，先后获得美国国际数据集团 IDG、集富亚洲 JAFCOASIA、美国高盛银行的三轮投资，是国内首家获得国际风险投资的 IT 职业教育机构。

除中高端 IT 人才实训外，达内时代科技集团同样致力于 IT 人才输送、教育平台建设、软件研发等综合服务。目前，已形成包括人才实训中心、软件研发中心、软件人才中心、

IT 教育中心四大人才服务模块。达内国际集团逐渐形成以 IT 培训为主的多元化、综合性的职业教育及人才服务领导品牌。

2. 融资详情

达内科技融资详情见表 12-6。

表 12-6 达内科技融资详情

融资时间	投资人 / 机构	金额	轮次
2003 年 9 月	IDG 资本	数百万美元	A 轮
2008 年 11 月	IDG 资本、集富亚洲 JAFCO	数千万美元	B 轮
2011 年 9 月	高盛集团 (中国)	2000 万美元	C 轮
2014 年 3 月	新东方	1350 万美元	F 轮 -PreIPO
2014 年 4 月	未透露	亿元及以上美元	IPO 上市及以后
2015 年 6 月	KKR 和公司	9050 万美元	IPO 上市及以后

七、无限互联

无限互联隶属于星宇无限 (北京) 科技有限公司，是中国移动互联网。无限互联成立至今，一直专注于苹果 iPhone、iPad 等移动软件的人才培养和项目孵化。“因为专注，所以专业”，无限互联凭借自身积累的研发实力和深厚的行业资源优势，独创的课程设置和专业的教师团队，教学成果显著，学员就业率和薪资福利一直处于行业内领先地位。

无限互联同时也为新浪、IBM、软通动力、搜狐、华为、开心网、金山等国内外知名企业提供 iOS 开发及培训服务，和这些企业建立了良好的合作关系，并先后为其培养和输入了多名优秀的 iOS 应用技术领域的高端开发人员。

八、千峰教育

千锋教育全称北京千锋互联科技有限公司，秉承一直“用良心做教育”，是中国移动互联网研发人才一体化服务的领导者，专注于打造移动互联网高端研发人才服务。千锋教育有全国权威的移动互联网教学就业保障团队，毕业学员占全国移动互联网培训人才一半以上的份额，做到了毕业学员业内高薪水，成为学员信赖的 IT 培训机构。该公司有百所合作高校，千家移动互联网方向合作企业。

千锋教育目前正高速发展，在上海、北京、广州、武汉和深圳开设了分公司，将来还会在更多的城市建立分校。目前已有数十万名学员受益于千锋教育组织的技术研讨会、技术培训课、网络公开课及免费教学视频。

第十三章
幼儿数字教育产业分析

第一节　幼儿数字教育产业的特点

一、幼儿消费市场概况

在本部分中，“幼儿”指0～6岁之间的婴幼儿和学龄前儿童。调研公司Frost&Sullivan的数据显示，2005—2009年，中国儿童消费市场规模由740亿元增加至1653亿元，2015年的市场规模超4000亿元。由此可见，中国儿童消费已经产生了非常大的市场。

中华人民共和国成立以来，经历了二十世纪五十年代、六七十年代、九十年代三次生育高峰，如图13.1所示。由于实行计划生育政策，使得已经进入育龄的80后的新生儿人数显著减少，近几年新生儿数量一直维持在1600万人左右。

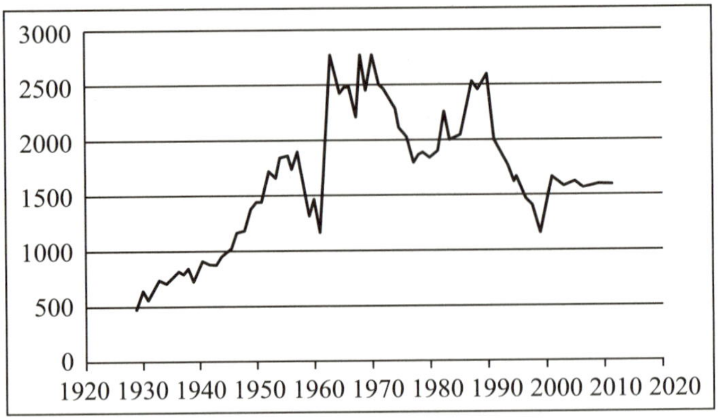

▲ 图 13.1　1930~2011 年中国生育走势图

相关数据显示，中国婴幼儿数量目前已达 1.8 亿人。但是随着 2015 年 12 月 27 日全国人大常委会表决通过了人口与计划生育法修正案，全面二胎政策于 2016 年 1 月 1 日起正式实施，这将会给中国带来第四次生育高峰，同时也将带来人口增加引起的消费高峰。

二、幼儿数字教育的特点

随着 20 世纪 80 后父母成为中国父母的主要群体，数码电子产品消费率迅速提升，幼儿教育市场每年可产生数百亿元的市场容量。幼儿数字教育市场与其他互联网教育相比，有巨大的差异，主要表现为以下几点。

1. 在载体不同

因为家长对低龄儿童使用电脑有很大的担心，一是担心电脑辐射等对儿童身体的影响，二是担心网络上不良信息对儿童身心的不良影响。近几年随着智能手机和平板电脑的普及，很多家长自然选择平板电脑、光盘、MP3 播放器作为儿童学习的载体，因此幼儿学习的主要载体是平板电脑，而不是电脑。

2. 在形态上不同

幼儿互联网教育的主要产品形态不是在线视频、在线考试等学习产品，而是多媒体动画、游戏等。

3. 在内容上不同

在内容上，学前儿童以认知、情感、日常生活等为主要学习目标，其表现形式是图文并茂的图书、轻松活泼的多媒体游戏等，与中学阶段以知识和技能为主完全不同。

4. 使用场景不同

在使用场景上，家长和老师是儿童使用这些设备的管理者。比较常见的现象是由家长下载软件安装到 PC 或平板电脑及手机上，教孩子来使用。在幼儿园，多媒体学习软件的用途则是由老师使用大屏幕电视或平板电脑放映。

5. 客户与用户分离

幼儿数字教育的客户是家长、幼儿园，而使用者则是没有决策能力的学前儿童。这决定了数字教育产品的选购者是家长和幼儿园，而不是儿童自身。

6. 处于补充和从属地位

幼儿数字教育产品以光盘类、在线类、APP 为主要表现形式，但是与幼儿学习产品相比，面授培训、图书产品显然占据主导地位，由于家长担心过度使用电子设备会导致儿童视力下降等因素，因此幼儿数字教育产品还处于补充和从属地位。

但是随着互联网和移动互联网的发展，数字教育的地位必然越来越高，因此与其他产品形态的互补性还是非常强的。

三、幼儿数字教育市场概况

目前教育类数字产品可以大致分成趣味问答游戏、中文学习、外语学习、日常生活、百科常识等几大类，这些幼儿学习类产品数以千计。

目前国内已经有 360 多家从业者，一部分来自出版社，一部分是互联网公司团队创业，比较多的是创业者。教育 APP 在市场上非常受欢迎和关注。但是由于目前国内盗版现象严重，以及用户付费意愿的相对低下，大部分教育 APP 开发团队现在盈利还较为困难。这个市场尚属于早期，无论从内容的深度，还是从业者专业能力的发展上，都还有一个发展的过程。

国内从事儿童教育 APP 的公司数量大约在 300 家左右，其中绝大部分是拥有传统互联网背景或移动互联网经验的技术型公司，其做法多是将传统内容照搬到移动终端上。东方爱婴是少有的几家格外关注 APP 应用的传统教育企业，两年多来一直在针对教育 APP 市场进行研发。未来东方爱婴的 APP 就是要以虚拟物理特性呈现一些教育内容，增强孩子使用、学习、互动的趣味性，比如利用 iPad 的重力感应特性，水平放置时其是一个水杯和一个水壶的画面，稍微一倾斜，水就会注入水杯中。

同样作为早教机构的天才宝贝，目前更看重的是如何利用 APP 为会员提供增值服务。现在 80 后父母已经成为其会员主流，他们最大的特征就是离不开智能手机和 Pad，因此天才宝贝在 2011 年开始推出针对会员的 APP 应用。会员可以利用它们随时查看孩子的课堂视频、天才宝贝的新闻，以及与天才宝贝的及时互动沟通等方方面面的内容，为家长提供便利。

相对于那些苦苦探索如何盈利的 APP 企业而言，天才宝贝将其变成教学的辅助手段，增强客户体验的方式，在无形中为企业创造了价值。

第二节　幼儿数字教育从业企业分析

一、企业概况

根据虎嗅 (www.huxiu.com) 提供的报道，91 儿童应用中心数据显示，在中国最畅销的 200 个教育类 APP 中，儿童教育类 APP 占一半以上，这个数据显示了现今已有许多中国父母将儿童 APP 当作早教工具。

自 2008 年以来，淘米网、奥比岛、贝瓦网、上海童石、铁皮人、八方视界、妈妈网等都纷纷进军儿童互联网；同时，腾讯、百度、360 等互联网公司也纷纷以软硬件各种姿态进入儿童互联网市场。这受益于上网群体的日益低龄化、国内平板电脑普及率的提升及越来越多 80 后夫妻加入育儿大军，如今对于早教市场的开拓，已经不再过多关注实体商业，早教如何与移动互联网结合成为诸多创业者和资本一直关注的焦点。

因为用户对线上教育的支付意愿远低于预期，盈利和推广等多方面的压力都在逼迫着创业团队转型。这里列举最近几年涌现出的儿童互联网创业公司 / 产品，按不同的发展方向分为以下三类。

(1) 儿童数字阅读。

相关创业公司有铁皮人科技(联想之星、清科创投)、乐豚 Yippee(创新工场、贝塔斯曼亚洲投资基金)、APPleTreeBook(九合创投)、上海童石网络(华映资本)、iCheersAPP、Childroad、星宝书等。

(2) 儿童互动娱乐教育。

此类移动应用竞争日趋激烈，相关创业公司有贝瓦网(曾李青启明创投)、CheerZKids、网趣宝贝、斑马骑士、拉比盒子、信恩科技(K2 基金)、黑麦工作室(君联资本、联想投资)、有伴网、天空树、欧拉岛、薇薇魔法屋、巴别时代、星果网络、卡酷岛、YatelandGames 等。

(3) 母婴互动社区及应用。

相关社区有丫丫网、宝宝淘、妈妈帮、妈妈说、宝宝说和袋鼠妈妈等。相关 APP 有米格 365. 宝贝全计划、微宝贝、BabyLife 和开心果等。

下面选取主要企业和产品进行介绍。

1. 淘米网 (www.61.com)，上海

如图 13.2 所示为淘米网主界面。

▲ 图 13.2　淘米网主界面

简介：淘米网是专为中国儿童打造的综合互动娱乐平台，为孩子们提供摩尔庄园、赛尔号、2125 小游戏、魔法哈奇等丰富多彩、健康安全的互动娱乐产品，淘米网目前总注册用户数量过亿。

团队：汪海兵 (创始人)，曾在腾讯负责 QQ 宠物。

融资信息：曾获得来自腾讯联合创始人曾李青和新浪副总裁王滨 1000 万元人民币的天使投资；2009 年 6 月，获得启明创投 500 万美元的风险投资；2011 年 6 月 9 日，淘米网在美国纽约证券交易所成功上市，现市值约 2.6 亿美元。

2. 宝宝巴士 (www.baby-bus.com)，福建福州

如图 13.3 所示为宝宝巴士主界面。

▲ 图 13.3　宝宝巴士主界面

简介：宝宝巴士是一家幼儿教学应用开发商，专门针对学龄前儿童研发教育软件产品，结合不同年龄段宝宝的早教重点，设计启蒙站和探索站两个系列。创始人唐光宇表示，宝宝巴士全球独立用户已超过千万，应用下载量过亿。

团队：唐光宇 (创始人)。

融资信息：曾获顺为基金数百万美元 A 轮投资。

3. 贝瓦网 (www.beva.com)，北京

如图 13.4 所示为贝瓦网主界面。

▲ 图 13.4　贝瓦网主界面

简介：贝瓦网是北京芝兰玉树科技有限公司旗下网站，是一家提供全媒体家庭早教产品的互联网公司，通过贝瓦儿歌、儿歌视频大全、儿歌大头贴、儿童故事、早教淘奇包、儿童小游戏、儿童舞蹈等优质产品为中国儿童提供全方位的教育资源，已经挂牌新三板。

团队：杨威 (联合创始人兼 CEO)，莫奇 (联合创始人兼 CTO)。

融资信息：2010 年 4 月获德迅投资曾李青的天使投资；2011 年 9 月获启明创投千万美元投资，完成 A 轮融资。

4. 网趣宝贝 (www.eachbaby.com)，上海

如图 13.5 所示为网趣宝贝主界面。

▲ 图 13.5　网趣宝贝

简介：网趣宝贝是上海梓洋网络科技有限公司旗下网站，属育儿类移动应用开发商，专注于互动儿童教育，提供面向 0 ～ 6 岁宝宝的家庭数字化早教服务。

团队：陈翔宇 (创始人)。

融资信息：2012 年 7 月获融翼资本天使投资；2013 年 5 月获和君资本、融翼资本、荷多投资共 1000 万元人民币的 A 轮投资。

5. 斑马骑士 (www.pamakids.com)，北京

如图 13.6 所示为斑马骑士主界面。

▲ 图 13.6　斑马骑士主界面

简介：斑马骑士是国内儿童游戏应用开发者的范例，基于对心理学、教育学的系统认识和对触摸屏、传感器等交互设计的深刻理解，让父母以最省力的方式进行教育管理，有更多的时间精力去陪伴和关爱孩子。

团队：徐毅斐 (创始人兼 CEO)。

融资信息：暂无融资情况披露。

6. 拉比盒子 (www.rabbibox.com)，北京

如图 13.7 所示为拉比盒子主界面。

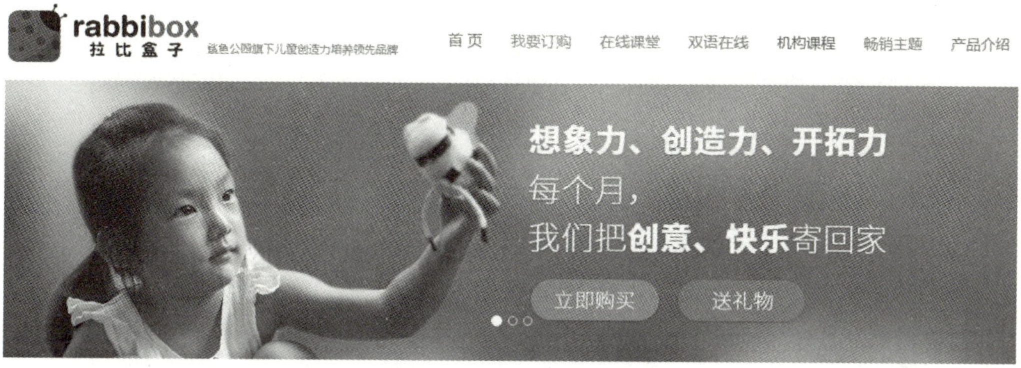

▲ 图 13.7　拉比盒子主界面

简介：拉比盒子是一家儿童动手教育互联网公司，按月寄送一个“拉比盒子”，每个盒子里装有 4 ～ 5 个创意动手项目，包含丰富的创意动手方案和所有素材，帮助 3 ～ 7 岁的孩子探索未知的世界，引导孩子科学独立地思考。拉比盒子是小小盒子 (北京) 信息技术旗下产品。

团队：王雯吉 (创始人兼 CEO)。

融资信息：暂无融资情况披露。

7. 小伴龙 (www.xbl.youban.com)，深圳

如图 13.8 所示为小伴龙主界面。

简介：小伴龙是面向 0 ～ 8 岁儿童的早教互联网公司，通过小伴龙这个虚拟的卡通形象，给孩子带来正面、积极、有价值的影响，让孩子在享受求知和探索乐趣的同时，培养孩子积极乐观向上的心态，全方位陪伴孩子快乐成长。

团队：曹传宇 (创始人兼 CEO)。

融资信息：B 轮，好未来投资数千万元。

8. 宝宝树 (www.babytree.com)，北京

如图 13.9 所示为宝宝树主界面。

简介：宝宝树隶属于北京众鸣世纪科技有限公，该公司成立于 2007 年，旨在搭建独

一无二的全方位平台，让父母们在这里进行有价值的经验分享以及育儿方法，得到愉快的和有意义的育儿及成长体验，为千万新手爸爸妈妈提供资源共享的交流平台，同时满足他们多层次、全方位、适应时代进步的育儿需求。

▲ 图 13.8　小伴龙主界面

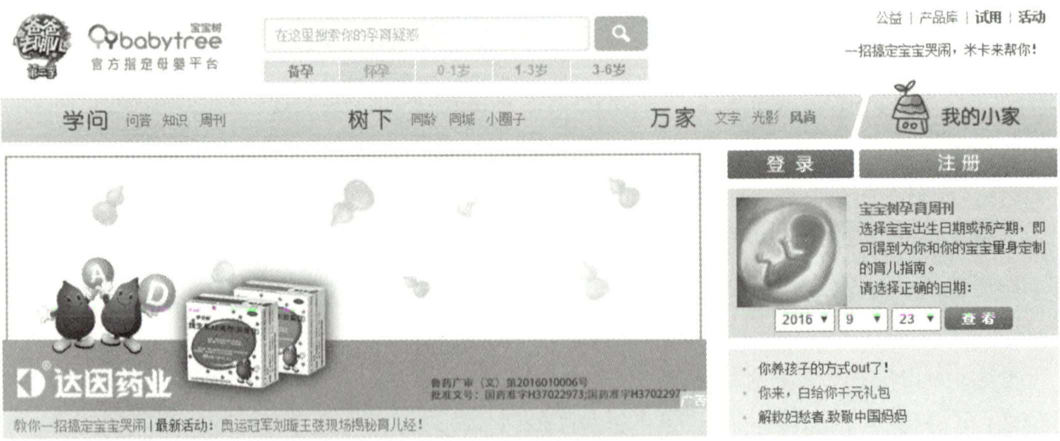

▲ 图 13.9　宝宝树主界面

团队：王怀南 (创始人兼 CEO)。

融资信息：2016 年获完成 30 亿元融资。

9. AR 魔法学校 (www.armagicschool.com)，大连

如图 13.10 所示为 AR 魔法学校主界面。

▲ 图 13.10　AR 魔法学校主界面

简介：AR 学校是大连新锐天地传媒有限公司的子公司，是国内领先的增强现实技术和新媒体教育产品专业研发公司，它通过了国家级动漫企业资质认定，同时还是中国玩具和婴童用品协会会员，并与多所高校保持良好的研发合作关系。该公司在增强现实技术领域居于世界领先水平，是中国增强现实技术的倡导者和标准制定者之一，其独立开发的“魔法世界”是第一个属于中国人自己的增强现实系统软件。

团队：赵良华 (CEO)。

融资信息：2014 年，Pre-A1000 万元。

10. 小熊尼奥 (www.neobear.com)，上海

如图 13.11 所示为小熊尼奥主界面。

简介：小熊尼奥为央数文化旗下的创意科技儿童品牌，央数文化从 2012 年开始产品研发，2013 年年初就推出了基于增强现实技术的儿童学前认知早教产品“梦镜盒子”。

2015 年年初基于 AR 增强现实技术的《口袋动物园》获得了巨大成功，在第一季度创造了单品出货近 150 万套，销售额过亿元的行业神话，并因此获得 2015 安永 - 复旦中国最具潜力企业奖、2014—2015 年度中国杰出营销奖。

团队：熊剑明。

融资信息：2015 年，A 轮 1.2 亿元。

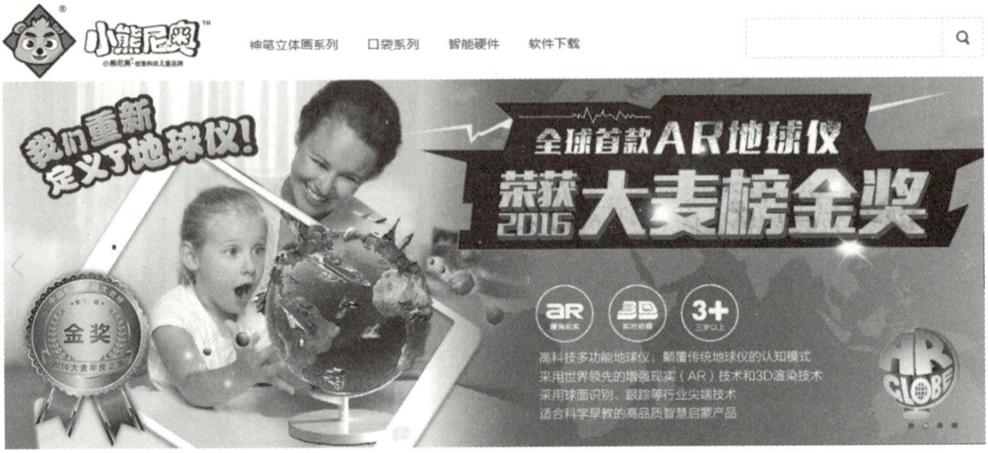

▲ 图 13.11　小熊尼奥主界面

二、从业建议

徐大伟策划机构对儿童数字产品进行了一些研究，建议开发者在从事儿童数字教育产品行业时，采用以下原则。

1. 细分市场再细分，产品开发坚持简单原则

《中国儿童网民规模及上网行为调查报告 (简版)》调研显示：儿童网民性别男女比例为 59.4 ∶ 40.6，男孩比例高于女孩近 20 个百分点。年龄主要集中在 10 岁以上，占总体比例的 82.4%，年龄越大占比越高。

在儿童阶段 (5 ～ 15 周岁)，性别喜好将表现得更为明显。如传统玩具、游戏方面，男性儿童因活泼、好动，会偏向于运动较激烈、力量型的玩具，如变形金刚、蜘蛛侠、奥特曼等；而女性儿童喜静性格的会偏向于色彩鲜艳、简单的玩具，如芭比娃娃、跳绳等。

同样，儿童产品可以更有针对性地进行设计开发，以适应目标市场的选择。但是，最主要的一点是必须坚持内容为王原则。从产品三层次来说，儿童 APP 虽然区别于实体产品——但实际的价值效用、利益依然是吸引儿童的主要方面。另外，基于儿童智力发展阶段因素，儿童产品开发在内容方面还应坚持简单原则，但是，又要具备一定的智力引导功能——解除父母“玩物丧志”的担忧。儿童游戏应进行防沉迷设置，最长半个小时游戏时间，超时将自动退出程序。

2. 外观、色彩、功能要加以区别

通常来说，儿童阶段是对事物的好奇心最强烈的时期，他们求新、好胜、好奇，对事物的认识主要由直观刺激引起，对产品的注意和兴趣主要来自于产品外观因素的影响，色彩鲜明、造型别致往往能引起儿童明显的主意。而且，对于游戏的把关者父母来说，色彩鲜明、造型别致、卡通的图标会比较容易吸引父母的眼球，会直觉性地将此归于儿童游戏领域。

3. 坚持多语言开发原则

将自己的产品推广到国外儿童教育市场，对于有远见的开发者来说必然的目标。因此，在每次推出新版本的产品时配套做一个新的外文版本是必要的。如少儿益智游戏品牌斑马骑士在开发其多个 APP 时都附带开发了英文版本。

4. 推广平台的选择

对 APP 来说，APPStore 依然是目前来说最大的推广平台。APPStore 虽然平台最广，但是其中入驻的应用程序同样最多，开发者如何才能从中脱颖而出？目前平台推广渠道常用划分有：下载市场 (安卓、机锋、木蚂蚁等)、应用商店 (APPStore、Google 市场、HTC 商场等)、大平台 (腾讯应用中心、沃商店、天翼空间等)、客户端 (豌豆荚手机精灵、手机助手等)、Wap 站 (天网、乐讯等)、Web 下载站 (天空、华军、中关村等) 等。产品开发后的第一步就是进入市场领域，不同的平台发布意味着推广可以接触更广的消费群体。

5. 盈利模式的组合

收费还是免费，这个问题一直困扰着开发商，但就整体市场而言，在中国市场领域，建议还是坚持免费，除非 APP 具有不可比拟的优越性、独特性。当然，免费 APP 现在也完全可以考虑进行内嵌广告方式盈利。除此之外，还有一种较常用的盈利模式，就是应用内收费模式，这种方式尽量少用，除非能做到像福尔摩斯故事那样引人入胜。

免费方式可以带来巨大的用户量及口碑，虽然产品本身并不会产生收入，但是海量的用户基数会带来不少广告收入，另外还可以衍生出儿童图书、儿童玩具、生活用品、儿童亲子活动、儿童医疗等各种增值服务，儿童数字教育市场的特点是依靠增值服务，因此需要创业者对赢利模式有深刻的理解。

第十四章
企业e-Learning产业分析

第一节　企业e-Learning行业概况

一、企业 e-Learning 发展概况

1. 定义

e-Learning：英文全称为 electronic learning，中文译作“数字(化)学习”“电子(化)学习”“网络(化)学习”等。不同的译法代表了不同的侧重，我们这里讨论的 e-Learning 是指通过网络(互联网、企业网、移动网络、卫星网络)进行的学习。

企业 e-Learning：则限定在应用主体是企业，不仅包括企业自主建设和应用，还包括供应商为企业提供的各种 e-Learning 服务，包括平台技术支持、课件制作、在线运营服务等。

2. 发展阶段

第一阶段：1999—2003 年引入期。企业 e-Learning 最早由学富网创始人孙瑛自 1999 年引入中国，通过举办培训和咨询推广企业 e-Learning，并成功为当时的小网通实施了 e-Learning 系统。此后，来自外资和港资投资的北京傲资时代、北京华夏大地、上海易学等一批公司陆续成立，持续推动企业 e-Learning 应用。2001 年，IBM 和 Oracle 等 IT 巨头也加入到这个市场，IBM 成功实施了中国工商银行 e-Learning 系统，Oracle 成功实施了太平洋保险 e-Learning 系统。由于受当时网络环境、企业培训水平以及供应商水平等多种因素的影响，企业 e-Learning 应用环境并不成熟，没有达成预期的使用效果，学富网和上海易学等一批公司陆续关闭。此阶段用户和供应商都处在探索阶段，是引入期。

第二阶段：2003—2010 年快速发展期。企业 e-Learning 的转机出现在 2003 年上半年的 SARS 时期，由于限制出差和开面对面的会议，部分企业不得不使用 e-Learning，他们发现虽然有些难度，但还是很有价值的，自此 e-Learning 进入了快速成长期。这时期的典型用户是中国电信，中国电信网络大学借助董事长王晓初新上任，推动企业转型的契机，在全集团内推广 e-Learning，很快取得显著效果，并进一步确保领导支持和持续投入，不断发展，到 2008 年底，注册用户 38 万人，学员累计学习 1 亿小时，有力地支持了中国电信的各项业务，中国电信先后获得 5 次 ASTD 提名奖和 2 次 ASTD 大奖。这一阶段的用户主要是大型外企、大型国有企业 (特别是央企) 和知名民营企业，在这个阶段大家不再怀疑 e-Learning 的价值，而是考虑如何结合企业的实际情况，将 e-Learning 用出价值。

第三阶段：2010 至现在全面发展期。在这个阶段，不仅仅是大型企业，很多中型企业，甚至是小型企业都在使用 e-Learning，比如很多中小城市的商业银行在 e-Learning 方面都有 100 万以上的预算。总结这一时期的发展主要有以下几个原因。

(1) 中国企业管理水平提升，普遍重视人才发展，学习需求推动。

(2) 应用软件和解决方案渐渐完备。

(3) 已经使用过 e-Learning 的培训人员从外企和大型企业向中小企业流动，从而推动中小企业使用。

(4) 以时代光华为代表的提供 e-LearningSAAS 服务的企业极大地降低了使用门槛，促使中小企业尝试 e-Learning。

3. 最新发展

最近几年移动学习逐渐成为热点，随着智能手机和 PAD 的普及，越来越多的企业开始使用移动学习。

目前 e-Learning 已经成为很多企业员工学习的重要手段，企业每年也有固定的预算投入，很多 e-Learning 企业也摆脱了生死期，进入稳定利润区。企业和供应商都有条件积极思考如何更好地发挥 e-Learning 的价值。

二、e-Learning 的优势

1. 传统培训方式的缺点

(1) 成本高：目前水平比较高的授课培训师每天授课成本都在 1 万元以上，传统面授培训的非直接培训教学费用也比较高，如差旅费、培训场所费用等。

(2) 覆盖面小：因资源的限制，面授培训覆盖面小，基本不能覆盖基层的培训需求，特别是办公地点分散的企业的分支机构的需求。

(3) 工学矛盾突出：越是需要学习的人工作越是忙，工作和学习经常冲突。

(4) 缺乏连续性：面授培训就在上课那几天，之后没有跟进，很难保障培训内容落地。

2. 相比传统培训的缺点，e-Learning 的优势

(1) 随时随地学习：可以在任何地点、任何时间随意地进行学习。与传统的培训方式相比，在线培训扩大了培训的覆盖面，使每一个员工都能得到培训机会，帮助企事业单位全面提高员工的素质。在线培训的方式使所有培训内容始终在线，员工能够接触到的培训范围最大限度地延伸了，使员工可以提高其综合素质。

(2) 自由调节进度：员工可以随时随地的学习，从而可以按照自己的现有水平及工作日程有效地安排学习时间，提高员工的学习效率，缩短员工的培训时间。

(3) 节约培训费用：省去聘请名师、租赁场地、器材、培训差旅费及学习资料印刷、运送等各项高额费用。

(4) 随时更新内容：随时更新培训内容，保证学员接受的是最有效的、最新的学习内容。在线培训系统可以使一个新的业务或指示精神在很短的时间内被所有干部和业务人员迅速了解，保证了企业在竞争上的速度优势。

(5) 减少计划时间：人力资源部门可以部署内部员工的学习进度，测试考核学习成绩；

内部员工也可以通过网络查找他希望参加的培训课程并提出申请，在符合企事业单位政策的情况下可以在线学习这些课程，并能够通过网络进行在线的测试。利用以上手段可以有效减少各种计划和安排培训的时间。

(6) 跟踪学习情况：作为领导者，您可以轻松地点击进行跟踪，查看每一个分支机构和学员的学习情况。

(7) 发现培养人才：为员工提供个人事业发展和成长的环境和机会，帮助单位发现和培养高素质的员工，提高企事业单位在人才方面的竞争力。

(8) 加快行动速度：在线培训系统可以促进员工掌握先进的信息化工具，迅速推动企事业单位文化的转型，使最高决策层的意图更好地传达到全组织范围并得到理解，加快企事业单位的行动速度，缩短新业务的部署时间。

三、e-Learning 的价值

1. 对企业的价值

(1) 促进向学习型组织的转变，增强企业核心竞争力。

(2) 加强公司知识的沉淀、管理、传播和创新。

(3) 以更低成本了解更多知识、更快地进行学习。

(4) 提高生产率与工作效率。

(5) 加强研发与市场的沟通交流，缩短产品进入市场的时间。

(6) 增强凝聚力，提高员工忠诚度。

(7) 使学习成为一项关键业务，而不是一次性的活动。

2. 对培训管理者的价值

(1) 减轻培训管理者的工作负担。

(2) 丰富教学手段，提高管理水平。

(3) 提供培训的跟踪管理机制。

(4) 扩大受众范围，增加学习机会。

(5) 可实现因人、因岗位而设置课程。

(6) 培训课程内容可根据实际情况动态调整。

(7) 提供始终如一的高质量培训，而且效果可量化评估。

3. 对员工的价值

(1) 实现方便、随时随地学习。

(2) 个性化的学习达到更高的保持力。

(3) 加强教师与学员、学员与学员之间的交流与协作。

(4) 在工作中可以更快地获取最新信息。

(5) 自主地在工作中安排学习。

(6) 个人全面发展，价值提升。

四、e-Learning 的应用点

1. 辅助培训管理

(1) 能够管理组织结构、岗位信息、课程信息、学习记录、学习新闻等基础信息。

(2) 管理培训计划、需求调研、通知下发、培训报名、资格审批、培训过程管理、学习过程管理、培训后评估、成绩管理、培训归档等一系列流程。

(3) 管理培训讲师、书籍、教材、教室设备等资源管理。

2. 在线学习并支持混合式培训

(1) 形式：在线学习有同步学习和异步学习两种形式，包括在线学习还可和面授学习以及非正式学习 (读书会) 等多种方式混合进行。

(2) 对象：经常用于新员工培训、对经销商的培训、对销售人员的培训等。

(3) 内容：产品知识最容易实施，配合考试培训效果更为明显，其次是一些硬技能的培训，比如外语、计算机操作等技能的学习。

3. 随需学习和社会化学习

(1) 不是任务，但当员工有需求的时候就能随时搜索、查询获得相应的课件，进行学习。

(2) 可随时找到企业内相关领域的知名专家，进行学习。

4. 支持企业绩效

(1) 当员工在工作中遇到问题时，可随时将问题提交，以获得相同岗位人员的建议或者获得专家的指导，从而提高企业的绩效。

(2) 学习系统嵌入到工作系统，比如客服中心员工，他们对于某软件的使用问题，可能很难全部记住，当用户提出时，他们就可以进入学习系统，根据学习系统内容回答客户。

五、e-Learning 的应用情况

1. 不同规模企业的应用特点

1) 大型企业

(1) 全局性应用。

(2) 定位支持人才发展。

(3) 多级组织架构。

(4) 支持培训管理和在线学习。

(5) 购买自己的管理平台。

2) 中小企业

(1) 项目级应用多。

(2) 支持业务发展 (销售或产品培训多)。

(3) 扁平架构。

(4) 在线学习为主。

(5) 租用平台的多。

2. 不同性质企业的应用

1) 国有企业

(1)e-Learning 应用实施较早，应用比例高。

(2) 特大型央企中的 e-Learning 应用价值大，效果明显。

(3) 投入大，比较系统。

(4) 一般有专门团队运营维护。

(5)e-Learning 应用模式较为单一。

2) 外资企业

(1) 多数外资企业使用国外总部的 e-Learning 系统。

(2) e-Learning 应用模式多样，强调自主学习。

(3) e-Learning 应用最为成熟。

(4) 投入相对比较高，平台多用总部，主要是开发内容。

(5) 部分由专人管理，部分由培训人员兼管。

3) 民营企业

(1) 民营企业是近年来 e-Learning 应用的重点领域。

(2) 注重实效，强调 e-Learning 应用与业务的结合。

(3) 投入比较少，注重实际效果。

(4) 部分由专人管理，部分由培训人员兼管。

3. 不同地域的企业应用

目前 e-Learning 在国内市场的分布，以北京为中心的北方地区、以上海和南京为中心的华东地区、以深圳和广州为中心的华南地区占据重要位置。区域市场不平衡，中心城市占据主要地位，尤其是在北京、上海、深圳、广州等城市聚集了众多知名企业总部，他们呈现出不同特点。

(1) 北京是大型央企总部的聚集地，具有项目额度大、周期长、应用全面的特点。

(2) 上海是众多外企中国总部的聚集地，外资企业多，应用深入，彰显洋派作风。

(3) 深圳、广州聚集了华为、腾讯、招行等知名企业，周期短，应用偏向务实风格。

4. 不同行业的企业应用

企业 e-learning 行业分布如图 14.1 所示。

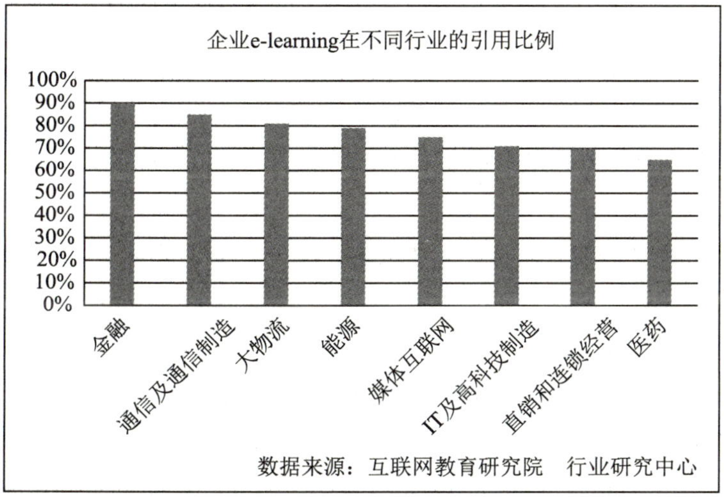

▲ 图 14.1　企业 e-Learning 行业分布

说明：以行业前 100 名作为统计基数。

1) 金融行业

具体包括：银行、保险、证券、基金等。由于金融业快速发展，金融产品繁多，从业人员多且分散（有众多营业点和保险代理人），其培训学习需求极其强烈，又由于资金充足，IT 力量雄厚，所以金融行业是 e-Learning 发展最好的市场。目前几乎所有银行、保险公司、证券公司都已经实施或租用了 e-Learning 学习系统，并每年花大量经费用于电子课程开发或购买租用在线学习服务（主要是认证考试的学习服务）。

2) 通信及通信制造

具体包括：三大电信运营商及其附属公司、诺基亚、华为、中兴制造公司及天音通讯等销售服务公司。由于其充足的带宽、强大 IT 能力、对新技术的敏感，使它们能够充分应用 e-Learning。其中中国电信和华为应用非常深入，效果特别明显，是企业应用的典范。

3) 大物流

具体包括：卖场（国美、苏宁）、物流企业（顺丰）、航空公司、铁路等企业。由于其人员分散、业务的服务属性强，对员工培训是提高业绩的重要手段，其学习需求强烈，物流行业的 IT 能力也非常突出。东方航空率先启动，国航、南航、海航等先后实施；另外，顺丰的应用程度非常深入。

4) 能源

具体包括：三大石化企业及其附属公司、发电企业和电网公司。由于这部分企业是国家资产沉淀最多的企业，人员众多、分散，资金充足，学习需求不算强烈，但有强大的组织保障，基本都已实施总部级的系统，但部分还没推广，应用水平不算高。

5) 媒体互联网、IT 及高科技制造

企业管理水平普遍比较高，重视人才发展，公司体量不算大，应用比较深入，投入与上述企业相比偏小。

6) 直销和连锁经营

人员水平直接决定业绩，从业人员水平参差不齐，人员众多且分散，这产生了很强烈的 e-Learning 的需求。由于安利等外企投入大，为类似企业做了很好的示范，包括天狮等企业也都实施了 e-Learning，如家、汉庭、Ecco 等知名企业也都实施了 e-Learning。这类企业众多，是未来 e-Learning 发展的最重要区域。

7) 医药

主要用于医药代表的培训，医药企业的外企投入也很大，应用非常深入，水平很高，相比之下国内企业应用水平有待提高。

六、e-Learning 应用成熟度

通过一些重要指标的评估就会发现，每个企业实际的 e-Learning 应用所处在阶段一目了然，e-Learning 成熟度模型的意义在于可以清晰描述 e-Learning 阶段性框架和发展方向，企业可以根据自己的实际环境选择适合的 e-Learning 应用策略，从而避免 e-Learning 项目的失败 (图 14.2)。下面就 e-Learning 成熟度模型的每个阶段进行逐一描述。

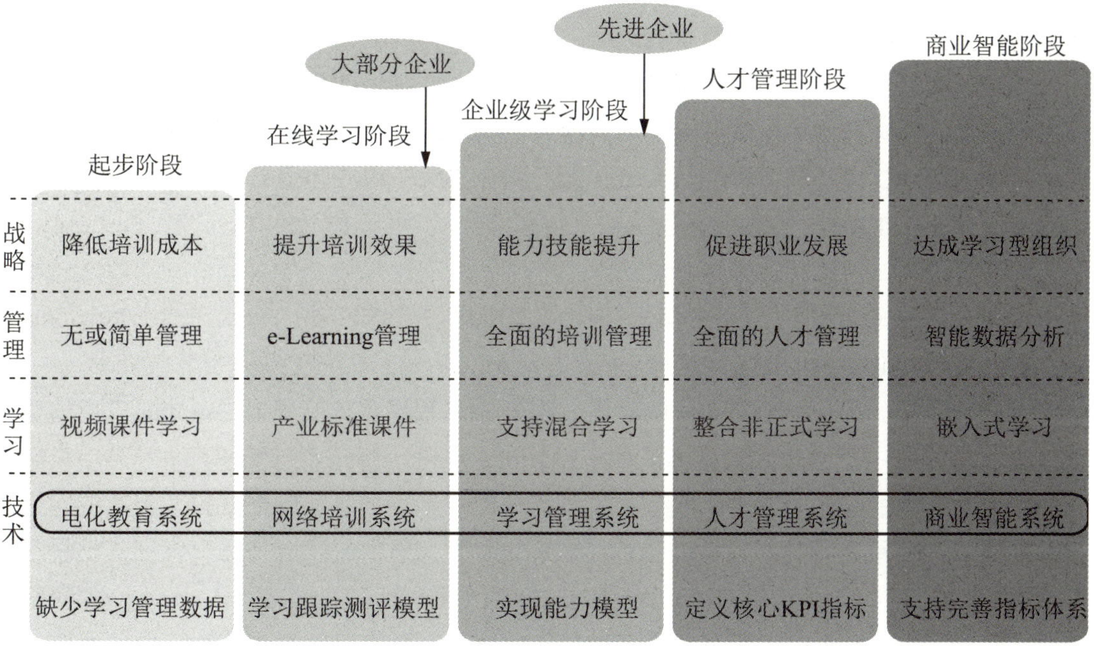

▲ 图 14.2 e-Learning 应用成熟度模型 (摘自在线教育资讯网)

1. 第一阶段：电化培训应用阶段

e-Learning 成熟度模型的第一阶段是电化培训阶段，e-Learning 应用方式是利用电视录像、VCD/DVD 光盘、网络视频等。缓解培训压力、降低培训成本是该阶段 e-Learning

应用的直接驱动力。该阶段中 e-Learning 课程多为从传统培训或讲座转换的视频课件。该阶段一般没有培训评估也没有专门的学习或培训管理平台，同步教学系统或虚拟教室实时传输的 e-Learning 方式也属于该阶段，是一种粗放式的 e-Learning 应用阶段。第一阶段 e-Learning 应用主要由培训部门主导，大型企业通常由电化教育中心负责推广实施，而中小型企业通常由培训专员兼职负责。

第一阶段中入门、发展和成熟期的关键特征如下所述。

国内早期实施 e-Learning 的企业都属于第一阶段，例如一些大型国有企业的电化教育中心。近年来，需要面对大量一线业务人员培训的企业也开始采用第一阶段的 e-Learning 方式，如保险公司或直销公司一线的业务营销人员培训，面向经销商、代理商的新产品培训等。第一阶段 e-Learning 模式操作简单、成本低、效率高，适合短时间大用户量的培训，课程内容上更适合认知、记忆层面的课程。

满足该阶段的技术服务商主要包括提供视频点播、虚拟教室、课件开发工具等产品和服务的厂商。这些技术可以快速制作和转换满足该阶段应用的课程。内容服务商主要是提供各种 VCD/DVD 等视频课程的培训或出版机构。在该阶段中也有部分厂商提供融技术、内容为一体的ASP服务，即企业无需采购平台和课件，以租用的方式体验和实施e-Learning。

2. 第二阶段：网络培训应用阶段

当以电子化辅助培训为主的第一阶段应用成熟后，培训部门开始考虑 e-Learning 如何更好地提升培训效果，这时就已经开始进入 e-Learning 成熟度模型的第二阶段 —— 网络培训应用阶段。强化 e-Learning 的功能、提升学习效果是该阶段 e-Learning 应用的直接驱动力。该阶段中企业开始实施真正的 e-Learning 平台，并开始购置和开发符合 AICC 或 SCORM1.2 标准的课件，课件的表现形式从简单的视频发展为表现形式更为丰富的网络多媒体形式。该阶段企业通常采购专业的 e-Learning 公司提供的平台产品，能够实现学习跟踪、在线考试、培训流程管理等功能。该阶段中企业员工已经广泛接受 e-Learning 学习模式，部分培训内容以 e-Learning 方式固化下来，e-Learning 已经不是一种辅助手段，而成为培训体系中不可缺少的部分。第二阶段 e-Learning 推动和应用仍然由培训部门主导，部分企业在培训部门中开始设置全职的 e-Learning 专员，负责 e-Learning 应用和推广工作。

第二阶段中入门、发展和成熟期的关键特征如下所述。

e-Learning 成熟度模型的第二阶段是当前国内企业 e-Learning 应用的主流阶段，特别在入职培训、合规性培训等方面发挥积极作用。但值得注意的是，在该阶段中，企业往往对 e-Learning 的期望值过高，结果导致实际效果与期望结果差距很大。造成这种差距的原因与 e-Learning 自身并没有直接关系，而与企业培训职能的定位有着直接关系，培训部门如果以培训为主要业务，那么 e-Learning 就只能作为一种新的培训方式而存在，而事实上 e-Learning 真正效果在于对学习的改变上，不能简单将培训与学习混为一谈，“e-Learning”一词的缔造者 JayCross 博士特别强调，培训作为一种正式学习方式，对于组织和个人绩效的提升所起的作用不足 20%，而另外 80% 取决于非正式的学习手段。未来培训部门转型的重点就是“Training to Learning”，即从关注培训转向关注学习与发展，很多跨国机构的培训部门已经完成了这种转型。培训部门的职能转型将为 e-Learning 释放更大的潜能提供必要的条件。

目前市场上，绝大多数的 e-Learning 技术服务商可满足该阶段的用户需求。均提供相应的 e-Learning 平台产品。内容方面，也有很多符合标准的通用管理技能课程、IT 技能课程、英语课程可以选择。

3. 第三阶段：学习管理系统应用阶段

进入第三阶段的标志是基于能力模型的学习开始代替基于内容的培训。该阶段中，LMS(学习管理系统)开始广泛应用，LMS 最早是指 e-Learning 平台而言，发展到这个阶段，其功能和管理所覆盖范围更大，不仅仅是 e-Learning，它还包含传统面授在内的各种学习方式。该阶段中 LMS 的成熟终于使学习与基于能力模型的绩效提升开始关联起来，这种关联是通过灵活、有效的在线评估方式而实现的，平衡计分卡、360° 评估等绩效管理方式均可通过 LMS 与学习相连接。LMS 是否有能力模型管理模块，以及是否能够与匹配的学习资源相连接是评估是否进入该阶段的一个重要标志。在第三阶段，有效支持能力提升的学习方式中正规培训所占比例大幅度下降，开始更多采用更为有效的混合式学习模式。在该阶段中，培训部门以整体管理和通用性学习资源建设为主，学习的实施、甚至课程的开发更多是由业务部门来主导完成。在第三阶段学习管理系统推动和应用虽然仍然是培训部门，但不能缺少人力资源部以及业务部门的参与。达到这一应用阶段的主要是一些国际化的大型企业，国内企业由于环境成熟度不够，很少有企业能够达到这个阶段。

第三阶段中入门、发展和成熟期的关键特征如下所述。

基于能力模型的培训体系一直是个“老生常谈”的话题，但由于能力模型的实施和应用难度很大，几乎没有成功的范例，这使得企业人力资源部门在谈及“能力模型”时甚至都会感到厌烦。然而无论是人员招聘、绩效考核、职业发展规划还是教育培训，绝大多数人力资源管理领域都是无法绕过“能力模型”这道门槛。虽然国内企业很少达到 e-Learning 成熟度第三阶段，但已有相当多的外企开始进入这个阶段。根据 Bersin&Associates 今年最新调查统计显示有 35% 的企业开始在绩效管理中应用能力模型，国内很多企业也开始尝试能力模型的应用。从国外的应用经验来看，LMS 无疑将推动“能力模型”在培训中的快速应用。

提供基于能力模型的 LMS 厂商主要是国外产品，如 SumTotal、Saba、Plateau 等，由于多数企业尚未建立基于能力模型的培训和学习体系，多数国外 LMS 厂商并没有关注中国市场，但随着国内企业逐渐从 e-Learning 成熟度第二阶段走向第三阶段，基于能力模型的 LMS 市场需求会进一步增大。未来，国内 e-Learning 平台厂商必须考虑引入能力模型管理，否则将无法满足 e-Learning 成熟度第三阶段用户的需求。

4. 第四阶段：人才管理系统应用阶段

当基于能力模型的学习管理系统得到成熟应用后，学习管理系统开始进入与其他人力资源相关系统的开始整合，形成以人的管理为核心的综合管理系统。这标志着 e-Learning 成熟度开始进入第四个阶段，即人才管理系统阶段。促进人才发展或职业生涯规划是该阶段 e-Learning 应用的驱动力。2016 年 5 月份，Bersin&Associates 发布了一份高效人才管理架构的报告“High Impact Talent Management Framework”。

该报告从更高的高度进一步明晰了人力资源管理的未来发展方向。从上我们可以看到企业中的传统培训，包括 e-Learning 已经完全融入人才管理架构中的学习与发展部分，学习通过中间的“能力管理”实现促进企业人才发展的各个环节运转。在第四阶段中，混合式学习得到更为广泛和深入的应用，企业建立了学习资源库，能够有效管理组织中的非正式学习。在该阶段中企业已经形成良好的学习文化氛围，学习成为组织和个人和谐发展的重要驱动力，培训部门已经完全转变为学习与发展部门，与第三阶段相比学习不仅与能力模型相关联，而且与员工职业发展的关联更为紧密。

第四阶段中入门、发展和成熟期的关键特征如下所述。

目前，很多全球化 500 强企业 e-Learning 应用开始进入人才管理系统应用阶段。如 GE、埃森哲、微软、沃达丰等行业领头企业都已经开始进入这一阶段，根据权威机构的预测，未来几年内将有更多的国际化企业进入这个阶段。目前，国内绝大多数国内企业仍处在 e-Learning 应用成熟度的第一、二阶段，但随着一些巨型国有企业的国际化发展，如石油、银行、保险等行业企业海外上市，并进入世界 500 强行列，在人才的竞争和管理上已经与世界接轨，这就迫使这些企业需要建立更为合理的人才发展和管理架构，运用先进的人才管理系统，使其在全球化过程中具有竞争力。

提供人才管理系统产品和服务的企业都是海外厂商，这些服务商多数是过去单一提供人力资源管理或学习管理的厂商通过收购或合并而组成，如 SumTotal 收购 Pathlore、MindSolve；Saba 并购 THINQ、Centra；Oracle 收购 PeopleSoft 等，并购整合后服务商都调整定位于企业人才管理或人力资本管理 (HCM) 领域。据一份人才招聘研究机构 IBN 的专项调查显示，美国提供人才管理服务的技术提供商达四十多家。

5. 第五阶段：商业智能应用阶段

未来，企业信息化系统只包括几个关键的信息化系统，如以人为核心的人才管理系统、以资源和流程管理为核心的 ERP 系统等。这些企业信息化子系统高度成熟后，便开始进入更为高级的信息整合阶段，即商业智能应用阶段 (Business Intel ligence)，商业智能通常被理解为将企业中现有的数据转化为知识，帮助企业做出明智的业务经营决策的工具。从某种意义上来说，商业智能应用阶段是 IT 应用于企业管理的一种最高境界，目前，并没有一个企业能够完全达到这个层次。但是，商业智能应用阶段可以为企业信息化发展指明发展方向和目标。

目前大部门国有企业基本处于第二阶段向第三阶段发展的阶段，部分好的民企已经到了第三阶段向第四阶段转变的阶段，很多优秀的外企已经到了第四阶段。

第二节　企业e-Learning产业规模

这里评估方法主要基于乙方的销售额作为客观评估依据，同时参考业务专家的咨询。

一、企业情况

1. 年销售额前 5 名

在北京有 3 家，深圳有 2 家，最大 25000 万元，第 5 名为 3500 万元。在累计销售额中，技术、内容、运营业务比重如图 14.3 所示。

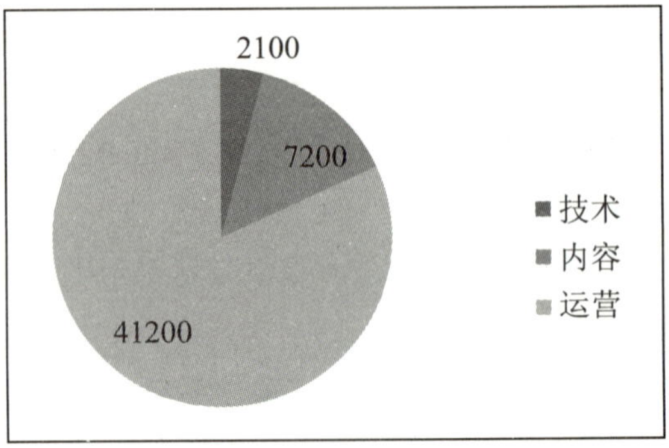

▲ 图 14.3　销售额前 5 名企业的技术内容与运营的比重

从上面的数据我们可以看出，运营业务有做大的潜质，做传统培训业务的转型运营业务更容易成功。

2. 年销售额 500 万以上企业 33 家

年销售额在 500 万元以上企业有 33 家，累计销售额约 8.74 亿元。这些企业的地域分布如图 14.4 所示。

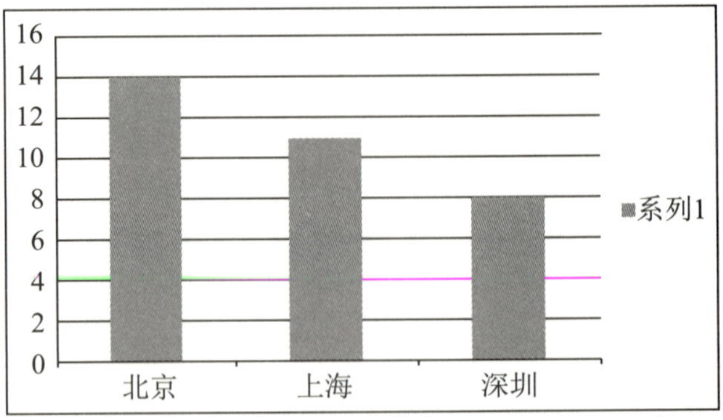

▲ 图 14.4　销售额 500 万元以上企业地域数量分布

由于这部分企业包含了前五名的企业，所以运营依然占到大头，而技术和技术服务占比还是最小，技术提供商如想扩大规模，恐怕要向运营商转型。

3. 销售额 500 万元以下企业预计 200 家

按最低销售额按 50 万元计算，取平均值 275 万元，累计销售额 5.5 亿元 (图 14.5)。

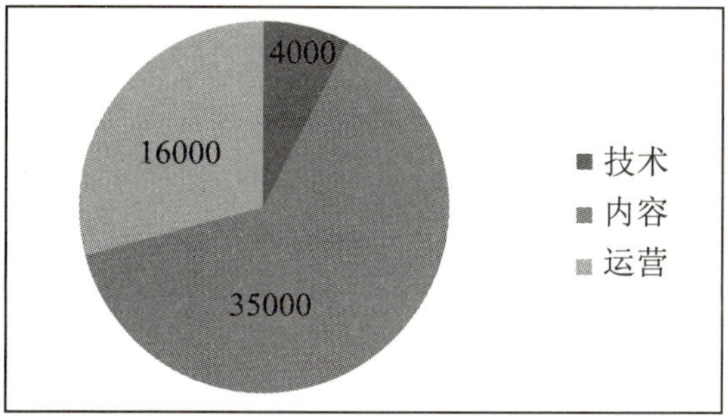

▲ 图 14.5 销售额 500 万元以下企业收入分布

定制课程业务由于门槛低，比较适合小微型企业，这部分企业中小型课件开发公司占了大多数，大多有一两个大客户，十几个人甚至几个人就组成了一个公司，但这类公司不太容易有发展。

4. 行业规模

2013 年企业 e-Learning 整体规模约在 20 亿元，技术、内容、运营三种业务比例如图 14.6 所示。

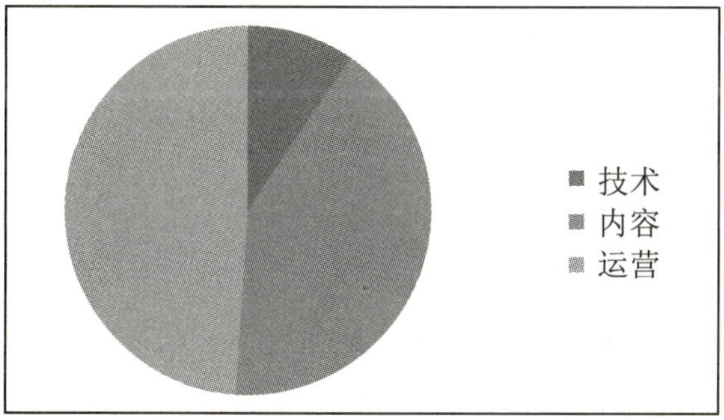

▲ 图 14.6 企业 e-Learning 业务收入构成

二、解读

要想做大，必须做运营。

(1) 小企业主要是为客户提供定制课件业务，主要是因为这种业务的门槛比较低。

(2) 技术提供商如果不能实现向运营商的转型则很难做大。

(3) 内容是产品化程度比较高的业务。

第三节　企业e-Learning产业链说明

一、概述

以 e-Learning 厂商提供的产品和服务进行分类，e-Learning 产业链主要可分为三类：技术供应商、内容供应商、运营及服务供应商，另外还包括一些其他的产品与服务供应商 (图 14.7)。

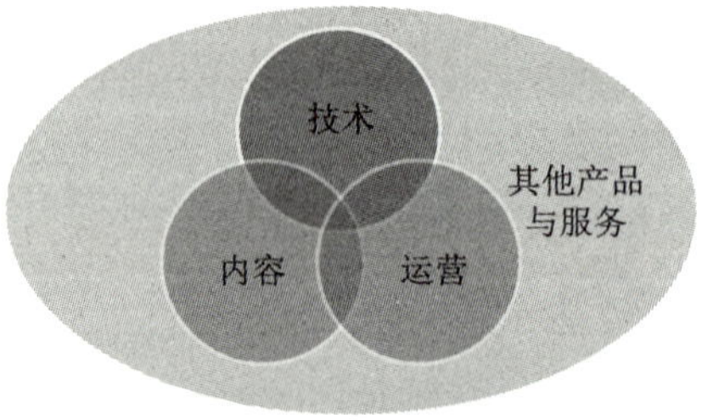

▲ 图 14.7　企业 e-Learning 产业链构成

说明：一般规模较大的供应商都会是其中两项以上的综合。

二、技术供应商

在 e-Learning 学习流程中，技术提供商提供课程制作、传送、管理类的软硬件系统及工具。包括学习管理系统 (Learning Management System，LMS)、虚拟教室系统 (Virtual Classroom System，VCS)、考试系统 (Online Exam System，OES)、课件制作工具 (Authoring

Tool) 等，如图 14.8 所示。

▲ 图 14.8　技术供应商类型

其中平台供应商在营运模式上，针对中小企业亦提出 ASP 服务，负责系统的建设、维护与管理，提供平台租赁、主机代管及解决带宽问题等多元服务，降低中小企业导入 e-Learning 的门槛。

国内目前主流 e-Learning 厂商以技术供应商占多数，这一类厂商大都同时具备管理平台及课件制作工具，并倾向妥善运用这些工具，自行制作教材，提供课件制作培训或外包企业课件制作服务。由于进入行业市场时间较早，具有一定的 e-Learning 导入和实施经验，因此也能提供导入及相关顾问咨询服务。

三、内容供应商

内容供应商主要分为两类：一类是通用课程提供商，一类是课程定制开发服务商，如图 14.9 所示。

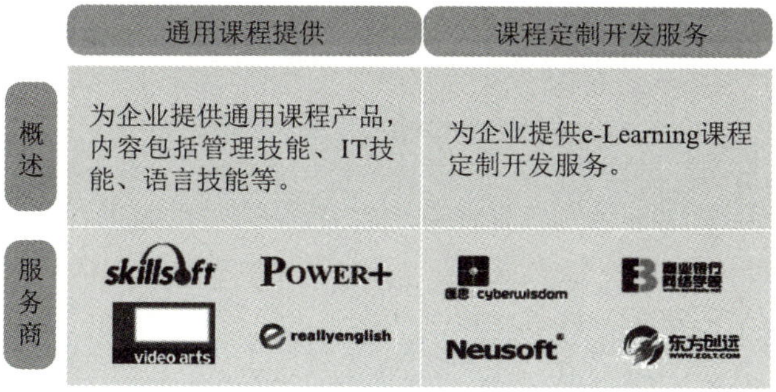

▲ 图 14.9　主要内容供应商分布

通用课程提供商以提供e-Learning通用课件内容为主，可分为语言类、管理类、技能类、IT类、文化类等。其中通用课程提供商包括国内外各类e-Learning课件内容提供商、网络院校、出版社、行业协会、各类教育培训机构以及e-Learning课件制作服务商。通用课程提供商一般采取直销和代理两种运营模式，国内目前专门提供课程代理的公司较少，更多是平台商或培训机构利用自身渠道和现有资源，代理与其相关的课程产品。

课程定制开发服务商，为企业提供e-Learning课程的定制开发服务。在e-Learning行业市场初期，因课程开发所需时间长，制作成本高，需求量较低，产品生命周期不长等原因，e-Learning定制课件服务不多，应用企业大多数通过购买通用课程或通过工具自制课件为主。然而随着市场逐步对“内容为王”的普遍认同，以及对e-Learning课件应用效果的关注，定制化服务的需求越来越大，课件制作厂商也如雨后春笋般多起来，在未来具有很大上升空间。并且，课件制作服务商，因具有课程制作所需相关专业知识，进入门槛相对较高，常成为其他类别提供商争取合作的对象。

四、运营及服务供应商

运营及服务供应商主要包括SAAS运营服务商和行业运营服务商，如图14.10所示。

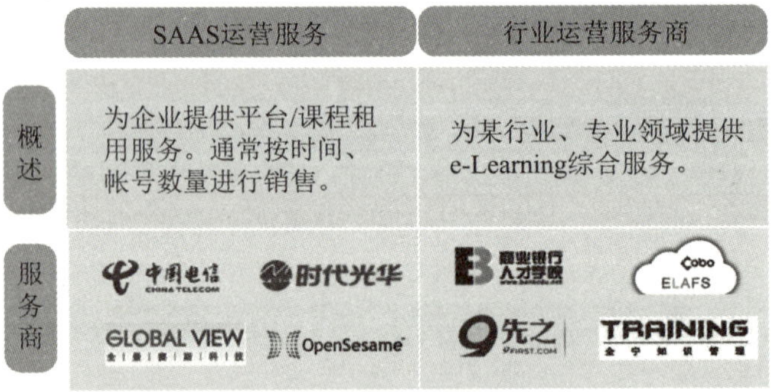

▲ 图 14.10 主要运营供应商

SAAS运营服务商专注于为企业提供平台或课程的租用服务，通常按时间、账号数量进行销售。SAAS有向PASS延伸的趋势，即从软件应用服务向平台应用服务延伸。PASS在客户化、二次开发上有很大的优势。

行业运营服务商专注于为某行业、专业领域提供e-Learning综合服务。近年来，

e-Learning 综合服务商开始从行业标杆企业走向更多普通企业，这就为 e-Learning 行业运营服务商提供了广阔的应用前景。能够为某一行业提供深入的 e-Learning 解决方案，需要具备一定的条件：一是要有至少 3 ～ 5 年的行业经验；二是要有一定数量和质量的专业课程和方案；三是要有专业人士的加入。

五、其他供应商

除了以上提到的 e-Learning 技术供应商、内容供应商、运营及服务供应商三大类外，还有许多其他提供 e-Learning 产品和服务的供应商，包括咨询、混合式培训、移动学习和专业服务等 (图 14.11)。

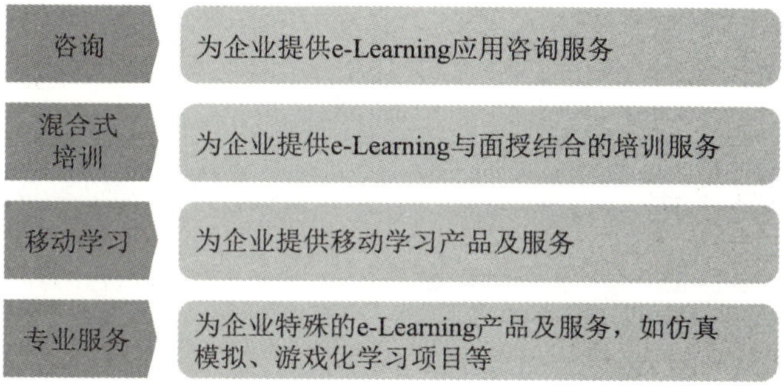

▲ 图 14.11 其他业务

六、主要企业名录

企业 e-Learning 在中国有数百家企业，销售额较大的部分企业见表 14-1。

表 14-1 e-Learning 在中国销售额较大企业列表

深圳聚成	上海时代光华	凯洛格	深圳问鼎	北京沃易思诺
北京全宁	北京博思汇	北京尖峰和讯	北京易讯方舟	安博集团
通铭派瑞	智汇	捷库	Really-english	微吼
展示互动	视点灵动	云学堂	中欧在线商学院	上海易知
上海平南	上海一佳一	中国电信在线培训运营中心	今之在	专伟

（续表）

上海正邦	上海汇思	上海影响力	深圳新风向	蓝泰致铭
深圳众行	深圳新为	赢诺科技	卓越经理人	——

第四节　企业e-Learning行业发展趋势

在技术日新月异的今天，e-Learning 也迅速发展。新设备、新应用以及新软件都在影响着 e-Learning 的现在、未来，也直接影响学校、教育机构、企业管理者提供 e-learning 的方式。我们来看一下 e-Learning 的行业发展趋势。

一、移动学习迅速发展

移动学习 (Mobile Learning) 是一个新的热门，是一种在移动计算设备帮助下的能够在任何时间、任何地点发生的学习。

移动学习被认为是一种未来的学习模式，或者说是未来学习不可缺少的一种学习模式。据 Business Insider 的数据显示，82% 的人将会使用移动设备进行收发邮件、浏览网页、进行展示以及安装企业应用程序等。教育领域不能不关注这种趋势，因为人们喜欢灵活，喜欢参加在线课程，并且喜欢通过平板电脑或者其他移动设备在方便的时间和地点进行学习。

二、以微信为代表的社交软件成为学习工具

随着社交媒体的发展，特别是手机微信等移动社交媒介的出现，使得以微信为代表的社交软件成为重要学习工具。

微信为许多企业 e-Learning 的应用提供了“现成的”用户群体。基于微信的学习将更有效地满足人们碎片化学习、社会化学习及移动学习的需求。

三、从学习资源到学习活动

很多实施 e-Learning 多年的企业已经积累了相当多的优秀数字化学习资源。如何用好这些学习资源、发挥出资源的价值越来越成为企业关注的重点。从学习角度来看，资源被使用的过程就是学习活动。资源建设必须与学习活动规划结合在一起，才能发挥出效果。因此，企业 e-Learning 把关注点也转移到了学习活动的设计上。学习活动种类很多，如混合式学习项目、行动学习、员工辅导、社区互动等。恰到好处的学习活动设计可以深入推动企业 e-Learning 的应用。

四、非正式学习正式化

正式学习与非正式学习最大的不同在于学习的发起者不同，正式学习通常是组织要求的学习，而非正式学习则是学习者根据需要随时发生。企业 e-Learning 关注非正式学习就是要帮助员工建立一个按需学习的服务体系，而这个过程也是非正式学习正式化的过程。

五、混合学习不断发展

由于 e-Learning 课程大多数情况下并不能解决企业或者个人的学习需求，因此混合式学习产生了。随着在线学习活动越来越多，学习个体的学习机会也在增多。混合式学习已经不再单纯地指在线上线下的混合了，它的范围更加广泛了，包含了系列的学习策略，从学习社区到移动学习支持。比方说，学员刚刚参加了在线学习活动，接下来他会通过网上论坛，微博、微信等一系列的应用工具对学习的主题进行分享、讨论的活动。另外，翻转式学习、游戏化学习等学习模式也得到不断发展。

企业 e-Learning 行业发展前景远大，理由如下所述。

(1) 随着移动学习的需求和发展，手机作为移动工具的代表，可能根本性地改变学习。人们可以通过手机真正地实现随时随地的学习。

(2) 近两年行业的增长速度稳定在 15% ～ 20%，具有广阔的发展空间。

(3) 随着行业的深入发展，许多 e-Learning 供应商朝综合化方向发展，成为覆盖 e-Learning 全产业链的综合供应商，且这一趋势越来越明显。

第十五章 移动学习概述

第一节 移动学习概论

一、移动学习的定义

关于“移动学习”(Mobile Learning) 的定义，国内外专家和学者给予的定义是不同的。本文将“移动学习”定义为“基于具有无线通信功能的手持设备 (主要是手机和平板电脑) 的学习行为”。

本书主要从产业的角度研究移动学习，关注移动学习的需求、市场、产品、企业、营销、用户体验等与商业行为息息相关的要素。

二、移动学习在中国的发展史

移动学习在中国的发展历程，主要经过萌芽期、起步期、爆发期 3 个阶段。

1. **萌芽期：约 2003~2006 年**

在 2003 年前后，随着手机短信和 WAP 的兴起，将这些技术用于促进学习，成为远程教育技术研究者所关心的话题，主要形式是短信和 WAP 网站。由于信息量少、浏览速度慢等缺点，移动学习远没有形成用户规模。当时的设备还没有操作系统，智能手机的概念还不为人所知，移动学习处于萌芽时期 (图 15.1)。

▲ 图 15.1　中国移动学习发展阶段

2. **起步期：约 2006—2010 年**

自 2006 年以后，智能手机首先在商务人群、白领、上班族兴起，当时的智能手机操作系统繁多，主要是诺基亚的 Symbian、微软的 Windows Mobile 等，还有联发科的 MTK 平台。智能手机设备的小范围普及，用户在数千万级别时，对智能手机软件应用的需求自然上升。此时有一部分企业开始研发移动学习软件，如碟中碟的移动英语通、诺基亚的行学一族等。

当时移动学习市场的需求，以单机版下载为主，通过 PC 安装至手机设备。Android 和 iOS 设备自 2008 年以后才开始兴起。

3. **爆发期：2010 至今**

自 Android、iOS 在中国的迅速普及以来，移动学习的 APP 进入了爆发期。各类与学习有关的 APP 的数量估计在 10 万款以上，移动学习进入爆发期。

大量的企业开始开发移动学习的 APP，主要分布于幼儿应用、中小学、成人教育、职业培训等各个领域，预计这个爆发期一直会持续到 2020 年，这段时间都是移动学习的爆发期。

三、移动学习的可行性

移动学习不仅有强烈的用户需求，而且在技术上也已成熟，更重要的是智能手机已经打破价格坚冰，已经实现雪崩式增长，中国智能手机的用户达到 8 亿人，这使得移动学习的快速发展成为可能，具体表现为以下几个方面。

1. 移动设备操作体验接近 PC

手机处理器的性能是制约移动学习的首要因素。近年来手机处理器性能不断提高，运算速度大幅度提高，能够承担更复杂的运算任务。目前智能手机和平板电脑迅速普及，目前主流设备的运行频率已经达到 1.5GHz 以上，运行内存 1GB 以上，运行手机上的多媒体学习软件已经非常流畅。

2. 大尺寸高分辨率移动设备迅速普及

移动设备一直没有成为重要的学习工具，一个重要原因是屏幕尺寸不够大。早期的黑白和彩屏手机，无论在显示尺寸和显示效果上，都难以满足学习的需要。但是随着 LCD 价格的下跌，主流手机屏幕已经广泛采用彩色液晶，有的手机的分辨率已经达到 1920×1080 像素，这个分辨率足以满足移动学习的要求。制约大尺寸、高分辨率屏幕移动设备普及的关键就是价格问题，现在 1500 ～ 2500 元级别的智能手机已经普及，价格显然已经不是问题。

3. 智能手机操作系统市场格局形成

智能手机的关键特征之一就是拥有智能手机操作系统，就像 PC 广泛使用的操作系统一样，智能手机有一个开放的操作系统，用户可以根据自己的需要安装和使用第三方应用软件，从而使智能手机的功能可以得到无限的扩充。

智能手机的主流操作系统原来是以诺基亚、索尼爱立信为代表的 Symbian 系列，但是经过几年激烈的市场竞争，市场格局发生了很大的逆转：Google 的 Android 操作系统占有较大的市场，估计在全球占有 80% 的装机量，而 APPle 公司的 iOS(即 iPhone、iPad 使用的操作系统）几乎占有剩余的市场。微软的 Win8 在市场上的占有率还不高。

这些操作系统提供了应用软件的 SDK，为应用开发提供了便利的条件，为专业的移动学习软件提供商的出现提供了可能。当然，如果没有智能手机操作系统，也可以推出学习型手机，但是其开发难度会很大。

四、移动学习的本质特征

移动学习的本质特征有以下几个特点。

1. 高便携性

移动学习的首要特征是高便携性数字媒体，这是移动学习有别于其他学习类型的本质特征之一。但传统基于图书的学习虽然也具有高便携性，但是并不具备数字媒体的特性，所以不算是移动学习。

2. 高可用性

高可用性指的是移动学习能够随时随地打开使用，这是与传统 PC 有所区别的本质特征之一。

3. 微型化

移动学习绝不是网络学习平台和课程的简单移植，而是更为符合移动状态下的学习需求，如微型化。微型化是指学习的时间比以往学习短，而且知识的传递效能更高，这样才能吸引用户参与从而使移动学习保持良好的效果。

五、移动学习的优势

1. 主动性

与基于 PC 的网络学习不同，基于移动设备具有接收推送信息的特性，使得移动学习具有智能化、人性化的特性成为可能。例如在用户的一个问题提出后，传统网络环境下，当用户关闭浏览器，就很难得到响应。而在移动学习环境下，即使用户退出学习软件，也可以接收到答案的短信，从而使得学习的交互特性得到充分体现。

移动设备超长的待机时间使得信息的收发具有随时性的特点，这是 PC 所无法比拟的，因此如果在产品中充分发挥这一特性，会使移动学习的优越性更加突出。

根据韩国高丽集团在 2013 年年底提供的资料，在韩国移动网络教育占整个网络教育的比重已经达到 40%，尤其是像英语这些外语类的课件非常受欢迎。之前传统的每天去学校或者说去参加课外补习班这种方式已经慢慢在转移，现在更多的是利用网络或者移动网络来学习，学生通过用网络教育来弥补在课堂上的不足。在网络教学里面，通过移动方式学习将是未来市场的趋势。现在甚至已经出现了一些根据个人需求来定制的教学软件，这种方式在未来会发展很快，因为每个人的学习、需求各方面都不一样，所以这种定制式的学习软件满足了他们的需要，而现在通过线下的这种黑板教学在韩国越来越少。

2. 微型学习

“微型化”是移动学习的本质特征之一。自 2013 年起，在中国掀起了开发微课程的热潮，无论是高等教育，还是中小学教育，还是企业培训，都认识到了微时代的到来，课程形式更加生动活泼、短小精悍。

3. 可部分取代面授和 PC 网络学习

对于移动学习，行业中有这样的观点，认为“移动教育只能作为在线教育的一种补充，适合的场景有限，移动互联网适合教育的场景只是一小部分”。原因是在移动环境下学习者难以集中精力学习，听起来的确很伟大，但却不现实，没有考虑现实场景，更没有考虑到人的因素，因此只能成为一种补充。

这类观点混淆了“移动学习”和“移动环境下的学习”(严格说是“移动学习”)的概念。“移动学习”是指“基于移动终端的学习行为”，只要使用了移动设备(基于 PC 笔记本电脑的因为没有即开即用的特性，则不算是移动学习)，均算是“移动学习”。而“移动环境下的学习”则指的是在地铁、公交等移动场景状态下的学习。

也就是说，移动设备不仅在移动环境下能使用，也能在安静的学习环境下使用。这一点是值得注意的，不要对移动学习产生思维定式。“移动教育只能作为在线教育的一种补充”，这种观点将移动学习的作用大大缩减。

举例来说，前几年人们还认为“移动终端只能作为 PC 的一种补充”，现在人们讨论的就是“什么时候移动终端可以取代 PC”。现在大量应用可以在移动终端上完成，比如浏览网页、购物、学习等，同时移动终端也具有 PC 所不可比拟的优势，就是基于位置的服务、感应器等。

移动端的应用的比重将会迅速增加，从百度发布的《2013 年暑假作业大盘点》来看，32% 的学生已经开始用手机问作业。2014 年，某些细分领域中移动终端的学习已经超过

PC 端的学习 (图 15.2)。

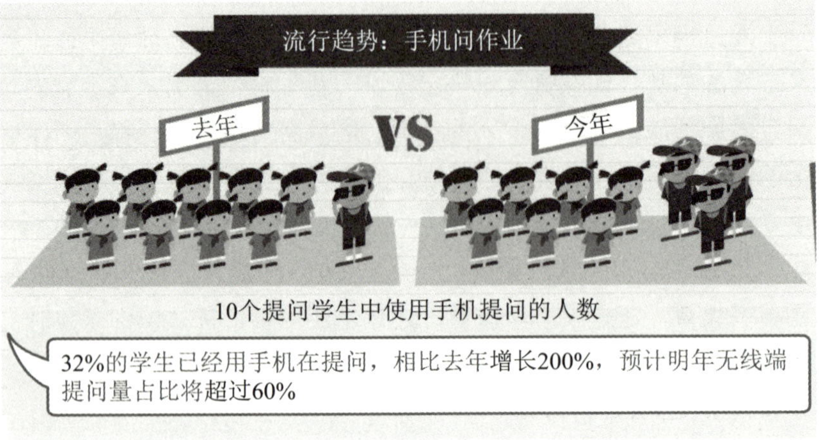

▲ 图 15.2　百度手机提问用户数 (2013 年统计数据)

移动学习并不是独立形态的学习，而是传统学习模式的补充和延伸，移动学习不能代替需授培训、图书和网络学习的地位。移动学习将会与其他学习方式相结合，比如在图书产品中整合移动学习，为用户提供更多的学习体验等，移动学习与其他学习产业的有机整合将成为必然趋势。基于书本的学习，仍然具有不可撼动的位置。

运用“书本 + 移动终端”这种模式，将会是越来越多的学习者的自然选择。即使是传统的互联网教育，书本也具有非常高的比重，所以在开展移动学习的时候，要充分考虑到这一特点，要给用户更为人性化、体贴的学习体验，尺有所短，寸有所长，增强用户学习体验、提升学习效果，是一切学习形式创新必须要遵循的不二法则 (表 15-1)。

表 15-1　PC 与移动设备对比

	PC	移动设备
联通性	一关机便与世隔绝	24h 可用
时空特性	无法随时可用	Anywhere，AnyTime
便携性	特性沉重不便携	非常便携
LBS 位置特性	无	有

（续表）

	PC	移动设备
感应装置	无	重力 / 方向 / 触摸
性能与输入	性能强，输入方便	性能稍弱，不便输入

第二节 移动学习的适用范围

移动学习适合教育培训的各个细分领域，如高等教育、中小学、学前教育、职业教育等。

一、高等教育

中国是一个学习大国，根据《中国统计年鉴 (2012 年)》，截至 2012 年年底，普通高校在校学生数为 2536.5647 万人，还有上亿的在职人员，个人学习成为一种必然的需要。这类群体拥有极高的移动设备普及率，而且易于接受移动学习，因此是移动学习市场的必争之地。

PC 的学习虽然在屏幕大小、存储容量、易用性上要优于手机学习，但是不能随时随地学习。而移动学习虽然有屏幕小的缺点，但是可随时随地学习，尤其是在各种闲暇时间，比如候车、地铁、飞机等场合使用，是随时随地学习的利器。

当前大学生拥有智能手机的比例已经在 80% 以上，而此类人群以学习为主，因此高等教育的移动学习具有非常强大的需求很多大学生已经自主开始用手机来提高学习效率，如背单词等。

二、考试培训

中国人的学习，普遍带有“应试”特点，因此催生了巨大的考试产业。在广阔的教育培训市场中，其中有相当大的比例是应试类培训，典型的考试培训有以下几类。

1. 语言考试类

中国人学外语的热潮，勿须多言。外语热自 20 世纪 90 年代兴起，仍然经久不衰。在线语言培训是在线教育发展最早的领域之一。在外语培训方面，沪江网是目前中国最大的外语学习社区。新东方在线也做得不错，从原有的只有几百万营收，到现在营收数亿元。

其他外语学习网站有很多，但是多数规模不大，林林总总约有数百家，其中有些知名度的约有几十家，如旺旺英语、大耳朵英语等。这些英语类网站主要以提供各类资讯和下载资料为主。

2. 职业考试类

职业考试类培训，在中国应该占据最大的培训市场，在线教育领域也是如此，如考研、司法考试、公务员考试、医学考试等。

考试教育虽然备受争议，但是作为“刚性需求”，其市场规模相当庞大。笔者认为考试作为人才选拔必不可少的手段，“应试教育”的长期积弊并不在于考试本身，而是考试没有随着现代社会的发展而进行改革、远远落后于社会发展的要求所致。

三、企业培训

在企业建立学习型组织，对现代企业来说是非常重要的。但是由于企业工作人员业余时间少，很难聚到一起培训。采用网络培训可以解决部分问题，但是需要电脑和网络环境。

如果企业采用一部分移动学习，成本就会大大降低。企业可以通过无线通信网将课程发送到员工的手机上，供员工学习。系统自动将学习的结果记录下来，发回系统服务器。这种方式对于需要经常出差的销售人员来说是颇为实用的。

过去，新员工往往需要花费几天阅读各种活页夹中的信息和研究不同的产品，很费时间而且效果不好，现在通过实时移动平台，员工可以在销售现场完成自己的培训。员工们可以找到一种产品，通过手机输入该产品的条形码之后，系统就会提供该产品的相关信息给员工，从而让员工通过该产品完成一次简短的学习培训。

企业不仅可以通过手机学习系统来培训内部工作人员，也可以通过手机来培训代理商、经销商的工作人员。例如，将销售手册的精华制作成手机版本，统一发送到基层销售人员的手机上，销售人员可以通过学习手机中的课程，迅速掌握核心内容。另外，当销售人员遇到无法解决的问题时，就可以通过搜索手机中的信息，甚至可以远程连接服务器，迅速获得应有的支持。这样不仅大大节省销售培训成本，而且还提升了培训效果。

2014 年，企业开始大量开展移动学习业务，开发移动学习 APP、微信订阅号、移动课程等，移动学习开始进入爆发期。

第三节 移动学习的商业模式

移动学习产业还处于发展阶段，但目前已经显示出基本清晰的价值链结构，主要可以分为以下几种模式。

一、应用商店模式

移动应用软件商店模式，是苹果公司发布 iPhone 以来最为火爆的方式，也是各移动应开发软件企业采用的模式。APPStore 是最成功的应用商店。苹果 APPStore 自 2008 年 7 月正式推出以后，下载量高速增长。

APPStore 里面的海量应用让 iPhone 及 iPad 用户获得优质的体验，让终端的价值极度放大，这一切又成为用户购买苹果产品的一个重要理由。作为一个拥有庞大用户基数的封闭系统，开发者可以将精力集中在应用开发上，而不是机型适配上，APPStore 已经积累了非常庞大的应用数量。APPStore 也存在像恶意评论、垃圾广告和刷排名这些问题，也在影响着这个平台的平衡。但无论如何，苹果公司获取 30% 的应用分成收入，每年给苹果公司带来了上百亿美金的利润，因此大量以个人付费应用为目标的 APP，必然不能忽略 APPStore。

GooglePlay 是 Google 公司的应用商店，采取的是与苹果同样的方式。2013 年第二季度，GooglePlay 市场的应用下载量已经超越了苹果的 APPStore 约 10%，这也从一定程度表明 Android 的应用规模正在进一步扩大。不过由于苹果优秀的应用开发环境，GooglePlay 市场的应用收益实际仍比 APPStore 低出许多——APPStore 产生的收益依然是 GooglePlay 的 2.3 倍。

应用商店模式没有复杂的销售渠道，随着在线银行支付、手机支付等支付手段的普及，支付越来越方便快捷，因此这种模式将会一直存在。在中国，由于 Android 用户的数量很大、用户习惯于免费软件等因素，使得大量的用户习惯于使用 91 手机助手、360 手机助手、腾讯手机助手等作为软件搜索、下载和安装工具，因此软件应用商店和下载辅助工具有非常高的价值。2013 年百度宣布以 19 亿美金收购 91 无线业务，就充分说明了这一点。

应用商店模式的特点是依附于软件应用商店，其主要瓶颈在于产品的质量和应用商店推广。在软件商店模式下，用户可以自主对软件进行评论，因此软件的用户口碑非常关键。要解决此问题，开发方必须极其重视软件产品的质量，给用户优良的操作体验，才能获得用户的青睐 (图 15.3)。另外，应用开发完成后，必须投入较大的精力在推广上。

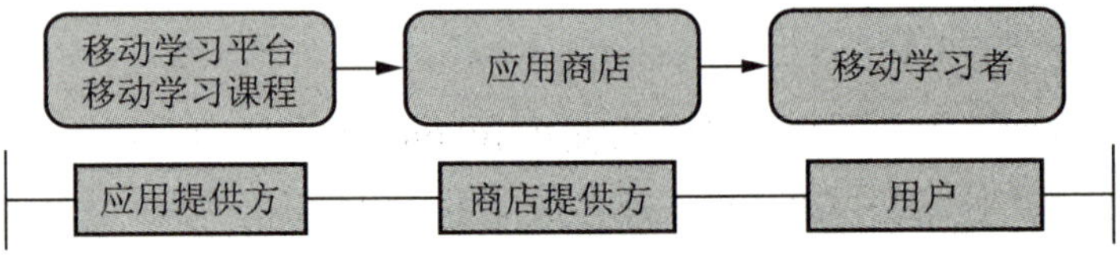

▲ 图 15.3　移动应用商店型产业链

二、业务拓展模式

业务拓展的模式指的是原有从事 Web 在线教育、图书业务的企业，将其原有的业务拓展至移动终端。这类模式并不是完全开展新型业务，而是原有业务的拓展。

1. 网校业务拓展

网校业务拓展指的是原有从事互联网在线教育的企业推出的移动学习 APP，这类 APP 的作用是原有业务的拓展，例如沪江网、东大正保、华图网校、东奥会计等，均推出了自己的 APP 产品。

2. 图书业务拓展

图书业务拓展指的是原有从事图书出版业务的企业推出的移动学习 APP，目的是给读者群更多的学习服务，如外研社、高教社等出版机构推出的各类 APP。

三、专用硬件模式

专用硬件模式指的是学习机和电子书包等企业，自主开发内容资源或与内容供应商合作，将学习软件内置于移动设备中，作为移动设备增值服务去销售。

IT 厂商已成为电子书包的主要推动者，英特尔、微软、惠普、联想、海尔、壹人壹本、松下等厂家都推出了电子书包产品。今年以来，就有三星电子、华为集团、方正科技、金禄电子、立人科技、鼎师科技、中科梦兰等科技公司都相继发布并推广自己的电子书包产品。学习机厂商有步步高、诺亚舟、好记星、快易典等。

在移动学习产业链中，产品提供商提供的是移动学习产品，包括移动学习平台(一般为移动学习 APP)和移动学习课程两大类。学习平台是课程的载体，给学习者提供各种学习功能，其单独存在是没有意义的，必须有相应的课程资源。

移动学习课程指的是供用户在手机等移动设备上学习的网络学习内容，如英语四六级、新概念、公务员考试等。移动学习课程因为分辨率、运行平台的不同，往往需要重新开发，需要投入较多的人力和物力，因此开发成本比较高。

在这种模式下，移动学习内容资源处于产业链的上游，但是在该产业链中地位不强势，从而大部分收益被硬件销售商赚取。这种模式采取的是手机厂商向软件提供方买断授权费用，或者按装机量向软件提供方支付费用。硬件厂商不愿意承担软件费用，因此演变为双方按销量或下载量分成，甚至软件方免费提供的模式，因而这种模式逐渐转化为 B2B2C 模式(图 15.4)。

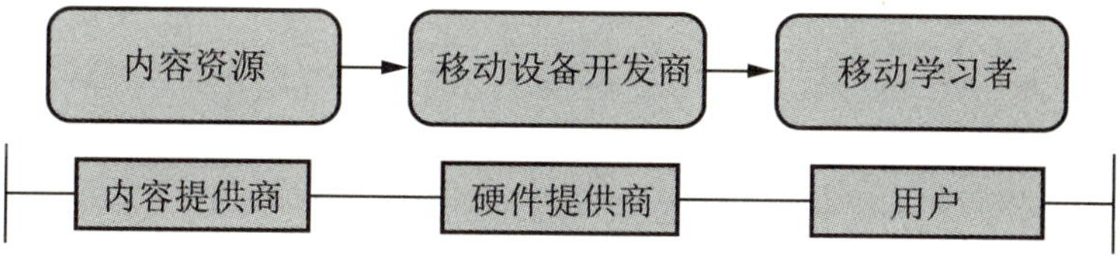

▲ 图 15.4　硬软捆绑型价值链

四、移动运营商模式

移动运营商模式，指的是移动学习产品提供商提供学习平台和课程，借助移动运营商

(中国移动等) 的渠道，以套餐捆绑的形式来推广移动学习产品，往往采用包月制。这两种商业模式是资源提供商和运营商对用户订阅、下载的收入进行按比例的分成。

移动学习资源提供方与运营商之间的关系是直接的商务合作关系，二者有追求销售收入的共同利益，而且一个提供产品，一个提供运营，彼此均不可替代，因此二者是合作关系，没有直接竞争关系。二者合作的最大障碍是利益分配问题，在商务谈判中，谁拥有更强的资源，谁将占据主导地位、拥有更多的话语权，实际中往往是运营商具有更多的主导权 (图 15.5)。

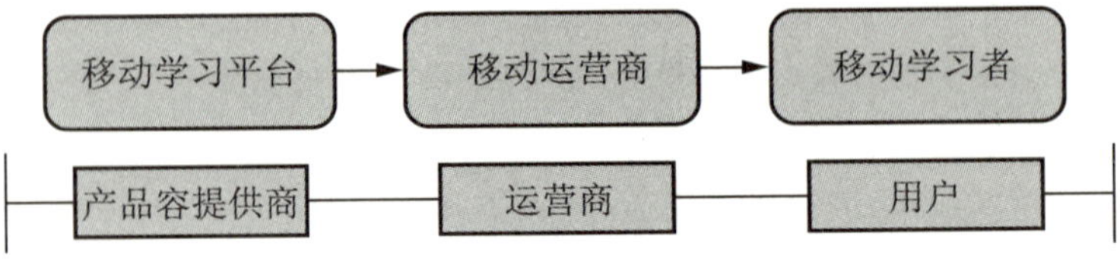

▲ 图 15.5　运营合作型价值链

第十六章 中国移动学习市场现状及预测

第一节 中国移动学习市场发展现状

按产品形态，中国当前移动学习市场主要分为两大类：移动学习 APP(应用软件产品) 和专用移动学习设备 (学习机、电子书包等硬件产品)。

一、移动学习 APP

1. *移动学习 APP 迅速增多，少数 APP 开始赢利*

自 2011 年以来，移动学习类的 APP 迅速增多，在教育培训的各个领域均是如此，如中小学、成人培训、企业培训等。大大小小的与教育学习相关的 APP，大约有 10 万款左右。这些 APP 主要分布于以下领域。

(1) 学前教育：面向学前儿童，运行载体以平板电脑为主，主要内容是各类启蒙、益智类的 APP，其特点是生动活泼、多媒体。

(2) 基础教育：面向中小学生用户，以中小学学科辅助为主。

(3) 职业教育：面向成人群体，载体以手机和平板电脑为主。

(4) 技能培训：包括各类外语、计算机等技能培训。

(5) 企业培训：特别适合组织结构分布于各地的企业。

(6) 政府机关人员培训：公务员群体，以手机为主，平板电脑为辅。

但是自 2012 年以来，APP 的发展状况堪忧。前几年“只要将品牌 APP 上架，消费者就会自动下载”的黄金时期已经过去。一哄而上的 APP 市场很快充斥了大量的类似产品，消费者的选择急剧增多，已经有少量学习类 APP 赢利，但这类用户还不及开发者的 5%。

2. 得到用户认可，但尚未成为主流

移动学习方便、快捷的特点，得到了广大移动终端用户的认可，有用户主动寻找、下载并使用学习类的应用软件，尤其是中小学生及大学生。但是在学习者整个学习行为中，移动学习尚未形成学习方式的主流。原因主要是用户对移动学习的意识还处于初级阶段，还需要一个培育的过程。另外，书本和面授培训班的学习方式还属于主流，尤其是基于书本的学习方式在未来十年中仍然居于主要地位。

但这并不意味着移动学习无所作为，恰恰说明移动学习是一个非常好的“边际应用”，在结合图书和面授培训方面，移动学习具有天然的优势。

3. 在某些领域，移动学习将迅速超过 Web 学习

在对移动学习资讯网的调研中，多数参与者认为“移动学习与网络学习将并存”，实际上在某些领域，移动学习将会迅速超过基于 PC 平台的 Web 浏览器方式的学习。

长期以来，基于 Web 浏览器的用户体验并不佳，这是长期阻碍数字化学习的一个重要因素。在某些特定领域，在线教育会很快被移动学习超越，如 K12 领域和语言学习，由于中小学生和家长群体更喜欢用移动设备，所以移动学习超过 Web 在线方式是非常有可能的。

二、学习机

自 2005 年起，中小学学习机市场迅速成长，到 2010 年，以 iPad、Android 为代表的

智能移动终端迅速普及，原有学习机厂商也适应市场的需求，及时推出了基于 Android 操作系统的学习机、学生电脑等，现在原有的点读机市场逐步被平板电脑、学生电脑所替代。综合业界人士提供的信息，2015 年面向中小学生群体的学习机市场，销售额约在 100 亿元左右，年销售学习机、学习电脑约 200 万台左右。

三、电子书包

《国家中长期教育改革和发展规划纲要(2010—2020 年)》(简称《纲要》)中明确指出“加快教育信息基础设施建设。信息技术对教育发展具有革命性影响，必须予以高度重视。把教育信息化纳入国家信息化发展整体战略，超前部署教育信息网络。到 2020 年，基本建成覆盖城乡各级各类学校的教育信息化体系，促进教育内容、教学手段和方法现代化。充分利用优质资源和先进技术，创新运行机制和管理模式，整合现有资源，构建先进、高效、实用的数字化教育基础设施。加快终端设施普及，推进数字化校园建设，实现多种方式接入互联网。重点加强农村学校信息基础建设，缩小城乡数字化差距。加快中国教育和科研计算机网、中国教育卫星宽带传输网升级换代。制定教育信息化基本标准，促进信息系统互联互通。”

“电子书包”即是迎合《纲要》中提出的信息化教学的“升级版”，目前“电子书包”在学校教育领域(主要是中小学)，在日常教学中运用平板电脑辅助教学的新型应用情境，主要形式是“平板电脑 + 教室场景 + 教学平台 + 学习资源”。

严格来说，当前各地兴起的“电子书包”项目，属于教育行业信息化范畴，因为其主体为面向教育系统，设备的采购多属于各地行政行为。目前国内生产电子书包的企业，有数十家之多。比较大的有网龙、天闻数媒、方正科技、诺亚舟等企业，都重点开展电子书包业务。

电子书包以 B2B 为主，如果要真正大面积推广和普及，最关键的问题还是利益关。电子书包推广与版权、经费分摊等利益脱不了关系。电子书包教学资源这一块，各大电子书包项目企业不断侵蚀出版商的利益，纠纷不断，而且上下游利益不平衡将制约产业健康发展。从目前情况来看，现有各地的试点项目，依然以政府投入为主。但是未来若要全面推广，费用将是个庞大的数字，政府负担过于沉重。

第二节　中国移动学习产业现状调查

毫无疑问，移动学习正在逐渐代替 Web 网络学习。发展潜力非常大。

一、移动化是在线学习必然发展趋势

对于在线教育未来的发展趋势，近八成的参与者选择了“移动化”，这说明移动设备在网络学习中的重要性越来越突出，移动化是在线教育的必然选择 (图 16.1)。

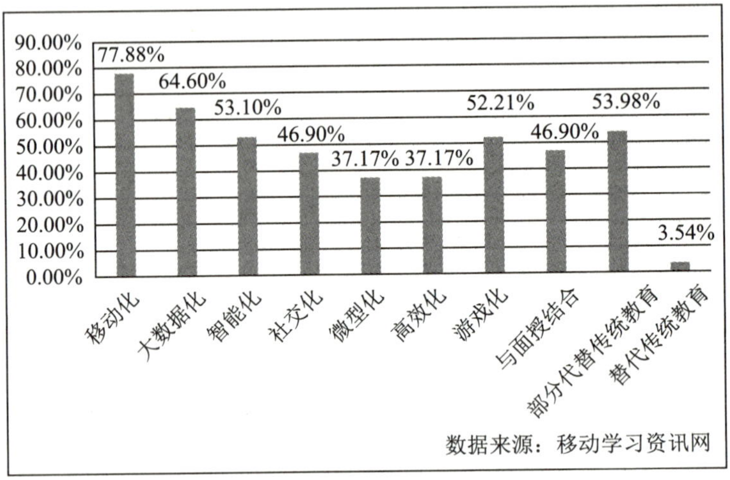

▲ 图 16.1　未来在线教育的趋势

随着近几年“大数据”概念的普及，“大数据化 / 智能化”也颇受关注。用大数据来实现教育化，是各个企业需要关注的。

“微型化”和“高效化”被关注的比例也不低，这也是值得从业人员注意。这几年随着移动设备的普及，尤其是微博、微信的流行，“课程资源微型化”在 2013 年得到迅速普及，已经成为不争的事实。这说明移动学习对课程产生了巨大的影响。

二、影响在线学习的主要因素

对于在线教育平台使用的因素，其中第一个因素是“课程内容枯燥”，高达 76%。这说明在线教育欲博得用户的欢心，提高课程内容的交互和趣味性是当务之急，提升用户体验是根本。

第二个因素则是在线学习平台“功能不丰富、不易用”，说明服务提供方应该注重用户的学习体验，使学习过程更为流畅，平台的功能更加人性化、智能化。

另外，学习者本人不爱学习、网络学习意识不强、网络学习的推广力度不够，也是影响网络学习的重要因素。企业除了提供优质、生动活泼的课程之外，还要加大对用户使用习惯的培养 (图 16.2)。

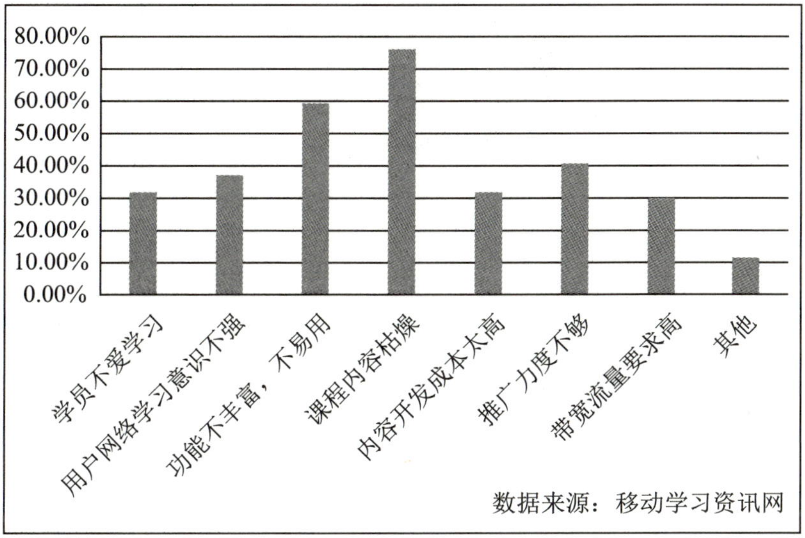

▲ 图 16.2 影响网络教学平台使用的因素

三、移动学习与 Web 在线学习的关系

调研结果表明，七成左右的参与者认为网络学习与移动学习各有其优势，二者将并存。这说明企业在开发课程的时候，既要考虑传统 PC 浏览器下的应用，也要考虑移动终端上的学习应用，这使得课程、平台在设计和开发的时候，必须考虑其跨平台的特性。

这代表了目前大多数人对目前形势的判断，但是根据移动学习资讯网的研究，移动学习具有传统网络不可比拟的优势，移动学习在未来 3 ～ 5 年内的应用将超过 PC 应用。

移动学习的迅速发展，与创新应用模式有非常大的关系，会有企业在移动学习上产生新的创新应用模式突破，从而使得移动学习应用超过 Web 学习 (图 16.3)。

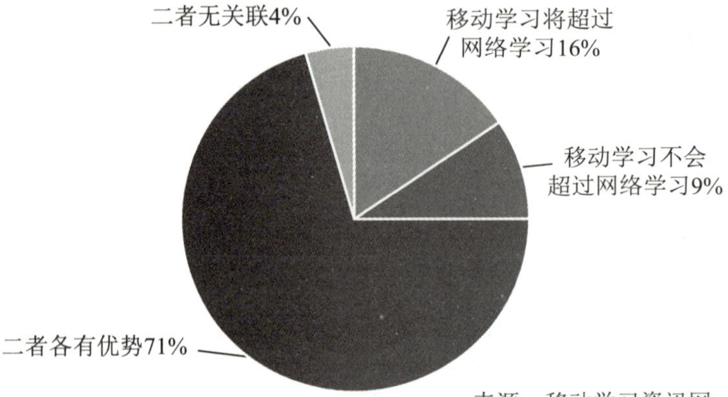

▲ 图 16.3　移动学习与网络学习的关系

现在多数行业人士还没有充分认识到移动设备会带来的冲击，因此读者对此观点要采用动态思维，不能陷入思维定式。

四、移动学习 APP 的用户数

目前超过一半的企业已经开发了移动学习应用，在已经有移动学习应用的企业中，用户数量在 500 万人以上的仅占 4%。其原因主要是移动学习 APP 刚刚进入推广期，用户的累计效应还没有显现出来。

这说明当前移动学习 APP 的开发和使用，还没有进入最高峰，产品之间的竞争还不充分。但是由于学习类 APP 固有的内容开发成本高的特点，因此移动学习应用作为传统应用模式的延伸，依靠的还是企业自身的内容质量及服务 (图 16.4)。

五、移动教学 APP 的操作系统需求

在操作系统的选择上，Android、iOS 操作系统，当仁不让地成为开发学习类 APP 必备的操作系统 (图 16.5)。

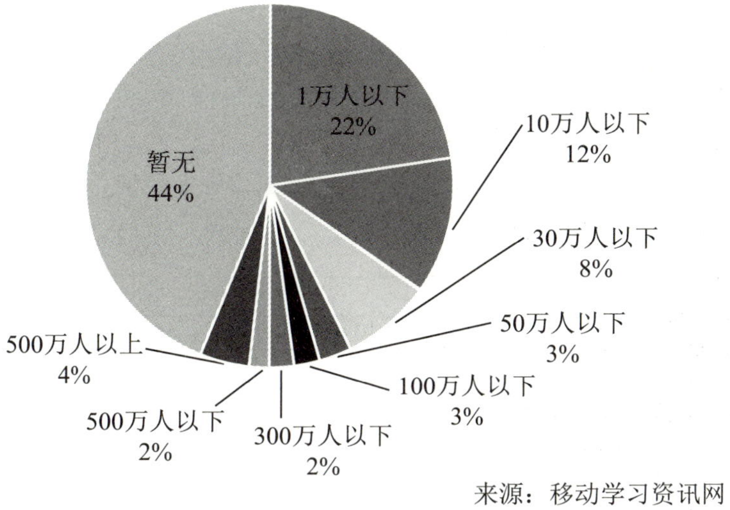

▲ 图 16.4 目前 APP 用户数量分布

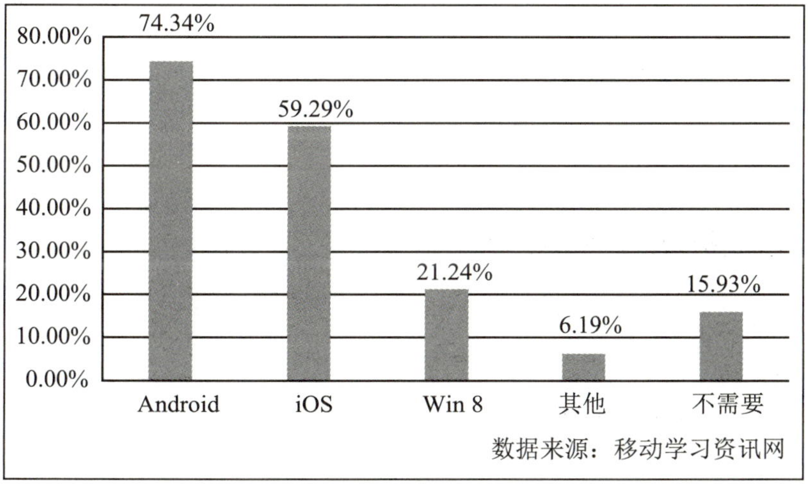

▲ 图 16.5 对移动教学 APP 操作系统的需求

六、制约用户使用移动学习的因素

与在线学习相同，参与者都认为“内容枯燥，无吸引力”是制约用户使用移动终端学习最根本的原因，因此从业者应在上述因素中狠下功夫。

带宽和流量要求，也是制约移动学习的一个因素，但并不是根本原因。用户体验不佳，才是影响移动学习的根本原因。随着移动带宽的不断增强、价格不断降低，带宽和流量问题在未来 1 ～ 2 年内会得到大幅改善 (图 16.6)。

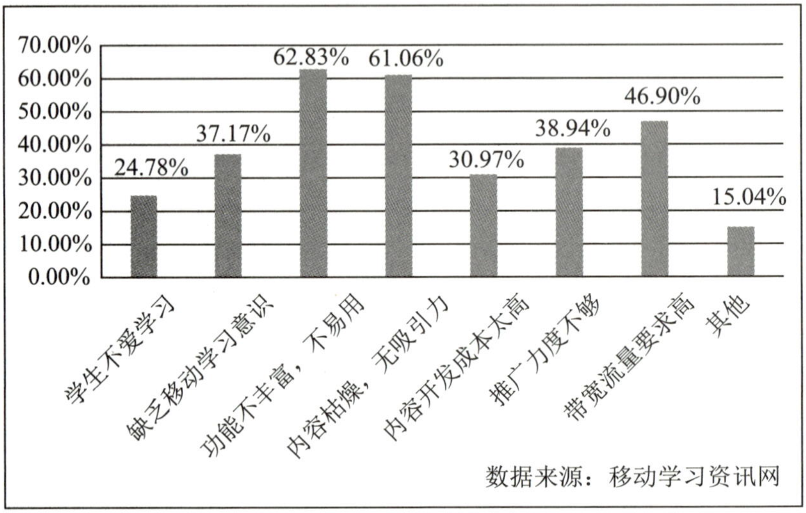

▲ 图 16.6　影响移动学习 APP 使用的因素

七、Web 版和移动版之间的关系

调查结果表明，参与者多数认为 Web 版课程和移动版课程，应该是一套开发成本，而不应是多套产品，二者的进度和学习记录应该是统一的，而不是独立的。

超过半数的参与者认为，移动课程应该能离线下载使用，这是与 Web 版课程所不同的，主要是用户在带宽没有保障的移动环境下使用，离线学习能够提供良好的用户体验。也有近 1/3 的用户认为课程要加密，这表明在移动学习情境下，对知识产权的保护也是必要的 (图 16.7)。

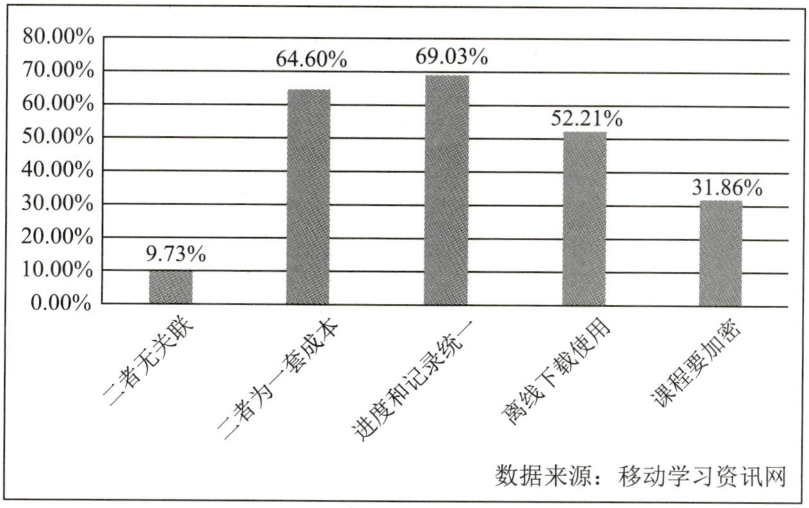

▲ 图 16.7　对移动学习平台及课程的特性需求

八、困扰开展移动学习业务的最大问题

移动学习是大势所趋，这是不容争辩的定论。但是受当前大量 APP 涌现而赢利 APP 很少的现状影响，企业对开展移动学习业务最大的困扰是“投入产出不成正比”，一方面移动 APP 的开发需要成本，尤其是在多操作系统并行的情况下，开发多操作系统的版本成为必要，这也加大了移动应用开发的成本。

作者认为，移动应用开发是必然趋势，如果不做则会丧失大量的机会。企业可以寻找专门开发学习应用的企业进行外包开发，在标准化产品的基础上有所定制开发，则可以大大降低开发成本。

参与者认为移动学习的“用户需求不强烈”，说明移动学习还处于市场发展的初级阶段，但是需要提醒读者的是，随着在线教育竞争的加剧，会有创新性企业在移动设备上创造出新的模式 (如拍照答疑、推送答案等)，使得移动学习具有 PC 平台不可能具有的特性。移动学习会呈现跨越式发展的特点，因此对移动学习业务应有充分的认识，不能局限在移动学习仅仅是 Web 版学习延伸的定势 (图 16.8)。

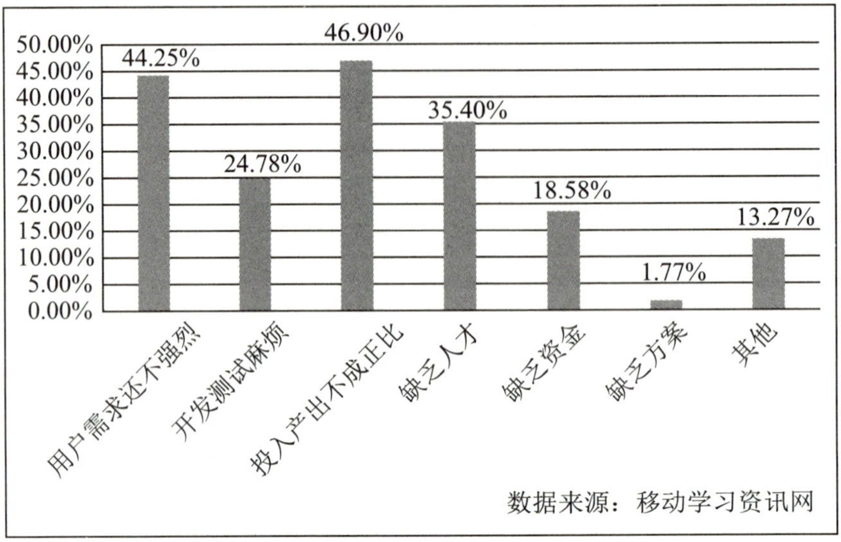

▲ 图 16.8　困扰移动学习的最大问题

第三节　中国移动学习行业主要竞争者分析

一、硬件产品竞争

移动学习行业的硬件竞争，只存在于学习机、电子书包等以捆绑硬件为核心商业模式的行业中。因为其商业模式主要为 B2B 模式，最终的买单者是学校，因此这类竞争主要在各个硬件企业之间展开。

由于众所周知的原因，B2B 模式下的市场竞争机构不透明、不公开，更多依靠企业与各地教育管理部门之间的关系，因此硬件市场是垄断性的竞争，这里不多描述。

二、同类产品之间的竞争

同类产品之间的竞争主要指的是同类移动学习产品之间的竞争关系，比如同是英语单词 APP，均面向英语学习者，产品之间的竞争不可避免。例如目前市场上英语单词类的产品有几十种之多，经过优胜劣汰的自然选择，用户只会选择优秀的产品，因此同类产品的竞争只能通过提升产品的途径来实现。

三、与原有在线教育的竞争

某个企业或机构移动学习的业务很可能覆盖原有在线教育的业务，此时二者会产生竞争。移动学习应发挥自己的优势 (如随时随地可用的优势)，与原有在线教育业务产生有效竞争，才能赢得市场。例如驾驶员理论知识考试，移动学习能够充分利用学员在等公交、地铁等时的零碎时间，因此具有良好的竞争优势。

而移动学习不适合的领域，如需要大面积显示器和键盘输入才能获取理想效果的学习 (如 IT 操作技能)，如果在手机上进行，则不能发挥移动学习的优势，因此不建议与在线教育竞争。

四、与图书出版行业的竞争

移动学习与图书出版行业之间的竞争并不多，而多是相互补充的关系，比如在图书中印刷二维码，用户用手机扫描二维码，即可以获取对应的讲解，就是一种与图书出版行业有效互补的方式。

五、与盗版和免费产品的竞争

与盗版资源和免费产品的竞争问题，是困扰移动学习产品最大的但是又躲不开的问题。盗版问题可以采取普通内容免费、精品内容收费、OEM、广告等形式来抵制。但是当一款产品还没有多少用户的时候，建议采用免费策略，只有建立庞大的用户群体，才能在海量的应用中取胜。

第四节　几种有前景的移动学习业务

一、移动在线答疑

在线答疑是一项被人们看好的移动学习服务，其热度也相当高。当前已经出现了很多提供移动答疑服务的项目，如学霸君、求解答、爱辅导、疯豆网等答疑平台。其主要模式是用户下载客户端 APP，通过拍照、文字输入等形式。将问题发布至互联网，再由教师进行答疑回复。

但是很多从业者，尤其是新入行的从业者对在线教育仍然有非常初级的看法，有很多迷惑和误区，在设计产品与服务的时候陷入纠结之中，对于答疑也是如此。本文对在线答疑进行如下分析。

1. 在线答疑的需求度

中国中小学生的学业负担重，这是众所周知的事实。但是沉重的应试压力，现在不仅压在学生和老师身上，也压在家长身上。现在很多家长成了老师的“助教”，不仅要协助检查学生的作业，而且还要给学生答疑。如果孩子的学习成绩不好，做家长的便如热锅上的蚂蚁——急得团团转 (图 16.9)。

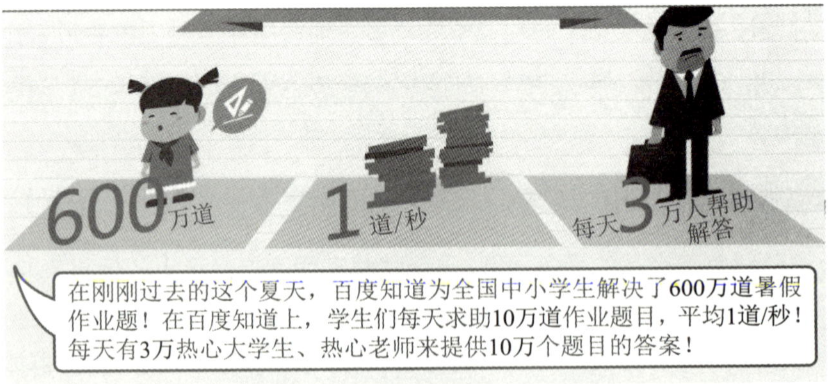

▲ 图 16.9　2013 年中小学生问题提问量

如果能够针对学生和家长，提供基于互联网和移动互联网的答疑系统，随时解答或在指定时间内答疑，那么用户会有很强的付费愿望。世界之大，无奇不有，只要有需求，就会有市场。假如你在如厕时忘记带了手纸，那么2元一包的面巾纸，你也会毫不犹豫买下。这也就是中国存在已久的“考试经济”。

中国家长不怕花钱，现在每小时200～300元的一对一辅导费用，很多家长也能够花得起，但是对于看不见摸不着的远程教育，家长则更愿意选择看得见摸得着的面授教育。但是如果能够解决家长的信任度问题，则答疑是一项非常有商业潜力的远程教育服务。

从百度知道的“2013年暑假大盘点”可知，2013年暑假期间，提问量有600万道题。显然，在线答疑是非常强的需求。

2. 在线答疑的市场

既然有这么强的“需求”，那也应该有“市场”了？没有需求，一定没有市场；但是有需求，未必形成有效的市场。要看有多少比例的用户需求，会转化为有效市场(即付诸购买行为的需求)。

显然，如果跟百度知道相比没有竞争性的优势，那么，很难在市场中立足。否则没得玩。需要读者明白的是：

一是百度有海量的用户导入，使得百度知道“拥有”数万名热心的答疑者。百度对答疑者是不付费的，付的是“积分”。

二是百度知道上的提问者，求的是“答案”，而不是“解惑”。相当多的学生提问是作弊获得答案，而不是解除疑惑、获得知识。

用户只可能会为“解惑”而付费，所以入行者需要满足的是这类人的需求，要用体贴、周到、专业的服务，满足消费者的胃口，所以在线答疑本身就是一场“资本”与“智本”二者俱全的游戏，二者缺一不可。建议垂涎此领域的新手慎入！

3. 在线答疑的商业价值

早在多年前，在线答疑已经成为网校的一种标准服务而存在，其商业价值是可想而知的。因为在线答疑之风暗流涌动，很快将成为互联网教育新的角逐点，显然在线答疑作为一种新的模式，其潜在的商业价值得到了认可。

4. 在线答疑的教育价值

笔者分析过几家企业的在线答疑的样例，从教育价值(严格说是“教学价值”)角度看，多数在线答疑仅仅是把试题讲一遍，告诉提问者解题的过程和结果。从教学角度看，这仅仅是非常初级的讲解过程。

答疑的三个境界可列成一个金字塔，将答疑分为“庸品”“优品”和“精品”三个层次。多数实时答疑属于“庸品”甚至是“次品”，一是答疑者针对突然而来的问题，没有时间仔细分析问题所在，此时的答疑自然也是浅层次的解答；二是答疑者水平参差不齐，应对答疑的能力差异非常大，产生的答疑必然也不齐。显然有多年教学经验的优秀教师，比在校大学生经验和水平都要高得多 (图 16.10)。

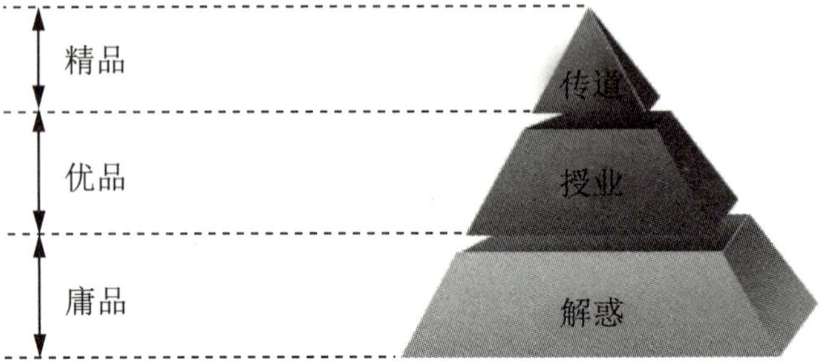

▲ 图 16.10　从教学角度看答疑的三个层次

教育学认为“教是为了不教”(如果学生会了，自然就不用再教，所以说教是为了不再去重复教)，同样也可以推导出“答疑是为了不答疑”的推论。“庸品”的答疑，只是为了讲解题目而讲，没有章法和条理。显然“庸品”只达到了解惑，还是没把题搞懂。这样的答疑，以问题为起点，以答案的出现为终点，并没有起到真正的答疑作用。

“优品”级的答疑，不仅把题目解释得清楚，而且还把题目中的关键知识点理出来，给提问者讲解得头头是道。通过讲解题目，把相关的关键知识点做了讲解，使学生在此知识点上的理解更加深入，这个层次为“授业”型的答疑，即把相当的知识点 (学业) 做了复习。

“精品”级的答疑，不仅做到了“授业”，而且通过向提问者不断发问，从而了解学习者的水平及思维特点，并能够针对学习者的特点，启发他的思维，从而通过一道题目，使提问者能够透彻理解知识点应用 (这里称为“道”不是指“道理”，而是指具体知识的原理)，做到“举一反三”。这种“精品”级的答疑，需要的时间要长得多，它以问题为起点，以提问者与答疑者的互动为过程，以举一反三为终点。

5. 如何获取在线答疑的提问者

如何获取问题的提问者？这个相对比较简单，只要有资金，能够做广告，能够从某些门户网站导入用户，都可以获得大量用户的涌入。如果没有资金推广网站，导入流量将变得非常困难，但是结合地面线下宣传，也会起到显著的作用。

6. 如何组织在线答疑

答疑者的来源有以下几种。

(1) 专职教师：这类答疑者的特点是专业能力强，答疑水平较高，服务响应时间能够保证 (需要能值晚班和周末班)。薪酬标准约在 4000 ～ 8000 元 / 月，因地区差异不同而差异很大。

(2) 兼职教师：这类答疑者的专业能力也强，但是因为兼职教师的水平和答疑时间不能保证，所以答疑质量参差不齐，报酬为 100 ～ 300 元 / 小时，视地区差异而定。

(3) 兼职非专业人员 (大学生等)：这类答疑者的专业技能较差，服务质量参差不齐。报酬为每小时 30 ～ 80 元不等。

由此可见，答疑者的薪资水平相差非常大，与答疑者的经验、技能水平成正比。其中地区差异也是影响薪酬的一个因素。

7. 在线答疑的实施模式

在线答疑的实施模式关键实质上是在线答疑的关键运营模式。现在某些运营方使用的是实时答疑模式，即师生同时在线交互式答疑；北京 101 网校用的是延时答疑模式，即限定在多少个小时内给予答疑的方式。题谷教育用的是课件式答疑，即针对特定的题目，用提前录制好的课件进行答疑。这三种模式，哪种模式更好？为了给予更为直观的对照，特整理为表格进行对比 (见表 16-1) 。

表 16-1　答疑模式对比表

特性	实时答疑	延时答疑	录播答疑
即时性	优	中	差
交互性	优	中	差
成本	高	中	高

（续表）

特性	实时答疑	延时答疑	录播答疑
是否可形成有效的答疑数据库	低	中	高
组织服务的难度	高	中	低
试题呈现的效果	低	中	高
答疑的效果	因教师而异	因教师而异	因教师而异

由此可见，各种答疑有其自身的特点。实时模式的最大优点在于实时交互的特性，学生可在答题过程中提问，师生之间的信息反馈很多，教师可针对学生的反馈来不断进行教学策略的调整。因此可以说，在有优秀师资保障的前提下，实时答疑具有良好的交互性和个性化特点。但其成本高、组织服务难度大。

延时答疑和录播答疑的交互性和个性化特点不强，但是实施难度和成本低很多。教师可以比较从容地解答学生的问题。其实无论是哪种答疑模式，都需要有优秀的教师作为基础，这对运营在线答疑的管理团队提出了很高的要求。

8. 在线答疑应采取的策略

在线答疑的运营并不简单，应该采取什么策略？这个需要结合各企业的具体情况，决策者考虑以下几个问题：运营的在线答疑的规模预期、投入多少资金和人力、对收入和利润有何预期、项目赢利要求的时间窗口等。项目实施者应该对涉及的成本和产出进行详细的评估，计算出达到多大规模才能实现盈亏平衡。

9. 在线答疑的延伸

在线答疑不会停留在原地，那么下一步是什么？实质上就是对用户需要什么样的商业化教育服务的趋势判断。作者提供以下几个建议。

(1) 细分科目的答疑：只针对急需解答的学科（如中考数学、物理、英语之类）的细分学科答疑，这样会利于降低运营成本。

(2) 高端答疑：以成绩提升为主要卖点，而不以即时答疑为卖点。消费者最关注的是结果而非过程。

(3) 远程学习指导：由简单地答疑提升为全面的远程学习指导服务，例如：如何制订学习计划、如何复习、如何练习，借助人工智能系统，实现自主学习。

二、智能题库技术

智能题库是当前比较流行的测评技术。某题库号称引入智能算法，掀起了个性化、智能化学习开端，试图模拟学习者的水平，但该产品的缺点也相当明显。

1. 智能做题效果差强人意

目前所谓的“智能算法”“遗传基因算法”，在使用之后，并没有主动提示用户该练习哪个知识点，而是把知识点列出来。中国多数学生没有形成良好的学习习惯，因此即使给出某个知识点的掌握程度，面对复杂的知识体系，多数学生仍然不会主动利用薄弱点进行学习。

笔者在使用的时候，做了数百题之后，除了显示统计分析图之外，系统并没有给予有效的指导。这说明智能题库在智能化程度上仍差强人意，还有很大的提升空间。

2. 内容上的成本巨大

以笔者在互联网教育圈十多年的经验，知道试题的编审成本是相当高的，尤其是试题解析，如果要解析得好，必然需要优秀的师资，其成本是相当高的。

3. 以考代学不可行

即使是再完善的题库系统，最佳算法只能检测到相关知识点的掌握程度，对于考生来说，“解惑”是提升技能水平的唯一方式，此时试题的解析就相当关键。如果没有解析的试题，数量再多，对考生来说都是没有意义的。

解析作为试题中关键的学习素材因素，其质量非常关键。然而仅仅是针对某题的解析，分析一下此题的对错也没有什么意义，解析关键点在于对知识点的巧妙讲解，使得考生能够举一反三、触类旁通，才有意义。

对于考生来说，练习不能代替对知识点的学习，二者是相互补充的关系。两千多年前孔子已经指明了方向：“学而不思则罔，思而不学则怠”，“学”可以理解为知识的输入，而“思”则是知识的输出和运用，“考”的本质其实就是“思”，即通过问题情境引发思考，从而达到促使大脑深层加工的目的。

而一些智能题库的特点是“以考代学”。绝大多数试题的解析只是针对试题本身，应检测到学生的薄弱知识点，此时给予相关视频、动画、音频等课件的讲解，引导学生进入学习环节。事实上，用户虽然不是专家，但是会提出同样的问题。

智能题库更像是一尾鲶鱼，对长期以来如一潭死水般的考试类培训行业，这尾鲶鱼的加入，会加速行业布局的重新洗牌，这对于追求更好产品和服务的消费者来说，无疑是一件好事。如果读者正在从事或将要进入这个行业，就应该思考应对的策略。

4. “智能题库”应具备的功能

智能题库应具备以下功能。

1) 智能组卷与测评

智能组卷无论是学生使用，还是老师使用，以教材、章、节、单元、阶段、知识点为维度进行组卷都是一个最基本的功能。运用此功能，用户基本可以完成测评的两大功能：巩固、诊断。帮助学员巩固所学的知识和了解自己的知识点掌握情况，帮助教师巩固学生所学和了解学生的知识点掌握情况。

2) 测评记录

测评记录是指学生在经过一系列测评后所产生的记录。通过对记录的分析，能够了解到某个学生的学习状态变动情况。这种变动状态的描述能够帮助学生了解、调整自己的学习状态，也能帮助教师、家长更好地了解学生，帮助学生调整学习状态。

3) 知识点报告

通过对班级或年级学生测评结果的整合，教师或学校教务处能够了解班级及年级学生对知识点的掌握状况，哪些是大部分学生不会的，哪些是多数学生已掌握的等等。据此，教师和学校教务处能够有效地调整教学资源和侧重点。

4) 快速测评

快速测评是指要求学员用最快的速度完成的测评，测评考核重点不仅包括准确度，也包括时间维度。系统能够通过学员在每个题目上的答题时间和准确度来判断对相应知识点的掌握程度，比如：答得快且准的题目所含的知识点为非常熟练掌握，答得慢且准的题目所含的知识点为一般掌握。一般来讲，快速测评针对的是学习相对优秀的学生，能够帮助学生了解其对知识点的熟练掌握程度。

5) 学习报表功能

通过对各种测评结果的整合，能够为学生、教师、学校等提供各种报表。例如：进步最快的学生、波动最大的学生、稳定发挥的学生、最常考的知识点、学生排名等。

6) 引导学习

通过测评结果，告知学生有所欠缺的知识点，同时告知学生应该从哪些单元、章节开始学习，进而一步一步地达到更高的水平，掌握相应的知识点。这种功能更加适用于那些学习水平中等的学生，能够引导学生从根上解决一些未掌握的知识点。

7) 成绩预测

通过学生最近一段时间的测评结果，预测学员在考试中的表现，如在班级的排名、在学校的排名、在本地区的排名、在全市甚至全省的排名。

智能题库虽然具有广阔的应用前景，但是在当前智能化技术尚不完善的情况下，不能过于夸大其作用。比如有的企业号称可以“准确预测考分”，当前技术可以预测一定区间的分值，但是精确到分数是不可能的。因此对于智能题库，我们应有一个客观的认识。

第十七章 移动学习带来的巨大冲击

第一节 移动学习与Web网络学习的本质差异

移动学习与基于浏览器的网络学习有本质的差异，而并不是Web版学习的简单迁移，与之有本质的差异，理解这些差异对开展移动学习业务，有非常重大的意义。

一、移动学习是“碎片化学习”

移动学习诞生于移动终端盛行的移动互联网时代。在移动互联网时代，微博、微信、手机游戏的兴起，使人们的碎片化时间得到了充分利用，甚至挤占了大量的个人时间。

移动学习不仅运行在移动设备上，而且其使用也是同样的特点：用户利用移动终端随时随地可用的特点，可将排队、机场、地铁、公交的碎片化时间用于学习，这使得学习的开始和结束都变得非常随意。这是需要开发者特别注意的地方。

二、移动学习是“按需学习”

移动学习随时随地可用的特点，决定了移动学习具有“按需学习”的特点，即用户的学习行为是按照特定环境下的需求而产生的，所以要求学习的内容和功能具有易于查询和调取的特点。

比如与外国人交流的时候遇到不会说的单词，此时拿出手机进行查询，就是一种“按需学习”。还有，如果在设计答疑的时候，需要很方便地输入问题，此时利用手机摄像头将问题拍成照片发出去，就能发挥移动终端的优势。

三、移动学习是“微学习”

移动学习“碎片化”的特点，决定了移动学习是一种“微学习”，即学习时间较短的学习，比如 3~5min。如何在这么短的时间里，将知识有效地传输给学习者，是课程开发者需要考虑的问题，因此“微学习”具有短小精悍、生动有趣的特点。

而传统基于 PC 平台的课程，具有时间长、枯燥无味的特点。因此移动学习是对传统学习的超越，而不是简单的迁移。

四、移动学习可带来全新体验

移动设备集成了 GPS、重力感应器、电子罗盘等外部设备，使得它具有 PC 不可比拟的特性，比如可以提供 LBS(基于位置的服务)、重力场、指向等功能。

第二节　移动学习对学习管理平台(LMS)的巨大影响

移动学习的引入，对传统的以 Web 为主要载体的学习管理平台 (LMS) 也有非常大的影响，主要表现为以下几点。

一、LMS 需要提供移动端接口

学习管理系统需要上升为“M-LMS”(即“移动学习管理系统”)，一套完整的学习管理平台，由运行在服务器上的服务器管理端、移动客户端及相关接口构成(图 17.1)。

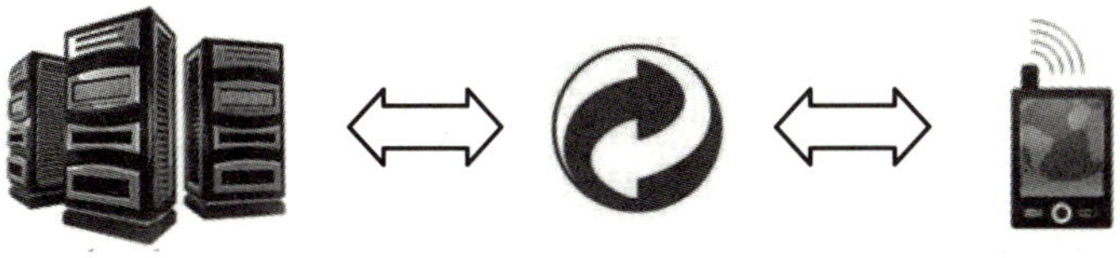

▲ 图 17.1　LMS 与移动客户端的关系

二、LMS 需要管理多平台的课程

原有的 e-Learning 平台，只需要管理 Web 版本的课程，在引入移动学习以后，由于不同的操作系统需要不同格式的课程，不同分辨率的设备需要不同分辨率的内容资源，因此需要 LMS 支持上述功能。

三、LMS 需要支持多平台学习进度及成绩共享

为了给用户统一的体验，需要 LMS 支持用户在多平台登录并学习同一门课程时，仍然保持同一套学习记录，使得进度和成绩信息共享，从而给用户同一样的进度、积分、排名等数据。

第三节　微课程带来的革命

移动学习并不是传统在线课程的移动化，而是带来了一系列的课程革命。片断化学习(或称碎片化学习)，是移动学习的关键特征。用户在学习的时候会随时开始，也会随时结束。

尤其是在当前微时代来临，微博、微信等移动应用的大量普及，使得人们对信息获取的效率的要求越来越高，面对信息过载，越来越多的人失去耐心，因此课程也要适应微时代的发展。

微时代已经给课程开发带来了巨大的冲击，很多企业和机构已经注意到了这一点，开发了微课程。微课程具有以下特点。

1. 短：时间短

微课的单个知识块的知识含量少而精，时间长度在 10 分钟以下，甚至 3~5 分钟。以知识点为单位，以集中解决某个问题为目的。

2. 小：容量小

文件容量小，易于用户下载。这对于带宽和流量仍然是一个问题的网络环境来说，显得非常有必要。

3. 精：精讲知识点

知识的讲解形式新颖，富于创意。如果讲解非常枯燥、冗长，不能解决学习者的学习问题，则学习者容易走神，甚至对课程失去兴趣。

4. 悍：简洁明了

微课程的知识授递简洁明快、高效、有趣、引发深思。

传统的长课程将消亡，微课程取而代之已经是必然。采用交互手段抑制学习中出现的干扰和迷航。另外，微课程与面授、纸媒有机结合，也是必然趋势。

第四节　教学设计急需创新

微学习时代的到来，移动学习课程的教学设计需要创新，主要表现在以下几点。

一、教学设计向短小精悍发展

原有的课程设计思路沿袭原有的课堂教学，时间长数为 30 ～ 40min 之间，不符合互联网学习的规律。课程设计要用短小精悍的思路重新设计。

二、设计者中心向学习者中心发展

以往的课程设计表现的是设计者的意图，并没有考虑到用户的学习效果、操作体验等因素。因此绝大部分学习产品的主要形式是视频课件学习。

三、无趣向有趣方向发展

传统的在线课程往往枯燥无味，大大降低了用户的体验。移动学习要吸引用户的使用，则需要使学习更加趣味化。

第五节 移动学习的常见误区及对策

移动学习产业具有辉煌的发展前景，是一片没有开发的巨大蓝海，是IT技术、通信技术、学习技术发展的必然趋势。但是任何产业的进入，必须对产业有充分的认识和理解，只有这样才能运筹帷幄、决胜于千里之外。

“期望太高，急功近利”往往是企业进入时容易犯的致命错误。移动学习虽然需求强烈，但是如果将需求转化为现实的销售收入，则有很长一段路要走。现有的移动学习环境，无论在硬件上还是在操作系统上均不统一，导致开发成本非常高，降低了移动学习的产出效益。以往移动学习企业，如碟中碟、水端软件等公司在这方面吃了不少苦头。

另外，移动学习需要给用户带来非常好的体验，才能满足用户的需求。单一的文本信息以及缓慢的WAP浏览，都不能给用户满意的移动学习体验。很多企业提供的产品在用户体验上均未达到令用户满意的程度，因此均未获得成功。

本报告认为，在未来1～2年内，单个移动学习企业可以达到每年数百万元至数千万元的收入水平。因此在投资和收入规模上，目前不宜急于收获，而是立足现在，坚持不懈，不断研发和推广，最终在这个行业才能收获累累硕果。

一、贪大求全，全面出击

企业切忌贪大求全、全面出击，这会使企业有限的资源被平均浪费掉，这个结论是总结现有多个移动学习企业的经验教训而得出的结论，请读者予以高度重视。

像 YY 教育、百度、腾讯等大型网站，才具备做门户的实力，初创始的企业，即使是有大笔资金，如果没有海量的用户资源，定位过于宽泛也不可取。

“定位错误”是做在线教育的第一个也是最重要的错误。与日常消费品相比，教育需要向用户提供更为专业、精细的服务。如果什么课程都有，网站自身识别不了优质课程和劣质课程，怎么向用户提供优质教育资源呢？如果把这个交给消费者去解决，那么会造成鱼龙混杂、泥沙俱下，用户最终会弃之不用。

在初始阶段，选择一个准确的定位比付出巨大的努力更为重要。选择错了，越努力，离成功越远。很多最初定位于C2C的在线教育企业，已经逐步转向B2C。与个人提供不稳定、不持续、质量无保证的教育服务相比，培训机构，尤其是中小型培训机构，更提供稳定、持续、高质的教育服务。

二、定位错误

移动学习虽然具有颠覆传统教育的潜力，但在未来几年仍是现有学习模式的延伸和补充，而不是替代。而有些企业对此则没有深刻的理解，因此虽然大力推广，但是收获不多。建议欲进入的企业对移动学习的定位有深刻的认识，以免判断失误，为企业带来不可挽回的损失。

有很多人认为移动学习是网络学习、PC 学习的简单迁移，因此在开发产品的时候，将原来基于网络和 PC 的课程资源直接迁移过来。

移动学习并不是网络学习、PC 学习的简单迁移。移动学习一方面是用户在使用 PC、网络不便时，使用的学习模式，因此应根据用户在这种情境下的学习需求，比如课程资源应短小精悍。

另一方面，并不是所有的课程均适合移动学习，比如英语中的阅读，并不适合小屏幕设备下的长时间浏览，作文则因为设备输入不便，使得用户的学习受限。移动学习应重点关注学习者的移动学习需求，有重点地开发学习资源和提供相关服务。

三、受平台化思维毒害

很多从事在线教育的企业成立之初，会选择自主开发。而通用学习平台的开发，则是一个费力不讨好的事。

对于技术实力不强、对在线教育需求不熟悉的企业来说，如果要自主开发，那么少不了要交学费，而且关键技术还要外购。笔者见过一家融资上千万的公司，该公司没有学习平台的背景，但是对开发平台非常有自信，自己招聘技术力量开发。笔者提醒了此中的风险，但是没有得到重视。时隔半年之后，他们反馈说与其自己开发学习平台，不如引入现成的平台。

像这样的情况，笔者见到的不止一家。开发一个功能完备的移动学习平台，持续的投入成本需上百万元。不是纯技术能够解决的问题，关键在于产品设计人员对在线教育平台的需求不清楚，对里面的技术，尤其是课件技术不熟悉，那么落入开发中的陷阱是必然的了。

笔者建议除非有非常强的技术力量和经验丰富的人员，否则初创的企业，寻找有技术实力和经验的专业公司合作，根据自身的实际需求再做二次开发是捷径。

四、选错方向和时机

移动学习是一个特殊的领域，纯互联网出身的团队带有强烈的主观色彩；做教育培训出身的团队，则很难以互联网的方式来运作教育。所以需要兼而有之，不要从自己主观的角度看待教育培训，尤其是看待移动学习。

创业努力固然重要，但是如果没有选对方向，也没有选对时机，那么你会很荣幸地成为“先烈”，这样的先烈不乏后来者。曾有投资四五千万、试图开发一款可以代替教师的英语学习机的项目，但是基本没有什么效果，因为它的目标就错了，显然是不懂教育的人提出的不切实际的目标。

很多创业团队，没有找到合适的目标，自己试图通过尝试错误找出路，但是交了很多学费。还有的创业团队有清晰的定位，但是其产品定位与实际情况有相当大的偏差，花很大精力找不到客户，使营收变得艰难。

五、缺乏坚持

如果选择的项目方向没有错误，用户基数足够大而且有付费意愿，那么剩余的事情就是坚持、再坚持。很多项目的成功，就是由于选择了正确的方向（职业考试方向），并且能够长期坚持。但是前提是方向正确，否则越坚持，离成功越远。

当前有很多企业在初创的时候，选择了一个方向，但是遇到某些问题后就迅速改变方向，比如 91 外教网就由外语教学领域迅速转型做 K12 中小学领域。这对于没有 K12 领域从业经验的团队来说，这样贸然进入一个陌生的领域，其风险也是相当大的。

第四部分
互联网教育投资与热点分析

第十八章 国内互联网教育投资分析

第一节 互联网教育投资分析

自 2012 年美国流行的 MOOC、可汗学院等诸多在线教育项目获得投资以来，中国也引发了在线教育投资的热潮，2015 年的投资规模达到 160 亿元。本章对在线教育投资进行了分析，并提出了值得投资者和创业者关注的在线教育领域。

一、当前在线教育投资的来源分析

互联网教育研究院对在线教育的投资来源进行了整理和分析，估测 2016 年进入在线教育行业的投资规模约达到 200 亿元，如图 18.1 所示。

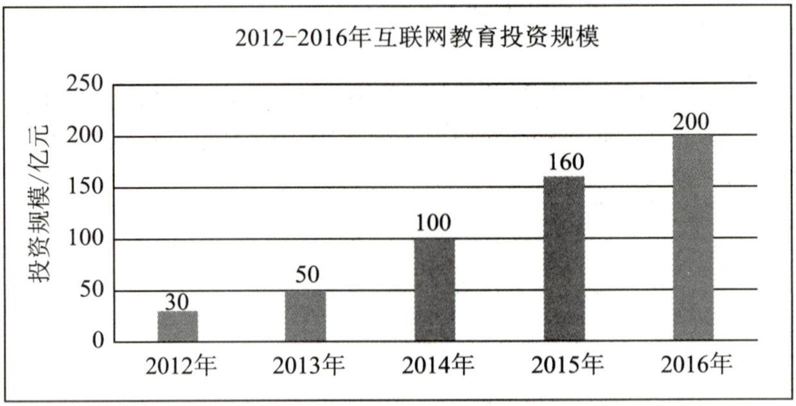

▲ 图 18.1　2012—2015 年中国在线教育投资规模

1. 风险投资

2014 年全球在线教育迎来了风险投资的热潮，仅 2014 年上半年投资事件多达 143 起，风险投资成为在线教育投资的首要来源。中国在线教育行业同样如此，风险投资可谓一波未平一波又起，风险投资数额多达 50 亿元。

2. 体制内院校及中小学

体制内院校及中小学，对在线教育(或称之为教育信息化)的投资，属于国家划拨资金，其总值远不止 45 亿元，但是用于硬件设施等比较多，因此估计用于在线教育(平台及课程资源开发等)的资金在 45 亿元左右。

3. 在线教育企业

互联网企业强势进入在线教育行业，原有的在线教育企业(如东大正保、环球职业教育在线等)也不甘示弱。原有在线教育企业将引入更多互联网思维，并与原有的网校业务相结合，推出内容质量更高、功能更为强劲的在线教育产品，这无疑是由于互联网企业的强势进入，发挥了强大的“鲶鱼效应”。

4. 上市公司

科大讯飞将三分之一的人力投入到在线教育中，开始形成“考试落地→学校推广→获取学生用户”三步走战略；方直科技、立思辰、全通、拓维等上市公司也将在线教育作为战略投资。依托上市的资本优势，这些上市公司也将会成为在线教育行业的重要组成部分。

5.BAT(百度、阿里巴巴、腾讯)

BAT三大互联网巨头纷纷布局在线教育行业。百度在注资沪江、万学教育，收购传课后，又投资出国留学培训新秀智课网；阿里巴巴最先推出淘宝同学，后又联合淡马锡、启明创投注资 TutorGroup、VIPABC、超级课程表等在线教育企业；腾讯课堂频频发力，并与新东方成立合资公司，专注于开展移动学习业务。

BAT等互联网巨头的在线教育布局推动了行业的发展，带来了更大的机遇，同时也带来了更大的挑战，如何立于在线教育的洪流，与巨头共进，值得我们思考。

6. 出版行业

出版行业的最大优势是长期积累的内容资源、品牌及庞大的发行渠道。但是传统纸质图书介质正在受到巨大的冲击，尤其是从事教辅图书出版的出版社及出版公司，面对扑面而来的在线教育浪潮，不少的出版机构开始布局线上的数字出版或者在线教育内容出品。

据笔者所知，2014年和2015年有大量的出版机构投大量资金进入在线教育和移动学习行业，例如，在中小学领域知名的出版机构，有人教社、外研社、全品教辅、志鸿教育、星火图书、新东方大愚等。这些企业面临生存与发展的问题，因此投资进入在线教育、移动学习等是必然之选。

7. 面授培训企业

虽然目前在线教育占的教育培训市场份额不足5%，但是这几年互联网及移动互联网的迅猛发展，使得传统的面授教育培训机构也如临大敌，不得不迎接互联网对教育培训的挑战。

传统教育培训机构进军在线教育，生存下来的成功案例不多，如新东方在线、环球雅思等。失败的案例倒是比比皆是：如尚德教育机构开发的嗨学网试图毕其功于一役，但是却兵败互联网，在线教育项目没有做起来；学大教育引入职业经理人做在线教育，却最终以壮士断腕而告终；巨人网校也没做起来。

面授培训机构具有很强的网络推广和地面推广优势，并且有很强的师资和品牌，但是在强大的互联网教育浪潮面前，没有成功的主要原因是没有做好迎接互联网教育的准备，在运营模式上在线教育与面授培训各自单兵作战，没有形成合力，对在线教育的大投入、长期性和用户习惯的培养，都没有正确的认识，从而导致试图“一举成功”。实际上由于急于求成，策略失当而导致在线教育项目失败。

8. 其他

教育培训产业自新东方上市以来，引发了一轮教育投资热潮。学而思(现名好未来)、学大教育等企业在海外成功上市，在线教育的投资热潮，自然也引起了来自房地产、能源等传统企业的关注。据消息，已经有部分此背景的企业投入在线教育行业。

除了上述背景的企业之外，还有一部分个人受到在线教育热潮的影响，对在线教育创业情有独钟，因此投入资金和人力到此行业中来。

由此可见，在线教育不仅获得了原有教育培训行业相关的投资，而且已经吸引到主流互联网企业和传统行业的投资。当一个行业受到投资者热捧的时候，将会呈现加速发展的态势，因此在线教育能在短时间内成长为具有庞大市场规模的行业。虽然在线教育中有不少泡沫因素，笔者预计80%以上的在线教育项目将会失败，但是当泡沫破灭之后，资金雄厚、对在线教育有深刻理解的企业最终会找到盈利模式，从而催生更多的营收在数十亿元的大型在线教育企业。

二、互联网教育项目投资的流程

对于投资公司来说，投资某个项目，必须遵循特定的流程，一般项目投资的流程图如图 18.2 所示。由该流程图看，一个项目从申请到通过，中间经过的环节之多可想而知。尤其是投资人对项目的审核过程非常复杂，经历的周期也很长，短则几个月，长则可达半年以上。

三、投资人遵循的投资规则

天使投资的投资范围在国内多为 500 万人民币 (100 万美金以下)；100 万美金起(差不多 500 万人民币以上)到 700 万、800 万美金 (4000 万人民币以下)之间，此阶段属于风险投资 (VC) 的 A 轮和 B 轮阶段。四五千万人民币 (800 万～1000 万美金以上)的投资，属于 B 轮、C 轮之后的投资。合适的阶段寻找对公司合适的投资机构来接洽是很重要的。

在线教育的高歌猛进之下，投资者们如何看待这个领域？红点投资高级分析师、TMT 投资论坛创办者谢晨星归纳了在不同阶段投资方遵循的逻辑规则。

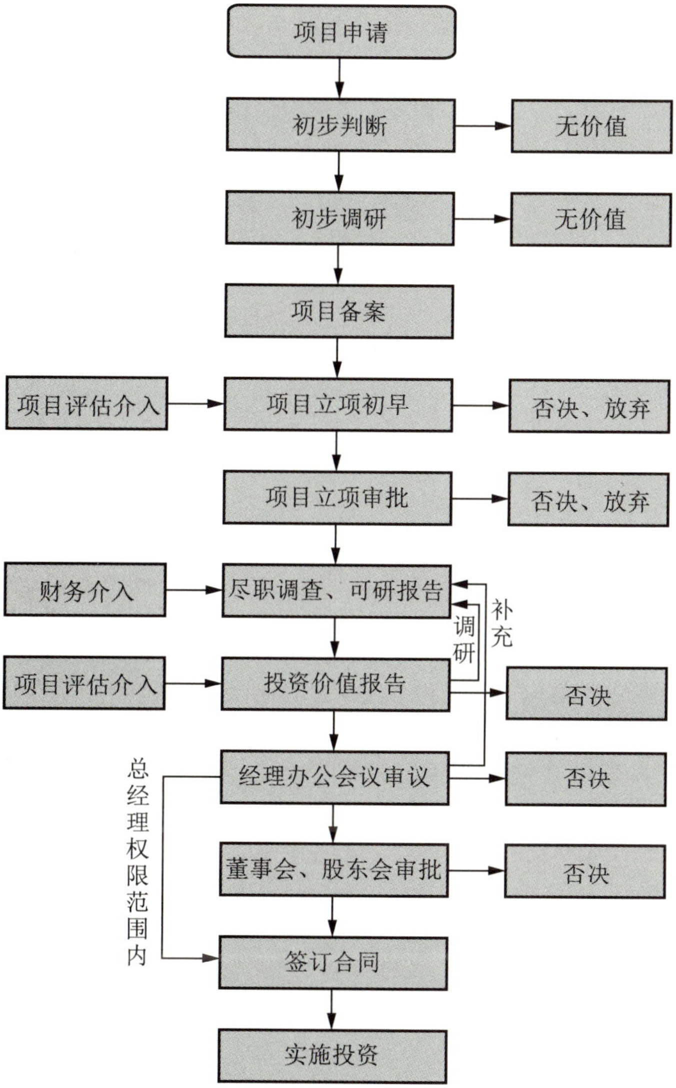

▲ 图 18.2 项目投资流程图

1. 项目发展规模及可盈利的商业化机会

VC 在投资的逻辑上，既要看企业可预期的发展规模，也要看可盈利的商业化的机会。

早期投资更关注产品能不能做出来，能不能做到一个相当大的规模。投资人会参照线下培训市场的规模，来判断在线教育市场规模。

一般投资人认为，只有在线下做到足够规模以后，才能在线上做到量和商业化。从这个角度出发，风险投资排除了很多个领域，比如学前教育这一块，线下部分还处于高速发展期，所以它的线上部分，虽然前两年投了很多，但是目前商业化的能力都非常弱。所以我们看到在这个领域一些公司它们的发展状态可能是有几百万到上千万的用户量，但流量变现能力都很差。对于互联网公司来说一个很重要的基础是，通过向线下导用户的方式来获取收入。

按此逻辑，投资方筛选出来重点关注的领域有四个：① 中小学；② 外语教育；③ 职业教育；④ 高等教育。这四个领域所对应的线上机会比较大，因为它们在线下都有百亿规模的市场。

2. 企业规模化的能力

企业规模化能力是互联网业务本身的一个特点。相较线下公司，线上公司在各个环节上面都更高效 (用户获取、教学、业务跨地域)，这种能力是线上公司强于线下公司的一个关键点。

四、投资人眼中的在线教育

在以谢晨星为代表的在线教育投资人眼里，在线教育需要被赋予更好的使用流程、更佳的用户体验，才能把投资转化为收益。

1. 打破传统学习流程与模式

对于在线教育来说，需要将传统的学习流程打破，并且重塑。传统的学习流程是老师教学，学生看教材，然后学生复习、考试。在互联网上这个顺序是需要重新调整的。需要发挥在线教育个性化、智能化的优势，提升用户的学习体验和效果。

2. 在线教育要融入娱乐性

传统教育是一件枯燥的事。在线教育要融入娱乐性，以结果为导向，要把效果反馈机制和激励机制的流程变短。因为学习对于大部分人来说是一件痛苦的事情，学习比游戏痛苦是因为反馈机制很长，要苦读十几年甚至二十年。

但是游戏几分钟之内或者几小时内投入了马上就能获得反馈，所以能促使人很投入地去玩，与此类似，有些在线教育项目就是采用寓教于乐的游戏化学习方式，如英语流利说、一起作业网等。

第二节 初创企业的估值方法

一、创始期企业如何估值

对任何公司进行估值，都需要回答的四个普遍性问题如下。

(1) 现有投资产生的现金流是什么？

(2) 未来增长能带来多少价值？

(3) 现有投资和新增资产产生的现金流风险有多大？

(4) 何时进入成熟期？潜在的障碍有哪些？

由于在创业初始阶段，所产生的现金流不多，因此投资人会更加关注企业的增长潜力，而不是现在的现金流。建议在这个阶段，企业应该选择比较知名的投资人和专业的投资机构，这样对企业后面的 A 轮、B 轮和 C 轮的融资有较大的保障，不要仅仅因为这个阶段缺乏资金来源，就在投资人的选择上轻率下决定。企业不应该为了钱而融资，应该为了企业未来的发展而融资。

初创企业的创始期估值要关注以下三点。

(1) 需要多少钱企业才能成长到业务呈现显著增长的阶段，从而可以开始下一轮融资。

一开始有可能出现的一个情况是一直投钱进去但不见收入，但是要预测大概要投资多少钱才会出现显著增长，并且从有显著增长开始就要考虑下一轮融资。也就是说，进行第一轮融资的时候要考虑后两轮的融资，要有一个整体的融资结构。企业早期的融资多少代表了企业后面发展所需要的最低金额，也代表了企业未来的发展规模，因此，知名投资者和投资机构通常倾向于大于 100 万元的融资案，在美国市场集中在 100 万 ~600 万美元，中国市场集中在 200 万 ~500 万元。

(2) 需要弄清楚要给投资者多少股权。

国内出让股权的惯例是不超过 30%，绝大部分是在 15% ～ 20%。企业也会给具有重大贡献的个人一部分股权，一般不超过 10%。

(3) 确定了融资金额和股权比例的同时也就确定了项目投资前估值。

举一个例子，一家处于种子期的公司计划融资 50 万美元，出让给投资者 25% 的股权，那么该企业的合理估值就应该在 200 万美元左右。

二、初创企业的估值方法

天使投资人对于初创企业的投资，并没有明确的估值方法，但是会有一些公认的准则。

(1)500 万元上限法：业界对于估值在 500 万元的项目和公司关注度较大。

(2)200 万～ 500 万标准法：低于 200 万元估值的企业或者项目，将会给人未来发展前景不明确、经验不足、缺乏信心的印象，故天使投资人认为 200 万～ 500 万元的区间是最合适的范围。

(3)200 万～ 1000 万元网络公司标准法：近年来互联网企业越来越多，但是互联网企业的估值并不低，如传统的教育企业估值在 200 万～ 500 万元，而互联网教育企业的估值在 200 万～ 1000 万元。

(4) 博克斯法：美国投资市场普遍使用的估值方法，用五个元素决定企业估值：好的创意、好的盈利模式、优秀的管理团队、优秀的董事会和巨大的产品潜力。这五个元素每具备一个，企业的估值就会提高 100 万～ 200 万元。

(5) 三分法：从创业者、管理者、投资者三个因素来考虑就是三分法。从这三个角度来考虑企业的估值和企业的发展前景，是孙洪湛最为推荐的一种方法。

早期的估值通常被描述为“艺术而不是一门科学”，没有标准的方法，但有很多因素会影响估值。教育行业目前是A股市场上估值最高的行业，甚至远超影视、游戏等热门行业，是一个很热门的融资市场，也是一个最好的融资时间段。

三、成长期估值；何时进行 A 轮融资

天使轮和 A 轮之间的距离较远，但是 A 轮融资过后，B 轮、C 轮融资就不远了。当公司渡过创业期，业务规模扩大，营收增长时，则可以考虑进行 A 轮融资。未来将会看

见有很多教育行业公司在盈利成熟后进行 A 轮融资。

这一阶段投资人需要分析创业企业发展到一个成熟企业期间需要多少轮融资及每轮融资的溢价倍数；最后，估算经过多轮融资后，目前所占的股份会在成熟企业中被稀释为多少比例的股份，将成熟企业的价值乘以这个股份比例就是退出时能回收的投资。孙洪湛说，该阶段现金流应充裕，这对于企业的成功运转，降低融资成本都有很大作用。

成长期估值步骤如下。

首先，根据对创业公司的预测值和可比较的倍数计算投资退出时创业公司的市场价值。

其次，估算从本次投资到投资退出时创业公司尚需进行的融资次数、金额及溢价，得到投资退出时本次投资股份被稀释后所占的股比。

再次，根据投资人的投资回报要求确定合理的创业企业贴现率。

最后，将退出时的企业价值乘以稀释后所占股比，得到退出时风险投资收回的金额，将该金额根据退出年限折现到目前的估值时点，得出本次投资后所占股比的评估值。

这一时期投资人对一家新创公司的估计，主要包括以下几点。

所在行业，最近完成的融资交易的企业的营业额、现金流、净收入等；所在行业，最近完成的收并购交易的企业的营业额、现金流、净收入等；公司自身未来现金流的折现分析。

使用乘数法估计公司市值，需要通过行业和公司发展状况确定使用的乘数。在所有的因素中，最为重要的就是今后的预期收入。确定合理的可比指标也非常重要。一般预测创业公司发展成熟后的净收益、销售额或者用户数等。而对于互联网公司，每个注册用户平均收入 (ARPU 值) 也是评估的主要参考标准。常用的有 P/E(市盈率)，P/S(市销率) 和 PEG(市盈率 / 盈利增长比率) 方法。

以 P/S 指标为例：目标公司市值 = 目标公司销售收入 × 可比公司市销率。

四、教育行业应合理估值

A 股市场存在着严重的泡沫，因此对行业的估值要有正确的方法。新东方和东大正保远程是可供参考的数值，其他存在泡沫。那些估值比较高的公司未来会有出现回调的趋势，这种趋势实属正常。

这是因为中国的市场有一个很显著的特点，即发展都是从政策红利开始。中国教育行业目前正迎来一个政策红利阶段，政府各项教育改革政策的出台和对教育扶持的政策都推动了行业的发展。政策红利出现后，将会带来股权交易热度的提高，随后估值提升，目前教育行业的理性估值是 16 倍，但是市场上已出现了 300 倍甚至更高的估值，这说明资本泡沫开始出现；估值提升后业绩提升，随后就是估值回落，这是一个循环过程 (图 18.3)。

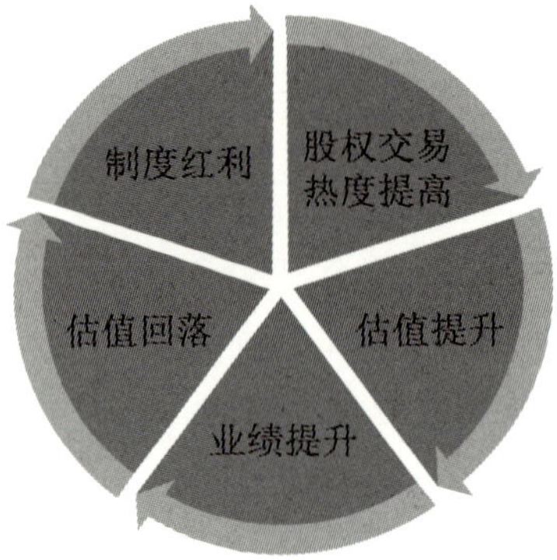

▲ 图 18.3　上市公司市值发展过程

在中国，行业周期的起点是政策红利，政策红利是投资机构的“发令枪”。在估值提升阶段融资最佳，资本市场受到政策的鼓励，将会大量进入在线教育行业，企业在这个时期应该结合自身发展状况，努力寻求资本的支持和合作。未来在线教育行业还有很大的发展空间，建议企业要多了解资本市场，切忌闭门造车。教育行业本身是一个高投入低回报的行业，如果单凭一己之力，企业的生存可能会面临巨大的压力。

第十九章 中国在线教育投资建议

第一节　在线教育投资误区

一、在线教育投资及创业的误区

在线教育的投资固然火爆，但是由于缺乏对在线教育的全面而深入的了解，因此投资方和创业者对在线教育的投资还存在一些误区，主要表现为以下几个方面。

1. 项目领域过度扎堆

目前在线教育项目数量最多的三大领域过于集中在儿童 / 早教、语言学习、中小学，尤其是中小学领域，自从猿题库、梯子网等互联网企业进入中小学在线教育领域以来，引发了新一轮投资题库的热潮，同时也引发了砖题库、鸭题库等大量新产品的出现。这些产品在内容和功能上，多属相互抄袭而缺乏创新，因此会出现低水平重复开发和恶性竞争的现象。

其实从投资价值来看，中小学在线教育具有客户与用户分离、技术要求高、投入周期长、内容成本居高不下、区域壁垒严重、盈利周期长的特点，因此笔者并不看好大量低水平重复建设的在线教育项目。而对在线教育需求度高的高等教育、职业教育等领域，投资者和创业者则并没有太多关注，这说明目前互联网教育的投资项目过于集中在某个领域，还是相当不成熟。

2. 投资及创业行为盲目跟风

当前在线教育投资具有很强的盲目跟风特点。比如除了迅速增多的在线题库以外，中小学答疑 APP 一下子涌现出十几种，如学霸君、爱辅导、疯豆答疑等，而且数量还在迅速增加。实际上中小学答疑市场的容量非常小，有些运营了很多年的答疑网站也没有盈利，是一个有待培育的市场，这意味着与 2013 年疯狂的打车软件投资泡沫一样，绝大多数答疑 APP 也会重蹈覆辙。

同样的还有 B2C 儿童领域的 APP，也必然会出现哀鸿遍野的现象。原因很简单，大量的儿童类 APP 出现，导致同质化的产品相互竞争，加上消费者的付费习惯极难养成，使得大量的儿童类 APP 昙花一现。

3. 对在线教育理解不深

除了少数对互联网和教育均有深刻理解的项目之外，目前大多数互联网教育投资项目还不是很靠谱，赢利希望很小。这些项目在未来 1 ～ 3 年内会死掉或转型。即使是较早做在线教育的项目，转型的例子也比比皆是，如 91 外教网不到一年即转型做 K12 在线教育，粉笔网转型做猿题库等。有很多企业成立已经有几年了，但其定位和商业模式也没有考虑清楚，一直处于“烧钱”阶段。

这说明在线教育企业，尤其是没有教育培训行业或互联网行业经验的企业，对在线教育的理解还不深，多数处于“摸着石头过河”的阶段。

4. 投资规模、团队与发展目标不匹配

有些项目的选择和产品定位存在严重的误区，从一开始就注定要失败。比如一些投资规模在数百万元的项目，却想做在线教育的淘宝，这是相当不成熟的想法。又如一些中小型规模的项目，试图面向所有的用户提供在线教育内容和服务，必然也将惨遭失败。

因为投资者和创业者不了解在线教育的特点，因此对所需资金和人才的认识不到位。比如有投1000万元做试题库的项目，由于对题库建设的成本认识不足，导致产品还没有开发一半就出现资金链断裂的现象。

5. 重互联网行业背景，轻教育培训背景

当前获得投资的多是互联网背景的企业，如猿题库、梯子网等，而有教育培训背景的企业和人才获得投资的机会则相对少一些。互联网教育，“互联网”是手段，“教育”是目的，只有手段而不懂得目的，也是很难做成在线教育的。比如有些项目重点在于提供“搜答案”功能而并没有提供解析，而做试题的目的在于“知其所以然”“知其然”并不是目的。

在线教育是一个互联网技术和教育培训高度复合的领域，因此建议投资方和创业者对在线教育要有深入的理解，避免过于偏向某个方面而走向错误的道路。

二、教育企业从成立到上市要多久

在线教育创业火热，掀起了在线教育的创业和投资热潮。那么做教育企业，从成立到上市，需要经历多长时间？这个恐怕也是很多创业者和投资者想知道的。

由史可以知今，最近笔者对在国内和海外上市的18家中国教育类企业进行了统计分析，发现一些规律，供各位投资者和创业者参考。由表19-1可知，教育企业的平均上市用时为9.84年。人们往往将艰苦从事一件事称为“十年磨一剑”，教育行业的平均上市时间，恰好说明教育行业培养周期长的特殊性。

表19-1 教育类上市公司

上市企业	领域	成立时间	上市年份	用时	2014年收入/亿元	2014年净利润/万元	净利润率
皖新传媒	教育出版	2002	2010	8年	57.45	69423.43	12.08%
时代出版	教育出版	1999	2008	9年	53.64	38990.45	7.27%
新东方	K12教育综合业务	1993	2006	13年	80.84	124958.35	15.46%
科大讯飞	教育信息化服务商	1999	2008	9年	17.75	37942.99	21.38%
好未来	K12教育综合业务	2003	2010	7年	28.14	43536.84	15.47%
天喻信息	教育信息化服务商	1999	2011	12年	13.55	5862.1	4.33%

（续表）

上市企业	领域	成立时间	上市年份	用时	2014 年收入 / 亿元	2014 年净利润 / 万元	净利润率
新南洋	综合类教育培训	1992	1993	1 年	11.66	6308.12	5.41%
网龙	教育信息化服务商	1999	2008	9 年	9.63	17668.1	18.35%
立思辰	教育信息化服务商	1999	2009	10 年	8.47	10037.29	11.85%
长江传媒	教育出版	2004	2011	7 年	46.87	21103.14	4.50%
学大教育	K12 教育辅导	2001	2010	9 年	21.94	-6484.2	-2.96%
拓维信息	教育 O2O	1996	2008	12 年	6.58	5630.17	8.56%
达内科技	IT 职业培训	2000	2014	14 年	8.83	16015.97	18.14%
中文在线	数字出版	2000	2015	15 年	2.7	4616.95	17.10%
全通教育	家校互动	2005	2014	9 年	1.93	4487.74	23.25%
出版传媒	教育出版	2006	2007	1 年	14.96	7500.92	5.01%
方直科技	K12 教育资源	1993	2011	18 年	0.83	2252.39	27.14%
东大正保远程教育	教育信息化服务商	2000	2008	8 年	6.3	15174.2	24.09%
总计 / 平均	教育出版：1/4K12 教育：1/2 其他：1/4			平均：9.5 年	总计：392.07	平均：23612.5	平均：13.14%

其实这并不是教育行业所独有的，比如在 TMT 领域，创业十年方修成正果的也非常常见。好未来在短短的 7 年内完成上市大业，而且保持比同行高得多的净利润率，这说明“十年磨一剑”的定律并非不变的铁律，而是要取决于创业者本身的能量。

第二节　值得关注的在线教育领域

虽然在线教育的整体产业规模还不大，但实际上在线教育是一个非常细分的行业，这里列出有发展前景的一些在线教育领域，供读者参考。

一、高等教育

目前中国约有2500万名在校大学生，但是通过在线教育进行教学的比例非常低，主要原因并不是学生无此需求，而是高等院校对在线教育的重视程度并不高。随着大洋彼岸传来的MOOC(Massive Open Online Courses，大型开放式网络课程)热潮，在高校也引发了开发和推广MOOC的热潮。这同样会激发对在线学习平台、移动学习平台、课程资源开发的市场需求，因此高等教育具有非常大的市场潜力。以每人100元的数字化学习消费计，则会产生25亿元的收入规模。

高等教育的另一个市场是高等远程学历教育市场。2014年1月，国务院发布公告，将远程学历教育审批权取消，也就意味着中国高等教育2000多所院校，可以自主开展在线学历教育。这对高等远程教育的投资者来说，是一个巨大的利好消息：原来被68所大学网院所垄断的巨额高等远程学历教育市场即将被打破，这也意味着中国将出现上千所可以颁发学历的网络大学。这将对整个在线教育行业产生极大的冲击，具体如下。

1. 传统网院收入被分流

原有68所网院体制下，每年产生约300万名在册学生，约上百亿元的市场规模。新网院审批成立后，必然与68所网院竞争生源，传统网院的生源将部分被分流、稀释，因此收入必然会降低，原来每家网院上亿元的年收入将被瓜分。

这种影响也会波及国家开放大学(原中央广播电视大学)及各省级电大，因为中国会出现上千所新型网络大学，而开放大学的文凭品牌远不如普通高校文凭的影响力，因此必然会受影响。

2. 高等远程教育市场将催生新的80亿～100亿元市场

中国对学历教育的市场红利还没有消除，对学历的追求估计会产生约300万以上学生的入学市场，会产生新的80亿～100亿元市场规模。高等教育具有发学历证书的资质，而同低ARPU值的K12相比，高等学历年均3000元的学费收入，比其他行业要高数十倍。

3. 在线教育风投方向将发生变化

新网院的产生，必然催生在线教育平台、课程开发、技术服务等，而这又是院校所不擅长的，完全自主开发不太现实，因此采用外包技术是必然之选。这也会催生为新网院服务的在线教育技术公司的出现。

原有的在线教育投资主要投在 K12 等领域，新机会的出现必然也使得投资风向有所转变。而梯子网、猿题库等钟情于低生均收入的 K12 市场的投资现状，必然会有所转变。

二、热门职业教育培训项目

职业教育培训是笔者认为最有前景的在线教育领域之一，因为一个人的职业发展是影响教育培训付费的最关键因素。

因此以提升就业质量为导向的热门职业教育培训项目，会非常有“钱途”，因为人们愿意为更好的前程、薪资而付费，而不是为课程付费。所以，这类项目如果能充分抓住客户的“刚性需求”，能够在就业成效上更为显著，那么一定会受到热烈欢迎。

当前职业教育培训的热门方向有公务员考试、司法考试、医师资格考试、会计从业资格考试等。除了应试之外，能够产生切身利益的各种职业培训，也有很大的市场，如各种 IT 技能培训 (编程语言培训、美术培训、办公软件培训等)，也很受欢迎。IT 培训企业达内科技的上市，就是在线职业教育成功的典型范例。

运作这类项目的困难在于隔行如隔山，不同行业的师资不能复用，因此必须抓住某个细分领域，深入行业，精耕细作，形成核心优势。

三、政府及企业培训市场

政府及企业领域的在线培训市场，并没有得到广大投资者和创业者的重视，甚至很多人并不知道这个市场的存在。实际上，2013 年企业在线培训市场已有 15 亿元的市场规模，而在上百亿元的政府培训行业中，也有一定比例的在线培训的市场份额，只是这个行业往往不为投资者和创业者所知。

在线培训在企业培训中所占比例不及 3%，但是随着企业培训体系的深入，以及移动互联网的普及，在企业培训中的作用受到越来越多的重视，企业将会越来越重视在线教育，尤其是移动互联网更适合企业分散式的员工分布环境，使得移动学习将会更有作为。

随着新一届政府的精兵简政，教育培训预算大大受限，政府明确推荐使用远程培训方式，这给政府在线培训带来巨大商机，远程培训、远程会议方式将会迅速发展。当然从事此类项目，需要有政府良好的相关背景资源。

四、特色产品与工具

“工欲善其事，必先利其器”，在线教育行业的火爆，也催生了相关平台和工具产品技术的需求。但是当前能降低课程开发成本、提升在线教学效果的优秀工具软件产品不多。因此功能强而易用的平台工具产品，如远程直播技术、移动学习平台技术、跨平台课程资源开发工具、快速课程资源开发工具等，均有很大的市场需求。

还有其他具有核心竞争力的技术，投资方和创业者也可关注。如移动交互式课程开发技术、增强现实技术、主观题测评技术、数理化试题自动测评技术等，因为其技术门槛高、具有很高的实用价值，适合对技术领域情有独钟的投资方关注。

比如技术含量很高的“增强现实”就是其中的一种，它是一种使人有“身临其境”感觉的虚拟现实技术，比如用来模拟实验、模拟飞行等模拟实物操作，这类技术其实已经有几十年历史，在军事及航空高科技领域用途非常广泛，具有非常高的技术壁垒。此类技术近年具有民用化的趋势，不仅在教育培训领域，在游戏娱乐领域也具有非常广阔的前景。

国外的 Oculus 项目，被 Facebook 巨资收购。国内也有企业正在积极准备研发基于 Oculus 头戴式显示器的增强现实项目，但是此项目的起码投资规模在 3000 万元以上，适合的投资规模在 5000 万元以上。这类项目代表着互联网教育三至五年后的未来趋势。

第二十章 互联网思维与教育思维的冲突与融合

第一节　互联网思维

2015 年最火的一个词，莫过于“互联网思维”。这个词的流行，是在当下互联网颠覆传统行业的大背景之下的产物。依靠“互联网思维”成功的案例比比皆是：腾讯的微信以“互联网思维”颠覆了短信；网上购物淘宝、京东商城用“互联网思维”颠覆了传统店面；雷军的小米手机也同样颠覆了传统手机行业，创造了小米手机的“神话”。

在互联网教育领域，“懂教育的人不懂互联网，懂互联网的人不懂教育”的现象非常普遍，同样也掀起了“如何用互联网思维改造传统教育”的大讨论。但是如何用“互联网思维”改造传统教育？互联网思维在教育行业是否仍然起作用？是否可以套用“互联网思维”，用同样的方式颠覆医疗、教育、旅游等传统行业？这些都是需要思考的新问题。

一、互联网思维的概念

最早提及“互联网思维”一词的应该是百度李彦宏。早在 2011 年，李彦宏在一些演讲中就曾偶尔提到这个概念，意思是指要基于互联网的特征来思考问题，但在当时并没有引起重视。现在几年过去了，这种观念已经逐步被越来越多的企业家，甚至企业以外的各行各业、各个领域的人所认可了。但“互联网思维”这个词也演变成多个不同的解释。

互联网时代的思考方式，不局限在互联网产品、互联网企业。这里指的互联网，不单指桌面互联网或者移动互联网，而是泛互联网，因为未来的网络形态一定是跨越各种终端设备的，台式机、笔记本电脑、平板电脑、手机、手表、眼镜等。互联网思维是降低维度，使互联网产业低姿态主动去融合实体产业。

知识经济时代，最核心的资源，一个是数据，一个是知识工作者，就是德鲁克在 20 世纪末讲的 KnowledgeWorker。企业的管理也会从传统的多层次走向更加扁平、更加网络、更加生态的方式。让 KnowledgeWorker 真正能够创造价值，变成任何一个组织和整个社会最重要、最需要突破的地方。

今天看一个产业有没有潜力，就看它离互联网有多远。复星集团 CEO 梁信军指出，互联网在 2014 年中出现根本性拐点，开始第一次正式影响实体经济，这是一个重要转变。

过去总觉得互联网仅仅是一种工具，企业里有人用就可以了，没必要每个人都懂都用，总觉得鼠标里点不出万向节。现在不同了，互联网已经从一种工具变成一种思维，一种文化，一种工作和生活的状态。

到底什么是“互联网思维”？对这一名词，仁者见仁，智者见智。这里笔者同意 i 黑马网名为“小姑娘乐团”的作者发表的一篇《也谈互联网思维：本质是极尽可能地让用户爽》的观点，文章称“在互联网时代，带给用户价值，意味着带给用户更多更优质的用户体验”。

“用户体验归根结底是一种心里的感受，一种心理的体验。带给用户价值，就是要让用户感到高兴、感到新奇、感到舒服、感觉占了便宜、感觉高人一等、感觉到希望、感觉到问题马上就被解决了，产生一种类似看电影时的代入感觉，一种生活就要发生巨大转变的感觉，一切都取决于用户的感觉，这种感觉的产生有理性的成分，也有感性的成分，也可以将其理解为你所能提供给用户的理性价值和感性价值，这些决定了用户的感觉，从而决定了用户对你的认知和评价”。

二、互联网思维的本质

理解互联网思维，必须要理解互联网企业运营的本质思维。互联网企业从用户、产品、推广、盈利模式上，与传统企业有根本的区别，而不是简单地把传统企业的运作模式照搬到互联网上。互联网的思维，具有以下几种本质特征。

1. 免费思维

免费思维即向用户免费提供各种服务，通过免费积累海量的用户，再从免费中寻找出商机，通过深层次挖掘客户的需求，从而用免费的服务，产生完整的盈利模式。典型的通过免费获得巨大的成功案例有腾讯的 QQ、微信，以及百度搜索引擎、阿里巴巴的淘宝等。

互联网服务“免费”的特性已经得到了广泛认可，如免费的搜索引擎、免费的词典、免费地图、免费订餐、免费文档资料等这些“免费”的服务，已经深入中国互联网用户心中。“免费”的背后必然有商家用真金白银换来的竞价排名、广告等。总之会有人为免费来买单。

余额宝无疑是 2013 年互联网上最成功的互联网产品之一。2014 年 1 月 15 日天弘基金宣布余额宝规模超过 2500 亿元，一举超越了国内公募基金头名华夏基金。而凭借此款“余额宝”产品，阿里巴巴也强势打破商业银行在金融产品销售中的一枝独秀地位，这就是互联网思维的爆发。

2. 用户至上思维

互联网思维的价值体现在永远把用户放到第一位。在用户主权的时代，用户至上是企业不得不遵循的规则，必须是真心讨好用户。淘宝卖家就是因为好评变成了有价值的资产，所以才不得不想尽一切办法打造良好的用户体验。

3. 打造极致用户体验

打造极致用户体验是用户至上思维的极致体现，要实现极致用户体验，必然是一个艰苦的过程，所以需要用户高度参与，从而使对用户需求的把握成为一个“开发——测试——改进——开发”的精益求精和不断迭代的过程，并根据用户需求反馈不断成长。

4. 粉丝经济

用户被视为至尊，满足了用户的情感体验之后，从而产生好的口碑。比如小米手机不断与米粉互动，从而创造了中国手机的奇迹：小米手机的系统每周更新一次，微信在 2011 的版本更新次数达 44 次，均取得了巨大的成功。

5. 用户高度参与传播

在互联网环境下，用户会高度参与，比如势头盖过 QQ 的微信，在春节期间的抢红包活动中，用户参与度很高。微信里面的朋友圈分享，就是大量有用信息的集散地。

三、互联网思维的进化

互联网本身的发展速度非常快，而且每隔一段时间就会有新的特性出来，处于不断“进化”之中，因此不能静止地理解互联网思维的本质，“互联网思维”的发展本身将是一个动态的过程。

比如自 2013 年年底伊始，互联网思维不仅是“免费”，而且能让用户赚得收益。如阿里巴巴推出的“余额宝”，就是抓住了能给用户带来收益的最大利好，从而激活了用户的热情。

还有 2015 年羊年火爆的“抢红包”活动，成为春节期间最为热烈的话题。由于微信红包需要捆绑银行卡才能参与发放和提现，这一活动直接带动了微信支付用户数量的剧增。借助迅猛增长的微信支付客户群，微信理财通也在春节期间掀起了“吸金”狂潮。

这些新的做法，说明互联网思维仍然在不断进化中，原有的“免费”已经成为“标配”，已经不能满足激烈竞争的需求，而是直接给用户以“利诱”。而这种“利诱”的方式，已经有在线教育企业运用，如沪江网 (www.hujiang.com) 在“12.12 学习趴”活动中规定在有效期内学完全部课程 (课件完成率 100%，直播课完成率 80%) 即算为全勤，可获得全部学费的返还。

第二节　教育思维

“互联网思维”一词无疑已经成为众所周知的术语，尽管关于其定义、本质、内涵与外延，都有很多争论，但是主要精神内涵是无疑的。但是对于什么是教育、做教育的思维又是什么样的，业界讨论的非常少，这里探讨一下“教育思维”。

一、教育思维的概念

在线教育既属于互联网行业，又属于教育行业。既然有“互联网思维”，也会有“教育思维”，然而业界尚无“教育思维”的说法。笔者认为，在线教育的复合属性，决定了其特性必然既有互联网思维的属性，又有教育行业的属性。

教育的本质是一个非常复杂的问题，这里的“教育思维”指的是如何做好“当下的教育”的思维，并不探讨当前教育的合理性和改革等深度问题。这里笔者将“教育思维”作为与“互联网思维”对立面的概念进行定义，定义为“为了实现某种特定教育教学目标，而采用的符合教育教学规律的思维方式”。

二、教育思维的本质

笔者认为，与复杂多变的互联网思维相比，教育思维的本质相对要简单得多，“大道至简”，教育的道理是简单而明确的。

1. 客户至上，口碑第一

这里为什么不用“用户”，而用“客户”？这是因为教育的客体——用户并不一定是购买的主体，因此这里使用了“客户”一词。

纵观在教育培训行业成功的典范——新东方、好未来(学而思)，客户至上成为他们取得成功的必然法则。以好未来为例，在2003年张邦鑫第一次办辅导班的时候，就跟家长承诺了“旁听觉得不满意就退款”，这后来成了好未来的硬性规定：家长可旁听，前三节课不满意全额退费。张邦鑫为好未来确立了这样的理念：“教不好学生等于偷钱抢钱，将主动权交给家长，把自己放在相对被动的位置，才有足够的压力和动机去教好学生”。这些无疑是创业者所持的“客户至上”的理念所致。

对比表20-1中已经上市的教育企业的业绩及口碑，能深切地感受到，只注重炒作和并购，而忽视了用户体验，可能会一时名声大噪，但是疯狂并购和炒作之后带来的恶果也是非常明显的。

表 20-1　教育行业上市公司正反面案例对比

正面上市教育企业案例	负面上市教育企业案例
新东方	中国网络教育
好未来（原学而思）	双威教育
东大正保远程教育	安博教育

2. 视教学质量如生命

教学质量是商业教育培训机构的生命，这是教育培训行业持久不衰的必然法宝。新东方、好未来是这方面的典范。新东方即使在上市以后，也没有采用连锁加盟培训中心的迅速扩张模式，而是仍然采用直营学习中心的模式，这说明新东方担心加盟方式会引起教学质量的降低。

自 2010 年四家教育公司上市激起资本市场对教育产业的热情，大量教育培训公司一哄而上，满大街开店，直至 2012 年过度扩张最终引发了学习中心泡沫的破灭，即使是新东方也关停了几十个学习中心，这说明教育培训是一个以质量和口碑为生命的行业。

好未来也经历了企业员工数量高速膨胀导致企业文化严重稀释的过程。2011 年秋张邦鑫反思后收缩战线，将企业文化里的“百亿学而思”改为“百年学而思”。

3. 专业服务精神

教育是一种服务，这是谁也无法否认的事实。但与餐饮、旅游相比，教育的服务本质更为特殊。教育是塑造特定人的过程，而人作为一个复杂的有机体，并非是简单的“输入－输出”过程。比如，同一个老师教的学生，每个学生的学习成绩必然不同，这是由学生的个体差异决定的。数学教得好的老师，换了语文和英语，也许就完全无法下手。学科教师角色的高度分工，是长期以来形成的。

因此，教育服务是高度分工的专业服务。它需要教师掌握深厚的专业知识，以及有高超的授课技巧，并且能够把握学生的心理，激发学生的学习兴趣，能把知识循序渐进、深入浅出地讲解清楚。更优秀的教师，具有非凡的人格魅力，不仅教会学生知识，而且从精神上感染学生，对学生的影响将是终生的。

第三节 在线教育如何融合两种思维

在线教育既然是通过互联网实施或部分实施的教育形态，那么必然也会带有互联网思维和教育思维两种属性，但是二者仍然有一定的区别。

一、互联网思维与教育思维的区别与联系

互联网思维与教育思维具有很多相似之处。比如互联网思维强调极致用户体验；做好教育的思维则认为是高质量的教学效果是立身之本。互联网思维要求用户高度参与，形成热烈的参与氛围；教育思维要求师生高度互动，形成良好的学习场效应来促进学习者的学习。

但是二者仍然有很大的区别，比如互联网要求尽可能快地开展，允许试错，在不断试错中成长，其效果也是立竿见影的。比如打车软件巨额补贴乘客和司机，意在培养用户使用移动应用和移动支付的习惯。而在线教育则不同，如果动作太快反而会造成更大的问题，而且在教育中不会采取小步试错快走的模式，因为这样给教师、消费者带来的困扰可能是巨大的。最重要的一点，无论采用什么策略，教育培训行业的效果最快也需要几个月的时间才能显现出来 (见表 20-2)。

表 20-2　互联网与教育行业对比

互联网行业	教育培训行业
极致用户体验	高教学质量
尽可能快	慢才能保证质量
允许试错	不允许试错
效果立竿见影	效果产生缓慢

二、互联网教育思维应该是什么样

业界不乏有人提出“做互联网的人不懂教育，做教育的人不懂互联网”。的确，在线

教育在 2013 年异军突起，一下子太多的企业冒出来，新思维、新思路层出不穷，“乱花渐欲迷人眼”，反而让人看不懂、看不清楚。

创业邦《张邦鑫“上线”：从学而思到好未来的转型》一文中称：“2013 年被视作在线教育元年，风投和创业者蜂拥进入这个行业。但是经历过资本泡沫的教育产业，用教训告诉大家：这不是一个能用资本催肥的产业。”从安博教育、双威教育等上市公司失败的案例可以肯定这个结论。

那么“互联网教育思维”应该是什么样？吉林大学吴冰川在《教育的互联网化思维》一文中，把网络教育分为两种，一种就是“互联网化的教育”，另一种是“教育的互联网化”。教育互联网化就是简单地把传统教育搬到互联网上去，很多互联网教育公司，只是利用互联网工具来做教育而已。网络教育公司目前大部分做法是，把视频录制好放到网上进行网络直播及测试讨论。所以大家都只是把“教育互联网化”，而没有做到“互联网化的教育”。

而“互联网化的教育”则是用互联网思维去耕作的新型教育。吴冰川认为互联网式教育一定是用互联网思维做出的一种颠覆式创新，去培养一种新的用户习惯来改变教育。笔者同意这种观点，认为商业化的在线教育要取得成功，必须要引入互联网思维，结合教育本质，采用与原有传统教育大相径庭的“互联网教育思维”，才能打破原有在线教育长期以来徘徊不前的局面，从而实现在线教育颠覆传统教育的跨越式发展。

当前巨额资本进入在线教育领域，其目的仍然是“用资本榨取更多利润”，因为“互联网教育思维”在改革动力上是商业驱动的，而不是教学驱动的，所以大部分人所说的在线教育，应该更大程度上是“互联网化的教育”，而并非简单的“教育的互联网化”。

笔者认为，“以促进有效学习和轻松学习为根本，让用户在学习中感觉‘爽’”是互联网教育思维的本质特征，这个特征与传统在线教育思维相比，具有以下不同 (表 20-3)。

表 20-3　互联网化的教育思维与传统在线教育思维的对比

互联网教育思维	传统教育 / 传统在线教育思维
教育是以“学生学”为中心的	在线教育是以“教师教”为中心的
在线教育是学生学的网络化	在线教育是教师教的网络化
学习可以是快乐的、充满新鲜感的	教学是枯燥无趣的，几乎千篇一律的

（续表）

互联网教育思维	传统教育 / 传统在线教育思维
在线学习可以是群体行为，是不孤独的	在线学习是个体行为，是孤独的
在线学习是个性化的	在线学习中，个体服从集体安排

因此，商业化的在线教育要成功，必须要符合以上几个互联网思维的特征，在线教育创业者的努力，应该围绕“一切为学习体验而生”的指导思想来展开。

1. 解决在线学习“痛点”，让学习不再孤独

用户在线学习的孤独感和枯燥感，是束缚在线教育发展的根本原因之一。这是由于互联网环境下师生分离导致的，因此是在线教育与生俱来的缺陷。

用互联网思维指导下的在线教育，其目的就是为了克服传统远程教育学习个体的孤独感、无趣感，比如沪江网将游戏、积分、排名、打卡领学币等社交元素和游戏元素引入在线学习（图 20.1），就是为了克服这些缺陷的举措。事实上沪江网校从草根起家，现在已经成为中国最大的语言学习社区，击败了新东方在线等老牌在线英语学习网站，从根本上说是用互联网教育思维模式打败了传统教育培训思维模式。

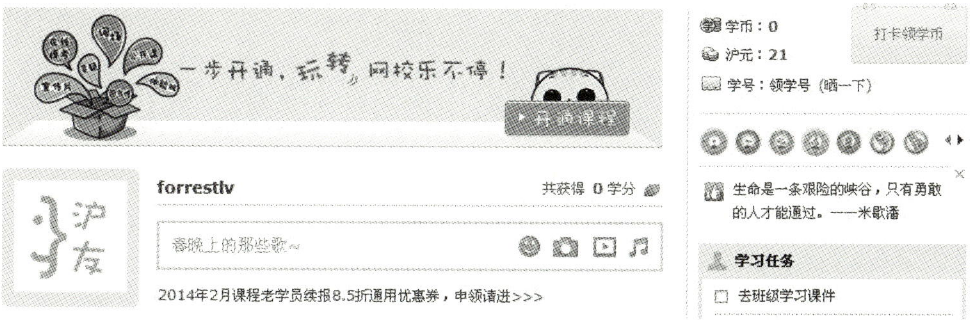

▲ 图 20.1 沪江网引入社交和游戏元素

2. 让学习不再单调无趣

传统在线教育采用的是“师道尊严”，教师以名师的身份出现，以三分屏、视频的形式将学习内容资源呈现给学习者，使得学习变得更加枯燥无趣。为了克服这些问题，针对现在中小学生喜欢年轻、靓丽的老师的特点，学而思网校起用了大量有活力、生动活泼的年轻靓丽的教师授课 (图 20.2)，一扫传统中小学网络课堂由三四十岁的高级教师主打天下的传统积弊，给在线教育带来了新鲜空气。

▲ 图 20.2　学而思网校的在线课程

3. 用优质内容和服务赢得用户

互联网思维下，在线教育的重心由教师转变为学习者，一切设计均围绕如何提升学习者的体验而设计，因此需要高质量的内容和服务。

优质内容资源不再意味着只是老师的授课录像，而是一切可能提升学习体验的素材，如精心设计的网页、动画、漫画、微视频、带有详尽解析的试题等。题谷教育耗费 6000 万元，录制了 50 万道试题的视频讲解，形成了大量的试题讲解资源集。学而思网校投入大量资金，研发了生动有趣的物理课程，极大地激发了学生的学习兴趣。

4. 用户参与，即时互动性强

传统在线教育只是老师讲、学生听，老师出题、学生做的陈旧模式，交互性差，没有激发用户的学习体验。在互联网教育思维下，学生可参与知识的讲解，即时进入练习互动环节。在这一点上，互动编程网站 Codecademy 开启了互动编程的新模式 (图 20.3)，用户可以输入代码来检测是否掌握。当然其教学的智能化程度和互动性上还需要加强。

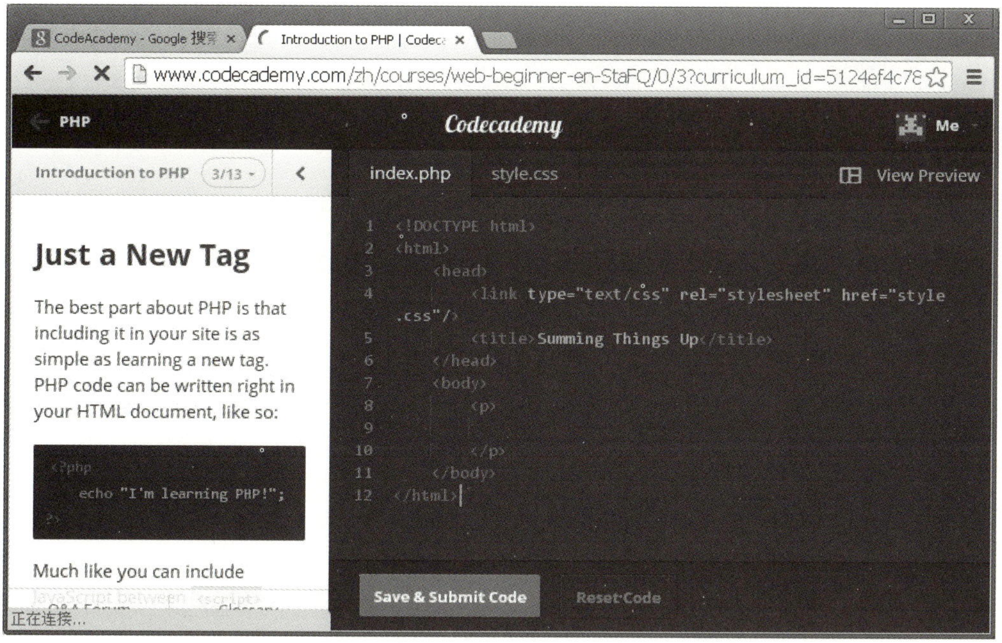

▲ 图 20.3 可即时互动编程的 Codecedemy

5. 用现实利益激励用户

当前互联网的发展，已经有由虚拟激励 (积分、称号、道具等) 转向现实激励的趋势。比如随着微信红包在 2014 年春节走红及打车 APP 补贴用户的做法愈演愈烈，还会有更多富有刺激性的措施出现，比如用现金、奖学金、实物、积分兑换实物、创业基金、面试机会等现实物质和机会激励用户，这些新模式会快速进化，从而导致新思维的出现。

有的企业做的是 B2B 型 (大客户型) 的教育培训，即是由企业、政府、院校等出资的企业，与苦苦做 B2C 类型的在线教育创业者相比，他们的利润丰富，这些企业恰恰是最不关心所谓的“互联网思维”的，因为他们的主要商业模式是垄断型大客户渠道营销。在传统大客户商业模式下，只需与客户保持良好的关系，而不必关注用户的学习体验。但是在互联网无孔不入的时代，这样的模式不可能永远存在，如果最用户的体验不好，用户的吐槽会使企业逐步丧失竞争力，而用户体验更佳、效果更好的企业，早晚会将劣质产品的企业淘汰。

第二十一章 创新教育技术前瞻

第一节 虚拟现实在教育中的应用

一、VR 的定义及应用

虚拟现实 (Virtual Reality，VR)，是由美国 VPL 公司创建人拉尼尔 (JaronLanier) 在 20 世纪 80 年代初提出的。其具体内涵是综合利用计算机图形系统和各种现实及控制等接口设备，在计算机上生成的、可交互的三维环境中提供沉浸感觉的技术。其中，计算机生成的、可交互的三维环境称为虚拟环境 (Virtual Environment，VE)。虚拟现实技术是一种可以创建和体验虚拟世界的计算机仿真系统。它利用计算机生成一种模拟环境，利用多源信息融合的交互式三维动态视景和实体行为的系统仿真，使用户沉浸到该环境中。

VR 技术可广泛地应用于城市规划、室内设计、工业仿真、古迹复原、桥梁道路设计、房地产销售、旅游教学、水利电力、地质灾害、教育培训等众多领域，并为其提供切实可行的解决方案。

二、VR 技术与教育结合

VR 在媒体呈现上开辟了一个新的里程碑，而媒体呈现是与教学过程紧密相连的一部分。那 VR 到底如何与教育相融合，适合于哪些教育科目呢？我们认为它比较适合自然科学工程、语言文化、人文历史都是可以运用的。比如自然科学里面的生物、物理、化学，工艺加工、工程技术、飞行驾驶这样的基础学科，还有一些可视化的历史、人文，语言学习、文化叙述。总之，凡是可视化的学科，都可以用 VR 来呈现。那什么样的学科是不太容易去可视化的呢？在 VR 上就很难去得到一些运用，比如说一些非常抽象的概念、逻辑学，还有一些数学上出现的概念，这些是比较难用 VR 去表现的。

因为 VR 有一种非常强的沉浸感，如果要学生物的话，我们会进入细胞的内部，看到 DNA 的结构，它这个是非常形象的。也就是说所有的知识，无论是哪个学科领域，它都能够用可视化的形态将其表现得更好。VR 的适用性非常广泛，尤其是在自然科学工程领域里边，应用的效果会更非常好。

三、教育 VR 的生命周期

一项技术从萌芽到普及的因素主要有几种：一种是体验效果。例如在移动学习早期由于体验性差，发展一直徘徊不前，自从苹果设备出现之后才得到普及。第二便是设备的普及率，现在的 VR 就像我们 2007 年苹果手机出现一样，大家都认为这个非常好，但是它需要一个过程。只要设备普及到一定程度了，它应用的数量、质量也会出现，为其开发的应用也比较多了，那个时候这种应用就会爆发，相对地用户的使用习惯也开始培养起来。另外，这个跟资本的力量催熟也有很大的关系，一个产品的资本推动越大，那么它的成熟周期就越短。比如资本用了三年时间催熟了滴滴打车这类应用，现在为大家所广泛接受。

对 VR 现在处于什么样的周期，笔者做了一张图，大家可以看一下，2016 年是 VR 元年，这个有点像 2013 年的时候，被认为是在线教育的元年一样。其实中国的在线教育在 1996 年已经开始萌芽，但是在 2013 年才开始爆发。同样，2016 年是 VR 投资的爆发期，而不是应用的爆发期，现在就是大量投资进来，资本加速它的发展。我们认为在 2017 年的时候，更多的硬件产品将会产生，未来几年硬件格局将会形成。从 2018 年开始会进入应用的爆发期，这个跟苹果手机不太一样的是，当时苹果手机数量还是比较少，现在大量的资本进入这块，中国就会有几百亿的资本进入 VR，所以它会大大缩短我们 VR 应用的开发周期，我们判断在 2018—2019 年 VR 硬件会得到稳定，同时也会催生大量 VR 的应用 (图 21.1)。

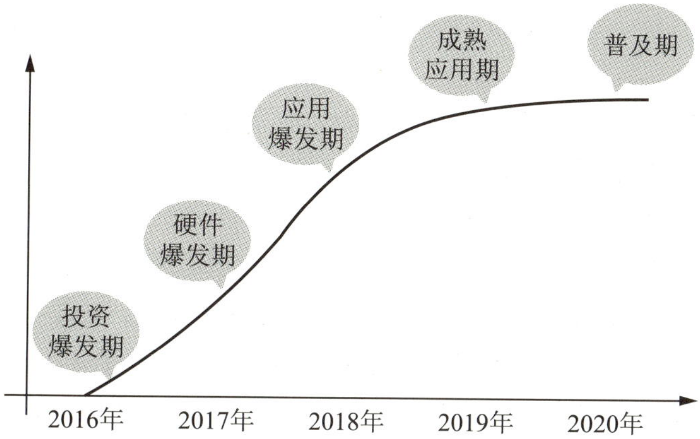

▲ 图 21.1 VR 生命周期预测

第二节 人工智能在教育中的应用

一、什么是人工智能

人工智能 (Artificial Intelligence，AI)，是研究、开发用于模拟、延伸和扩展人的智能的理论、方法、技术及应用系统的一门新的技术科学。

人工智能是计算机科学的一个分支，它试图了解智能的实质，并生产出一种新的能以人类智能相似的方式做出反应的智能机器，该领域的研究包括机器人、语言识别、图像识别、自然语言处理和专家系统等。

二、人工智能与教育的结合

基于目前人类对于人工智能的探索，一般认为人工智能应当包括三个方面。一是，计算智能；二是，感知技能；三是，认知智能。在计算智能上，自第一台计算机诞生开始，机器计算智能就远超人类，而且近些年来，计算机的计算速度屡创新高，目前计算智能早已不是难题。感知智能，是指机器能够识别抽象事物的能力，如图像识别、语音识别、手势识别等。而认知技能，是指机器在获取大量数字或者抽象信息后，能够产生判断和学习的能力。

认知智能和感知智能，是更偏向于人类擅长的智能。经过长期的探索后，也是在近两年才获得突破性进展并应用于教育上。

感知智能和认知智能，目前在教育上的应用主要体现在图像识别和语音识别上。简单来讲，感知智能是让机器能看得到、听得见。而认知智能就是让机器能听得懂，并做出反应，与人产生交互。两者紧密相连，在教育应用上亦如此。如 2014 年到 2015 年投资比较火爆的拍照搜题软件，学生遇到难题时只需要用手机拍成照片上传到云端，系统在一到两秒内就可以反馈出答案和解题思路，而且这类软件不仅能识别机打题目，对手写的题目的识别正确率也越来越准，目前达到了 70% 以上。语音识别技术在教育上的应用，目前主要用于英语口语测评上，科大讯飞、清睿教育、51Talk 开发出的语音测评软件，都能在用户跟读的过程中，很快对发音做出测评并指出发音不准的地方，通过反复的测评帮助训练用户口语。

除了拍照搜题和语音测评，自动批改文章也是目前走在教育科技前沿的人工智能技术。自动批改的范围有学科作业、语文和英语作文、学术论文、商务文书。系统可以根据基本的语言知识、语法规则判别出文章中的错误，并结合海量的文章库，通过上、下文的意思对文章整体水平做出评价。目前从事这类测评技术的产品有批改网等。

三、人工智能教育未来的展望

目前，人工智能技术在教育上的应用主要体现在图像识别和语音识别两个方面。这两项技术虽然得到了应用，但目前尚处于初级阶段。在技术和应用场景上还需要更多的探索。

其中图像识别技术应用于在线答疑上，答疑的成功一方面依靠的是图像识别的准确性，另一方面依靠的是海量的知识库。图像识别的准确率越高，题目数量越多，答疑就越接近于用户需要的答案。当前市面上的在线答疑的产品有很多，答疑实力的高低层次不同。目前，那些答疑准确率不高的企业亟待提升他们的图像识别技术和题库出量，竞争之下，未来在线答疑产品的准确率会越来越高。

需要说明的是，拍照搜题的在线答疑模式，更多是用户问，产品答。至于回答的结果是否正确，答案是否满足用户的需求。这类产品却并没有设置相应的交互或者评价过程。真正想学习的学生，想获得的答案，应当包括题目结果、思路启发、解题过程三个方面。而当前的拍照搜题产品的搜索结果在这方面缺少层次机构，有的只有答案，有的有解题思路，有的有解题过程。拍搜类产品的企业，需要将海量的题库进行知识结构的梳理，并将解题的层次结构与答疑进行交互式结合。合理的答疑过程应当是这样的，当学生拍照搜题后，系统最先给出的应当是思路启发(如题目涉及的知识点、解题方法等)，如果用户看到解题思路后已经可以解答题目了，系统就不需要给出答案和解题过程。如果用户还是有疑问，可以与系统交互(单击“下一步”，或“答案”“解题过程”)。如此，才能合理地帮助到学生的学习。提升拍照搜题的答疑交互性，这是以图像识别技术为核心的教育产品未来需要提升的地方。

相比于图像识别的教育产品，目前市面上语音识别的交互性要好得多。首先，语音识别的人机交互体验上比图像识别上更好，因为他是基于人体的五官之一。语音测评软件，目前口语 100 称之为智能语音听说教练。能够很好地使用语音的方式，对测评的结果进行反馈，例如哪里的读音是错误的，还可以回放读错的地方。通过反复测评、反馈、纠错，最终达成正确的读音，测评中达到了很好的交互体验。目前语音测评主要还是用于英语测评，未来用于汉语测评及其他小语种测评的产品一定会存在，虽然市场规模可能不大，但仍存在很大的用户需求。

目前，语音识别和图像识别在教育上的应用，属于两个不同的产品方向。未来这两项技术可能会结合起来，协同使用达到更好的用户体验。例如学生书本上看到一句很漂亮的英语句子，可以拿手机拍照上传到云端，系统会根据海量的语音素材，用合适的语气和语调阅读这句话，还可以与语音测评技术结合，让用户跟读这句话，系统做出测评并反复朗读、打分。这是一个语音识别和图像识别相结合的典型例子。未来这类产品也肯定会出现，用户可以获得更丰富的人工智能体验。

此外，机器人教育也是正在崛起的人工智能教育领域。当前的机器人教育主要被应用在幼儿教育阶段，小孩子通过拼接、组装只、试用机器人，从而提升幼儿的动手能力并启发思维。当前的机器人更多的是被当成教学工具或者材料。严格意思上来说，不算是人工智能教育。未来的人工智能机器人应当充当教学者，基于海量的云知识库、感知思维、认知思维，能够辅助教学，能与学生产生教学互动。进而有望成为传道、授业、解惑的人工智能教师。

第三节　创客教育

近年创客教育成为很火的互联网教育环境下很热门的话题，创客或者“Maker”频繁见诸媒体。在一些一二线城市，各类创客空间、创客沙龙活动越来越多。那到底什么是创客，什么是创客教育，创客教育如何进行，这里引用杨现明和李冀红发表在《现代远程教育研究》2015 年第 2 期的文章《创客教育的价值潜能及其争议》予以阐述。

一、创客与创客运动

创客运动可以理解为“互联网 +DIY”：人人都可以像科学家、发明家一样，利用身边的一切资源 (如软件、硬件、材料、专家、同伴等)，将自己的创意变成现实，并通过互联网平台快速分享给全世界。那么，什么是“创客”？目前学术界还未给出公认的定义。网络上比较流行的解释是“创客 (Maker) 一般是指不以营利为目标，利用 3D 打印技术以及各种开源硬件，努力把各种创意转变为现实的人”(李凌等，2014)。笔者认为，创客既是一群喜欢或享受创新的人，又是一种文化，一种态度，一种学习方式。

二、创客教育概论

创客教育以信息技术的融合为基础，传承了体验教育、项目学习法、创新教育、DIY 理念的思想 (祝智庭等，2015)；提倡“基于创造的学习”，强调学习者融入创造情境、投入创造过程(郑燕林等，2014)。基于此，笔者尝试给出综合性的定义：创客教育是一种融合信息技术，秉承“开放创新、探究体验”教育理念，以“创造中学”为主要学习方式和以培养各类创新型人才为目的的新型教育模式。传统教育具有深深的工业化烙印，是典型的基于知识的教育(Knowledge—Based Education)；创客教育则是适应知识经济时代发展的以能力为导向的教育(Competence—Based Education)。

实际上，可以从两个角度去理解创客教育：一种是“创客的教育”，旨在培养创客人才；另一种是“创客式教育”，旨在应用创客的理念与方式去改造教育。对于“创客的教育”，可以通过开设专门的创客课程，建立创客空间，配备专业化的指导教师实施；对于“创客式教育”，则需要将创客运动倡导的“动手操作、实践体验”理念融入各学科教学过程，开展基于创造的学习。无论是“创客的教育”还是“创客式教育”，最终的教育目标是一致的，即培养具有创新意识、创新能力和创新思维的创新型人才。因此，二者又是融合的，可以相互支撑。实施创客式教育必将使更多的学生具备创客思维和创客能力，进而成为真正的创客；专门的创客课程开设以及创客人才培养，又将促进学生在其他学科开展基于创造的学习。

三、创客教育理念

创客教育背后蕴含着丰富的教育理念，其中最突出的便是美国实用主义教育家杜威提出的“做中学”(Learning By Doing)思想。“做中学”也就是“从活动中学”“从真实体验中学”，将所学知识与生活实践联系起来，知行合一。杜威提出的“做中学”主要涵盖艺术活动(如绘画、唱歌)，手工活动(如烹饪、纺织)和需要动手操作的科学研究(如机器人研发、物质合成)三个方面。信息技术的应用进一步拓宽了“做”的广度和深度，提升了“做”的速度，也使得“做”出的成果传播得更快、更远。举例来说，音乐课孩子们可以利用音乐创作软件FL Studio Mobile，随心所欲地发挥自己的音乐才能，创编属于自己的奇特美妙的“歌曲”；成型后第一时间通过创客社区、社交媒体等多渠道分享传播，让更多人听到你的作品，还能收获更多宝贵的评价建议和鼓励。

除了“做中学”思想，快乐教育也是创客教育背后的重要理念。创客教育赋予学生更多自由和选择的权利，使他们可以听从自己内心最真实的声音而非迫于家长、老师、考试、升学等外在压力，从容地选择创作主题、材料、工具、伙伴等，亲自动手设计、制作、检验，享受创造的乐趣。创客教育既是“做中学”，也是“做中玩”。想象、创造是孩子固有的能力和天性，创客教育就是要还原学习的“乐趣”，解放孩子的天性。兴趣是最好的老师，也是激发和维持人类创造力的核心动力。教育者需要为学生提供一切利于创造的环境，给予适时的指导和鼓励，更重要的是“呵护”而非“摧残”学生的兴趣和创造力。

创客教育往往指向现实问题的解决，是一种问题导向式教育，让学生发现现实问题，寻求创意的解决方法并通过努力使之变成现实。问题解决不同于考试，考试是在单学科、单知识点中寻求特定答案的过程，而扎根现实情境的问题解决则需要综合运用多学科知识，同时保持乐观的心态，通过坚持不懈的努力才有可能产生有创意的解决方案。创客教育倡导以创客活动为载体，打破学科界限，通过跨学科、跨界的合作探究，培养具有实践能力和创新精神的新型人才。这种教育思想又和钱学森提出的“大成智慧学”一脉相承。“大成智慧学”是一门教育，引导人们如何获得智慧、培养品德和创新能力的学问和思想体系。它以科学的哲学为指导，强调“量智”和“性智”的结合、科学与艺术的结合、逻辑思维与形象思维的结合，重视思维的整体观和系统观 (钱学敏，2008)。唯有具备“大成智慧”的创新人才才能适应错综复杂、变幻莫测的社会发展的需要，这也正是创客教育需要担负的责任和努力的方向。因此，可以将“大成智慧学”作为创客教育的理论基础，将大成智慧作为创客教育的重要理念。

除了上面提到的做中学、快乐教育、大成智慧等理念外，还有学者 (Martinez&Stager，2013) 提出构造论 (Constructionism) 也是创客教育的重要理论基础。构造论是 Logo 语言创始人 SeymourPapert 在建构主义理论 (Constructivism) 基础上提出的学习理论，特别强调通过亲自动手制作一些可供分享的作品进行知识建构。可以发现，构造论和杜威的“做中学”思想是一致的，也是创客教育背后重要的指导理念。

四、创客教育的价值

1. 个体发展层面

创客教育能够更好地解放孩子的天性，给他们更多动手操作、自由探索与发展的空间与条件。通过“创客”活动，学生可以接触到更多最新的技术，借助技术将自己的创意想法慢慢实现，不断激发他们对创造的兴趣。通过团队的合作交流、思维碰撞、互帮互助，又能催生更多新颖的想法，形成一种热爱创造、享受创造、尊重创造的校园文化，进而提升学生的创造力、动手能力、问题解决能力以及团队合作能力。此外，学生动手探索的过程也是知识运用的过程，有助于增强对抽象学科知识的理解。Kaun(2012) 研究发现，创客学习可以对学生的认知发展产生积极的促进作用，比如提升学生的自我效能感、增强学习动机等。

2. *课程改革层面*

基础教育首先要培养每一个人的创造性，然后才能在此基础上培养能够攀登世界科学高峰的拔尖创新人才 (杨银付，2014)。新一轮基础教育课程改革虽然秉持很好的教育理念，但从教育教学的实践结果来看，却并未对整个课程体系带来颠覆性影响，基础教育仍在重复地机械式培养“人才”。课程改革应当领跑社会发展，而非被动地追逐和适应。创客教育为新课程理念的“落地”提供了新的“抓手”和“路径”。通过动手操作、协同探究、项目合作等多种基于创造的学习方式，每个孩子都将在课程学习中找到乐趣，进而激发自身的创造潜能。通过持续的创客课程建设与实施，有助于彻底解决传统教育面临的课程内容陈旧、课程结构不够灵活、与社会实践脱节、授课方法单一等诸多现实问题，从而带动整个课程体系的有效变革。

3. *教育系统变革层面*

创客运动是一种重塑教育的新方法和新路径，可以给教育带来一些很好的，甚至是颠覆性的变化 (Peppler&Bender，2013)。创客教育的组织实施，将进一步推动我国各级各类教育系统关键要素 (课程体系、教学方法、技术环境、评价机制、师资队伍等) 的优化组合和转型升级。在创客运动的推动下，学校、家庭、社区、企业等一切社会力量和资源将被充分调动起来，协同打造无处不在的创客空间，无缝连接正规教育和非正规教育，最终重构整个教育生态，实现真正的创新教育。

4. *国家人才战略层面*

知识经济时代，创新人才是国家发展的战略资源，是构建创新型国家的必备条件。为了落实《国家中长期人才发展规划纲要 (2010—2020 年)》，我国正在积极组织实施创新人才推进计划，以培养各类高层次创新型科技人才。创客运动就是为“创新”而生。近几百年，创新匮乏一直是我国发展面临的困境。创客教育将推动我国人才培养模式的加速转型 (从标准化转向个性化，从单一化转向多元化)，培养大批“实战型”科技创新人才，为创新型国家建设提供人才支撑。

附录
互联网教育相关企业名录

互联网教育相关企业各录中出现的企业排名不分先后。

附录A：教育信息化企业

序号	网站或产品名称	公司名称	网址
1	知灯科技	大连知灯科技有限公司	http://intelite.duAPP.com/
2	ULTRARISE	祥升软件	http://www.cvee.com.cn/

（续表）

序号	网站或产品名称	公司名称	网址
3	EDUChange	爱德成智（北京）科技有限公司	http://educhange.cn
4	nobook	北京亚泰盛世科技发展有限公司	http://www.nobook.com.cn
5	TStudy	北京拓思德科技有限公司	http://www.tstudy.com.cn/
6	爱意福瑞	爱意福瑞（北京）科技有限公司	http://www.iefree.com.cn
7	班家	蓝景同创（天津）科技发展有限公司	http://www.banjiaedu.com/
8	北极星通	北京北极星通信息技术有限公司	http://www.bjsin.cn/
9	博导前程	北京博导前程信息技术有限公司	http://www.bjbodao.com
10	冰果英语	杭州增慧网络 科技有限公司	http://www.bingoenglish.com/
11	超级小状元	宁波启点教育科技有限公司	http://www.cjxzy.com/
12	帝能电子	广州市帝能电子有限公司	http://www.dineng.net
13	鼎师教育	武汉鼎师教育科技发展有限公司	http://www.dingshitech.com
14	鼎易	深圳市兴鼎业科技有限公司	http://www.dingyi.net.cn
15	东方中科达	北京东方中科达科技有限公司	http://www.zhongkeda.com/
16	豆网	深圳市小豆科技有限公司	http://www.douwong.com/
17	家校互联网	杭州美智教育咨询有限公司	http://www.jxhlw.com/
18	分豆教育	北京分豆教育科技股份有限公司	http://www.ifdoo.com/
19	K6KT—快乐课堂	上海复兰信息科技有限公司	http://www.k6kt.com/
20	e 课堂	北京光慧鸿途科技有限公司	http://www.ektzx.com
21	国泰安	深圳国泰安教育技术股份有限公司	http://www.gtafe.com
22	海云天科技	深圳市海云天科技股份有限公司	http://www.seaskylight.com
23	寰烁科技	山西寰烁电子科技股份有限公司	http://www.huanshuo.net
24	Jetion	广州市吉星信息科技有限公司	http://www.jetion.cn/
25	家校新干线	南京凌越网络科技有限公司旗下	http://www.jxxgx.com

（续表）

序号	网站或产品名称	公司名称	网址
26	DMega	北京达美嘉教育科技有限公司	http://www.do-mega.com/
27	上海景瑞	上海景瑞信息技术有限公司	http://www.genedu.com.cn/
28	深圳巨龙	深圳市巨龙科教高技术股份有限公司	http://www.julong.com.cn/
29	凯英信业	北京凯英信业科技股份有限公司	http://www.keytec.com.cn
30	科大讯飞	科大讯飞股份有限公司	http://www.iflytek.com
31	来了网	莲林（上海）信息科技有限公司	https://ll100.com
32	乐于学	北京爱迪科森教育科技股份有限公司	http://kids.wsbgt.com/
33	乐知行	北京乐知行软件有限公司	http://www.lezhixing.com.cn
34	灵畅互动	深圳市灵畅互动科技有限公司	http://www.fitouch.com.cn
35	六鑫科教	江苏六鑫科教仪器设备有限公司	http://www.lxyq.cn/
36	龙创	深圳市龙创软件有限公司	http://www.szlcsoft.com
37	龙语语文	北京龙戴特信息技术有限公司	http://www.longyu.cn/
38	罗勒科技	北京罗勒科技有限公司	http://www.luole.com/
39	萝卜圈	萝卜圈网络技术有限公司	http://www.irobotq.com
40	麦课学习网	北京麦课在线教育技术有限责任公司	http://www.mycourse.com.cn
41	米学网	北京米学科技有限公司	http://www.mexue.com/
42	明博教育	明博教育科技股份有限公司	http://www.mainbo.com/
43	铭仁教育	铭仁（北京）教育科技有限责任公司	http://www.emingren.com
44	作业管家	上海魔识信息科技有限公司	http://www.moshijiaoyu.com/
45	口语 100	苏州清睿教育科技股份有限公司	http://www.kouyu100.com
46	趣学网	广州冠岳网络科技有限公司	http://www.quxue.com/
47	锐取信息	深圳锐取信息技术股份有限公司	http://www.szreach.com
48	西奥科技	广东西奥物联网科技股份有限公司	http://www.e-icco.com

（续表）

序号	网站或产品名称	公司名称	网址
49	三人行网络	北京尚睿通网络科技有限公司	http://www.3ren.cn/
50	上海狂龙	上海狂龙数字科技有限公司	http://www.iptid.com
51	时代智囊	济南时代智囊网络技术有限公司	http://www.sdzn.com/
52	世纪伟业	天津市世纪伟业科技发展有限公司	http://www.sjwycn.com
53	释锐	上海释锐教育软件有限公司	http://www.threeoa.com
54	数字校园	上海安脉计算机科技有限公司	http://www.anmai.net
55	索浪	杭州索浪信息技术有限公司	http://www.sola.cn/
56	天莱软件	广州天莱软件科技有限公司	http://www.gztlkj.com
57	天闻数媒	天闻数媒科技（北京）有限公司	http://www.twsm.com.cn/
58	天喻信息	武汉天喻信息产业股份有限公	http://www.whty.com.cn/
59	同方知好乐	同方知好乐教育科技（北京）有限公司	http://www.tfedu.net/
60	万校通	上海万校信息科技有限公司	http://shwanxiao.cn.jianso.com
61	微家园	北京土星教育科技有限公司	http://www.weijiayuan.im
62	微课掌上通	浙江万朋教育科技股份有限公司	http://wk.wanpeng.com/
63	教育人人通	西安习悦信息技术有限公司	http://jxhd.xy189.cn/
64	习信	深圳习习网络科技有限公司	http://www.xixin61.com
65	小学资源网	北京校园之星科技有限公司	http://www.xj5u.com/
66	心意答	上海心意答融讯电子股份有限公司	http://www.iclassmate.net
67	新晨易捷	新晨易捷（北京）科技有限公司	http://www.easyhao.com
68	新联合众	新联合众（北京）科技有限公司	http://www.linxee.uooeoo.com
69	新良田科技	深圳市新良田科技有限公司	http://www.eloam.cn/
70	学多多	上海学多多教育科技有限公司	http://www.xueduoduo.com.cn/

（续表）

序号	网站或产品名称	公司名称	网址
71	学乐中国网	杭州博世数据网络有限公司	http://www.xuelecn.com
72	顺治科技	杭州顺治科技股份有限公司	http://www.shunzhi.net
73	一起作业网	上海合煦信息科技有限公司	http://www.17zuoye.com/
74	易教信息科技	上海易教信息科技有限公司	http://www.educationtek.com
75	羿飞教育	无锡羿飞科技有限公司	http://www.esphere.cn
76	印天科技	厦门印天电子科技有限公司	http://www.cnintech.cn
77	英和文化	上海英和文化传播有限公司	http://www.yinghe-edu.com/
78	盈可视	广州盈可视电子科技有限公司	http://www.ncast.com.cn
79	优学通	郑州江山科技有限公司	http://www.youxuetong.com
80	优学向上	北京优学伙伴网络科技有限公司	http://www.iyxxs.com/
81	育龙科教	苏州育龙科教设备有限公司	http://www.sz-yulong.com
82	育网科技	北京育网阳光科技有限公司	http://www.yuwang.soft.com
83	远大网络	山东省远大网络多媒体股份有限公司	http://www.llongwill.com/
84	云白板	广州润云信息科技有限公司	http://www.yunbaiban.com
85	中国教育测评网	杭州导领科技有限公司	http://www.sinoeqa.com/
86	中教启星	北京中教启星科技股份有限公司	http://www.chinaedustar.com
87	中育优教	江苏中育优教科技发展技术有限公司	http://www.zyyj.com.cn/
88	十牛校园	广州市十牛信息科技有限公司	http://www.10niu.cn/
89	水晶球教育	水晶球教育信息技术有限公司	http://www.sjq-it.com/
90	开学啦	杭州盗火者科技有限公司	http://www.kxlAPP.com/
91	课道平台	杭州课淘科技有限公司	http://www.classtao.com/
92	我的班	杭州沃的班教育科技有限公司	http://www.myclass365.cn/

（续表）

序号	网站或产品名称	公司名称	网址
93	喵爪网络	上海喵爪网络科技有限公司	http://www.mzworld.cn/
94	科代表	北京一米蓝科技有限公司	http://www.zykdb.com/
95	春蕾科技	上海春蕾信息科技有限公司	http://www.chunray.com/
96	希悦	北京悦活教育科技有限责任公司	http://seiue.com/
97	佰分云教育	广州市和睦信息科技有限公司	http://www.9k100.com/
98	同辉佳视	同辉佳视（北京）信息技术股份有限公司	http://www.bjb.com.cn/
99	依能科技	成都依能科技股份有限公司	http://www.yineng.com.cn/
100	点威科技	成都点威科技有限公司	http://www.dianvo.com/
101	东方闻道	成都东方闻道科技发展有限公司	http://www.eastedu.com/
102	立思辰	北京立思辰科技股份有限公司	http://www.lanxum.com/
103	拓维信息	拓维信息系统股份有限公司	http://www.talkweb.com.cn/
104	全通教育	全通教育集团（广东）股份有限公司	http://www.qtone.cn/
105	威科姆	郑州威科姆软件科技有限公司	http://www.zzvcom.com/
106	颂大教育	武汉颂大教育科技股份有限公司	http://www.whsundata.com/
107	焦点教育	焦点教育科技有限公司	http://www.focusteach.com/
108	腾讯智慧校园	腾讯公司	http://campus.qq.com/
109	TimeLink 天英教育	深圳市天英联合教育股份有限公司	http://www.timelink.cn/
110	上海易教	上海易教信息科技有限公司	http://www.educationtek.com/
111	金智教育	江苏金智教育信息股份有限公司	http://www.wisedu.com/
112	思昂教育	北京凌声芯语音科技有限公司	http://www.voiceontech.com/
113	蓝鸽集团	蓝鸽集团有限公司	http://www.chinalancoo.com/
114	未来脑智能教学云平台	河南天星教育传媒股份有限公司	http://www.wln100.com/

（续表）

序号	网站或产品名称	公司名称	网址
115	作业盒子	北京知识印象科技有限公司	http://www.knowbox.cn/
116	极课大数据	江苏曲速教育科技有限公司	http://www.fclassroom.com/
117	乐教乐学	北京世纪飞育软件有限责任公司	http://www.lejiaolexue.com/
118	云校	北京修齐治平科技有限公司	http://www.yunxiao.com/
119	艾的教育	北京艾的教育科技股份有限公司	http://www.ide365.com/
120	好度科技	天津好度科技有限公司	http://www.howdo.cc
121	互动宝宝	北京九龙蓝海科技有限公司	http://www.3ikids.com
122	东师理想	东北师大理想软件股份有限公司	http://www.dsideal.com/
123	麦学习	武汉迈酷奇科技有限公司	http://www.easymstudy.com/
124	天天向上人人通	湖南天天向上网络技术有限公司	http://www.daydayup.com.cn/
125	幼信通	索罗摩网络科技有限公司	http://www.youxinedu.com/
126	微学堂	深圳市腾云世纪信息有限公司	http://www.91wxt.com/
127	和教育	中国移动政企分公司	http://edu.10086.cn/educloud/
128	学信	北京学信速达科技有限公司	http://www.xuexin.org.cn/
129	星网锐捷	福建星网锐捷通讯股份有限公司	http://www.star-net.cn/

附录B：学前在线教育企业

序号	网站或产品名称	公司名称	网址
1	凡学教育	凡学教育科技有限公司	http://www.fancyedu.net/

（续表）

序号	网站或产品名称	公司名称	网址
2	智慧树	北京环宇万维科技有限公司	http://www.bbtree.com/
3	未来教育	未来教育集团	http://www.fe-noc.com/
4	斑马骑士	斑马骑士科技有限公司	http://www.pamakids.com/
5	宝宝巴士	福州智永信息科技有限公司	http://cn.babybus.com/
6	嘿哈科技	北京嘿哈科技有限公司	http://www.heyha.com/
7	快易典	深圳快易典教育科技有限公司	http://www.kyd2002.com/
8	悟空识字	宁波启点教育科技有限公司	http://gongfubb.com/
9	天天爱宝贝	北京啦啦互动网络科技有限公司	http://www.lalasoft.cn/
10	海马 5+1	北京哥大诺博教育科技股份有限公司	http://noboedu.com/
11	神尔教育	深圳市神尔科技股份有限公司	http://www.shenerjiaoyu.com/
12	2Kids	升易信息技术（上海）有限公司	http://www.2kids.cn
13	袋鼠跳跳	北京卓意麦斯科技有限公司	http://www.joymis.com/
14	小伴龙	深圳市有伴科技有限公司	http://xbl.youban.com/
15	宝宝树	北京众鸣世纪科技有限公司	http://www.babytree.com/
16	育儿网	中国育儿网络控股有限公司	http://www.ci123.com/
17	洪恩教育	北京洪恩教育科技股份有限公司	http://www.hongen.com/
18	万趣空间	彼乐智慧科技	http://www.wanquspace.com/
19	乐星球	北京乐星球教育科技有限公司	http://www.happyskill.com/
20	babycan	北京夸克未来教育科技有限公司	http://www.babycan.cc/
21	新爱婴早教	上海美邦教育信息咨询有限公司	http://www.combaby.cn/
22	宝宝地带	北京南熙航科技有限公司	http://www.ibabyzone.cn
23	宝宝来画画	翼石媒体	http://wingedstone.com/childdraw/

（续表）

序号	网站或产品名称	公司名称	网址
24	宝贝安 / 广州蕴力	广州市宝致信息科技有限公司	http://www.baobeian.cn/
25	宝贝玩啥	零分之一（上海）信息技术有限公司	http://baby.yhb360.com
26	宝狄与好友	世纪创意科技有限公司旗下	http://www.bodhiworld.com/sc/
27	北京优悦	北京优悦教育科技有限公司	http://www.youwill.com.cn/
28	贝比嘉	贝比嘉教育科技发展有限公司	http://www.bbjia.net/
29	彩虹家园	北京彩虹家园科技有限公司	http://www.caihongjiayuan.com
30	娃娃科技	娃娃（北京）科技有限公司	http://www.wawachina.cn/
31	订课通 （移动亲子园）	深圳市莱科文化科技有限公司	http://www.mbabycare.com
32	工程师爸爸	上海童锐网络科技有限公司	http://www.idaddy.cn/
33	骨碌碌亲子	河南优蓓教育科技有限公司	http://www.gululu365.cn/
34	孩教圈	广州慧路软件科技有限公司	http://www.61learn.com
35	呼噜博士	深圳市美蜜动网科技有限公司	http://www.huluboshi.com
36	看娃娃	北京育泽科技有限公司	http://www.kanwawa.com
37	朗朗云课	山东朗朗教育科技股份有限公司	http://www.langlangyunke.com/
38	领育网	厦门方长宏信息科技有限公司	http://www.0123.cn/
39	妈妈晒	北京晒晒乐网络科技有限公司	http://www.mamashai.com/
40	鲨鱼公园 SHARKPARK	北京鲨鱼公园教育科技有限公司	http://www.sharkpark.cn/
41	童趣云	北京洼盈信息技术有限公司旗下网站	http://www.tongquyun.com
42	网趣宝贝	上海梓洋网络科技有限公司	http://www.eachbaby.com/
43	易说堂英语	广州易贝教育科技有限公司	http://www.e-say.com.cn
44	幼儿教育网	育栋教育咨询有限公司	http://www.zgyejy.net
45	芝兰玉树	北京芝兰玉树科技有限公司	http://www.slanissue.com/

附录C：中小学在线教育企业

序号	网站或产品名称	公司 / 简介	网址
1	高考资源网	北京校园之星科技有限公司	http://www.ks5u.com/
2	e 课堂	北京光慧鸿途科技有限公司	http://www.ektzx.com
3	呼叫老师	深圳乐学壹佰教育科技有限公司	http://www.hjlaoshi.com/
4	清大学习吧	北京清大世纪教育投资顾问有限公司	http://www.eee114.com
5	101 学酷网	北京弘成学酷教育科技有限公司	http://www.xuecoo.com
6	52Land 我爱乐园	北京达润世纪国际教育科技股份有限公司	http://www.52land.com
7	59 错题	北京龙文环球教育科技有限公司	www.longwenedu.com
8	6v68	深圳习习网络科技有限公司	http://www.6v68.com/
9	cctv 中学生频道网校	好学时代文化传播 (北京) 有限公司	http://www.studytv.cn/
10	ee 学霸	广东亿亿耐特远程教育服务有限公司	http://www.51ee.com/
11	E 学大	学大教育科技 (北京) 有限公司	http://www.exueda.com/
12	SmarTots 聪明多	北京戈维娜信息技术有限公司	http://www.smartots.cn
13	UMFun 优满分	广州新宜讯网络科技有限公司	http://www.umfun.com
14	Vericant 维立克教育	维立克教育咨询 (北京) 有限公司	http://www.vericant.com
15	ViewShare	北京看山科技有限公司	http://www.viewshare.cn
16	阿凡题	北京云江科技有限公司	http://afanti100.com/
17	艾雯思	广州艾雯思教育咨询有限公司	http://www.avans100.com/
18	爱辅导	至远无限教育科技 (北京) 有限公司	http://www.aifudao.com/
19	冰越教育	冰越教育集团	http://www.bbmmedu.com/
20	超级课堂	杭州秀铂网络科技有限公司	http://www.cjkt.com/

（续表）

序号	网站或产品名称	公司 / 简介	网址
21	创新作文网	重庆新课堂网络科技发展有限责任公司	http://www.cxzw.com/
22	答疑君	杭州微著网络有限公司	http://dayi.im
23	答疑网	北京现代兴业网络技术有限公司	http://www.prcedu.com/
24	求实高考课堂	德清求是网络科技有限公司	http://www.qswangxiao.com/
25	德智教育	德智天成教育科技（北京）有限公司	http://www.dezhi.com/
26	叮当课堂	上海享学网络科技有限公司	http://www.entstudy.com
27	复兰高考名师在线	上海复兰信息科技有限公司	http://www.fulaan.com/
28	赶考网校	上海亿山睦教育科技有限公司	http://www.gankao.com/
29	高分网	广州高分网络科技有限公司	http://www.gaofen.com/
30	高考派	北京思博天下网络科技有限公司	http://www.gaokaopai.com/
31	洋葱数学	光合新知（北京）科技有限公司	http://yangcong345.com
32	海边教育	北京新学而思教育科技有限公司	http://www.haibian.com/
33	海风教育	海风教育集团	http://www.hyphen100.com/
34	奥克密境	北京赭石教育科技有限公司	http://www.ccoedu.com/
35	好学网	精格网络科技（北京）有限公司	http://www.haoxue.com/
36	禾教	北京禾教科技有限公司	http://www.hejiao.com/
37	华乐思网校	北京华乐思软件科技有限公司	http://www.winnerschool.cn/course/
38	黄冈网校	北京太奇学路教育科技有限公司	http://www.hgznedu.com/
39	测文网	天津集智量文教育科技发展有限公司	http://www.jz600.com/
40	简单学习网	北京简单科技有限公司	http://www.jd100.com/
41	讲作业	杭州新言教育科技有限公司	http://jiangzuoye.com/
42	教视网	教视网（个人，吴郭斌）	http://www.sp910.com

（续表）

序号	网站或产品名称	公司 / 简介	网址
43	菁优网	深圳市菁优智慧教育股份有限公司	http://www.jyeoo.com
44	精华在线	北京市海淀区精华培训学校	http://www.jinghua.com/
45	精英家教网	上海青夏翻译咨询有限公司	http://www.1010jiajiao.com/
46	开心学	福建省英捷电子科技有限公司	http://www.kaixinxue.cn
47	课后网	浙江万朋教育科技股份有限公司	http://www.kehou.com/index.htm
48	课外喵	广州妙课网络科技有限公司	http://www.kewaimiao.com
49	口袋老师	阳光兔（北京）科技有限公司	http://www.koudailaoshi.com/
50	酷精灵 Kfairy	北京酷精灵文化发展有限公司	http://www.kujingling.com/
51	跨学网	北京康邦科技股份有限公司	http://www.kuaxue.com/
52	快乐学	北京欢乐学科技有限公司	http://kuailexue.com/
53	蓝动网	台州聚众网络技术有限公司	http://www.landong.com/
54	蓝天专区	深圳市动感蓝天教育信息技术发展有限公司	http://www.xuedou.com/ltzq/
55	乐乐课堂	北京乐乐高尚教育科技有限公司	http://www.leleketang.com
56	码上学	深圳市远景同程教育网络技术有限公司	http://www.51msx.com/
57	面对面互动教育网	西安博而信电子信息科技有限公司	http://www.2277.com/
58	名师快答	郑州金水大山外国语培训学校	http://www.kuaida.me/
59	魔方格	北京云学时代科技有限公司	http://www.mofangge.com/
60	陪读学堂	北京网拓佳育教育科技有限公司	http://www.peidu.com/
61	鹏程教育	广州冠鹏信息技术有限公司	http://www.51pengcheng.com/
62	千秋教育	北京千秋数维科技有限公司	http://www.bodhicloud.cn
63	青果学院	北京青果时代教育科技有限公司	http://www.qingguo.com

（续表）

序号	网站或产品名称	公司 / 简介	网址
64	求解答	上海极值信息技术有限公司	http://www.qiujieda.com/
65	全品学堂	北京全品文教科技股份有限公司	http://www.canpoint.net
66	中小学教育联盟网	北京东大正保网格教育科技有限公司	http://www.g12e.org/
67	赛果国际	上海创学青少年活动信息咨询有限公司	http://www.saiguo.com.cn/
68	三好网	北京三好互动教育科技有限公司	http://www.sanhao.com/
69	尚学大学堂	北京尚学教育科技有限公司	http://www.daxuetang.com/
70	尚友教育	尚友（天津）教育信息咨询有限公司	http://lx.sharewithu.com/
71	升学网	北京聚智未来科技股份有限公司	http://www.sxw100.com/
72	堂堂网	湖南教育音像电子出版社有限责任公司	http://www.tangt.cn
73	淘题吧	南京凌越网络科技有限公司	http://www.taotiba.com/
74	提分网	北京啼芬信息科技有限公司	http://www.tifen.com/
75	题谷网	北京题谷教育科技有限公司	http://www.tigu.cn/
76	天津一中网校	天津一中	http://www.myschoolnet.cn/
77	云微课	上海景界信息科技有限公司	http://www.v-school.cn/
78	微课网	北京微课创景教育科技有限公司	http://www.vko.cn
79	微学	深圳威兹讯科技有限公司	http://www.welearn.com
80	闻题鸟 TiBird	闻题鸟（北京）信息技术有限公司	http://www.tibird.com/
81	问他作业	广州百田信息科技有限公司	http://www.7wenta.com
82	问学堂	问学堂	http://abctang.com
83	我爱课堂	乾域信息技术（上海）有限公司	http://www.5akt.com/
84	我要当学霸	平然心动工作室	http://www.iamxueba.com/
85	小猿搜题	北京贞观雨科技有限公司	http://www.yuansouti.com/

（续表）

序号	网站或产品名称	公司 / 简介	网址
86	新东方小学网	新东方教育科技集团	http://xiaoxue.koolearn.com/
87	新学林	新学林教育科技有限公司	http://www.xinxuelin.com/
88	学霸君	上海谦问万答吧云计算科技有限公司	http://www.xueba100.com
89	学吧课堂	北京博学慎思教育科技有限公司	http://www.xuebaclass.com/
90	学而思网校	学而思教育科技集团	http://www.xueersi.com/APP
91	学习宝	北京东方皆冠科技有限公司	http://www.91xuexibao.com
92	学子斋	学子斋教育咨询有限公司	http://www.xuezizhai.com
93	阳光学习网	浙江睿智创意产业服务有限公司	http://www.pallasa.com/
94	——幼教	厦门米豆网络科技有限公司	http://www.11yj.cn/
95	乂学教育	上海乂学教育科技有限公司	http://www.classba.com/
96	易题库	北京易思宜学教育科技有限公司	http://www.yitiku.cn
97	优答	北京微学明日网络科技有限公司	https://www.uda100.com
98	优教在线	深圳市嘉艺盛世文化传播有限公司	http://www.uknow365.com
99	优学云测评	上海天柏信息科技有限公司	http://www.eyouxue.com
100	优易课	北京卓铭助力教育科技有限公司	http://www.bjyouyike.com/
101	罐头网	杭州优易在线教育咨询有限公司	http://www.ueschool.com/
102	优悦教育	北京优悦教育科技有限公司	http://www.youwill.com.cn/
103	语文迷	广州聘大信息科技有限责任公司	http://yuwenmi.com/
104	悦考网	杭州悦考网络科技有限公司	http://www.ykw18.com
105	长郡网校	湖南长郡卫星远程学校	http://www.cjwx.com/
106	掌门 1 对 1	上海掌小门教育科技有限公司	http://zmlearn.com/
107	真题馍馍	明博教育科技有限公司	http://www.ztmomo.com/
108	作业盒子	北京知识印象科技有限公司	http://www.knowbox.cn/

（续表）

序号	网站或产品名称	公司 / 简介	网址
109	智慧流	智慧流（福建）网络科技有限公司	http://www.zhihuiliu.com/
110	智康 1 对 1	智学思教育咨询（北京）有限公司	http://www.jiajiaoban.com/
111	众诚教育	河北众诚教育有限公司	http://www.zhongcheng100.com
112	中小学教育网	北京东大正保科技有限公司	http://www.g12e.com/
113	最优题库	最优题库网	http://www.zyeoo.com
114	作文网	广州起鼎网络科技有限公司	http://www.t262.com/
115	作业帮	小船出海教育科技（北京）有限公司	http://www.zybang.com/
116	乾洲教育	南京乾洲网络科技有限公司	http://www.qzjyzx.com/
117	天天象上	北京天天象上信息科技有限公司	http://www.daydays.com/
118	学加加	厦门学加加网络科技有限公司	http://www.xuejaja.cn/
119	优志愿	上海亿阁信息科技有限公司	http://www.youzy.cn/
120	好家长	北京慧达天下科技有限公司	http://www.haojiazhang123.com/
121	98 学习网	98 学习网	http://www.zx98.com
122	批改网	北京词网科技有限公司	http://www.pigai.org/
123	学乐中国	杭州学乐网络科技有限公司	http://www.xuelecn.com/
124	绿网天下	绿网天下福建网络科技股份有限公司	http://www.gwchina.cn/
125	100 教育	广州华多网络科技有限公司	http://www.100.com/
126	宽高学习网	北京宽高前程教育科技有限公司	http://www.kgedu.net/
127	理优 1 对 1	上海理优教育科技有限公司	http://www.leoedu.cn/
128	二十一世纪教育网	深圳市二一教育股份有限公司	http://www.21cnjy.com/
129	光大教育	广州光大教育软件科技股份有限公司	http://www.gdtech.com.cn/
130	佳一教育	北京佳一引航教育科技有限公司	http://www.ijiayi.org/

附录D：在线高等教育企业

序号	网站或产品名称	公司 / 简介	网址
1	北京大学继续教育学院网络教育	北京大学	http://www.pkudl.cn/
2	中国人民大学网络教育学院	中国人民大学	http://www.cmr.com.cn/
3	清华网络课堂	清华大学	http://www.sce.tsinghua.edu.cn/net/net-edu.jsp
4	北京交通大学远程与继续教育学院	北京交通大学	http://dis.njtu.edu.cn/
5	北京航空航天大学现代远程教育学院	北京航空航天大学	http://www.beihangonline.com/
6	北京理工大学现代远程教育学院	北京理工大学	http://www.bitsde.com/
7	北京科技大学远程与成人教育学院	北京科技大学	http://cr.ustb.edu.cn/
8	北京邮电大学网络教育学院	北京邮电大学	http://home.buptnu.com.cn/
9	中国农业大学现代远程教育网	中国农业大学	http://www.cau-edu.net.cn/
10	中国中医药大学远程教育学院	中国中医药大学	http://www.ibucm.com/news/
11	北京师范大学网络教育	北京师范大学	http://web.sne.bnu.edu.cn/
12	北京外国语大学网络教育学院	北京外国语大学	http://www.beiwaionline.com/
13	北京语言大学网络教育学院	北京语言大学	http://online.blcu.edu.cn/
14	中国传媒大学继续教育学部	中国传媒大学	http://mdedu.bbi.edu.cn/
15	对外经济贸易大学远程教育	对外经济贸易大学	http://www.euibe.com/
16	中国科学技术大学继续教育	中国科学技术大学	http://ces.ustc.edu.cn/
17	现代远程音乐教育学院	中央音乐学院	http://mdmec.ccom.edu.cn/cms/
18	南开大学现代远程教育学院	南开大学	http://221.238.132.44/system/index/
19	天津大学网络教育学院	天津大学	http://www.etju.com/

（续表）

序号	网站或产品名称	公司 / 简介	网址
20	大连理工大学远程与继续教育学院	大连理工大学	http://www.edlut.com/
21	中国医科大学网络教育学院	中国医科大学	http://des.cmu.edu.cn/
22	东北大学继续教育学院	东北大学	http://cec.neu.edu.cn/
23	东北财经大学网络教育学院	东北财经大学	http://www.edufe.com.cn/
24	吉林大学网络教育学院	吉林大学	http://dec.jlu.edu.cn/cms/
25	东北师范大学远程与继续教育学院	东北师范大学	http://ycjx.nenu.edu.cn/
26	哈尔滨工业大学远程教育学院	哈尔滨工业大学	http://www.hitce.cn/
27	东北农业大学继续教育学院	东北农业大学	http://www.neauce.com/
28	复旦大学网络教育学院	复旦大学	http://dec.fudan.edu.cn/
29	同济大学网络教育学院	同济大学	http://tjee.tongji.edu.cn/
30	上海交通大学网络教育	上海交通大学	http://www.onlinesjtu.com/
31	上海交通大学医学院网络教育学院	上海交通大学医学院（原上海第二医科大学）	http://www.mechina.org/
32	华东理工大学网络教育学院	华东理工大学	http://www.ecustmde.com/
33	东华大学网络教育学院	东华大学	http://dhujj.ct-edu.com.cn/
34	华东师范大学网络教育学院	华东师范大学	http://www.dec.ecnu.edu.cn/
35	上海外国语大学网络教育学院	上海外国语大学	http://sisunet.shisu.edu.cn/
36	南京大学网路教育学院	南京大学	http://www.njude.com.cn/
37	东南大学继续教育学院	东南大学	http://netu.js.edu.cn/
38	江南大学网络教育	江南大学	http://wj.jiangnan.edu.cn/
39	浙江大学远程教育学院	浙江大学	http://xywh.scezju.com/
40	厦门大学继续教育与网络教育	厦门大学	http://nec.xmu.edu.cn/

（续表）

序号	网站或产品名称	公司 / 简介	网址
41	福建师范大学网络与继续教育学院	福建师范大学	http://w.fjtu.com.cn/cms/
42	山东大学网络教育学院	山东大学	http://sv6.wljy.sdu.edu.cn/ce/nes/
43	中国石油大学远程教育学院	中国石油大学	http://www.cupde.cn/cms/
44	郑州大学远程教育学院	郑州大学	http://dls.zzu.edu.cn/
45	武汉大学继续教育学院	武汉大学	http://cce.whu.edu.cn/
46	华中科技大学网络与继续教育学院	华中科技大学	http://www.hust-snde.com/cms/
47	中国地质大学（武汉）远程与继续教育学院	中国地质大学（武汉）	http://cugnc.cug.edu.cn/cms/
48	武汉理工大学网络教育学院	武汉理工大学	http://www.einfo.net.cn/
49	华中师范大学职业与继续教育学院	华中师范大学	http://zjy.ccnu.edu.cn/
50	湖南大学远程与继续教育学院	湖南大学	http://miea.hnu.cn/
51	中南大学网络教育学院	中南大学	http://cne.csu.edu.cn/
52	中山大学网络教育学院	中山大学	http://sce.sysu.edu.cn/
53	华南理工大学网络教育学院	华南理工大学	http://www.scutde.net/
54	华师在线	华南师范大学	http://www.gdou.com/
55	四川大学网络教育学院	四川大学	http://www.scude.cc/
56	重庆大学网络教育学院	重庆大学	http://www.5any.com/
57	西南交通大学远程与继续教育学院	西南交通大学	http://www.xnjd.cn/
58	电子科技大学网络教育学院	电子科技大学	http://www.remotedu.com/
59	西科在线	西南科技大学	http://wljy.swust.net.cn/
60	四川农业大学网络教育学院	四川农业大学	http://www.cnzx.info/
61	西南大学网络与继续教育学院	西南大学	http://www.eduwest.com/
62	西财在线	西南财经大学	http://www.swufe-online.com/

（续表）

序号	网站或产品名称	公司 / 简介	网址
63	西安交通大学远程与继续教育学院	西安交通大学	http://www.xnjd.cn/
64	西北工业大学网络教育学院	西北工业大学	http://www.nwpunec.net/
65	西安电子科技大学网络与继续教育学院	西安电子科技大学	http://www.xdwy.com.cn/
66	陕西师范大学远程教育学院	陕西师范大学	http://sde.snnu.edu.cn/
67	兰州大学	兰州大学网络与继续教育学院	http://www.dec.lzu.cn/
68	中央广播电视大学	中央广播电视大学	http://www.hongwenedu.cn/zhongyang/
69	网易公开课	网易公司	http://open.163.com/
70	新浪公开课	新浪公司	http://open.sina.com.cn/
71	中国大学 MOOC	网易 & 高等教育出版社	http://www.icourse163.org/
72	MOOC 中国		http://www.mooc.cn/
73	顶你学堂	过来人（北京）教育科技有限公司	http://www.topu.com/
74	华文慕课	北京大学 & 阿里巴巴	http://www.chinesemooc.org/
75	国家开放大学	教育部	http://www.ouchn.edu.cn/
76	MOOC 学院	北京果壳互动科技传媒有限公司	http://mooc.guokr.com/
77	超星慕课	超星集团	http://mooc.chaoxing.com/
78	学堂在线	北京慕华信息科技有限公司	http://www.xuetangx.com/
79	申请方	平方创想教育科技（北京）有限公司	https://www.applysquare.com/
80	尚德机构	北京尚德在线教育科技有限公司	http://www.chinasunland.org/

（续表）

序号	网站或产品名称	公司 / 简介	网址
81	万学教育集团	北京万学教育科技有限公司	http://www.wanxue.cn/
82	优课联盟	深圳大学	http://uooc.net.cn/portal
83	北大慕课	北京大学现代教育技术中心	http://mooc.pku.edu.cn/mooc/
84	奥鹏教育	北京奥鹏远程教育中心有限公司	http://www.open.com.cn/
85	好大学在线 CNMOOC	上海交通大学慕课研究院	http://www.cnmooc.org/
86	万门大学	北京万门教育科技有限公司	http://www.wanmen.org/#/
87	海天考研网	北京海天环球教育科技有限公司	http://www.htkaoyan.com/
88	考研帮	好未来集团	http://www.kaoyan.com/
89	考试点	西安搜视网络科技有限公司	http://www.kaoshidian.com/
90	研途宝	厦门研途教育科技有限公司	http://www.yantubao.com/
91	金程考研网	上海金程教育培训有限公司	http://www.51dx.org/
92	三仁考研	北京高会教育科技有限公司	http://www.3renwx.com/
93	爱起航	北京市海淀区启航考试培训学校	http://www.wedoedu.cn/
94	知点考研	远思科技（北京）有限公司	http://www.kpoints.cn/
95	咋学	北京三味书库教育科技	http://ky.zaxue100.com/

（续表）

序号	网站或产品名称	公司 / 简介	网址
96	课程格子	北京科睿亿维科技有限公司	http://www.kechenggezi.com/
97	徐绽网校	武汉鼎辉启航教育科技有限公司	http://www.xuzhan.com/
98	文登考研	武汉鑫英才教育发展有限公	http://www.bjwendeng.com/
99	新世界教育	北京新世界教育集团	http://bj.neworldedu.org
100	普明考研	北京普明教育科技有限公司	http://wx.pmkaoyan.com

附录E：在线职业教育企业

序号	网站或产品名称	公司 / 简介	网址
1	168 网校	陕西一六八网络科技有限公司	http://www.168wangxiao.com
2	181 会计网校	重庆市乐泰职业培训学校	http://club.181.net/
3	3D 淘客网	北京智融通慧科技有限公司	http://www.3dtaoke.com/
4	52 司考网	北京华慧东方网络科技有限公司	http://www.52sikao.com/
5	677 网校	贵州世纪中建教育咨询有限公司	http://www.677.com/
6	8 点后	CareerFrog 集团	http://www.8dianhou.com/
7	101 贝考	华渔教育科技有限公司	http://www.91up.com
8	BES	北京宝兰德软件股份有限公司	http://www.bessystem.com/

（续表）

序号	网站或产品名称	公司 / 简介	网址
9	Blackboard	北京毕博信息技术有限公司	http://www.cerbibo.com/
10	CFA 考试俱乐部	CFA 考试俱乐部	http://www.cfa.com.cn
11	CFOclass	北京睿捷纪元教育科技有限公司	http://www.cfoclass.com/
12	eNet 网络学院	北京硅谷动力电子商务有限公司	http://www.enet.com.cn/
13	IT 生涯学院	北京爱梯教育科技有限公司	http://at.itgrow.cn/
14	Java 客学习网	Java 爱好者聚集地	http://www.javake.com.cn/
15	LLiSOFT 栋科软件	大连栋科软件工程有限公司	http://www.llisoft.com/
16	TOP 网络技术学院	TOP 网络技术学院	http://www.topjishu.net/
17	爱爱医	珠海健康云科技有限公司	http://www.iiyi.com/
18	白天使	北京白天使网络科技有限公司	http://www.baitianshi.com/
19	百练会计学堂	百练会计在线	http://www.blkj100.com
20	英盛培训网	深圳市英盛网络教育科技有限公司	http://www.yingsheng.com/
21	帮考网	重庆智考信息技术有限公司	http://www.cnbkw.com/
22	备考族	犇犇（上海）信息技术有限公司	http://www.beikaozu.com/
23	并启	北京并启速腾教育科技有限公司	http://www.bejoin.net/
24	博傲网校	北京众智博傲科技有限公司	http://www.boaov.com/
25	博睿精实	北京博睿精实健康科技股份公司	http://www.amedchina.com/
26	博医网	北京博医时代教育科技有限公司	http://www.boyitimes.com/
27	财金学苑网	百业培训网	http://www.caijinxueyuan.com/
28	财考网	东大正保教育集团	http://www.ck100.com/
29	动点科技	上海创言信息科技有限公司	http://cn.technode.com/
30	成考教育网	东大正保远程教育	http://www.chengkao365.com/
31	道明诚教育	上海道明诚教育金融培训	http://www.dmc-edu.com/

（续表）

序号	网站或产品名称	公司 / 简介	网址
32	德邦通德	德邦通德（北京）教育科技有限公司	http://www.ekwang.cn/
33	德润教育	北京德润启航科技发展有限公司	http://www.derunedu.com/
34	滴滴微学	上海景格科技股份有限公司	http://www.didi91.cn/
35	嗲学网	北京燕园世纪教育科技有限公司	http://www.diaxue.com/
36	丁香园	北京北大方正电子有限公司	http://www.dxy.cn/
37	东学教育网	江西省英才职业培训学校	http://www.dxjy99.com/
38	多尔音乐学院	湖北多尔文化传播有限公司	http://www.doerart.com
39	粉笔题库	北京粉笔蓝天科技有限公司	http://fenbi.com/
40	橄榄图摄影课	橄榄图摄影	http://ganlantu.com/
41	高顿网校	上海杨浦区高顿进修学校	http://v.gaodun.com
42	格正教育	郑州格正教育咨询有限公司	www.gezheng.com/
43	广州艾道 ADA	广州艾道信息咨询有限公司	http://www.adachina.net
44	国考大师	上海鸿仪通信息技术有限公司	http://www.guokaodashi.com
45	好学教育	北京好学厚德教育科技有限公司	http://www.5haoxue.net
46	好医生	北京健康在线技术开发有限公司	http://e.haoyisheng.com/
47	弘成学习网	弘成教育集团	http://www.chinaedu.net/
48	花生糖教育	北京花生糖教育科技有限公司	http://huashengks.com/
49	华恩教育	杭州华恩教育科技有限公司	http://www.itbegin.com/
50	华图教育	北京华图宏阳教育文化发展股份有限公司	http://www.huatu.com/
51	会计考官	深圳市诺达实业有限公司	http://kj.thea.cn
52	会计求学网	苏州精略教育软件有限公司	http://www.kjqx.com/
53	会计网	广州市科普会计信息有限公司	www.kuaiji.com

（续表）

序号	网站或产品名称	公司 / 简介	网址
54	会计云网校	广州树人网络科技有限公司	http://wangxiao.kjcity.com/
55	会计职业培训	宜昌市会计职业培训学校	http://www.yckjw.net
56	惠森教育	北京惠森教育咨询有限公司	http://www.hnisen.ke.99.com/
57	慧科教育	慧科教育集团	http://www.uniquedu.com/
58	佳学	广东佳学信息科技有限公司	http://www.jaxus.com/
59	尖峰合讯	北京尖峰合讯科技有限公司	http://www.peaktele.com/
60	建培网校	北京建培教育咨询有限公司	http://www.jianpei.com.cn
61	建通教育	北京建通教育科技集团	http://www.jiantong99.com/
62	教育规划网	北京正景盛教育科技有限公司	http://www.ourteacher.cn/
63	金程网校	上海金程教育科技有限公司	http://www.gfedu.cn/
64	金考易	北京金考易网络教育科技有限公司	http://www.jinkaoedu.com/
65	京佳教育	北京京佳邦立教育科技有限公司	http://www.jingjia.org/
66	巨智教育	上海巨智教育信息咨询有限公司	http://v.juzhi.cn/
67	咖啡学堂	AK 咖啡	http://www.cafext.com/
68	考试 100	深圳市问鼎资讯有限公司	http://www.kaoshi100.cn/
69	考试界	北京环宇创智教育科技有限公司	http://www.kaoshijie.net/
70	会计学堂	深圳快学教育发展有限公司	http://www.acc5.com
71	乐考网 2	北京点趣教育科技有限公司	http://www.lekaowang.cn/
72	乐习网	上海景格信息科技有限公司	http://www.lexi100.com
73	鲁班培训	北京龙本教育科技有限公司	http://www.lobn.net
74	迈普	迈普通信技术服务有限公司	http://www.maipu.cn/
75	麦鸽 Live	上海麦戈信息科技有限公司	http://www.maigel.com

（续表）

序号	网站或产品名称	公司 / 简介	网址
76	美技通美容在线教育平台	美技通美容在线教育平台	http://vipwzx.com/
77	美课网	北京意奇网络科技有限公司	http://www.meiyeedu.com/
78	模考网	模考网	http://www.kaogo.com/
79	葡萄树微课	和谐岛数码科技有限公司	http://www.ptswk.com/
80	麦子学院	成都麦子信息技术有限公司	http://www.maiziedu.com/
81	乾颐堂网络实验室	上海乾韵信息科技有限公司	http://qytang.com/
82	清源网络	移石创想（北京）科技有限公司	http://www.tsingyuan.cn/
83	森动网	广州凌科普华网络科技有限公司	http://wei.sendong.com/
84	山财培训网	山东鲁财教育科技有限公司	http://www.1k100.com/
85	山香网校	河南山香文化科技有限公司	http://class.1211.cn/
86	上元在线	北京上元经纬教育科技有限责任公司	http://www.233863.com/
87	神州培训网	深圳市万州弘业网络科技有限公司	http://www.szpxe.com/
88	视库	上海观语信息科技有限公司	http://www.cooptician.com/
89	题库子	江苏创龙信息技术有限公司	http://www.tikuzi.com/
90	天星培训	长沙天星职业培训学校	http://www.txexam.com/
91	万国司考	北京万国国际商务咨询公司	http://www.wanguoschool.com/
92	万题库	北京雄鹰教育集团	http://www.wantiku.com/?
93	文都教育	世纪文都教育科技集团股份有限公司	http://www.wendu.com/
94	我爱教师网	北京博恩行知教育科技有限公司	http://52jiaoshi.com/
95	我要考证通	浙江考证通文化传播有限公司	http://www.51kzt.com/
96	无忧考吧	南京易考无忧科技有限公司	http://www.wyk8.com/
97	无忧网校	北京问学天下教育科技有限公司	http://www.51zhikao.com

（续表）

序号	网站或产品名称	公司 / 简介	网址
98	喜知网	广州喜知信息科技有限公司	http://www.see2know.com
99	心理咨询师题库	北京市海淀区华夏心理培训学校	http://zhuanti.psychcn.com/
100	邢帅学院	广州邢帅教育科技有限公司	http://www.xsteach.com/
101	轩辕高端 C++ 培训	昆山轩辕软件技术有限公司	http://www.xuanyuansoft.cn.china/
102	学到网	四川学到教育科技有限公司	http://www.xdclass.com/
103	学教会计	南京学教天下教育科技有限公司	http://www.xuejiao.com
104	学润会计网	学润会计网	http://www.xracc.com/
105	学信教育	郑州学信教育咨询有限公司	http://www.xuexin.net
106	学易网	杭州学易科技有限公司	http://www.studyez.com
107	一起考教师	北京清众教育科技有限公司	www.17kaojiaoshi.com
108	医度在线	赞博恒安健康科技发展（北京）有限公司	http://www.yduedu.com/
109	医美 e 学堂	英杰仕教育科技有限公司	http://www.e-beauty.cn/
110	医影在线	北京华影云商科技有限公司	http://www.radida.com/
111	亦邻网	北京博睿精实健康科技股份有限公司	http://www.drresource.com/
112	易学课堂	时代坦途（北京）信息技术有限公司	http://www.yixueketang.com/
113	易中管理学院	北京易中创业信息技术有限公司	http://www.xue24.com/
114	益玖软件	福建益玖软件科技有限公司	http://www.e9rj.com/
115	因酷教育软件	北京因酷时代科技有限公司	http://www.inxedu.com/
116	应试精华会计微课程	北京淘题啦科技有限公司	http://i.ysjhacc.com
117	优路教育	北京环球优路教育科技股份有限公司	http://www.niceloo.com/
118	优师网校	北京优联师智教育科技有限公司	http://www.youshi100.com.cn/
119	羽化催眠网络学院	羽之源健康咨询服务中心	http://www.yova.org/

（续表）

序号	网站或产品名称	公司 / 简介	网址
120	云白板	广州润云信息科技有限公司	http://www.yunbaiban.com
121	证凯财经	证凯教育科技（集团）有限公司	http://www.taskstudy.com/
122	中公教育	北京中公教育科技股份有限公司	http://www.offcn.com/
123	中国会计网	北京山河连线科技有限公司	http://www.canet.com.cn/
124	中建政研商学院	北京中建政研信息咨询中心	http://edu.zhjs.org.cn
125	中农大	北京中农大网络发展有限公司	http://www.cau-edu.net.cn/
126	中培	中国信息化培训中心（简称中培）	http://www.aqzpedu.com/
127	中人教育	中人时代教育科技（北京）股份有限公司	http://www.zrexam.net
128	中业网校	北京中业汇智教育科技有限公司	http://www.zhongyewx.com
129	点睛驾培网	四川点睛数字传媒有限公司	http://www.17qibu.com/
130	金手指模拟考试	金手指考试	http://www.jszks.com/
131	元贝驾考	南京元贝信息技术有限公司	http://www.ybjk.com/
132	驾校一点通	杭州联桥网络科技有限公司	http://www.jxedt.com/
133	学宝公务员考试网	南京学宝教育科技有限公司	http://www.chinagwy.org/
134	新私学	南京无花果信息技术有限公司	http://www.xinsixue.com/
135	中政行测	长沙麦都网络科技有限公司	http://www.zzxingce.com/
136	职业教育在线	上海学路网络科技有限公司	http://www.zhiyeol.com/
137	良师在线	武汉良师在线教育科技有限公司	http://www.ls365.com/
138	独角兽网校	北京随考通科技有限公司	http://www.dujiaoshou.cn/
139	华旭教育	北京华旭万方教育科技有限公司	http://www.sifa600.com.cn/
140	厚大司考	北京厚大轩成教育科技股份公司	http://www.houdask.com/
141	学法网	学法网（个人，程杰）	http://www.xuefa.com/

（续表）

序号	网站或产品名称	公司 / 简介	网址
142	众合教育	北京方圆众合教育科技有限公司	http://www.zhongheedu.com/
143	尚德教育	北京尚佳崇业教育科技有限公司	http://www.sunlands.com/
144	学慧网	北京学慧网络教育科技有限公司	http://www.xuehuiwang.com
145	尚科教育	北京翰图世际网络科技有限公司	http://www.sungoedu.com/
146	无忧学习网	无锡中讯通博教育咨询有限公司	http://www.yztqgy.com
147	HRBar	人力资源工具分享学习社区	http://www.hrbar.com/
148	寄锦云课堂	广州寄锦教育科技有限公司	http://www.jeagine.com/
149	中华考试网	北京华文燕园文化有限公司	http://www.cne163.com/
150	华医网	北京华医网科技股份有限公司	http://www.91huayi.com/
151	新朋程	上海新朋程信息科技有限公司	http://www.pthink.com.cn/
152	中艺影像	中艺教育集团	http://www.imageedu.com/
153	焦外学院	焦外影像传媒	http://www.jiaowai.cc/
154	橄榄图摄影课堂	橄榄图摄影网	http://www.ganlantu.com/
155	新程网校	新程教育集团	http://wx.jszzb.net/
156	诚真教育	沈阳市皇姑区未来诚真教育咨询中心	http://chengzhenedu.com/
157	志公网校	广西南宁志公教育咨询有限公司	http://www.zgoog.net/
158	九楼阁会计实战基	合肥文盛信息科技有限责任公司	http://www.kjszjd.com/
159	考呀呀	南昌同凯网络信息服务有限公司	http://www.kaoyaya.com/
160	大白菜会计	莱芜市开得会计服务有限公司	http://www.xuekuaiji.net/
161	乐上财税	汉唐乐上（北京）科技有限责任公司	http://www.ileup.com/
162	铂略财税培训	铂略企业管理咨询（上海）有限公司	http://www.linked-f.com/
163	启明题库	北京联创启明教育科技有限公司	http://www.qmtiku.com/
164	启程工控学院	深圳市启程智能技术有限公司	http://www.qichengplc.com/

（续表）

序号	网站或产品名称	公司 / 简介	网址
165	工业帮 PLC	武汉工邺帮教育科技有限公司	http://www.gybplc.com/
166	技成培训网	深圳市技成科技有限公司	http://www.jcpeixun.com/
167	鹏程教育网	广州冠鹏信息技术有限公司	http://www.51pengcheng.com/
168	犀牛建筑网校	国犀牛建筑网	http://school.rhino-3d.com/
169	北方建筑教育	北方建筑教育	http://www.job0351.com.cn/
170	朗筑结构设计培训	武汉朗筑结构设计培训中心	http://www.structure.com.cn/
171	星恒教育 | 星题库	北京星恒教育科技有限公司	http://www.xinghengedu.com/
172	百通世纪医学考试网	北京百通世纪科技有限公司	http://www.baitongshiji.com/
173	阿凡提商学院	东市阿凡提企业投资管理有限公司	http://www.a-ft.com/
174	一间房网校	成都一间房教育咨询有限公司	http://www.yjf8.com/
175	金英杰医学	北京金英杰教育科技有限公司	http://www.jinyingjie.com/
176	在心教育	北京在心教育科技有限公司	http://atheart.cn/
177	正学网	复际信息技术（上海）有限公司	http://www.zhengxuewang.com/
178	一通教育	北京百年一通教育科技有限公司	http://www.ksyt.com.cn/
179	68 网校	无锡市动感电脑服务有限公司	http://www.68wx.com/
180	科汛软件	厦门科汛软件有限公司	http://edu.kesion.com/
181	德安信会计网校	德安信会计网校	http://www.deanxin.com/
182	易公教育	江西易公教育咨询有限公司	http://www.ygteacher.com/
183	财萃网	北京中博新视网络教育科技发展有限公司	http://www.caicui.com/
184	优异网校	北京好未来网络科技有限公司	http://www.youeclass.com/
185	乔老师现代农业职业教育指导中心	乔老师现代农业	http://www.qlsxdny.com/

（续表）

序号	网站或产品名称	公司 / 简介	网址
186	中汽同盟汽修网络学院	成都迪赛尔汽车维修技术咨询有限公司	http://www.zqtm.net/
187	北斗星浮雕设计培训	北斗星浮雕培训	http://www.bdxfd.com/
188	凯途教育	天津凯途必达教育科技有限公司	http://www.kt-study.com/
189	正凡学院	正凡网络科技有限公司	http://zhengfan100.com/
190	汇识学院	厦门汇识科技资讯有限公司	http://www.huishiatc.com/
191	易配者软装网校	易配者软装学习中心	http://www.yipeizhe.net/
192	东方创远教育	北京东方创远教育科技有限公司	http://www.edlt.com/
193	G-LAB	苏州竞予信息科技有限公司	http://www.higlab.com/
194	合天网安实验室	合天智汇信息技术有限公司	http://www.hetianlab.com/
195	北京网梯科技发展有限公司	北京网梯科技发展有限公司	http://www.whaty.com/
196	通铭教育	北京通铭教育科技股份有限公司	http://www.parim.net/
197	鲲鹏 IT 教育	深圳市罗湖区鲲鹏职业技术培训中心	http://www.kunpengit.net/
198	华云天一科技	北京华云天一科技有限公司	http://www.hytyi.com/
199	课观教育	课观教育科技有限责任公司	http://www.ekeguan.com/
200	智慧 365	深圳市智慧在线教育科技有限公司	http://www.zh-365.com/
201	誉财教育	成都誉财会计教育	http://www.cdycjy.com/
202	家财网	北京爱尚财富科技有限公司	http://www.ijiacai.com/
203	答答会计	北京答答教育科技有限公司	http://www.dadaacc.com/
204	拓远教育	郑州拓远教育咨询有限公司	http://www.tyedus.com/
205	优品课堂	北京优特教育科技有限公司	http://uteedu.wanye.cc/
206	腰果公考	北京爱普之亮科技有限公司	http://yaoguo.cn/
207	练题狗	知典（重庆）科技有限公司	http://www.liantigou.com/

（续表）

序号	网站或产品名称	公司 / 简介	网址
208	一节课网	深圳市一节课网络有限公司	http://www.yijieke.com/
209	嘿设汇	武汉迅牛科技有限公司	http://www.hisihi.com/
210	药师在线	中国医药科技出版社	http://www.51yaoshi.com/
211	东方华尔	北京东方华尔金融咨询有限责任公司	http://www.dfhe.com/
212	全扫教育	北京全扫教育科技有限公司	http://www.quansao.com.cn/
213	直线教程网	上海直尚网络科技有限公司	http://www.linecg.com/
214	蜂蜜笔记	意会信息科技（上海）有限公司	http://www.honeyshare.cn/
215	万有能力网	上海影响力网络科技发展有限公司	http://www.ellll.com/
216	233 网校	长沙二三三网络科技有限公司	http://www.233.com
217	e 考通 / 七彩互动	大连七彩互动科技有限公司	http://www.edu58.cn/
218	环球网校	北京环球兴学科技发展有限公司	http://www.edu24ol.com/
219	龙巢网	龙巢教育网	http://www.looedu.com/
220	圣才学习网	北京圣才教育科技股份有限公司	http://www.100xuexi.com/
221	搜学宝	苏州九宫格文化传播有限公司	http://sz.solearn.cn/
222	星火视频	星火视频教程网	http://www.21edu8.com/
223	雄鹰网校	北京雄鹰教育科技有限公司	http://xiongying.com/
224	央邦	上海央邦计算机科技有限公司	http://www.yangbang.cn/
225	一起学	武汉真才教育咨询有限公司	http://www.yiqixue.com/
226	中大网校	中大英才（北京）网络教育科技有限公司	http://www.wangxiao.cn/
227	新起点网校	湖南新起点职业培训学校	http://wx.xqd100.com/fine
228	天博教育	圣才学习网	http://tiabo.100xuexi.com/
229	优学在线	武汉优学在线教育科技有限责任公司	http://www.yxkoo.com/

（续表）

序号	网站或产品名称	公司 / 简介	网址
230	安全牛课堂	北京谷安天下科技有限公司	http://edu.gooann.com/
231	宇创教育	郑州宇创教育教育咨询有限公司	http://www.yuchuangit.com/
232	御风教育	广州御风教育科技有限公司	http://windedu.cn/
233	云之塔	云之塔（北京）科技有限公司	http://www.yunzhita.com/
234	中星 IT 培训	广州中星信息技术服务股份有限公司	http://www.gzcsnet.com/
235	济南天博教育	济南天博教育咨询有限公司	http://wx.tbpx.net/norm
236	乾颐堂网络培训	乾颐堂网络工程师培训	http://www.qytang.com/
237	华清远见教育集团	华清远见教育集团	http://www.embedu.org/
238	能力天空	能力天空科技（北京）有限公司	http://www.ablesky.com/
239	宁皓	济南王皓和小雪网络科技有限公司	http://ninghao.net/
240	Boolan 博览网	温故知新（上海）教育科技有限公司	http://boolan.com/
241	CocoaChina	北京触控科技有限公司	http://www.cocoachina.com/
242	CSDN	北京创新乐知信息技术有限公司	http://www.csdn.net/
243	OTPUB	北京元鼎时代科技股份有限公司	http://www.otpub.com/
244	PPV 课	深圳市飞博远创科技有限公司	http://www.ppvke.com
245	菜鸟窝	广州洋葱头信息科技有限公司	http://www.cniao5.com/
246	达内	达内时代科技集团有限公司	http://www.tedu.cn/
247	大讲台	大讲台网	http://www.dajiangtai.com/
248	顶测科技	北京顶测科技有限公司	http://www.bjdingce.com/
249	东翌 IT 学院	东翌学院	http://www.dongyixueyuan.com/
250	动力节点	北京动力节点教育科技有限公司	http://www.bjpowernode.com/
251	飞鸽学院	成都菲龙网络科技有限公司	http://www.feigeedu.com/
252	粤嵌网	广州粤嵌通信科技股份有限公司	http://www.geconline.cn/

（续表）

序号	网站或产品名称	公司/简介	网址
253	好课网	北京好课优学科技有限公司	http://www.class.cn
254	汇文教育	杭州禾风环境科技有限公司	http://mooc.huiwen.com/
255	饥人谷	杭州饥人谷教育科技有限公司	http://jirengu.com/
256	极客营 IT 梦想学院	长沙市雨花区极客营培训学校	http://www.haunix.com/
257	扣丁学堂	北京千锋互联科技有限公司	http://www.codingke.com/
258	码农谷	江西码农信息技术有限公司	http://www.manonggu.com
259	蚂蚁 HTML5 社区简介	郑州木子牛软件科技有限公司	http://www.zzfriend.com/
260	千锋教育	北京千峰互联科技有限公司	http://www.mobiletrain.org/
261	如鹏网	北京如鹏信息科技有限公司	http://www.rupeng.com
262	睿峰苹果在线教育	成都睿峰科技有限公司	http://e.rimiedu.com/
263	尚硅谷	尚硅谷	http://ke.atguigu.com/
264	尚学堂	北京尚学堂科技有限公司	http://www.bjsxt.com/
265	实验吧	西普教育集团	http://www.shiyanbar.com/
266	私塾在线	北京广享科技有限责任公司	http://sishuok.com/
267	松勤软件测试	南京松勤网络科技有限公司	http://www.songqintest.com/
268	泰课在线	上海煌拓网络科技有限公司	http://www.taikr.com/
269	天地君道培训	杭州君道网络科技有限公司	http://www.tiandipeixun.com/
270	为梦学院	上海为梦科技集团有限公司	http://vidream.cn/
271	小峰在线	深圳小峰在线教育咨询有限公司	http://www.xfonline.org/
272	小牛学堂	森纵艾德（北京）教育科技有限公司	http://www.edu360.cn/
273	小象学院	北京小象科技有限公司	http://www.chinahadoop.cn/
274	新阁互联学院	天星阁教育科技有限公司	http://thinger.cn/

（续表）

序号	网站或产品名称	公司 / 简介	网址
275	新思维：C 语言程序设计	苏州慢慢牛信息科技有限公司	http://www.csoeasy.com/
276	学神 IT	北京学神科技有限公司	http://www.xuegod.cn/
277	学云网	成都国信安信息产业基地有限公司	http://shop.ixueyun.com/
278	优才学院	北京优才创智科技有限公司	http://www.ucai.cn
279	有心课堂	上海有心网络科技有限公司	http://www.stay4it.com/
280	猿课	南京猿课网络技术有限公司	http://www.apelearn.com/
281	源代码教育	成都源代码教育咨询有限公司	http://www.itsource.cn/
282	云帆大数据学院	英典教育	http://www.yfteach.com/
283	云知梦	云知梦科技公司	http://www.lampym.com/
284	宅客学院	中软国际卓越培训中心	http://www.zker.com.cn/
285	章鱼大数据	优选创新（北京）科技有限公司	http://www.ipieuvre.com/
286	职坐标	上海海同信息科技有限公司	http://www.zhizuobiao.com/
287	至芯科技	至芯科技有限责任公司	http://www.zxopen.net/
288	卓景京在线	湖南卓景京信息技术有限公司	http://www.veryedu.cn/
289	鲁德培训	上海鲁德企业管理咨询有限公司	http://www.testroad.org/
290	择善教育	湖南长沙择善教育咨询有限公司	http://www.doedu.com.cn/
291	因酷	INXEDU 有限公司	http://demo1.inxedu.com/
292	和加教育科技	湖南和加教育科技有限公司	http://www.hplusedu.com/
293	拓胜科技	广州拓胜计算机技术服务有限公司	http://www.toceansoft.com/
294	布尔教育	北京布尔零一科技有限公司	http://www.itbool.com/
295	中谷教育	北京澜讯科技有限公司	http://www.csvt.net/
296	北风网	上海育创网络科技股份有限公司	http://www.ibeifeng.com/

（续表）

序号	网站或产品名称	公司 / 简介	网址
297	课程派	上海飞盒数码科技有限公司	http://kechengpai.com
298	蛮牛教育	华宸互动科技（北京）有限公司	http://www.unitytrain.cn/
299	软谋教育	武汉软谋教育科技有限公司	http://www.ruanmou.net/
300	传智云课堂	北京传智播客教育科技有限公司	http://yun.itcast.cn/
301	起点学院	深圳聚力创想信息科技有限公司	http://www.qidianla.com/
302	知途教育	江苏知途教育科技有限公司	http://www.chinamoocs.com/
303	馒头商学院	北京麦拓教育科技有限公司	http://www.mtedu.com/
304	知知网	上海天天向上教育信息咨询有限公司	http://zhiizhii.com
305	蓝铅笔	杭州蓝铅笔文化创意有限公司	http://www.lanqb.com/
306	云学酷会计学院	上元教育	http://www.433863.com/
307	天泽网校	石家庄天一泽教育科技有限公司	http://www.tianze.wang/
308	高高手	北京站酷教育科技有限公司	http://www.gogoup.com/
309	奇迹曼特网校	北京恩跃时代教育科技有限公司	http://www.qijixue.com/
310	趣达学院	广州趣达信息科技有限公司	http://www.qduck.cn/
311	视品课	武汉视品课教育科技有限公司	http://www.shipinke.com
312	为课网	上海为课网络科技有限公司	http://www.weekedu.com
313	一米网校	深圳一米教育科技有限公司	http://www.yimi360.com
314	一网学	深圳市一网学教育咨询有限公司	http://www.ywxue.com/
315	翼虎网	广州冠岳网络科技有限公司	http://www.yiihuu.com/
316	育碟教育在线	北京育碟科技发展有限公司	http://www.edusoft.com.cn/
317	未云讲堂	漳州市芗城区科兴信息技术有限公司	http://www.weiyunedu.com/
318	惠优教育	千界文化传播有限公司	http://www.1314xue.com/
319	琅泽在线教育	长春市琅泽动画设计有限公司	http://langze.net/

（续表）

序号	网站或产品名称	公司 / 简介	网址
320	汇众教育	北京汇众益智科技有限公司	http://www.gamfe.com/
321	CG 窝游戏动漫学院	厦门市学艺派网络科技有限公司	http://www.cgvoo.cn/
322	名动漫	广州名动计算机科技有限公司	http://www.meatoo.com/
323	先锋科教	天津市先锋科教职业培训学校	http://www.xfkjtj.com/
324	美亚设计学院	北京美亚合众网络科技有限公司	http://www.kxsj365.com/
325	炎冰设计	合肥炎冰工业设计有限公司	http://www.ybcax.com/
326	艾巴优教育	艾巴优教育集团	http://www.i8u.cn/
327	部落窝教育	成都部落窝科技有限公司	http://www.itblw.com/
328	迅途网商学院	迅途（天津）网络科技有限公司	http://www.xuntuedu.com/
329	积木在线	广州市禾锐信息科技有限公司	http://www.jimunet.com
330	选学网	徐州八方网络科技有限公司	http://www.xuanxue.com/
331	在职培训网	上海了本文化传播有限公司	http://www.zzpx.org/
332	利为汇电子商务学院	南京利为汇信息技术有限公司	http://www.liweihui.net/
333	思人学院	西安思人网络科技有限公司	http://www.siren100.com/
334	顶尖资讯	北京沃龙林国际教育咨询有限公司	http://www.top-zx.com/
335	中国推广学院	山东济南方圆教育信息咨询有限公司	http://www.tuiedu.com
336	行知学徒网	山东星科智能科技股份有限公司	http://www.ixueto.com/
337	领津教育	上海领津网络科技有限公司	http://www.lingjinsh.com/
338	秀财网	上海达哈那网络科技有限公司	http://www.xiucai.com/
339	365 前程	江苏指点前程信息科技有限公司	http://www.365future.com
340	MO+ 墨加科技	北京墨加科技有限公司	http://mojiax.com/
341	课课家	广州挪贤计算机科技有限公司	http://www.kokojia.com/
342	该学网	成都一休网络技术有限公司	http://www.gaixue.com

（续表）

序号	网站或产品名称	公司 / 简介	网址
343	华慧在线	湖南华慧网络科技有限公司	http://www.huahuionline.com/
344	华章培训	北京华章图文信息有限公司	http://www.hztraining.com/
345	技能银行	上海技之信息科技有限公司	http://skillbank.cn/class/
346	捷学网	湖南桑德无线科技有限公司	http://www.jeexue.com/
347	坦途教育	真道（北京）信息技术有限公司	http://wh.tantuw.com/
348	学了吗	厦门巨杉网络科技有限公司	http://bj.xuelema.com/
349	慧灵网	深圳市慧之灵信息科技有限公司	http://www.hlxuexi.com/
350	大家好教育云平台	大家好网络科技有限公司	http://www.djhjyw.com/
351	51CTO 学院	北京无忧创想信息技术有限公司	http://edu.51cto.com/
352	51RGB 在线教育	南昌利百加传媒有限公司	http://51rgb.com/
353	BK 网络学院	郑州易网科技有限公司	http://www.blue1000.com/
354	极客学院	北京优亿致远无线技术有限公司	http://www.jikexueyuan.com/
355	软酷网	武汉市软酷网络科技有限公司	http://www.ruanko.com/
356	潭州学院	湖南潭州教育网络科技有限公司	http://www.tanzhouedu.com/
357	北大青鸟	北京阿博泰克北大青鸟信息技术有限公司	http://www.bdqn.cn/
358	成才知心教育网	湖南成才职业培训学校	www.edutrain.cn/

附录F：在线语言学习企业

序号	项目名称	公司 / 简介	网址
1	必克英语	广州能率教育科技有限公司	http://www.spiiker.com/
2	华尔街英语	北京华尔街英语培训中心有限公司	http://www.wsi.com.cn/
3	应试宝	京掌控优教科技有限公司	http://www.yingshibao.com
4	酷语・乐恩斯	青岛酷语网络科技有限公司	http://www.51learns.com/
5	英语网	北京学而思教育科技有限公司	http://www.yingyu.com/
6	乐知英语	上海乐知网络科技有限公司	http://www.hiknow.com/
7	ABC360 伯瑞英语	杭州旦悦科技有限公司	http://www.abc360.com/
8	易说堂电话英语	广州易贝教育科技有限公司	http://www.e-say.com.cn/
9	蓝鹦鹉	能飞科技	http://www.blueyingwu.com/
10	英通英语	英通在线（北京）教育科技有限公司	http://www.englishtone.cn/
11	智课网	北京创新伙伴教育科技有限责任公司	http://www.smartstudy.com/
12	VIPKID	北京大米科技有限公司	http://www.vipkid.com.cn/
13	哒哒少儿在线英语	上海卓赞信息技术有限公司	http://www.dadaabc.com/
14	瑞思学科英语	北京领语堂教育科技发展有限公司	http://www.risecenter.com/
15	一线口语	上海译索信息技术有限公司	http://www.e2say.com/
16	快酷英语	上海快酷网络科技有限公司	http://kuaikuenglish.com/
17	学为贵	北京学为贵教育科技有限公司	http://www.guixue.com/
18	英启在线英语	上海光语文化传播有限公司	http://www.winkey17.com/
19	VIPABC	北京创意麦奇教育信息咨询有限公司	http://www.vipabc.com
20	无忧英语 (51Talk)	北京大生知行科技有限公司	http://www.51talk.com

（续表）

序号	项目名称	公司 / 简介	网址
21	线话英语	同步线话教育咨询（北京）有限公司	http://www.linewow.com
22	说客英语	深圳青豆教育科技有限公司	http://www.talk915.com
23	无忧雅思	北京美亚在线信息技术有限公司	http://www.51ielts.com
24	扇贝网	南京贝湾教育科技有限公司	http://www.shanbay.com
25	洛基英语	上海睿聚文化传播有限公司	http://www.rockyenglish.com
26	UP&UP 阿帕图教育	北京习智教育科技有限责任公司	http://www.upup100.com
27	豌豆派	北京豌豆派教育科技有限责任公司	http://www.peapad.com.cn
28	笨鸟雅思	笨鸟盛世（北京）教育科技有限公司	http://www.benniaoyasi.com/
29	能动英语 Dynamic	北京能动时代教育科技有限公司	http://www.nd115.com
30	奇思	北京乐米科技有限公司	http://www.qisi.cc/
31	励步少儿英语	北京乐柏教育咨询有限公司	http://www.firstleap.cn/
32	蓝轨迹教育	北京蓝轨迹教育科技有限公司	http://www.lfclass.com
33	美特少儿英语	北京快乐特教育咨询有限公司	http://www.meiteyingyu.com
34	巧口英语	北京交流时代科技有限公司	http://www.qooco.com/
35	优外教	北京辉煌天下教育科技有限公司	http://www.youwj.com/
36	山姆大叔英语	北京安柯赛姆教育科技有限责任公司	http://www.unclesam-edu.com/
37	盒子鱼英语	北京盒子鱼教育科技有限公司	http://www.boxfish.cn/
38	流利英语	北京弗乐恩特教育咨询有限公司	http://www.51fluent.com/
39	句酷批改网	北京词网科技有限公司	http://www.pigai.org/
40	极智批改网	北京创新伙伴教育科技有限公司	http://www.smartpigai.com/
41	咖啡英语	北京百世龙基科技有限公司	http://www.caffeenglish.com/
42	爱语吧	北京爱语吧科技有限公司	http://www.iyuba.com
43	51speark	北京智睿互动国际文化交流有限公司	http://www.5ispeak.com

（续表）

序号	项目名称	公司 / 简介	网址
44	酷学多纳	新东方教育集团	http://donut.koolearn.com/
45	美师美课	广州老人佳科技文化传播有限公司	http://www.91msmk.com/
46	每日英语听力	欧陆在线教育	http://dict.eudic.net/ting/
47	金山背单词	金山软件集团	http://cp.iciba.com/jinshanbeidanci/
48	有道词典	网易有道信息技术（北京）有限公司	http://cidian.youdao.com/
49	乐词不疲	新东方教育集团	http://www.luzex.com
50	唯智学园	八方视界教育集团	http://www.wizworldonline.com
51	朗播英语	北京博智天下信息技术有限公司	http://www.langlib.com
52	百词斩	成都超爱学习教育科技有限公司	http://www.baicizhan.com/
53	天之聪教育	中视天之聪教育科技（北京）有限公司	http://www.kaosee.cn/
54	外语帮手	优载信息科技（上海）有限公司	http://www.yohelper.com
55	小马过河	北京小马过河互联网科技有限公司	http://kecheng.xiaoma.com
56	有道口语大师	网易有道信息技术（北京）有限公司	http://kouyu.youdao.com/
57	拓词	有格软件技术（北京）有限公司	http://www.towords.com/
58	多语龙	多语龙科技（深圳）有限公司	http://duoyulong.com
59	VOT 沃特英语	上海沃教网络科技有限公司	http://www.votenglish.com
60	爱乐奇教育	上海爱乐奇网络科技有限公司	http://www.alo7.com/
61	安格英语	上海启态易方投资管理有限公司	http://www.engua.com/
62	闪课	上海启态软件科技有限公司	http://www.ekaola.com/
63	英语流利说	上海流利说信息技术有限公司	http://www.liulishuo.com/
64	另客	上海连壳网络信息科技有限公司	http://www.links123.com/
65	大嘴外教	上海大嘴商务咨询有限公司（个人，毛美蓉）	http://www.01teacher.cn/

（续表）

序号	项目名称	公司 / 简介	网址
66	海词词典	上海词海信息技术有限公司	http://dict.cn/
67	学睿外教	上海百博文化传播有限公司	http://www.51xuerui.com
68	ABCmouse 趣学堂	趣学堂（北京）信息科技有限公司	http://www.abcmouse.cn
69	云海螺英语	南京云起信息科技有限公司	http://ehailuo.com
70	QLL 快速语言学习	習詠有限公司	http://web.qll.co/
71	知米英语	杭州蓝脑教育科技有限公司	http://iwordnet.com/
72	ISHOW	杭州爱秀教育咨询有限公司	http://www.ishowedu.com
73	英语说	杭州补天网络有限公司，	http://www.yingyutalk.com/Yingyu
74	掌中英语	深圳掌英信息科技有限公司	http://www.zzenglish.net/
75	能飞背单词	佛山市能飞网络科技有限公司	http://word.langfly.com/
76	必听网	中源华创（成都）通讯技术有限公司	http://www.bting.cn
77	口语巴比塔	成都巴比塔网络技术股份有限公司	http://www.aoota.com/
78	备考族	犇犇（上海）信息技术有限公司	http://www.beikaozu.com/
79	ok 口语	北京众智汇教育咨询有限公司	http://www.okkouyu.com
80	考满分	北京盈禾优仕科技有限责任公司	http://www.kaomanfen.com
81	滔滔英语	上海育易网络科技有限公司	http://www.taotaoenglish.cn
82	美国格林希尔外语	美国格林希尔教育集团	http://greenhilledu.org
83	ICIBA 爱词霸	金山软件集团	http://www.iciba.com/
84	查查在线词典	北京词泰科技有限公司	http://www.ichacha.net/
85	环球网校	北京环球兴学科技发展有限公司	http://www.edu24ol.com/
86	新时代交互英语	清华大学出版社有限公司	http://www.neie.edu.cn/
87	浪曦英语	北京浪曦诗佳科技有限公司	http://www.langsinse.com/
88	天天英文	北京杰易思商务咨询有限公司	https://jeisee.com/tten/

（续表）

序号	项目名称	公司 / 简介	网址
89	抓鸟	北京奇媒思创信息科技有限责任公司	http://www.zhuaniao.com/
90	易课英语	深圳市易课文化科技有限公司	http://www.etalk365.com/
91	wizibee 英语网	多恩佳教育咨询（北京）有限公司	http://www.wizbcn.com/index/
92	常春藤英语在线	深圳幸运玛网络科技有限公司	http://www.ivyus.cn/
93	杰森英语	杰森环球（北京）教育咨询有限公司	http://www.jiesen365.com
94	EF 英孚教育	上海英培商务咨询有限公司	http://www.ef.com.cn
95	英语考试网	英语考试网	http://www.trjlseng.com
96	敏特英语	北京凯迪晨光教育科技发展有限公司	http://www.mintechina.com/
97	朴川教育	重庆朴川科技有限公司	http://www.tronenglish.com/
98	外语教育网	北京东大正保科技有限公司	http://www.for68.com/
99	X-TEAM	北京新通时代教育咨询有限公司	http://www.xteam.cc/
100	一起说吧	搜知云（北京）教育科技有限公司	http://www.17talking.com/
101	阿卡索外教网	深圳阿卡索资讯有限公司	http://www.acadsoc.com.cn/
102	赛思英语	海南香象赛思教育科技有限公司	http://www.gosest.com/
103	ABC 天下英语	广州市越秀区承翼教育信息咨询中心	http://www.abctianxia.com/
104	巴别鱼	北京巴别鱼国际教育科技发展有限公司	http://www.babieyu.cn/
105	英中国际在线英语	西安本弗朗西斯文化咨询有限公司	http://www.08zone.com/
106	52Talking 吾爱英语	上海吉聚信息科技有限公司	http://www.52talking.com/
107	格雷英语	深圳格雷教育科技有限公司	http://www.glthink.com/
108	太平洋英语	北京越洋时代科技发展有限公司	http://www.pacificenglish.cn/
109	恩京英语	北京脱口壹零壹国际教育科技有限公司	http://www.enging.com.cn/
110	宅快学英语	上海茅秀网络科技有限公司	http://www.zhaikuaixue.com/

（续表）

序号	项目名称	公司 / 简介	网址
111	92 外语	广州市奇作教育咨询有限公司	http://www.92waiyu.com/
112	游美英语	北京知恩教育科技有限公司	http://www.usacamp.cn/
113	小站教育	星飞网络科技（上海）有限公司	http://www.4gielts.com/
114	优格雅思救星	杭州格学教育咨询有限公司	http://www.ielts99.com/
115	英语同桌	珠海同桌教育科技有限公司	http://www.yingyutongzhuo.com/
116	HiABC	乂迪沣（广州）教育咨询有限公司	http://www.hiabc.net/
117	尚友学堂	尚友（天津）教育信息咨询有限公司	http://www.sharewithu.com/school/
118	英语在线听力	深圳习习网络科技有限公司	http://listen.ciwong.com
119	无老师私塾	北京一诺天金教育咨询有限公司	http://www.ibtsat.com/
120	秀丽英语	北京凌波创新软件技术有限公司	http://www.xoolee.com
121	功夫英语	深圳市含瑞持科技有限公司	http://www.kungfuenglish.com/
122	现代教育	陕西现代日韩语职业培训学校	http://www.xdjy369.com/
123	爱语网	西安富克斯语言文化传播有限公司	http://www.51aiyu.com/
124	零起点美语	上海知语文化传播有限公司	http://www.ivyenglish.com.cn/
125	考虫	北京选课科技有限公司	http://www.kaochong.com/
126	乐外教	北京学而思教育科技有限公司	http://lewaijiao.com/
127	小咖英语	上海小咖网络科技有限公司	http://www.xiaokaen.com/
128	爽哥英语	深圳市爽哥科技有限公司	http://www.hAPPyge.com/
129	丫丫日语	辕帆教育	http://www.yayajp.com/
130	听说宝	深圳市方直科技股份有限公司	http://ts.szjxst.com/
131	呤呤语伴	北京思聆教育科技有限公司	http://www.snaplingo.com.cn/
132	RunningEnglish	北京朗宁博思教育科技有限公司	http://www.kouyu121.com/
133	NewPathway	上海明杰教育集团	http://www.npathway.com/

（续表）

序号	项目名称	公司 / 简介	网址
134	叽里呱啦	承承网络科技（上海）有限公司	http://www.jiliguala.com/
135	英华兰魔法英语	广州市英华兰软件开发有限公司	http://www.go2everland.com/
136	北外网课	北外在线（北京）教育科技有限公司	http://www.beiwaiclass.com/
137	测测 SAT	北京爱赛达课网络教育科技有限公司	http://cecesat.com
138	成都乐知	成都乐知软件有限公司	http://www.lz06.com
139	家育星	上海家翊星信息科技有限公司	http://www.jiayuxing.com/
140	可可英语	北京可可网络科技有限公司	http://www.kekenet.com/
141	酷酷少儿英语	上海青享酷斯教育科技有限公司	http://www.kukuabc.com/
142	六迪课堂	上海乐迪网络科技有限公司	http://www.61dear.com/
143	学人互动	学人互动（北京）网络科技有限公司	http://www.studyingkey.com
144	易贝乐	北京易贝乐科技文化股份有限公司	http://www.eblockschina.com
145	狐狸快跑	成都奔狐信息技术有限公司	http://www.runfox.com/

附录G：在线企业教育企业

序号	项目名称	公司 / 简介	网址
1	华企商学院	深圳市聚成华企科技有限公司	http://www.hq88.com/
2	英盛网	深圳市英盛网络教育科技有限公司	http://www.yingsheng.com/
3	今目标	北京今目标信息技术有限公司	http://www.jingoal.com/
4	时代光华	上海时代光华教育发展有限公司	http://www.21tb.com/

（续表）

序号	项目名称	公司 / 简介	网址
5	中国金融教育平台	北京天下财星教育科技有限公司	http://www.chinafedu.com/
6	中国培训网	汕头市英盛企业管理顾问有限公司	http://www.china-train.net/
7	企大云学习	深圳企大信息技术有限公司	http://www.qida.com/
8	魔学院	摩博（北京）科技有限公司	http://www.moxueyuan.com/
9	博锐管理在线	博锐管理在线	http://www.boraid.cn/
10	知途网	江苏知途教育科技有限公司	http://www.chinamoocs.com/
11	无忧在线学习频道	青岛翰特信息咨询有限公司	http://edu.5ucom.com/
12	学乎网	益策（中国）学习管理机构	http://www.xuea100.com/
13	哪里有培训	上海投智企业管理咨询有限公司	http://www.nlypx.com/
14	中培在线	百朗教育	http://hr.zhongpei123.com/
15	汇名家网	广州牛云网络科技有限公司	http://www.huimingjia.com/
16	中欧商业在线	上海中欧国际文化传播有限公司	http://www.ceibsonline.com/
17	正略博学	北京正略博学管理咨询有限公司	http://www.aducator.com.cn/
18	移动学堂	北京智同体科技有限公司	http://www.ydxt.com/
19	加速成长	深圳市加速成长教育科技有限公司	http://www.szjscz.com/
20	同跃创睿	同跃创睿（成都）科技发展有限公司	http://www.tlearning.cn/
21	课通天下	南京课欣通教育科技有限公司	http://www.keo2o.com/
22	培训帮帮	微学科技有限公司	http://www.wechatlearning.com/
23	好讲师	深圳市好讲师网络科技有限公司	http://www.trainer8.com/
24	搜根网	杭州迅才企业管理咨询有限公司	http://www.sougen.cn/
25	和君商学		http://www.ehejun.com/

附录H：在线才艺教育企业

序号	项目名称	公司 / 简介	网址
1	笔趣网	杭州笔趣网络科技有限公司	http://www.bqu123.com/
2	弹吧	上海旋之律软件技术有限公司	http://www.itan8.com/
3	画啦啦	广州六一信息科技有限公司	http://www.61draw.com/
4	美术宝	天津艺旗网络科技有限公司	http://www.meishubaby.com/
5	真朴儿童围棋教室	北京真朴教育科技发展有限公司	http://www.zenweiqi.com/
6	大气团教育	大气团教育科技（江苏）有限公司	http://www.xiezipai.com/
7	东方童画	上海黄浦区东方童画青少儿艺术培训学校	http://www.dfth.com/
8	蓝铅笔	杭州蓝铅笔文化创意有限公司	http://www.lanqb.com/
9	多尔音乐学院	多尔音乐学院	http://www.doerart.com/
10	牛班 | 教你学音乐	上海纽班文化发展有限公司	http://www.newband.com/
11	钢琴启蒙课	北京艺好学科技有限公司	http://www.artseasy.cn/
12	大卫音乐	深圳市现教科技文化传播有限公司	http://www.davidmusic.cn/
13	中音在线	北京中音时代教育科技有限公司	http://www.musiceol.com/
14	罗兰数字音乐教育	北京罗兰盛世音乐教育科技有限公司	http://www.rdec.com.cn/
15	蘑菇音乐教育联盟	北京音乐盛世文化传播有限公司	http://www.mogu7.com/
16	网音	华乐新势力文化传播（北京）有限公司	http://www.musicon.cn/
17	为艺	为艺	https://www.wegenart.com/
18	学音悦	羽泉	http://www.xueyinyue.com/
19	Finger	杭州妥妥网络科技有限公	http://www.kedouinc.com/

（续表）

序号	项目名称	公司 / 简介	网址
20	TheONE	小叶子（北京）科技有限公司	http://www.1tai.com/
21	弹琴吧	北京趣乐科技有限公司	http://www.tan8.com/
22	小央美美术在线教育	小央美美术	http://www.xymms.com/
23	国君美术	杭州国君文化创意有限公司	http://www.caame.com/
24	艺术在线	中国国际艺术协会	http://ciarta.com/
25	红黄蓝美育	长沙市岳麓区黄红蓝艺术培训学	http://www.hhlys.com/
26	画画无限	画画无限	http://www.huahua00.com/
27	传学网	精英集团	http://www.cmmooc.com/
28	笔趣网	杭州笔趣网络科技有限公司	http://www.bqu123.com/
29	长江新媒体在线艺术教育	湖北长江牛至新媒体股份有限公司	http://www.nzmyzx.com/
30	中舞网	南京舞之道企业管理有限公司	http://www.wudao.com/
31	上海超人气舞蹈机构	上海潮上文化	http://www.dos-hop.com/

附录I：在线教育技术服务企业

序号	项目名称	公司 / 简介	网址
1	云朵课堂	北京昱新科技有限公司	http://www.yunduoketang.com/
2	云学堂	江苏云学堂网络科技有限公司	http://www.yunxuetang.cn/
3	视点灵动	北京视点灵动教育科技有限公司	http://www.viewteam.cn/

（续表）

序号	项目名称	公司 / 简介	网址
4	1Course	校宝在线（杭州）科技有限公司	http://www.1course.cn/
5	鑫日科	深圳市鑫日科在线教育股份有限公司	http://www.sunontalent.com/
6	赢诺科技	深圳市赢诺科技有限公司	http://www.kingno.com.cn/
7	企慕课堂	北京通铭教育科技股份有限公司	http://www.qimooc.com/
8	兜行	北京八斗互动网络技术有限公司	http://mworking.cn/www/
9	YBolo 视频分享平台	深圳锐取信息技术股份有限公司	http://www.ybolo.com/
10	新风向	深圳市新风向科技有限公司	http://www.newvane.com.cn/
11	好视通	深圳市华视瑞通信息技术有限公司	http://www.fsmeeting.com/
12	极速培训系统	天津爪印科技有限公司	http://www.jisupeixun.com/
13	企慧通	深圳市标驰信息技术有限公司	http://www.qht-training.com.cn/
14	腾创网络	深圳市腾创网络技术有限公司	http://www.tenchong.com/
15	新启科技	北京新启科技	http://www.newstartsoft.com/
16	天柏科技	上海天柏信息科技有限公司	http://www.timber2005.com/
17	经华智业	北京经华智业教育科技有限公司	http://www.chinahcm.com/
18	益用科技	成都益用科技有限公司	http://www.euse.com.cn/
19	奥瑞文网	大连奥瑞文网络技术有限公司	http://www.orivon.com/
20	授客网	翰特科技	http://www.soke.cn/
21	超级企业 +	厦门象形远教网络科技有限公司	http://www.corplus.net/
22	友康万维	友康万维信息技术有限公司	http://www.unicom-china.com/
23	数通国软	北京数通国软信息技术有限公司	http://www.adtis.com.cn/
24	翰特科技	翰特网络科技有限公司	http://www.hantekeji.com/
25	尖峰合讯	北京尖峰合讯科技有限公司	http://www.peaktele.com/
26	问鼎云学习	深圳市问鼎资讯有限公司	http://www.wdxuexi.com/

（续表）

序号	项目名称	公司 / 简介	网址
27	andisk	北京汉科锐科技有限公司	http://cms.andisk.com/
28	滴滴微学	上海景格科技股份有限公司	http://www.didi91.cn/
29	EduSoho	杭州阔知网络科技有限公司	http://www.edusoho.com/
30	能力天空	能力天空科技（北京）有限公司	http://b.ablesky.com/
31	268 教育	北京易知路科技有限公司	http://www.268xue.com/
32	知学云	深圳知学云科技有限公司	http://www.zhixueyun.com/
33	学点云	三芒世纪（北京）科技有限公司	http://xuedianyun.com/
34	KESION	厦门科汛软件有限公司	http://www.kesion.com/
35	EduWind	北京水木信步网络科技有限公司	http://www.eduwind.com/
36	网校云	北京云科启辰信息科技有限公司	http://www.wangxiaoyun.net/
37	e 板会	浙江新盛蓝科技有限公司	http://www.ebh.net/
38	因酷时代	北京因酷时代科技有限公司	http://www.inxedu.com/
39	传学网络课堂	传学信息技术（苏州）有限公司	http://www.chuanxue.cn/
40	七易科技	七易时代科技（北京）有限公司	http://xianjs.7east.com/
41	Eduline	成都赛新科技有限公司	http://www.51eduline.com/
42	企鹅网络	深圳市企鹅网络科技有限公司	http://www.iqtogether.com/
43	大家汇	大家汇教育科技（北京）有限公司	http://www.dajiahui.cn/
44	ZLMS	上海未申互联网科技有限公司	http://www.zlms.org/
45	点知教育	北京点知教育科技有限公司	http://www.dz101.com/
46	解铃网	上海枫享网络科技有限公司	http://www.j0.cn/
47	展视互动	北京展视互动科技有限公司	http://www.gensee.com/
48	CC 视频	创盛视联数码科技（北京）有限公司	http://www.bokecc.com/
49	奥点云	杭州奥点科技股份有限公司	http://www.aodianyun.com/

（续表）

序号	项目名称	公司 / 简介	网址
50	微吼	北京微吼时代科技有限公司	http://www.vhall.com/
51	奥龙公司	北京奥龙有限公司	http://www.aolongedu.com/
52	多贝云	北京多贝兄弟信息技术有限公司	http://www.duobeiyun.com/
53	爱看直播	北京超越众创科技有限公司	http://www.icam.cn/
54	魅力播商	成都沃曼网络科技有限公司	http://www.meilibo.net/
55	保利威视	广州易方信息科技有限公司	http://www.polyv.net/live/
56	前景云	北京前景云通信股份有限公司	http://www.cycomm.tv/
57	VIEWGOOD	南京远古软件有限公司	http://www.viewgood.cn/
58	北极星通	北京北极星通信息技术有限公司	http://www.bjsin.cn/
59	云豹直播	泰安云豹网络科技有限公司	http://www.yunbaozhibo.com/
60	云宙多媒体	深圳市云宙多媒体技术有限公司	http://www.simope.com/
61	学堂科技	广州易方信息科技有限公司	http://www.xuetangtech.com/
62	布卡互动	北京布卡互动科技有限公司	http://www.buka.tv/
63	翼鸥教育	北京翼鸥教育科技有限公司	http://www.eeo.cn/
64	欢拓云课堂	广州欢拓网络科技有限公司	http://www.talk-fun.com/
65	北京文香	北京文香信息技术有限公司	http://www.wenxiang.org/
66	奥维亚	广州市奥威亚电子科技有限公司	http://www.ava.com.cn/
67	汉锐科技	深圳市汉锐信息技术有限公司	http://www.han-rui.com/
68	瑞视恒通	深圳瑞视恒通科技有限公司	http://www.risunton.com/
69	锐取信息	深圳锐取信息技术股份有限公司	http://www.szreach.com/
70	AVST	北京奥维视讯科技有限责任公司	http://www.avsolutiontech.com/
71	盈可视	广州盈可视电子科技有限公司	http://www.ncast.com.cn/
72	纳加软件	南京纳加软件股份有限公	http://www.nagasoft.cn/edu

（续表）

序号	项目名称	公司 / 简介	网址
73	北京德威	北京德威视创软件技术有限公司	http://www.dowellsoft.com/
74	新学道教育	北京新学道教育科技有限公司	http://www.seegot.cn/
75	清大云卓	北京清大云卓科技发展有限公司	http://www.51yzlb.com/
76	华拓	深圳华拓科技有限公司	http://www.chinahitouch.com/
77	CREATOR 快捷	广州市天誉创高电子科技有限公司	http://www.creator.com.cn/
78	携培教育	上海携培信息科技有限公司	http://www.comgrows.com/
79	凡龙科技	杭州凡龙科技有限公司	http://www.vanlon.com.cn/
80	恒新天朗	南京恒新天朗电子科技有限公司	http://www.talentinfo.com.cn/
81	益教录屏软件	益教教育科技有限公司	http://lb.yjopen.com/
82	现代中庆	北京中庆现代技术股份有限公司	http://www.zonekey.com.cn/
83	力沃科技	深圳市力沃信息科技有限公司	http://www.revotouch.com/
84	网真视讯	北京网真视讯科技有限公司	http://www.valnet.com.cn/
85	中广上洋	北京中广上洋科技股份有限公司	http://www.shineon.cc/
86	澳视德	广州澳视德软件科技有限公司	http://www.osde.com.cn/
87	极影电子	极影电子（北京）有限公司	http://www.jeeyin.com/
88	超然	南京超然科技有限公司	http://www.vmediax.com/#
89	ANYV	深圳市誉融科技有限公司	http://www.anyvchina.com/
90	中视天威	北京中视天威有限公司	http://www.bjzstw.com/
91	美乐威	南京美乐威电子科技有限公司	http://cn.magewell.com/
92	腾亚科技	武汉市腾亚科技有限公司	http://www.stp01.com/
93	东信同邦	武汉东信同邦信息技术有限公司	http://www.etah-tech.com/
94	新晨阳光	北京新晨阳光科技有限公司	http://www.xcyg.net/
95	顺泰伟成	深圳顺泰伟成科技有限公司	http://lb.avst.cn/

（续表）

序号	项目名称	公司 / 简介	网址
96	视盛信息	上海视盛信息科技有限公司	http://edu.dvmission.com/
97	紫旭科技	惠州紫旭科技有限公司	http://www.zigsun.com/
98	耕耘教备	深圳市耕耘教育装备有限公司	http://www.szigy.com/
99	汇思	广州汇思信息科技有限公司	http://www.cyberwisdom.net.cn/
100	问鼎资讯	深圳市问鼎资讯有限公司	http://www.wunding.com/
101	时代光华	上海时代光华教育发展有限公司	http://www.21tb.com/
102	爱视恒恩	北京爱视恒恩教育科技有限公司	http://www.itvoo.com/
103	德胜制课	北京文博思齐文化传播有限公司	http://www.deshengzhike.com/
104	知牛网	北京知牛科技有限公司	http://www.vkpad.com/
105	ispring	iSpringSolutions，Inc	http://www.ispringsolutions.com/
106	Articulate	Articulate	https://www.articulatemarketing.com/
107	易偲环球	易偲环球（北京）教育科技有限公司	http://www.elminds.com/
108	培训汇	武汉艾得科技有限公司	http://www.pxh360.cn/
109	培训宝	上海淘课企业管理咨询有限公司	http://www.91pxb.com/
110	学邦	广州学邦信息技术有限公司	http://www.xuebangsoft.com/
111	校管家	深圳市校管家教育科技有限公司	http://www.xiaogj.com/
112	校宝在线	校宝在线（杭州）科技股份有限公司	http://www.xiaobaoonline.com/
113	小禾科技	北京小禾科技有限公司	http://www.xiaohe.com/
114	开心百育	北京开心百育网络科技有限公	http://www.aibaiyu.com/
115	一米智联	米果智能科技（上海）有限公司	http://www.onemeter.co/
116	来米校管家	长沙市来米信息技术有限公司	http://lmxgj.com/
117	校盈易	广州贝应网络科技有限公司	http://www.beiing.net/

（续表）

序号	项目名称	公司 / 简介	网址
118	校灵通	北京乾坤纵横科技有限公司	http://www.xlingtong.com/
119	浪腾	深圳浪腾计算机信息技术有限公司	http://www.softoa.net/
120	艾学通	武汉艾得科技有限公司	http://www.aideba.com.cn/
121	校互通	深圳校互通信息技术有限公司	http://www.xhtrj.com/
122	深远科技	厦门深远科技有限公司	http://www.shenyuankj.com/
123	可为 edus	北京可为时代科技有限公司	http://edus.keweisoft.com/
124	校掌科技	安徽守株待兔网络科技有限公司	http://www.xiaozhangkeji.com/
125	乾坤网络	北京乾坤纵横科技有限公司	http://www.qiankunsoft.com/
126	易助教	上海彼可托文化发展有限公司	http://www.yizhujiao.com/
127	明日教育管理软件	北京爱明日网络科技有限公司	http://www.ming800.com/
128	南博学校管理软件	南博教育科技有限公司	http://www.neimbo.com.cn/
129	麦田中国	连云港麦田软件开发有限公司	http://www.mtcnsoft.com/
130	起迪	上海起迪计算机科技发展有限公司	http://www.qidisoft.cn/
131	优育宝	深圳市幼联科技有限公司	http://www.youlian365.com/
132	乐学网	北京蓝程科技有限公司	http://yuduo.ajiedu.com/
133	鹰硕教学管理平台	深圳市鹰硕技术有限公司	http://manage.ys100.com/
134	佳教宝	上海佳教宝信息技术有限公司	http://www.jjiaobao.com/
135	壹家教	深圳市考拉超课科技股份有限公司	http://one.kocla.com/
136	微教育平台	深圳市和谐号教育科技有限公司	http://www.367edu.com/
137	智教云	南京霍格教育科技	http://www.zjyapp.com/
138	微学堂	深圳市腾云世纪信息有限公司	http://www.91wxt.com/
139	早教管家	广州六米网络科技有限公司	http://www.etmcn.com/
140	校内外	北京易连忆生科技有限公司	http://www.xnw.com/user/

（续表）

序号	项目名称	公司 / 简介	网址
141	魔学院	摩博（北京）科技有限公司	http://www.moxueyuan.com/
142	YoungDYNASTYTECH	北京万邦华唐科技有限公司	http://www.ydynasty.com/
143	爱班网	宁波爱班信息技术有限公司	http://www.iclass.com
144	点滴云	北京点滴云教育科技有限公司	http://www.diandiyun.com
145	Mugeda	北京乐享云创科技有限公司	http://www.mugeda.com
146	V 家园	北京德优普科技发展有限公司	http://www.9ischool.com
147	贝聊	广州市贝聊信息科技有限公司	http://ibeiliao.com/
148	碧海银帆	杭州碧海银帆科技有限公司	http://www.61pic.com/
149	飞博教育	北京飞博教育科技股份有限公司	http://www.huanxunedu.com/
150	时空课堂	桑德无线科技有限公司	http://www.soundedu.cn
151	心径信息技术	北京心径信息技术有限公司	http://www.iheartzone.com
152	讯捷教育	讯捷科技（大连）有限公司	http://www.baobei365.cn/
153	依云学堂	北京依云科创教育科技有限公司	http://www.ziyuanku.com.cn/

附录J：在线教育平台服务企业

序号	项目名称	公司 / 简介	网址
1	联合课堂	深圳前海恒进科技有限公司	http://www.lhclass.com/
2	要塞	北京壹零叁玖科技发展有限公司	http://tks.youside.cn/
3	远方盛世	北京远方盛世科技有限责任公司	http://www.yfss.cn/

（续表）

序号	项目名称	公司 / 简介	网址
4	云课堂	益教教育科技有限公司	http://www.yjopen.com/
5	CC 课堂	沪江教育科技（上海）股份有限公司	http://www.cctalk.com/
6	第九课堂	深圳前海第九教育科技有限公司	http://www.dijiuke.com/
7	360 搜课网	郑州尚色科技有限公司	http://www.360sok.com/
8	网易云课堂	网易公司	http://study.163.com/
9	百度传课	百度公司	http://www.chuanke.com/
10	腾讯课堂	腾讯公司	https://ke.qq.com/
11	优酷学堂	合一集团	http://e.youku.com/
12	淘宝教育	阿里巴巴集团	http://xue.taobao.com/
13	YY 教育	广州华多网络科技有限公司	http://edu.yy.com/
14	101 学酷	弘成科技发展有限公司	http://www.xuecoo.com/
15	课栈网	北京弟傲思时代信息技术有限公司	http://www.kezhanwang.cn/
16	乐课网	杭州施强教育科技有限公司	http://www.leke.cn/
17	淘课网	上海淘课企业管理咨询有限公司	http://www.taoke.com/
18	中国教育在线	北京好课优学科技有限公司	http://www.class.cn/
19	云课	北京高能壹佰教育科技有限公司	https://www.yunke.com/
20	实验楼	成都琛石科技有限公司	https://www.shiyanlou.com/
21	德智教育在线平台	德智天成教育科技（北京）有限公司	http://www.dezhi.com/
22	勤学网	长沙维联文化传播有限公司	http://www.qinxue.com/
23	智慧树网	上海卓越睿新数码科技有限公司	http://www.zhihuishu.com/
24	七个瓦拉网	厦门说西网络科技有限公司	http://www.7quewala.com/
25	课课家教育	广州挪贤计算机科技有限公司	http://www.kokojia.com/
26	阳光学习	浙江睿智教育信息咨询股份有限公司	http://www.pallasa.com/

（续表）

序号	项目名称	公司 / 简介	网址
27	365 好老师	北京正道铭师科技有限公司	http://www.365hls.com/
28	疯狂老师	上海享学网络科技有限公司	http://www.entstudy.com/
29	神州佳教	神州佳教（北京）信息服务股份有限公司	http://bj.edu-china.com/
30	请他教	北京请他教互联科技有限公司	http://www.qingtajiao.com/
31	轻轻家教	上海轻轻信息科技有限公司	http://www.changingedu.com/
32	选师无忧	广州市熙励教育信息咨询有限公司	http://www.51xuanshi.com/
33	老师好	必有我师教育科技（北京）有限公司	http://www.5teacher.com/
34	哪学网	南京明行教育	http://www.naxue.com/
35	学富网	深圳启程智远网络科技有限公司	http://www.xuef.com/
36	好老师联盟	杭州进学教育咨询有限公司	http://hz.hlslm.cn/
37	优思家教	上海剑川教育科技有限公司	http://jiajiao.yousi.com/
38	常青藤家教网	北京弘载网络技术有限公司	http://gz.jiajiao400.com/
39	教育宝	济南邦赢信息技术有限公司	http://www.jiaoyubao.cn/
40	跟谁学	北京百家互联科技有限公司	http://www.genshuixue.com/
41	决胜网	北京决胜网教育科技股份有限公司	http://www.juesheng.com/
42	培训通	成都中品网络科技有限公司	http://www.pxto.com.cn/
43	优训网	广州艾能健文化传播有限公司	http://www.eoxun.com/
44	教育人生	天下文枢互联网科技有限公司	http://shanghai.edulife.com.cn/
45	厚学网	江苏厚学网信息技术股份有限公司	http://www.houxue.com/
46	泽学网	郑州京州教育咨询有限公司	http://www.zzccjsj.com/
47	神州培训网	深圳市万州弘业网络科技有限公司	http://www.szpxe.com/
48	51 拜师网	北京蜂鸟世纪信息技术有限公司	http://www.51baishi.com

（续表）

序号	项目名称	公司 / 简介	网址
49	联合课堂	深圳前海恒进科技有限公司	http://www.lhclass.com
50	猎学网	福州北科信息技术有限公司	http://www.liexue.cn/
51	搜课网	郑州洛安计算机科技有限公司	http://www.51sok.cn/
52	淘课网	上海淘课企业管理咨询有限公司	http://www.taoke.com/
53	课工场	北京课工场教育科技有限公司	http://www.kgc.cn/
54	课课家网	广州挪贤计算机科技有限公司	http://www.kokojia.com
55	爱早教	上海丫丫信息科技有限公司	http://www.izaojiao.com/
56	补课吧	北京思动教育科技有限公司	http://www.buke8.com/
57	创奇教育	包头创奇教育集团	http://www.cqwell.com
58	大家网	北京大家网教育科技有限公司	http://www.topsage.com/
59	好课网	北京好课优学科技有限公司	http://www.class.cn
60	佳教宝	上海佳教宝信息科技有限公司	http://www.jjiaobao.com/
61	家教 114	上海四帆固教育科技有限公司	http://www.jiajiao114.com/
62	教学大师	北京神州中联教育科技有限公司	http://www.jiaoxuedashi.com
63	三及第	广州幻象引擎网络技术有限公司	http://www.3jidi.com/
64	身边家教网	河南省身边计算机科技有限公司	http://www.shenbian100.com/
65	神舟家教	北京欧郎信息技术	http://www.zjjiajiao.net/n
66	神州佳教	神州佳教（北京）信息服务股份有限公司	http://www.kuaijvshou.com
67	淘教中国网	哈哈莉莉（北京）网络科技有限公司	http://www.taoedu.cn/
68	突破互动教育平台	米科互动文化科技（北京）有限公司	http://tupo.com
69	优教网	天津恒创伟业科技有限公司	http://www.youjoo.com/
70	优思家教	上海剑川教育科技有限公司	http://jiajiao.yousi.com/

（续表）

序号	项目名称	公司 / 简介	网址
71	于斯课堂	上海于斯网络科技有限公司	http://www.yusi.tv
72	阳光家教网	上海鸿儒教育信息咨询有限公司	http://www.ygjj.com
73	拼课网	北京见龙云课科技有限公司	http://www.pkedu.com/

参考文献

[1] 王文槿 . 欧盟的教育与培训信息化策略 [J]. 中国职业技术教育，2004(24).

[2] 田宝军，安宝生 . 美国远程职业技术教育概况及启示 [J]. 中国职业技术教育，2005(14).

[3] 柴巩利 . 浅谈美国远程教育的质量管理 [J]. 乌鲁木齐成人教育学院学报，2003(3).

[4] 荀莉 . 国外 e-learning 的发展经验和问题 [J]. 中国职业技术教育，2007(10).

[5] 钱玲，张小叶 . 美国高校在线教育面临的机遇与挑战 [J]. 比较教育研究，2011 (2).

[6] Beamish N A Colin, Watkinson Mark, Armfield Gina. The deployment of e-learning in UK/European corporate organisations[J]. European Business Journal, 2002, 14(3).